"十三五"全国高等院校经管系列规划教材

国际金融

张荣　张帆◎主　编
秦玲玲◎副主编

電子工業出版社
Publishing House of Electronics Industry
北京·BEIJING

图书在版编目（CIP）数据

国际金融 / 张荣，张帆主编. —北京：电子工业出版社，2019.4
ISBN 978-7-121-35940-8

Ⅰ. ①国… Ⅱ. ①张… ②张… Ⅲ. ①国际金融－高等学校－教材 Ⅳ. ①F831

中国版本图书馆 CIP 数据核字（2019）第 011664 号

策划编辑：刘淑丽
责任编辑：杨振英
印　　刷：三河市兴达印务有限公司
装　　订：三河市兴达印务有限公司
出版发行：电子工业出版社
　　　　　北京市海淀区万寿路 173 信箱　　邮编：100036
开　　本：787×1092　1/16　印张：17.75　字数：400 千字
版　　次：2019 年 4 月第 1 版
印　　次：2019 年 4 月第 1 次印刷
定　　价：49.00 元

凡所购买电子工业出版社图书有缺损问题，请向购买书店调换。若书店售缺，请与本社发行部联系，联系及邮购电话：（010）88254888，88258888。
质量投诉请发邮件至 zlts@phei.com.cn，盗版侵权举报请发邮件至 dbqq@phei.com.cn。
本书咨询联系方式：010-51260888-819，faq@phei.com.cn。

前　言

伴随着经济全球化进程的加快，各国加大了对金融市场的开放力度，同时也推动了金融全球化的发展。目前，我国正处于经济改革实践的深化时期，市场经济得到完善，对外开放程度不断提高，区域经济的发展又加快了人民币国际化的步伐，各种金融产品及结算工具的创新使双边及多边贸易变得更加便利。经济全球化是历史发展的必然趋势，中国无法置身事外。我们只有参与到全球产业链的竞争与合作中去，才能分享全球化带来的好处。我们既要参与国际游戏、享受全球化带来的好处，又要注意防范国际游戏的风险，这就要求我们必须熟悉和掌握国际游戏的规则。

国际金融是一门实用的学科。它不仅为国家的宏观经济调控提供依据，还与企业发展、居民生产生活息息相关。它不仅是专业从业人员必须具备的专业知识，还包含普通居民应该了解的金融常识。

本教材知识介绍由浅入深，从国际收支、国际储备、国际货币体系、外汇与汇率、外汇市场与外汇交易、外汇业务创新、国际资本流动、汇率制度、外汇管制及国际金融市场等基本概念、特征、分类讲起，并基于这些基础内容再深入探讨一国内外收支均衡的实现及相关政策调节，既提供了扎实的金融学理论基础，又与国际金融领域的重要发展紧密联系，帮助读者从更全面的角度深入分析各种复杂因素共同作用下的国际金融问题。

编写本教材时，我们更侧重于实践与理论相结合，紧密跟踪全球金融的时事动态，每一章后面都附有与该章内容有紧密联系的拓展阅读，突出前沿性、逻辑性、国际性，使读者加深对该章内容的理解，注重培养其独立分析与问题解决能力。此外，大量的课后复习思考题将理论和实践结合在一起，便于课后复习、学以致用，体现了应用型本科的教学特色。本教材适合高等院校经济类、管理类专业的本科学生使用，也可作为金融专业从业人员的培训辅导书。

本教材体系完整、思路清晰，共 10 章，由张荣、张帆担任主编，秦玲玲担任副主编。具体编写分工如下：大连财经大学张帆编写第一、二、三、五章；哈尔滨商业大学张荣编写第四、八、十章；哈尔滨商业大学刘畅编写第六章；哈尔滨金融学院秦玲玲编写第七、九章。全书由张荣、张帆负责编写提纲、统稿、校对。

本教材在编写过程中，引用、借鉴了大量国内外的文献和业界的研究成果，在此表示感谢。

由于编者水平有限和时间仓促，疏漏和错误在所难免，敬请学术界同行和读者批评指正。

编者

2019 年 4 月

目录

第一章 国际收支

学习目标

通过本章的学习掌握国际收支的基本概念、国际收支平衡表的分析方法，以及国际收支失衡的原因及其影响；重点掌握国际收支平衡表的各项内容、国际收支失衡的调节措施，以及一国国际收支状况与一国宏观经济状况之间的关系；掌握国际收支调节的弹性论、吸收论和货币论的基本内容，以及它们对现今经济发展的贡献与局限性。

在当代开放经济条件下，对外经济往来已经成为各国宏观经济的一个重要组成部分，它不但影响着一国的对外经济关系，而且直接影响着本国的经济增长、就业和国民收入。如何对作为对外经济往来系统记录的国际收支进行分析和调节无疑成为当前国际经济和金融领域中的重要问题之一。本章主要介绍国际收支的概念和国际收支平衡表，阐述国际收支的平衡与失衡以及国际收支调节的理论和方法。

第一节 国际收支概述

一、国际收支概念的产生与发展

国际收支是由一个国家对外经济、政治、文化等各方面往来活动而引起的。生产社会化与国际分工的发展，使得各国之间的贸易日益增多，国际交往日益密切，从而在国际间产生了货币债权债务关系，这种关系必须在一定时期内进行清算与结算，从而产生了国际间的货币收支。国际间的货币收支及其他以货币记录的经济交易共同构成了国际收支的主要内容。

国际收支是指一定时期内一个经济体（通常指一个国家或地区）与世界其他经济体之间发生的各项经济活动的货币价值之和，它有狭义与广义两个层面的含义。

国际收支的概念是随着国际经济交易的发展变化而变化的，早在 17 世纪初的重商主义时代就有了国际收支的概念。资本原始积累时期，主要的国际经济交易是对外贸易，因而早期的国际收支概念是指一国一定时期的对外贸易差额。金本位制崩溃后，演化为狭义的国际收支概念。狭义的国际收支指一个国家或地区在一定时期内，由于经济、文化等各种对外经济往来而发生的，必须立即结清的外汇收入与支出。这一定义以现金支付为基础，即只有以现金支付的国际经济交易才能计入国际收支，对其他的债权债务则不予理会。

第二次世界大战后，国际经济交易的范围进一步扩大，一国在对外交易中，并非所有的交易都涉及货币的支付，如补偿贸易。其中，有些交易根本不需要支付，如以实物形式提供的无偿援助和投资等。这些不涉及货币支付的对外贸易在国际交易中的比重不断增加，以跨国公司为载体的国际资本流动日益频繁。在这种情况下，国际收支的概念又有了新的发展，由狭义的概念逐步发展为现在各个国家使用的广泛概念。广义的国际收支是指一个国家或地区内居民与非居民之间发生的所有经济活动的货币价值之和。

国际货币基金组织（International Monetary Fund，IMF）在其编制的《国际收支手册》中解释：国际收支是指一国在一定时期内（通常为一年）全部对外经济往来的系统的货币记录。它包括：①一个经济体和其他经济体之间的商品、劳务和收益等的交易行为；②一个经济体的货币黄金、特别提款权的所有权变动，以及这个经济体和其他经济体的债权债务的变化；③无偿转移，以及在会计上需要对上述不能相互抵消的交易和变化加以平衡的对应记录。

二、理解国际收支概念需注意的问题

（一）国际收支记录的是一国居民与非居民之间的交易

判断一项交易是否应当包括在国际收支的范围内，所依据的不是交易双方的国籍，而是双方是否有一方是该国居民。只有居民和非居民之间的经济交易才计入国际收支。居民是指在一国的经济领土内具有一定经济利益中心的经济单位，符合上述情况的他国公民也可能属于本国居民。所谓一国的经济领土，一般包括一个政府所管辖的地理领土，还包括该国天空、水域和邻近水域下的大陆架，以及该国在世界其他地方的飞地①，海关控制下的自由区和离岸企业经营的保税仓库或工厂。依据这一标准，一国的大使馆等驻外机构是所在国的非居民，而联合国、IMF 等国际组织也是任何国家的非居民。

所谓的一国经济领土内具有一定经济利益中心，是指该单位在某国的经济领土内，在一年或一年以上的时间中或计划从事大规模的经济活动或交易。

以我国为例，中国居民是指：①在中国境内居留 1 年以上的自然人，外国及中国港、澳、台地区在境内的留学生、就医人员，外国驻华使领馆中的外籍工作人员及其家属除外；②中国短期出国人员（在境外居留时间不满 1 年）、在境外留学人员、就医人员及中国驻外使领馆的中方工作人员及其家属；③在中国境内依法成立的企业事业法人（含外商投资企业及外资金融机构）及境外法人的驻华机构（不含国际组织驻华机构、外国驻华使领馆）；④中国国家机关（含中国驻外使领馆）、团体、部队等。

① 飞地是明确划分的地区，如大使馆、领事馆、军事基地、科学站、信息或移民办事处、援助机构等经所在国政府同意由本国政府拥有或租用，用于外交、军事、科学或其他目的。

（二）国际收支反映的内容以交易为基础

广义的国际收支与支付没有关系，而是以经济交易为基础，以货币形式记录下来。所谓交易包括如下四类。

（1）交换。交换是国际收支中最大量和最重要的交易。它是一交易者（经济体）向另一交易者提供一宗经济价值并从对方得到价值相等的回报。这里所说的经济价值，可概括为实际资源（货物、服务、收入）和金融资产。

（2）转移。转移即一交易者（经济体）向另一交易者提供了经济价值，但是没有得到任何回报。例如，无偿物资捐赠、服务和技术援助、债权国对债务国给予的债务注销等。

（3）移居。移居即一个人把住所从一个经济体搬迁到另一个经济体的行为。移居后，该个人原有的资产、负债关系的转移会使两个经济体的对外资产、债务关系均发生变化，这一变化应记录在国际收支中。

（4）其他根据推论而存在的交易。在一些情况下，即使实际流动没有发生，也可以根据推论确定交易的存在，记录在国际收支中。例如，国外直接投资收益的再投资，投资者的海外子公司所获收益中，一部分是属于投资者本人的，如果这部分收益用于再投资，则必须在国际收支中反映出来，尽管这一行为并不涉及两国间的资金与服务的流动。

（三）国际收支是一个流量概念

作为流量概念，国际收支记载的是某一时间段内的流量数据，一般是对一年内的交易进行总结，从而可以反映出经济价值的产生、转移、交换或消失，并涉及货物或金融资产所有权的变更、服务及资本的提供等。

（四）国际收支是一个事后的概念

定义中的“一定时期”一般是指过去的一个会计年度。

（五）国际收支的主体为一个经济体

所谓的“经济体”，可以是一个主权国家，也可以是一个具有独立经济体系的地区。

第二节 国际收支平衡表

一、国际收支平衡表的概念

国际收支平衡表是反映一定时期一国同外国的全部经济往来的收支流量表。国际收支平衡表是对一个国家与其他国家进行经济技术交流过程中所发生的贸易、非贸易、资本往来，以及储备资产的实际动态所做的系统记录，是国际收支核算的重要工具。通过国际收支平衡表，可综合反映一国的国际收支平衡状况、收支结构及储备资产的增减变动情况，为制定对外经济政策、分析影响国际收支平衡的基本经济因素、采取相应的调控措施提供依据，并为其他核算表中有关国外的部分提供基础性资料。

二、国际收支平衡表的记账原则

（一）复式记账原则

国际收支平衡表的记账原则是会计上“有借必有贷，借贷必相等”的复式簿记原理，贷方记录资产的减少、负债的增加，记为“+”；借方记录资产的增加、负债的减少，记为“-”。对于一项资产，不论是实际资产还是金融资产，作为贷方项目是表示其持有额的减少，作为借方项目则表示其持有额的增加；而对于负债，作为贷方项目是表示其持有额的增加，作为借方项目则表示其持有额的减少。简而言之，引起资金流向国外就记入贷方；引起资金流向国内就记入借方。例如，对于出口货物，本国为了加工出口这批货物，本国资源减少，计入经常项目的贷方；出口引起外国资金流入国内，计入资本与金融账户的借方，借贷平衡。

我国常年经常账户与资本账户双顺差，即贷方额大于借方额。因为之前的经济是以出口为导向的，导致经常账户顺差。我国的外企投资很多，但对外投资倒不多，导致资本账户顺差。

具体来说，有以下几个方面。

（1）贸易往来，即各种物质商品的输出入。出口列为贷方金额，进口列为借方金额。

（2）非贸易往来，主要包括劳务收支、投资所得等。收入列为贷方金额，支出列为借方金额。

（3）无偿转让，从外国转入本国列为贷方金额，从本国转向外国列为借方金额。

（4）资本往来，分为长期和短期。从外国流入本国的资本列为贷方金额，从本国流向外国的资本列为借方金额。

（5）储备，包括本国作为 IMF 的成员分配得到的特别提款权，以及作为国际储备的黄金和外汇等。储备本身是存量，其增减额是流量。本年度储备增加额列为借方金额，其减少额列为贷方金额，二者相抵得出储备净增额或净减额。

国际收支平衡总表虽然平衡，但各类项目却经常是不平衡的。贸易项目中的商品输出大于输入，则贷方金额大于借方金额，形成外贸顺差；相反，则形成外贸逆差，或称外贸赤字。资本项目中流入大于流出，则贷方金额大于借方金额，形成资本净流入；相反，则形成资本净流出。储备项目中本年度增加额大于减少额，则借方金额大于贷方金额形成借方净增金额，即本国的国际储备增加；相反，则形成借方净减金额，即本国的国际储备减少。

（二）计价的原则

原则上，国际收支平衡表使用成交的实际市场价格作为计价基础。这有助于各国国际收支账户实现统一计价。按国际惯例，一笔交易，出口国以离岸价（Free On Board，FOB）计算，进口国以到岸价（Cost, Insurance and Freight，CIF）计算，为了统一口径，IMF 建议，无论进口还是出口均采用离岸价计算，到岸价中的运费和保险费列入劳务收支。

（三）计价货币及汇率选择的原则

计价货币应采用单一制。由于国际经济交易使用多种货币，需要将多种货币转换成单一货币表示。原则上，应当按照签约时的汇率进行转换。

（四）记录时间的原则

交易记录的时间采用所有权转移原则。一旦经济价值产生、改变、交换、转移或消失，就需要进行有关记录。只要两国之间发生了债权债务关系，即使没有实现现金支付，也要按照所有权转移的日期记入国际收支平衡表。

三、国际收支平衡表的内容

为规范成员国际收支平衡表的编制，IMF 用专门的《国际收支手册》提出建议各国在编制国际收支平衡表中使用的概念和规则，1993 年出版的《国际收支手册》第五版为最新版本，对国际收支账户的标准构成做出了最新规定，它区别于原有的账户设置，主要包括经常账户、资本与金融账户、误差与遗漏账户三大类。

（一）经常账户

经常账户主要反映一国与他国之间实际资源的转移，是国际收支中最重要的项目。经常账户包括货物（贸易）、服务（无形贸易）、收入和单方面转移（经常转移）四个项目，进出口均按离岸价计算。经常账户顺差表示该国为净贷款人，经常账户逆差表示该国为净借款人。

（1）货物包括一般商品、用于加工的货物、货物修理、各种运输工具在港口购买的货物和非货币黄金。

（2）服务包括运输、旅游、通信、建筑、保险、金融、经营性租赁等服务，以及其他商务服务等。

（3）收入包括居民与非居民之间进行的两大类交易：第一类是支付给非居民工人的职工报酬；第二类是投资收入项下有关对外金融资产和负债的收入和支出，包括直接投资、证券投资和其他投资。

（4）单方面转移主要包括各级政府转移（如战争赔款、政府间的经济援助、军事援助和捐赠、政府与国际组织间定期缴纳的费用等）和其他私人转移（如侨民汇款、捐赠、继承、赡养费、资助性汇款、退休金等）。

（二）资本与金融账户

资本与金融账户反映的是国际资本流动，包括各国间股票、债券、证券等的交易，以及一国政府、居民或企业在国外的存款。国际资本分为长期资本（合同规定偿还期超过 1 年的资本或像公司股本一样未定偿还期的资本）和短期资本（即期付款的资本和合同规定借款期为 1 年和 1 年以下的资本）。我国国际收支平衡表中的资本账户按期限划分为长期资本往来和短期资本往来，是国际收支平衡表的第二大类账户。

资本账户包括资本转移和非生产、非金融资产的收买或出售，前者主要是投资捐赠和债务注销；后者主要是土地和无形资产（专利、版权、商标等）的收买或出售。

金融账户包括直接投资、证券投资（间接投资）、其他投资（包括国际信贷、预付款等），以及官方储备与相关项目四类。

（1）直接投资是指一国的公司、企业或个人在另一国设立企业，直接进行生产或商业活动，也可以采用购买国外企业一定比例以上的股票。企业的所有权集中在单一的外国投资者或投资者集团手中。国际收支平衡表资本账户中的直接投资既包括外国在本国的直接投资，也包括本国在外国的直接投资。

（2）证券投资是在长期债券和公司股票上的投资，如一国公司、企业和个人对另一个国家的长期国债、公司债券、票据、股票和期权等货币市场工具和金融创新工具的购买。许多国家常把外国一个投资者或投资集团在有投票权的股份中所占比例达10%～25%的，作为直接投资。

（3）其他投资是个剩余项目，它包括所有直接投资、证券投资或官方储备与相关项目未包括的金融交易。这些交易包括贷款、存款、应收账款和应付账款等。

（4）官方储备与相关项目包括外汇、黄金和分配的特别提款权。特别提款权是以IMF为中心，利用国际金融合作的形式而创设的新的国际储备资产。它是IMF按各成员缴纳的份额分配给成员的一种记账单位，1970年正式由IMF发行。各成员分配到的特别提款权可作为储备资产，用于弥补国际收支逆差，也可用于偿还IMF的贷款，又被称为“纸黄金”。

（三）误差与遗漏账户

由于不同账户的统计资料来源不一，记录时间不同，以及一些人为因素（如虚报、漏报、故意逃避监管）等原因，会使国际收支平衡表的借方总额与贷方总额不相等，编表人员人为地在平衡表中设立该项目，来抵销净的借方余额或净的贷方余额，一切统计上的误差均归入该账户。根据国际惯例，只要该账户占国际收支口径的货物进出口额的比重不超过5%，都是可以接受的。

四、国际收支状况的经济分析

国际收支平衡表系统记录了一国的对外经济活动情况。分析本国或与本国关系密切的其他国家，尤其是对世界经济有重要影响的国家的国际收支平衡表，有利于及时全面地掌握本国国际收支的变动情况，分析和预测国际金融的发展趋势、汇率的变动和资本国际流向的变化，研判有关国家因其国际收支的变动而引起的对外经济、贸易、金融政策的变动，及时调整本国的对外金融战略，制定对策，促进总供给和总需求平衡的实现。

（一）国际收支状况分析的方法

对国际收支平衡表进行分析有多种方法，一般可分为静态分析、动态分析和比较分析。

1. 静态分析

静态分析是指对一个国家某一时期国际收支平衡表进行账面上的分析。具体来讲，通过对平衡表中各个项目的差额的形成原因及对国际收支总差额影响的分析，找出国际收支总差额形成的原因。

2. 动态分析

动态分析是指对一国若干连续时期的国际收支平衡表进行分析。分析国际收支的各个项目及总体的收支差额的变化，分析其是否正常、均衡及差距所在。一国某一时期的国际收支同以前的发展过程有着密切的联系，因此，在分析一国某一时期的国际收支时，需要将静态分析和动态分析结合起来进行。

3. 比较分析

比较分析包括纵向比较分析和横向比较分析。纵向比较分析是指对一国若干连续时期的国际收支平衡表进行比较分析，这可以结合前面所说的动态分析进行。横向比较分析是指对不同国家在相同时期的国际收支平衡表进行比较分析。通过比较分析，可以了解各国在世界经济中的地位，把握国际金融的格局和走势，调节与平衡本国的国际收支。

（二）国际收支状况分析的意义

国际收支与一个经济体的总体经济发展密不可分，因此，国际收支平衡表的状况也反映着一个经济体的基本经济状况，分析国际收支平衡表可以给予学习者许多有帮助的内容和数据，同时可以使学习者对一个经济体有更为全面的看法。

1. 国际收支状况反映了一国的经济实力和其在世界经济中的地位

从国际经济交易规模进行分析，人们会发现，一个经济体如果经济规模大，与外界经济交易、交流的数量大，那么它在国际经济中的地位自然就会较高。另外，较大的经济规模也说明该经济体具有较强的经济产出的吸纳能力与输出能力，使得该经济体可以获得更多的经济利益与竞争推动，在世界经济中的地位得到进一步提高。

2. 国际收支状况决定着一国货币与汇率的变化方向

国际收支是不同经济体之间经济交易往来的全部记录，当一个经济体的国际收支出现逆差时，经济交易进大于出，对外汇的需求大于供给，表现为供不应求，但对本币的供求情况正好相反，表现为供大于求，于是便会在国际金融市场上出现本币对外汇价的下浮趋势，反之，本币的对外汇价则会出现上扬趋势。

3. 国际收支状况决定着一国的融资能力和自信地位

在国际资本市场，一个经济体的借贷能力往往是与它的偿还能力成正比的。经济体的偿还能力越强，它的借款能力也就越强，能够借款的渠道也就越多，该经济体在国际资金与资本市场上的资信地位也就越高。

4. 国际收支状况反映着一国经济结构的情况和变化

一个经济体的对外经济交易内容，既包括有形的经济产出（如商品），也包括无形的经济产出（如旅游、金融、运输、专有权等）。目前，有的经济体对外交易的主要内容是有形产品，如亚非拉的广大发展中国家；有的经济体对外交易的内容包括了更多的无形经济产出，如欧美日等发达国家和地区。伴随着经济发展的趋势，经济无形产出在整个国际经济交易中的比重在不断上升，这反映了国际经济结构的变化。

5. 国际收支状况影响着一国国内的经济增长和发展

在世界经济中，一个经济体产出的输出，往往会造成本国资源的流出，国内市场的供给也会因此而相应下降；输出经济产出所收回来的外汇，往往又会增加国内的货币供给，从而有可能加大一个经济体内部的物价上涨的压力，而经济体内部的货币供给增加、物价上升，一般会刺激经济的进一步发展。

第三节 国际收支的失衡与调节

一、国际收支失衡

（一）国际收支失衡的含义

在国际收支平衡表里，国际收支最后总是平衡的，这种平衡是会计意义上的平衡。但在实际中，国际收支经常存在不平衡的情况，即出现不同程度的顺差或逆差，那是因为一国经常账户、金融与资本账户的余额出现了问题，即对外经济出现了需要调整的情况，这就是国际收支失衡的含义。

（二）国际收支失衡的原因

由于采用复式记账原则，国际收支平衡表上借贷双方总额是相等的。既然如此，为何还会出现所谓的国际收支恶化、国际收支失衡的问题呢？

为回答这一问题，首先应将国际收支项目分为自发性交易和调整性交易。自发性交易又称事前交易，是企业或个人出于经济利益或其他动机进行的国际交易，与国际收支调整无关。经常账户和资本账户都属于自发交易。调整性交易又称补偿或事后交易，是为了弥补自主性交易差额而进行的相关交易。国际收支中的官方结算是主要的调整项目，当一国自发性交易产生的外汇需求大于外汇供给时，为平衡供求，金融当局就需动用本国黄金、外汇等官方储备，或通过外国中央银行、国际金融机构融通资金，以弥补自发性交易带来的收支差额。误差与遗漏也是调整项目，它可以使国际收支平衡表最终在账面上达到平衡。

由此可见，国际收支的账面平衡是通过调整项目来实现的，真正能反映国际收支状况的是自发性交易，通常意义上讲的国家收支状况实际上指的就是自发性收支的平衡或失衡。

（三）国际收支失衡的类型

1．结构性失衡

一国的国际收支状况往往取决于贸易收支状况。如果世界市场的需求发生变化，本国输出商品的结构也随之调整，该国的贸易收支将不会受到影响；相反，如果该国不能适应世界市场的需求而调整商品的输入结构，将使贸易收支和国际收支发生不平衡。由这类因为一国国内生产结构及相应要素配置未能及时调整或更新换代，导致不能适应国际市场的变化，而引起的本国国际收支失衡，称为结构性不平衡。

2．周期性失衡

西方国家经济受再生产周期规律的制约，在再生产周期的各个阶段由于人均收入和社会需求的消长，会使一国的国际收支发生不平衡。由于生产和资本国际化的发展，主要西方国家的经济周期阶段的更替会影响其他国家经济，致使各国发生国际收支失衡。这类跟经济周期有关，因经济发展的变化而使一国的总需求、进出口贸易和收入受到影响而引发的国际收支失衡情况，称为周期性不平衡。

3．收入性失衡

一国国民收入发生变化而引起的国际收支失衡，可能是由于经济周期阶段的更替，也可能是由于经济增长率的变化所引起的。一国国民收入的增减，会对其国际收支产生影响。国民收入增加，贸易支出和非贸易支出都会增加；国民收入减少，则贸易支出和非贸易支出也会减少。这种由于国民收入的变化所引起的国际收支失衡，称为收入性不平衡。

4．货币性失衡

在一定的汇率水平下，一国货币如果高估，则该国商品的货币成本与物价水平高于其他国家，必然不利于出口而有利于进口，从而使出口减少和进口增加；相反，则出口增加和进口减少。这种由于货币对内价值的高低所引起的国际收支失衡，称为货币性不平衡。

5．临时性失衡

临时性失衡是指短期的、非确定的或偶然的因素引起的国际收支失衡。这种不平衡一般程度较轻、持续的时间较短、带有可逆性，主要包括季节性不平衡和偶然性不平衡。对于以农产品为主要出口品的发展中国家而言，季节性不平衡比较明显。偶然性不平衡主要是由自然灾害等造成的一次性、无规律的不平衡，一旦这些因素消失，国际收支就会恢复到正常状态。

6．政策性失衡

由于一国推出重要的扩张或紧缩的财政或货币政策，或者实施重大改革而引发的国际收支失衡，称为政策性失衡。

（四）国际收支失衡的经济影响

虽然国际收支失衡的发生是必然的，但对于一国而言，国际收支出现持续、大量的不平衡，不论是逆差还是顺差，对这个国家来讲，其经济都会受到不利的影响。

一国如果出现持续逆差，会导致外汇储备大量流失，储备流失意味着该国金融实力，甚至整个国力的下降，会损害该国在国际上的声誉；逆差造成的外汇短缺，会使外汇汇率上升、本币汇率下跌。一旦本币汇率过度下跌，会削弱本币在国际上的地位，导致该国货币信用下降，国际资本大量外逃，从而引发货币危机；逆差还会使该国获取外汇的能力减弱，影响该国发展生产所需的生产资料的进口，使国民经济增长受到抑制，进而影响一国的国内财政，以及人民的充分就业。

一国如果出现持续顺差，会破坏国内总需求与总供给的均衡，使总需求迅速大于总供给，冲击经济的正常增长；持续的顺差在外汇市场上表现为有大量的外汇供应，这就增加了外汇对本国货币的需求，导致外汇汇率下跌、本币汇率上升，提高了以外币表示的出口产品的价格，降低了以本币表示的进口产品的价格，导致在竞争激烈的国际市场上，其国内商品和劳务市场将会被占领；持续的顺差还会导致国际贸易摩擦；一些资源型国家如果发生过度顺差，意味着国内资源的持续性开发，会给这些国家今后的经济发展带来隐患。

二、国际收支失衡的调节

国际收支失衡是一国国际收支的常态，也就是说，一国的国际收支不是顺差就是逆差。但这并不意味着，只要出现国际收支失衡就要随时进行调整。因为在市场经济条件下，当一国发生国际收支失衡时，经济中的许多变量，诸如汇率、利率、国民收入等都会做出相应的反应，从而使国际收支自动恢复平衡。只有当一国发生了持续性、巨额的顺差或逆差时，政府才有必要采取适当的措施。因此，国际收支调节机制大致可有两种情形：一种是依赖市场的自动调节机制，另一种是依靠政府的政策调节机制。

（一）国际收支的自动调节机制

国际收支自动调节是指由国际收支失衡引起的国内经济变量变动对国际收支的反作用过程。在不同的货币制度下，自动调节机制也有差异。

1. 金本位制下的国际收支自动调节机制

在金本位制下存在价格铸币流动机制，即国际收支差额会引起黄金的国际流动，导致该国货币供应量相应变动，这会改变各国的物价水平和商品国际竞争能力，并最终使国际收支趋于平衡。

价格铸币流动机制：国际收支逆（顺）差→黄金外（内）流→货币供应量减少（增加）→商品国内价格下降（上升）→出（进）口增加（减少）→逆（顺）差得到纠正。因此，国际收支失衡完全能够自发调节，无须任何人为干预。

2. 纸币本位的固定汇率制度下的国际收支自动调节机制

在纸币流通条件下，黄金流动虽已不复存在，但价格、汇率、利率、国民收入等经济变量对国际收支自动恢复平衡仍发挥着一定的作用。在布雷顿森林体系时期，国际收支市场调节机制主要反映在以下两个方面。

（1）国际收支收入调节机制，即国际收支差额会影响国民收入，并通过进口的变化促使国际收支恢复平衡。

国际收支收入调节机制：逆（顺）差→国内生产下降（增加）→国民收入减少（增加）→社会总需求减少（增加）→进口支付减少（增加）→逆（顺）差得到改善。

（2）国际收支货币调节机制，即国际收支差额会影响货币供应量，引起利率和价格的变化，从而促使国际收支恢复平衡。

国际收支货币调节机制：逆（顺）差→外币支出增加（减少）→储备减少（增加）→进口减少（增加）→逆（顺）差得到纠正。

3. 纸币本位的浮动汇率制度下的国际收支自动调节机制

在浮动汇率制度下，国际收支自动调节机制主要表现为国际收支汇率调节机制，即国际收支差额会引起汇率的变化，并通过后者调节国际收支。

国际收支汇率调节机制：逆（顺）差→对外汇需求增加（下降）→外币升（跌）、本币跌（升）→进口（出口）产品贵（便宜）→进口减少（出口增加）→逆（顺）差得到纠正。

在纸币流通条件下，国际收支自动调节机制的正常运行具有很大的局限性。只有在纯粹的自由经济中，在进出口商品的供给和需求弹性较大、国内总需求和资本流动对利率升降极其敏感时，国际收支自动调节机制才能发挥其调节的功能。由于在当前经济条件下，这些条件很难完全具备，国际收支自动调节机制往往不能有效地发挥作用。因此，当国际收支失衡时，各国政府往往根据各自的利益采取不同的经济政策使国际收支恢复平衡。

（二）国际收支的政策调节机制

国际收支的政策调节是指国际收支失衡的国家通过改变其宏观经济政策和加强国际间的经济合作，主动对本国的国际收支进行调节以使其恢复平衡。人为的政策调节相对来说比较有力，但也容易产生副作用（如考虑了外部平衡而忽视了内部平衡），有时还会因时滞效应达不到预期的目的。

1. 外汇缓冲政策

外汇缓冲政策是指一国运用所持有的一定数量的国际储备，主要是黄金和外汇，作为外汇稳定或平准基金，来抵消市场超额外汇供给或需求，从而改善其国际收支状况。它是解决一次性或季节性、临时性国际收支失衡的简便而有利的政策措施。

但是动用国际储备实施外汇缓冲政策不能用于解决持续性的长期国际收支逆差，因为一国储备毕竟有限，长期性逆差势必会耗竭一国所拥有的国际储备而难以达到缓冲的最终效果特别是当一国货币币值不稳定，使人们对该国货币的信心动摇，因而引起大规模资金外逃时，外汇缓冲政策更难达到预期效果。

2. 财政政策

财政政策主要是采取缩减或扩大财政开支和调整税率的方式，以调节国际收支的顺差或逆差。

如果国际收支发生逆差，则首先可削减政府财政预算、压缩财政支出，由于支出乘数的作用，国民收入减少，国内社会总需求下降，物价下跌，增强了出口商品的国际竞争力，进口需求减少，从而改善国际收支逆差；其次，提高税率，国内投资利润下降，个人可支配收入减少，导致国内投资和消费需求降低，在税赋乘数作用下，国民收入倍减，迫使国内物价下降，扩大商品出口，减少进口，从而缩小逆差。

可见，通过财政政策调节国际收支失衡主要是通过调节社会总需求、国民收入的水平来起作用的，这一过程的最中心环节是社会企业和个人的“需求伸缩”。

3. 货币政策

货币政策主要是通过调整利率来达到政策实施目标的。调整利率是指调整中央银行贴现率，进而影响市场利率，以抑制或刺激需求，影响本国的商品进出口，达到国际收支平衡的目的。

当国际收支产生逆差时，政府可实行紧缩的货币政策，即提高中央银行贴现率，使市场利率上升，以抑制社会总需求，迫使物价下跌，出口增加，进口减少，资本也大量流入本国，从而逆差逐渐消除，国际收支恢复平衡；相反，国际收支产生顺差，则可实行扩张的货币政策，即通过降低中央银行贴现率来刺激社会总需求，迫使物价上升，出口减少，进口增加，资本外流，从而顺差逐渐减少，国际收支恢复平衡。

但是，利率政策对国际收支失衡的调节存在一些局限性。

其一，利率的高低只是影响国际资本流向的因素之一，国际资本流向很大程度上还要受国际投资环境政治因素的影响。例如，一国政治经济局势较为稳定，地理位置受国际政治动荡事件的影响小，则在这里投资较安全，可能成为国际游资的避难所。此外，国际资本流向还与外汇市场动向有关，如大量游资转向投机以获取更高利润。因此，一国金融市场动荡，即使利率较高也难以吸引资本流入。

其二，国内投资、消费要对利率升降有敏感反应，而且对进口商品的需求弹性、国外供给弹性要足够大，利率的调整才能起到调节国际收支失衡的效果。反之，若国内投资、消费对利率反应迟钝，利率提高时，国内投资、消费不能因此减少，则进口需求也不会减少，出口也难以提高，国际收支逆差也难以改善。

其三，提高利率短期内有可能吸引资本流入本国，起到暂时改善国际收支的作用，但从国内经济角度看，由于利率上升、经济紧缩，势必削弱本国的出口竞争力，从而不利于从根本上改善国际收支。相反，为了促进出口而活跃经济必须降低利率，这又会导致资本外流，势必加剧国际收支失衡，因此，使用利率政策调节国际收支失衡，容易产生内外均衡的矛盾。

财政政策与货币政策的配合运用，如表 1-1 所示。

表 1-1 财政政策与货币政策的配合运用

经济状况	财政政策	货币政策
衰退和逆差	扩张性的	紧缩性的

续表

经济状况	财政政策	货币政策
衰退和顺差	扩张性的	扩张性的
通胀和逆差	紧缩性的	紧缩性的
通胀和顺差	紧缩性的	扩张性的

4. 汇率政策

汇率政策是通过调整汇率改变外汇的供需关系，并经由进出口商品的价格变化、资本融进融出的实际收益（或成本）的变化等渠道来实现对国际收支失衡的调节。当国际收支出现逆差时，一国货币金融当局实行货币法定贬值，当国际收支出现顺差时，实行货币法定升值，而不包括金融市场上一般性的汇率变动。

汇率调整政策同上述财政政策、货币政策相比较而言，对国际收支的调节无论是表现在经常账户、资本账户中还是储备账户中都更为直接、更为迅速。但它也可能导致其他国家采取报复性措施，从而不利于国际关系的发展，等等。因此，一般只有当财政、货币政策不能调节国际收支失衡时，才使用汇率手段。

同时，汇率调整政策对国际收支失衡的调节有时不能起到立竿见影的效果，因为其调节效果还取决于现实的经济和非经济因素：第一，汇率变动对贸易收支的调节受进出口商品价格弹性和时间滞后的影响。第二，汇率变动对资本收支的影响不一定有效，其影响要视外汇市场情况而定。如果一国汇率下跌，一般会引起人们预测汇率还会继续下跌，则国内资金将会外逃，资本收支将会恶化，并且资本输出入主要还是要看一国的利率政策、融资环境等，这些都无法随汇率的变化而变化。第三，汇率变动对国际收支的调节还受制于各国对国际经济的管制和干预程度。这些管制和干预包括贸易壁垒的设置、外汇管制政策的松严等。

5. 直接管制政策

财政、货币和汇率政策的实施有两个特点：一是这些政策发生的效应要通过市场机制方能实现；二是这些政策的实施不能立即收到效果，其发挥效应的过程较长。因此，在某种情况下，各国还必须采取直接的管制政策来干预国际收支。

直接管制政策是指政府直接对国际经济交易进行行政干预，以使国际收支达到平衡的政策措施。直接管制通常能起到迅速改善国际收支的效果，包括外汇管制和贸易管制两个方面：外汇管制方面主要是通过对外汇的买卖直接加以管制以控制外汇市场的供求，维持本国货币对外汇率的稳定，贸易管制方面主要是奖出限入。在奖出方面常见的措施有出口信贷、出口信贷国家担保制、出口补贴等。而在限入方面，主要是实行提高关税、进口配额制和进口许可证制，此外，还有许多非关税壁垒的限制措施。

实施直接管制措施调节国际收支失衡见效快，同时选择性强，对局部性的国际收支失衡可以采取有针对性的措施直接加以调节，不必涉及整体经济。例如，国际收支失衡是由于出口减少造成的，就可直接施以鼓励出口的各种措施加以调节。但直接管制会导致一系列行政弊端，如行政费用过大，官僚、贿赂之风盛行等，同时它往往会激起相应国家的报复，导致其效果大大减弱，甚至起反作用。所以，在实施直接管制以调节国际收支失衡时，各国一般都比较谨慎。

6. 国际借贷

国际借贷是通过国际金融市场、国际金融机构和政府间贷款的方式，弥补国际收支失衡。国际收支逆差严重而又发生支付危机的国家，常常采取国际借贷的方式来暂缓国际收支危机。但在这种情况下的借贷条件一般比较苛刻，这又势必增加将来还本付息的负担，使国际收支状况恶化，因此，运用国际借贷方法调节国际收支失衡仅仅是一种权宜之计。

（三）国际收支调节方式的一般原则

1. 按照国际收支失衡产生的原因来选择调节方式

国际收支失衡产生的原因是多方面的，根据其产生原因的不同选择适当的调节方式可以有的放矢、事半功倍。例如，一国国际收支失衡是经济周期波动所致的，说明这种不平衡是短期的，因而可以用本国的国际储备或通过从国外获得短期贷款来弥补，以达到平衡的目的，但这种方式用于持续性巨额逆差的调整不能收到预期效果。如果国际收支失衡是由季节性变化等暂时性原因引起的，可运用外汇缓冲政策。如果国际收支失衡是由于货币性因素所引起的，则可采取汇率调整方法。如果国际收支失衡是因为总需求大于总供给而出现的收入性失衡时，则可运用财政和货币政策，实行紧缩性政策措施。如果发生结构性的失衡，则可采取直接管制和经济结构调整方式来调节。

2. 选择国际收支调节方式应尽量不与国内经济发生冲突

国际收支是一国宏观经济的有机组成部分，调整国际收支势必对国内经济产生直接影响。一般来说，要达到内外均衡是很困难的，调节国际收支的措施通常会对国内经济产生不利影响，而谋求国内均衡的政策又会导致国际收支失衡。因此，必须按其轻重缓急，在不同的时期和经济发展的不同阶段分别做出抉择。当然最一般的原则是尽量采用国内平衡与国际收支平衡相配合的政策。

3. 选择调节国际收支方式应尽可能减少来自他国的阻力

在选择调节国际收支的方式时，各国都以自身的利益为出发点。各国利益的不同必然使调节国际收支的对策对不同国家产生不同的影响，有利于一国的调节国际收支的措施往往有害于其他国家，从而导致这些国家采取一些报复措施，这不但影响了国际收支调节的效果，而且不利于国际经济关系的发展。因此，在选择调节国际收支的方式时，应尽量避免损人过甚的措施，最大限度地降低来自他国的阻力。

第四节 国际收支调节理论

一、国际收支调节的弹性论

（一）概述

弹性论又称弹性分析法，主要是由英国剑桥大学经济学家琼·罗宾逊在马歇尔微观经济学和局部均衡分析方法的基础上发展起来的。它从进出口商品的需求弹性着手，研究在国民收入不变的情况下，货币贬值取得成功的条件及其对贸易收支和贸易条件的影响。

弹性理论主要从微观角度进行分析，着眼于价格变动引起的国际收支调整，其基本思路是货币贬值通过影响国内外相对价格体系进而对国际收支发生作用。由于这一方法侧重于对外贸市场的分析，围绕进出口商品的供求弹性展开，故称为国际收支的弹性论。马歇尔最早运用局部均衡分析方法对货币贬值和贸易收支差额进行了分析，而后经过美国经济学家勒纳发展，形成了马歇尔—勒纳条件。

（二）弹性论的基本内容

1. 弹性论的基本假定

弹性论在分析汇率变动对国际收支的调节之前做了如下假定。

（1）进出口的商品供给弹性趋于无穷大。

（2）假定其他条件（利率、国民收入）不变，只考虑汇率变化对进出口商品的影响，由此可见，该理论运用的是部分均衡的分析方法。

（3）收入水平不变，进出口商品的需求就是这些商品及其替代品的价格水平的函数。

（4）不考虑劳务进出口和国际资本流动，国际收支等同于贸易收支。

2. 马歇尔—勒纳条件

我们知道，当本国货币贬值时，从外国进口的商品的相对价格比以前昂贵，而本国商品的相对价格比以前便宜，这会造成进口数量的下降和出口数量的上升。因此，贬值能够起到鼓励出口、限制进口的作用。但是货币贬值一定能改善一国的贸易收支吗？

这取决于两个因素：第一个因素是由贬值引起的进出口商品的单位价格的变化；第二个因素是由进出口单价引起的进出口商品数量的变化。马歇尔—勒纳条件研究的是在什么样的情况下，贬值才能导致贸易收支的改善——当出口数量的变动率小于贬值引起的价格变动率时（出口需求弹性小于1），出口的外汇收入不能增加；而当出口数量的变动率大于贬值引起的价格变动率时（出口需求弹性大于1），出口的外汇收入才能增加。

同时，还应考虑，要想改善贸易收支，不一定要求外汇收入增加。在外汇收入不变，甚至减少的情况下，进口支出的大幅度减少同样可以起到改善贸易收支的作用。所以，贬值能否改善贸易收支应取决于出口需求弹性与进口需求弹性之和的大小。

马歇尔—勒纳条件是指货币贬值后，只有出口商品的需求弹性和进口商品的需求弹性之和大于 1，贸易收支才能改善，即贬值取得成功的必要条件是：

$$|D_X + D_M| > 1$$

其中，D_X 表示出口需求弹性，D_M 表示进口需求弹性。

此外，弹性理论还认为：

$|D_X + D_M| = 1$ 时，货币贬值对贸易收支不发生作用。

$|D_X + D_M| < 1$ 时，货币贬值会使贸易收支逆差扩大。

3．贬值效应的时滞问题——J 曲线效应

在实际经济生活中，当汇率变化时，进出口的实际变动情况还要取决于供给对价格的反应程度，即使在马歇尔—勒纳条件成立的情况下，贬值也不能马上改善贸易收支。贬值对国际收支的调节是一个动态的过程，即恶化—恢复—改善的过程，如图 1-1 所示。

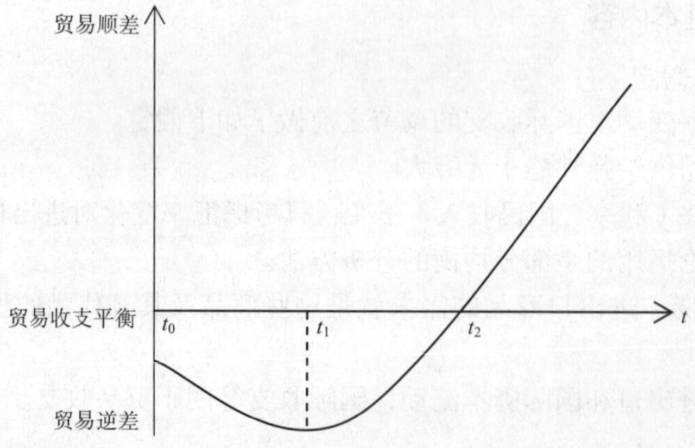

图 1-1　J 曲线效应

货币贬值后的头一段时间，贸易收支反而可能会恶化。为什么贬值对贸易收支的有利影响要经过一段时间后才能反映出来呢？这是因为，第一，在贬值之前已签订的贸易协议仍然必须按原来的数量和价格执行。贬值后，凡以外币定价的进口，折成本币后的支付将增加。凡以本币定价的出口，折成外币的收入将减少。换言之，贬值前已签订但在贬值后执行的贸易协议下，出口数量不能增加以冲抵出口外币价格的下降，进口数量不能减少以冲抵进口价格的上升。于是，贸易收支趋向恶化。第二，即使在贬值后签订的贸易协议，出口增长仍然要受认识、决策、资源、生产周期等的影响。至于进口方面，进口商有可能会认为现在的贬值是以后进一步贬值的前奏，从而加速订货。

在短期内，由于上述种种原因，贬值之后有可能使贸易收支恶化。过了一段时间以后，待出口供给和进口需求做了相应的调整后，贸易收支才慢慢开始改善。出口供给的调整时间，一般要半年到一年。整个过程用曲线描述出来，成字母J形。故在马歇尔—勒纳条件成立的情况下，贬值对贸易收支改善的时滞效应，被称为J曲线效应。在J曲线效应图中，从 t_0 开始，表示贬值后贸易收支首先恶化，逆差扩大，从 t_1 点开始好转，然后，随时间的推移，再经过 t_2 点得到改善。

（三）对弹性论的评价

1. 理论的贡献

弹性论的重要贡献在于，它的分析纠正了货币贬值一定有改善贸易收支作用的片面看法，正确地指出只有在一定的出口供求弹性条件下，货币贬值才有改善贸易收支的作用与效果。

2. 理论的局限性

（1）弹性论把国际收支仅局限于贸易收支，单纯从进出口商品出发来考察国际收支问题，未考虑到劳务进出口与国际间的资本流动对国际收支的影响。

（2）弹性论假定经济处于充分就业状态，收入不变而价格可变，这与马歇尔—勒纳条件中出口供给弹性无穷大的假定是互相矛盾的。

（3）弹性论是局部均衡分析，只考虑汇率变动对进出口贸易的影响，忽略了其他重要的经济变量对国际收支的影响及其他一些相互关系。

（4）它只是一种静态分析，忽视了汇率变动效应的“时滞”问题，也即在本币贬值之后，国际收支的调节是一个动态过程。

（5）弹性系数在该理论中是一个最重要的参数，但如何确定，是一个极为复杂和困难的问题。

弹性论的上述局限是与历史发展的背景有关的。弹性论出现在20世纪30年代，当时宏观经济学体系尚未建立，弹性论以微观经济学为基础是必然的。

二、国际收支调节的吸收论

（一）概述

吸收论又称吸收分析法或支出分析法，它是在1952年由詹姆斯·爱德华·米德和当时在IMF工作的美国经济学家西德尼·亚历山大提出的，该理论以凯恩斯宏观经济理论为基础，从国民收入的产出及支出的关系出发，考察了贸易收支失衡的问题。它从凯恩斯的国民收入方程式入手，着重考察总收入与总支出对国际收支的影响，并在此基础上，提出国际收支调节的相应政策主张。亚历山大将国民收入恒等式中的支出部分（消费、投资与政府购买之和）称为“吸收”，吸收理论因而得名。吸收理论约在20世纪60年代趋于系统和完整。

（二）吸收论的基本内容

1. 吸收论的基本方程式

按照凯恩斯的理论，国民收入与国民支出的关系可以表述如下：

$$国民收入（Y）=国民支出（E）$$

在封闭经济的条件下：

$$国民支出（E）=消费（C）+投资（I）=国民收入（Y）$$

在开放经济条件下，把对外贸易也考虑进去，则：

$$国民收入（Y）=消费（C）+投资（I）-［出口（X）-进口（M）］$$

移动恒等式两边，得出：

$$X-M=Y-C-I=Y-(C+I)$$

上式中，（$X-M$）为贸易收支差额，以此作为国际收支差额的代表，用 B 来表示。（$C+I$）为国内总支出，即国民收入中被国内吸收的部分，用 A 来表示。由此，国际收支差额实际上就可由国民收入 Y 与国内吸收 A 之间的差额来表示。则有：

$$B=Y-A$$

此式表明：贸易收支差额=总收入–总吸收，即一国的国际收支差额就是国民收入与国内吸收的差额。国际收支平衡就是总收入等于总吸收。国际收支顺差意味着总收入大于总吸收。调节国际收支逆差就是要增加收入，即通常说的支出转移政策或减少支出，也就是支出减少政策，简称吸收政策。

2. 吸收论的政策主张

根据上述理论公式，一国国际收支最终要通过改变收入和吸收来调节，或增加收入或减少吸收（支出）。因此，吸收论的政策主张是增加收入（Y）或减少支出（A）。

吸收论所主张的国际收支调节政策，无非就是改变总收入与总吸收（支出）的政策，即支出转换政策与支出增减政策。当国际收支出现逆差时，表明一国的总需求超过总供给，即总吸收超过总收入。这时，就应当运用紧缩性的财政政策、货币政策来减少对贸易商品（进口）的过度需求，以纠正国际收支逆差。但紧缩性的财政政策、货币政策在减少进口需求的同时，也会减少对非贸易商品的需求和降低总收入，因此，还必须运用支出转换政策来消除紧缩性财政、货币政策的不利影响，使进口需求减少的同时，收入能增加。这样，使贸易商品的供求相等，非贸易商品的供求也相等，需求减少的同时收入增加，就整个经济而言，总吸收等于总收入，从而达到内部平衡和外部平衡。

吸收论特别重视从宏观经济的整体角度来考察贬值对国际收支的影响。它认为，贬值要起到改善国际收支的作用，就必须有闲置资源的存在。只有在存在闲置资源时，贬值后，闲置资源流入出口品生产部门，出口才能扩大。

此外，出口扩大会引起国民收入和国内吸收同时增加，只有当边际吸收倾向小于1，即吸收的增长小于收入的增长，贬值才能最终改善国际收支。例如，当出口扩大时，出口部门的投资和消费会增长，收入也会增长。通过“乘数”作用，又引起整个社会投资、消费和收入多倍地增长。所谓边际吸收倾向，是指每增加的单位收入中，用于吸收的百分比。只有当这个百分比小于1时，整个社会增加的总收入才会大于总吸收，国际收支才能改善。

（三）对吸收论的评价

1. 理论的贡献

首先，吸收论在国际收支调节理论的发展过程中，具有一种承前启后的作用。一方面，它指出了弹性论的缺点，吸纳了弹性论的某些合理内容，是在弹性论基础上的一大进步；另一方面，它指出了国际收支失衡的宏观原因，并注意到了国际收支失衡的货币原因。因此，吸收论成为20世纪70年代出现的国际收支调节的货币论的先驱。

其次，吸收论是建立在凯恩斯的宏观经济学之上的，采用的是一般均衡分析方法。它是从总收入与总吸收（总支出或总需求）的相对关系中来考察国际收支失衡的原因并提出国际收支的调节政策的，而不是从相对价格关系出发，使人们得以摆脱“弹性论”只集中于个别商品的局限，这直到今天仍有一定的现实意义。

最后，吸收论含有强烈的政策搭配取向。当国际收支出现逆差时，在采用货币贬值的同时，若国内存有闲置资源（衰退和非充分就业时），应采用扩张型财政政策、货币政策来增加收入（生产和出口）；若国内各项资源已达到充分就业，经济处于膨胀时，应采用紧缩型财政政策、货币政策来减少吸收（需求），从而使内部经济和外部经济同时达到平衡。

2. 理论的局限性

国际收支调整的吸收论虽然对货币贬值影响效果的分析比弹性论更为全面，但也遭到了一些学者的批评。

首先，吸收论的主要缺点是假定贬值是出口增加的唯一原因。事实上，除了货币贬值外，还有一些其他因素也能促进出口，以达到平衡国际收支的目的。因此，从宏观角度看，它不够全面，也不大符合实际。

其次，以国际收支中的贸易项目为研究对象，并以贸易收支代替国际收支，而忽视日益发挥重要作用的资本流动项目，从而使其理论无法完整。

再次，吸收论是在以充分就业作为主要经济政策目标出现的。它把弥补国际收支逆差的希望寄托于货币贬值和减少国内吸收的紧缩性财政政策和货币政策上，而紧缩性经济政策的实施会与充分就业目标产生冲突。

最后，吸收论和弹性论一样，没有考虑国内货币供给和信用创造对国际收支产生的影响。

三、国际收支调节的货币论

（一）概述

货币论也是从宏观角度进行分析的，它由货币学派创立，其代表人物是美国经济学家蒙代尔和约翰逊，货币论是第二次世界大战后货币主义经济学在国际金融领域的延伸。蒙代尔和约翰逊认为国际收支的任何失衡都是货币市场失衡的反映，把国际收支失衡当作货币供求存量不均衡的结果，即认为国际收支本质上是货币现象。国际收支调节的货币论在20世纪70年代趋于系统和完整。

货币论是认为货币供求决定一国国际收支状况的国际收支理论，强调国际收支本质上是一种货币现象，决定国际收支的关键是货币需求和供给之间的关系。既然国际收支本质上不过是一种货币现象，国际收支失衡就只能用货币政策来纠正，各种调节方法，如贬值、关税、进口限额、外汇管制和减少支出的吸收政策等，只有在它们相对于货币需求减少了货币供给，或相对于货币供给增加了货币需求时，才可能纠正国际收支逆差。

（二）货币论的基本内容

1. 货币论的假定前提

货币论有以下三个基本假定。

（1）在充分就业均衡状态下，一国的实际货币需求是收入和利率等变量的稳定函数。

（2）从长期看，货币需求是稳定的，货币供给变动不影响实物产量。

（3）贸易商品的价格是由世界市场决定的，从长期来看，一国的价格水平和利率水平接近世界市场水平。

2. 货币论的基本方程式

在上述各项假定下，货币论的基本理论可用以下公式表达：

$$M_s = M_d$$

其中，M_s 表示名义货币的供应量，M_d 表示名义货币的需求量。从长期看，可以假定货币供应与货币需求相等。

$$M_d = pf(y \cdot i)$$

其中，p 为本国价格水平，f 为函数关系，y 为国民收入，i 为利率（持有货币的机会成本），$pf(y \cdot i)$ 表示对名义货币的需求，$f(y \cdot i)$ 表示对实际货币存量（余额）的需求。

$$M_s = m(D+R)$$

其中，D 指国内提供的货币供应基数，即中央银行的国内信贷或支持货币供给的国内资产；R 是来自国外的货币供应基数，它通过国际收支盈余获得，以国际储备作为代表；m 为货币乘数，是指银行体系通过存贷创造货币使货币供应基数多倍扩大的系数（货币基数又称强力货币）。若将 m 忽略，可得：

$$M_s = D+R$$

$$M_d = D+R$$

$$R = M_d-D$$

此式是货币论的基本方程式。这个方程式告诉我们以下几方面内容。

（1）国际收支是一种货币现象。

（2）国际收支逆差实际上就是一国国内的名义货币供应量超过了名义货币需求量。由于货币供应不影响实物产量，在价格不变的情况下，多余的货币就要寻找出路。对个人和企业来讲，就会增加货币支出，以重新调整实际货币余额；对整个国家来讲，实际货币余额的调整表现为货币外流，即国际收支逆差。反之，当一国国内的名义货币供应量小于名义货币需求量时，在价格不变的情况下，货币供应的缺口就要寻找来源。对个人和企业来讲，就要减少货币支出，以使实际货币余额维持在所希望的水平；对整个国家来讲，减少支出维持实际货币余额的过程，便表现为货币内流，国际收支盈余。

（3）国际收支问题实际上反映的是实际货币余额（货币存量）对名义货币供应量的调整过程。当国内名义货币供应量与实际经济变量（国民收入、产量等）所决定的实际货币余额需求相一致时，国际收支便处于平衡。

3. 货币论对贬值的分析

货币论从开放经济的角度把货币供应的来源区分为国内部分和国外部分。货币论在考察贬值对国际收支的影响时，有如下基本公式：

$$M_d = EPf(y \cdot i)$$

上式中，E 为本币衡量的外币价格（直接标价法），P 为国外的价格水平。当本国货币贬值时，E 值上升，由此引起国内价格 P 上升。E 和 P 同时上升，为使等式两边相等，$f(y \cdot i)$ 相应地下降，这表明对实际货币余额的需求下降。或者，$f(y \cdot i)$ 不下降，则 M_d 相应地上升，从而使国际收支发生顺差（或逆差减少）。由此，货币论关于贬值的上述公式可归结为：贬值引起该国国内价格上升、实际货币余额减少，从而对经济具有紧缩作用。货币贬值若要改善国际收支，则在贬值时，国内的名义货币供应不能增加。因为 $R=M_d-D$，或 D 与 M_d 同时增加，并且 D 的增加大于或等于 M_d 的增加，则贬值不能改善国际收支状况。

4. 货币论的政策主张

货币论的政策主张，归纳起来有以下几点。

（1）所有国际收支失衡在本质上都是货币的原因，因此国际收支失衡都可以用国内货币政策来解决。

（2）所谓国内货币政策，主要指货币供应政策。因为货币需求是收入、利率的函数，而货币供应在很大程度上可由政府操纵，所以扩张性的货币政策（使 D 增加）可以减少国际收支顺差，而紧缩性的货币政策（使 D 减少）可以减少国际收支逆差。

（3）为平衡国际收支而采取的贬值、进口限额、关税、外汇管制等贸易和金融干预措施，只有当它们的作用是提高货币需求，尤其是提高国内价格水平时，才能改善国际收支状况，而且这种影响是暂时的。如果在施加干预措施的同时伴有国内信贷膨胀，则国际收支不一定能改善，甚至还可能恶化。

货币论主张的核心是：在国际收支发生逆差时，应注重国内信贷的紧缩。

（三）对货币论的评价

1. 理论的贡献

首先，货币论唤起了人们在国际收支分析中对货币因素的重新重视。自凯恩斯主义出现以后，人们对国际收支问题的分析只注重实体经济因素，而忽视了货币因素的存在及其在国际收支中的作用。

其次，货币论把货币供应的来源区分为国内部分和国外部分是货币论的贡献之一，货币论的基本原理后来成为汇率决定的货币供求说的基础。

再次，货币论突破了将国际收支等同于贸易收支的局限，因此对国际收支状况的分析比较全面，也比较符合经济运行的实际情况。

最后，货币论还强调了国际收支差额将引起货币存量的变化，至少在短期内能够影响一国的经济活动。人们只要了解到国际收支差额对于货币存量变化的不可忽视的影响，就可以在政策上采取有效的措施。

2. 理论的局限性

首先，货币论认为货币需求是收入和利率的稳定函数，但如果它不是稳定的，那么国际收支就不能仅仅从货币供应的变化中预测出来。另外，货币论假定货币供应对实物产量和收入没有影响，这是不切合实际的。

其次，货币论认为贬值仅有紧缩性影响，贬值能暂时性地改善国际收支，是因为它减少了对实际货币余额的需求和增加了对名义货币的需求。实际货币余额需求减少，意味着消费、投资、收入的下降，这无法解释为什么许多国家把贬值作为刺激出口和经济增长的手段。

最后，货币论认为国际收支逆差的基本对策是紧缩性货币政策，这显然是以牺牲国内实际货币余额或实际消费、投资、收入和经济增长为代价的，这一点曾受到许多国家，尤其是发展中国家经济学家的严厉批评。

四、三种国际收支调节理论的比较

国际收支调节理论主要集中于一国国际收支的决定因素和保持国际收支平衡的政策研究上。其经典的理论主要包括弹性论、吸收论和货币论。这三种调节理论各有侧重，具有一定的互补性。

弹性论以运用局部分析法为基础，认为进出口商品必须满足一定条件，货币贬值才能改善国际收支；吸收论侧重分析收入和支出，主要是从宏观经济整体角度考察贬值对国际收支的影响；货币论以货币数量为基础，认为国际收支失衡是货币供求存量失衡的结果。

相比而言，从考察期限看，弹性论、吸收论注重中短期分析，而货币论侧重于长期分析。从分析对象看，弹性论是对商品市场的微观分析，而吸收论和货币论是对商品市场和货币市场的宏观经济分析。从政策主张看，弹性论偏向于采用汇率政策作为调整国际收支失衡的最有效政策，吸收论倾向于总需求管理，货币论则主张用货币政策来对付国际收支失衡。从贬值效果看，弹性论、吸收论都认为贬值在一定条件下会对经济产生扩张作用，而货币论则认为贬值会使国内经济收缩。

总之，弹性论和吸收论都强调商品市场流量均衡在国际收支调节中的作用，而货币论则强调货币市场存量均衡的作用。前两者注重经常账户，尤其是贸易收支，而货币论则将国际资产流动作为考察对象，强调国际收支的综合差额。

当前，弹性论、吸收论和货币论不但为许多国家所重视，而且也成为IMF调节国际收支方案的理论依据。例如，当某成员国际收支处于严重困难境地，并要求IMF提供高档信贷部分贷款时，IMF往往要求该成员采取大规模削减财政赤字、严格控制信贷和进行货币贬值等措施，以改善国际收支。IMF的这些要求，就是以货币论为基础的，认为货币供求是决定国际收支的首要因素，因而强调实行以控制国内信贷为主的政策。同时，这些要求还反映了吸收论的以控制国内需求为主，以及弹性论的以货币贬值来促进进出口的论点。

拓展阅读

2018年上半年中国国际收支报告

一、基本概况

2018年上半年，全球经济总体延续复苏态势，但受全球贸易摩擦、金融市场波动等影响，下行风险有所增加。我国经济运行保持总体平稳，人民币对美元汇率双向波动，汇率预期基本稳定。

（一）2018年上半年，我国国际收支继续呈现自主平衡格局

经常账户差额处于合理区间，一季度小幅逆差，二季度转为小幅顺差。

其中，2018年上半年货物贸易顺差1 553亿美元。非储备性质的金融账户顺差进一步扩大，2018年上半年顺差1 288亿美元，同比增长90%。从主要项目看，直接投资顺差798亿美元，同比增长4.7倍；证券投资顺差713亿美元，2017年同期为逆差195亿美元；其他投资逆差203亿美元。从投资方向看，2018年上半年境内主体对外各类投资平稳增长，合计净增加1 652亿美元，同比多增23%。境外主体来华各类投资较快上升、结构优化，2018年上半年净流入2 940亿美元，同比多增45%。其中，直接投资、证券投资净流入增长较快，其他投资净流入稳中有降。2018年上半年，交易形成的外汇储备增加 494 亿美元。截至 2018 年 6 月末，我国对外金融资产和负债较 2017 年年末增长 1.6%和 3.6%，对外净资产 1.74 万亿美元。

（二）2018 年下半年，预计我国国际收支运行维持基本平衡格局

随着供给侧结构性改革的深入推进，我国经济发展内生动力将进一步增强；同时，服务业等领域对外开放逐步深化，资本市场的国际投资者参与度也会继续提升，我国经常账户差额将继续保持在合理区间，跨境资本均衡流动的基础更加稳固。下一步，外汇管理部门将坚持稳中求进工作总基调，在持续深化外汇管理改革，服务国家全面开放新格局的同时，积极防范跨境资本流动风险，维护国家经济金融安全。

二、如何看待我国经常账户的演变

21 世纪以来，我国经常账户发生较大变化。2008 年以前，随着涉外经济快速发展，经常账户顺差较快增加，与 GDP 之比从 2001 年的 1.3%升至 2007 年的 9.9%。2008 年后总体回落，2010 年降至 3.9%，2011 年起基本维持在 2%左右，2018 年上半年更趋平衡。上述变化可从以下四个方面客观、理性地看待。

（一）当前我国经常账户收支依然处于基本平衡的合理区间

2016 年和 2017 年，我国经常账户顺差与 GDP 之比分别为 1.8%和 1.3%，部分季度顺差与 GDP 之比最低达到过 0.5%，说明近几年我国经常账户收支已经达到了平衡的区间，受内需、外需以及国际大宗商品价格等周期性因素以及季节性因素影响，小幅顺差和小幅逆差很容易交替出现，但都属于基本平衡的范畴。在实践中，国际上研究认为经常账户逆差是否持续超过 GDP 的 4%~5%左右，是一个关键的早期预警指标。

（二）我国经常账户演变是国内经济发展和经济结构优化的客观反映

一方面，随着我国经济向高质量发展迈进，国内制造业转型升级使得近年来货物贸易顺差扩张势头放缓。国际经验表明，当一国制造业发展较快时，产能输出较大，货物贸易往往呈现顺差。制造业发展到一定程度后，随着国民收入的提高，生产要素成本等比较优势逐步减弱，需要转型升级，货物贸易顺差将有所下降，历史上的美、日、韩、中国台湾均有此规律。

另一方面，随着我国居民收入水平的持续提升，消费能力进一步增强，消费升级有所加快，跨境消费随之增多。近年来，我国居民收入持续增加、财富效应逐步显现，改变了很多国内居民的消费观念，进一步加快了消费升级的速度，驱动我国居民不断拓宽消费渠道，包括境外商品与服务，这与日本、韩国的历史发展趋势类似。同时，我国人口结构变化、抚养比上升也推动消费有所增加。

（三）我国经常账户趋向平衡具有十分重要的积极意义

（1）体现了我国经济转向高质量发展的效果。我国经常账户顺差从高位回落到基本平衡格局，说明我国经济的内外部平衡取得实质进展，内需对拉动经济增长的作用显著增加。2008 年至 2017 年，内需对我国经济增长的年均贡献率达到了 105.7%。

（2）反映了我国经济发展模式的转变。在我国国民收入逐步提升的背景下，通过低廉劳动力、消耗资源甚至损害环境来获得竞争力并推动出口的发展模式不可取，以供给侧结构性改革推动国内制造业转型升级是必由之路。

（3）有利于提高我国宏观调控的主动性。

（4）对于全球经济再平衡具有重要贡献。

（四）未来我国经常账户收支有望保持相对合理的水平

其主要原因有以下几点：

1. 我国制造业在国民经济中将长期处于比较重要的位置

当前，国内已经形成了较成熟的制造业基础设施，具有大量的技术工人，产业链条也比较完备，在全球的竞争力依然较强。未来随着制造业转型升级逐步推进，有助于货物贸易在中长期维持合理、稳定的发展格局。就如德国、日本等中高端制造业决定了其对外贸易总体状况，中国台湾和韩国在制造业转型升级后货物贸易盈余稳步回升一样。

2. 我国居民跨境消费将更加理性和稳定

以服务贸易项下表现较突出的境外旅游、留学消费为例，近年来达到较高水平后有所企稳，2015 年至 2017 年国际旅行支出（含旅游、留学等）与 GDP 之比为 2.3%、2.2%和 2.1%，2018 年上半年为 2.1%。同时，随着我国制造业转型升级以及生态环境、教育、旅游等软实力的提升，国内居民境内消费的选择也会增多，将对境外消费形成替代作用。

3. 我国对外资产结构将逐步优化

直接投资等非储备性质的对外资产占比仍会进一步上升，有助于提高我国境外投资收益，增加相关的经常账户收入。总体看，我国经常账户出现持续大幅逆差的概率较低。分部门来看，对外直接投资结构将进一步优化。

（1）非金融部门的直接投资资产净增加 360 亿美元，同比多增 13%。在国内“走出去”的行业中，制造业继续保持首位，占比为 36%。境内企业对外直接投资目的地更为分散。一方面，中国香港、英属维尔京和开曼群岛等资金进出管理相对宽松的国家/地区仍是境内企业“走出去”分布较为集中的地区。另一方面，排名前二十位的“走出去”目的地国家/地区中，七个为“一带一路”沿线国家。我国对排名前二十位国家中“一带一路”国家的直接投资金额同比增长 15%。

（2）金融部门的直接投资资产净增加 98 亿美元，同比多增 6%，基本来自银行部门。

未来我国将贯彻新发展理念，以供给侧结构性改革为主线，提高供给体系质量，发展先进制造业，加快建设制造强国，支持传统产业优化升级，发展现代服务业，促进我国产业迈向全球价值链中高端，为我国经常账户收支保持在合理区间奠定更加坚实的基础。

三、资本市场加快开放，证券投资差额由逆转顺

2018 年上半年，我国推出多项改革措施，资本市场对外开放程度不断提升，证券投资项下总体呈现净流入状态。

（一）合格境外机构投资者境内证券投资更加便利

为进一步完善合格境外机构投资者境内证券投资外汇管理，取消了 QFII 资金汇出比例要求和 QFII/RQFII 锁定期要求，允许 QFII/RQFII 开展外汇套期保值。2018 年 1—6 月，共有 3 家 QFII 机构获批 33 亿美元额度，5 家 RQFII 机构获批 182.1 亿元人民币额度。

（二）沪（深）港通项下资金大幅净流入

香港联合交易所统计数据显示，2018 年 1—6 月，沪港通下“沪股通”和深港通下“深股通”累计净买入金额 1 602.02 亿元人民币，“港股通”累计净买入金额 949.27 亿元港币。2018 年上半年，沪（深）港通项下资金净流入超过 800 亿元人民币。

（三）境外投资者对银行间债券市场兴趣浓厚

境外投资者通过银行间债券市场直投和债券通等新渠道积极投资银行间债券市场。根据中央国债登记结算有限公司的统计数据，截至 2018 年 6 月底，境外投资者在银行间债券市场的托管量总计约 1.3 万亿元人民币，较 2017 年年末增长超过 0.3 万亿元人民币。

（四）境外投资者积极参与境内商品期货市场

2018 年上半年，我国原油期货和铁矿石期货成功引入境外投资者，境外投资者累计净汇入资金超过 1 亿美元。

（五）资本市场对外开放程度不断提升

（1）A 股、债券市场纳入国际指数吸引投资资金流入。今年 A 股纳入 MSCI 指数和明年债券市场纳入彭博巴克莱全球综合指数等，引导境外投资者投资我国 A 股市场和债券市场，增加人民币资产配置。

（2）原油、铁矿石期货市场在今年上半年对外开放，引入国际投资者参与我国商品期货市场，我国商品期货价格的国际影响力显著提升。

（3）市场普遍认为当前中国资本市场处于价值洼地，中长期投资的外资机构提前开展投资布局。

预计未来证券项下仍将保持顺差状态，境外投资者将继续积极投资我国资本市场。一是我国资本市场仍将继续扩大对外开放。从国际经验看，境外投资者持有我国股票、债券的比例还有很大的增长空间。二是预计追踪指数的国际投资者将相应增持我国股票和债券，带来证券投资项下资金流入。

四、结语

2018 年下半年，外汇管理部门将继续坚持稳中求进工作总基调，深入推进供给侧结构性改革，推动金融市场双向开放，防范化解相关风险，促进经济平稳健康发展。

（一）持续深化外汇管理改革，服务国家全面开放新格局。有序实现人民币资本项目可兑换，保障外商投资合法权益；扩大外汇市场开放，丰富交易产品和工具，扩大境内外参与主体，建设开放的、有竞争力的外汇市场；不断提升贸易投资自由化便利化水平，支持贸易新业态新模式发展，做好首届中国国际进口博览会外汇管理服务工作；促进“一带一路”建设，稳步推进自贸区、自由贸易港等外汇管理改革开放试点。

（二）积极防范跨境资本流动风险，维护国家经济金融安全。建立健全跨境资本流动的“宏观审慎+微观监管”两位一体管理框架；加强银行等金融机构合规经营监督核查力度，严厉打击虚假欺骗性交易、地下钱庄、非法外汇交易平台等外汇违法犯罪活动，维护外汇市场的良好秩序。

（三）保障外汇储备安全、流动和保值增值，积极服务国家战略大局。

（资料来源：国家外汇管理局国际收支分析小组，2018 年上半年中国国际收支报告，2018.9.28.）

基本概念

国际收支　狭义的国际收支　广义的国际收支　国际收支平衡表　经常账户　资本账户　金融账户　直接投资　证券投资　特别提款权　误差与遗漏账户　国际收支失衡　自发性交易　调整性交易　结构性失衡　周期性失衡　收入性失衡　货币性失衡　临时性失衡　外汇缓冲政策　直接管制　国际借贷　马歇尔—勒纳条件　J 曲线效应　边际吸收倾向

复习思考题

一、单项选择题

1．国际收支概念产生于（　　）。

A．17 世纪初的重商主义时代　　B．资本原始积累时期

C．金本位制崩溃后　　D．第二次世界大战后

2．下列国际交易不涉及货币支付的有（　　）。

A．商品贸易　　B．以货币形式提供的无偿援助

C．投资　　D．补偿贸易

3．国际收支反映的内容是以（　　）为基础的。

A．支付　　B．居民

C．交易　　D．经济领土

4．国际收支平衡表的记账原则采用（　　）。

A．权责发生制　　B．成交价格为计价基础的原则

C．复式记账原则　　D．所有权转移原则

5．国际收支平衡表使用成交的（　　）作为计价基础。IMF 建议无论进出口均采用（　　）来计算。

A．市场价格，CIF　　B．市场价格，FOB

C．完税价格，CIF　　D．国际价格，FOB

6．国际收支平衡表的计价货币应采用（　　），汇率应当按照（　　）的汇率进行转换。

A．美元制，支付时　　B．单一制，支付时

C．美元制，签约时　　D．单一制，签约时

7．经常账户包括（　　）。

A．货物、债券、报酬及单方面转移四个项目

B．货物、服务、收入和经常转移四个项目

C．货物、服务、旅游和单方面转移四个项目

D．货物、投资、服务和经常转移四个项目

8．下列不属于证券投资的是（　　）。

A．购买非居民的公司股票达 30%的　　B．持有非居民的长期债券达 5%的

C．购买另一国的期权　　D．购买另一国的国债达 2%的

9．下列不属于官方储备的是（　　）。

A．外汇　　B．货币黄金

C．特别提款权　　D．非货币黄金

10．根据国际惯例，只要误差与遗漏账户占国际收支口径的货物进出口额的比重（　　），都是可以接受的。

A．不超过 5%　　B．不超过 3%

C．不超过 5‰　　D．不超过 3‰

11．（　　）属于纸币本位的浮动汇率制度下的国际收支调节机制。

A．收入调节机制　　B．货币调节机制

C．汇率调节机制　　D．利率调节机制

12．（　　）是从微观角度进行分析，着眼于价格变动引起的国际收支调整，其基本思路是货币贬值通过影响国内外相对价格体系进而对国际收支发生作用。

A．弹性论　　B．吸收论

C．货币论　　D．汇率论

13．下列（　　）表示的是马歇尔—勒纳条件。

A．$B=Y-A$　　B．$R = M_d - D$

C．$|D_x + D_m| > 1$　　D．$|D_x + D_m| < 1$

14．（　　）以凯恩斯宏观经济理论为基础，从国民收入的产出及支出的关系出发，考察了贸易收支失衡的问题。

A．弹性论　　B．吸收论　　C．货币论　　D．汇率论

15．（　　）是认为货币供求决定一国国际收支状况的国际收支理论，强调国际收支本质上是一种货币现象，决定国际收支的关键是货币需求和供给之间的关系。

A．弹性论　　B．吸收论　　C．货币论　　D．汇率论

二、多项选择题

1. 下列关于国际收支表述正确的有（　　）。

A. 国际间的货币收支及其他以货币记录的经济交易共同构成了国际收支的主要内容

B. 是一定时期内一个国家或地区与其他国家之间产生的各项经济活动的货币价值之和

C. 广义的国际收支是指在一定时期内一国对外经济往来产生的各种外汇收入与支出必须立即结清

D. 狭义的国际收支强调只有以现金支付的国际经济交易才能计入国际收支

2. IMF 规定国际收支的范围包括一个经济体和其他经济体之间的（　　）交易行为。

A. 商品、劳务和收益　　B. 无偿转移

C. 货币黄金、特别提款权的所有权变动　　D. 债权债务的变化

3. 下列属于中国居民的有（　　）。

A. 在中国境内居留 1 年以上的外国自然人，以及中国港、澳、台地区在境内的留学生、就医人员、外国驻华使领馆中的外籍工作人员及其家属

B. 中国在境外居留时间不满 1 年的留学、就医人员及中国驻外使领馆的中方工作人员

C. 在中国境内依法成立的外商投资企业及境外法人的驻华机构

D. 驻外中国国家机关（中国驻外使领馆）、团体、部队等

4. 广义的国际收支以经济交易为基础，以货币形式记录下来。所谓交易包括（　　）。

A. 转移　　B. 交换

C. 移居　　D. 根据推论而存在的交易

5. 国际收支是一个（　　）概念。

A. 存量　　B. 流量　　C. 事前　　D. 事后

6. 国际收支平衡表是对一个国家与其他国家进行经济技术交流过程中所发生的（　　）所做的系统记录。

A. 贸易　　B. 非贸易

C. 资本往来　　D. 储备资产的动态

7. 下列应该计入国际收支平衡表中贷方的有（　　）。

A. 资金流出　　B. 金融资产减少

C. 负债增加　　D. 货物和服务进口

8. 下列属于经常账户的有（　　）。

A. 非货币黄金　　B. 版权费

C．经营性租赁费　　D．政府间的经济援助　　E．货币黄金

9．国际收支平衡表中的资本账户包括（　　）。

A．资本转移　　B．非生产、非金融资产的收买或出售

C．直接投资　　D．间接投资

10．国际收支平衡表中的金融账户包括（　　）。

A．直接投资　　B．证券投资

C．国际信贷　　D．储备资产

11．关于国际收支状况分析方法表述，正确的有（　　）。

A．动态分析是指对一个国家某一时期国际收支平衡表进行账面上的分析

B．静态分析是指对一国若干连续时期的国际收支平衡表进行分析

C．比较分析包括纵向比较分析和横向比较分析

D．国际收支平衡是追求国际收支的长期动态平衡

12．调整性交易又称补偿或事后交易，是为了弥补自主性交易差额而进行的相关交易。国际收支中的（　　）是调整项目。

A．经常账户　　B．资本账户　　C．官方结算　　D．误差和遗漏账户

13．国际收支失衡的类型有（　　）。

A．临时性失衡　　B．结构性失衡　　C．周期性失衡　　D．货币性失衡

E．政策性失衡　　F．收入性失衡

14．一国国际收支如果出现持续顺差，那么带来的影响有（　　）。

A．外汇汇率下跌，本币汇率上升　　B．不利于出口

C．获取外汇的能力减弱　　D．加重国际贸易摩擦

15．国际收支调节的政策措施有（　　）。

A．外汇缓冲政策　　B．财政政策　　C．货币政策

D．直接管制　　E．汇率政策

三、判断题

1．只有居民和非居民之间的经济交易才计入国际收支。（　　）

2．一国的经济领土，一般包括一个政府所管辖的地理领土，还包括该国天空、水域和邻近水域下的大陆架，以及该国在世界其他地方的飞地，但不包括海关控制下的自由区和离岸企业经营的保税仓库或工厂。（　　）

3．联合国、IMF和大使馆等驻外机构是任何国家的居民。（　　）

4．国际收支平衡表是反映一定时期一国同外国的部分经济往来的收支流量表。（　　）

5．国际收支平衡表的记账原则是会计上“有借必有贷，借贷必相等”的复式簿记原理，贷方记录资产的减少、负债的增加，记为“–”；借方记录资产的增加、负债的减少，记为“+”。（　　）

6．经常账户顺差表示该国为净借款人，经常账户逆差表示该国为净贷款人，进出口均按离岸价计算。(　　)

7．自发性交易又称事前交易，是企业或个人出于经济利益或其他动机进行的国际交易，与国际收支调整有关。(　　)

8．金本位制下的国际收支失衡完全能够自发调节，无须任何人为干预。(　　)

9．只有当财政、货币政策不能调节国际收支失衡时，才使用汇率政策调节国际收支。(　　)

10．实施直接管制措施调节国际收支失衡见效快、选择性强，对全局性的国际收支失衡可以采取有针对性的措施直接加以调节，不必涉及整体经济。(　　)

11．本币贬值能否改善贸易收支应取决于出口需求弹性与进口需求弹性之和的大小。(　　)

12．货币论只是一种静态分析，忽视了汇率变动效应的“时滞”问题，也即在本币贬值之后，国际收支的调节是一个动态过程。(　　)

13．弹性论的贡献在于纠正了货币贬值一定有改善贸易收支作用的片面看法，正确指出只有在一定的出口供求弹性条件下，货币贬值才有改善贸易收支的作用。(　　)

14．吸收论是建立在凯恩斯的宏观经济学之上的，采用的是一般均衡分析方法，其政策主张是增加收入（Y）或减少支出（A）。(　　)

15．弹性论注重中短期分析，而吸收论、货币论侧重于长期分析。(　　)

16．弹性论是对商品市场的微观分析，而吸收论和货币论是对商品市场和货币市场的宏观经济分析。(　　)

四、问答题

1．什么是国际收支？理解国际收支要注意哪些问题？

2．为什么要研究国际收支？

3．国际收支平衡表包括哪些账户？具体内容有哪些？

4．试述国际收支平衡表的编制原理。

5．对国际收支平衡表的分析方法都有哪些？如何应用？

6．国际收支状况的分析有哪些意义？

7．什么是国际收支失衡？失衡的原因是什么？

8．国际收支失衡的类型包括哪些？

9．当一国国际收支出现失衡状况时，如何进行自动调节？请分别阐述在不同的货币本位制下的自动调节机制。

10．当一国国际收支出现失衡状况时，政府如何进行人为调节？具体的政策措施有哪些？内容是什么？

11．我国国际收支产生长期“双顺差”的原因有哪些？

12．2015 年以来我国国际收支为什么会从“双顺差”转变为“一顺一逆”？

13．弹性论的主要内容是什么？这种理论有何优缺点？

14．试解释 J 曲线效应的成因和政策含义。

15．吸收论的主要内容是什么？政策主张有哪些？这种理论有何优缺点？

16．货币论的主要内容是什么？政策主张有哪些？这种理论有何优缺点？

17．试比较三种国际收支调节理论的异同。

第二章　国际储备

学习目标

通过本章的学习了解国际储备的来源及作用；掌握国际储备的含义、特征；掌握国际储备的构成，包括自有储备和借入储备的内容；通过学习国际储备的管理，掌握国际储备管理的原则和目标，以及如何确定储备的规模和结构；通过学习我国国际储备的构成及特点，了解我国国际储备的管理目标和管理策略。

一国国际储备资产的拥有量反映了该国对外经济实力，同时也是综合国力的表现。一般来说，国际收支顺差会使本国国际储备资产增加，反之亦然。在全球化背景和开放经济条件下，一国或地区调控内外失衡的成本越来越高，调整政策的局限性日益凸显，各国货币当局更加重视运用融资政策作为政策调节的主要手段，而国际储备的多少和对其管理的效率是融资政策是否有效的基础条件。

第一节　国际储备概述

一、国际储备的含义及特征

（一）国际储备的含义

国际储备也称“官方储备”，是一国货币当局持有的，用于国际支付、平衡国际收支和维持其货币汇率的国际间可以接受的一切资产。国际储备是战后国际货币制度改革的重要问题之一，它不但关系各国调节国际收支和稳定汇率的能力，而且会影响世界物价水平和国际贸易的发展。

根据来源的不同，国际储备的概念有广义和狭义之分，通常所讲的国际储备是狭义的国际储备，即自有储备。各种国际性金融组织对国际储备的解释也是基于狭义的国际储备含义。例如，世界银行对国际储备的定义为：国家货币当局占有的那些在国际收支出现逆差时可以直接或通过有保障的机制兑换成其他资产以稳定该国汇率的资产。

广义的国际储备则指的是国际清偿力。它是指一国平衡国际收支和干预外汇市场的总体能力。更确切地说，是一国官方所能动用的一切储备资产的总和。国际清偿力包括自有储备和借入储备，即除了包括该国货币当局直接掌握的国际储备外，还包括该国向外国的临时借款，如来自 IMF 的借款、来自外国政府和银行的借款等。

可见，国际清偿力中包含着国际储备，自有储备只是国际清偿力的一部分。借入储备通常包括一国同 IMF 之间的备用信贷、两国之间的互惠信贷协议，以及本国商业银行的对外短期可兑换货币资产等。

从含义上看，国际储备反映的是一国具有的现实的对外清偿力，而国际清偿力则是该国现实的对外清偿能力和可能的对外清偿能力的总和，是一国综合国力及国际地位和对外资信的重要标志。通常，判断一国短期对外支付能力采用国际储备这一指标，而判断一国国际经济地位、金融资信和长期对外支付能力则往往采用国际清偿力指标。

（二）国际储备的特征

1．官方持有性

官方持有性，即作为国际储备的资产必须是中央货币当局直接掌握并予以使用的，这种直接“掌握”与“使用”可以看成一国中央货币当局的一种“特权”。非官方金融机构、企业和私人持有的黄金、外汇等资产，不能算作国际储备。该特点使国际储备被称为官方储备，也使国际储备与国际清偿力区分开来。

2．自由兑换性

自由兑换性，即作为国际储备的资产必须可以自由地与其他金融资产相交换，充分体现储备资产的国际性。缺乏自由兑换性，储备资产的价值就无法实现，这种储备资产在国际间就不能被普遍接受，也就无法用于弥补国际收支逆差及发挥其他作用。

3．充分流动性

充分流动性，即作为国际储备的资产必须是随时都能够动用的资产，如存放在银行里的活期外汇存款、有价证券等。当一国国际收支失衡或汇率波动过大时，就可以动用这些资产来平衡国际收支或干预外汇市场来维持本国货币汇率的稳定。

4．普遍接受性

普遍接受性，即作为国际储备的资产必须能够为世界各国普遍认同与接受、使用。如果一种金融资产仅在小范围或区域内被接受、使用，尽管它也具备可兑换性和充分流动性，仍不能称为国际储备资产。

二、国际储备的来源

（一）黄金收购

黄金收购包括两方面：一方面，一国从国内收购黄金并集中至中央银行；另一方面，一国中央银行在国际金融市场上购买黄金。

不过，因黄金在各国日常经济交易中使用价值不大，加上黄金产量也有限，因此，黄金在国际储备中的比重一般不会增加。

（二）国际收支顺差

国际收支顺差包括以下两方面。

1. 国际收支中经常账户的顺差

它是国际储备的主要来源。该顺差中最重要的是贸易顺差，其次是劳务顺差。目前，劳务收支在各国经济交往中地位不断提高，许多国家的贸易收支逆差，甚至整个国际收支逆差，都利用劳务收支顺差来弥补。当不存在资本净流出时，如果一国经常账户为顺差，则必然形成国际储备；而当不存在资本净流入时，如果一国经常账户为逆差，则必然使国际储备减少。

2. 国际收支中资本账户的顺差

它是国际储备的重要补充来源。目前，国际资本流动频繁且规模巨大，当借贷资本流入大于借贷资本流出时，就形成资本账户顺差。如果这时不存在经常账户逆差，这些顺差就形成国际储备。这种储备的特点是由负债所构成，到期必须偿还。但在偿还之前，可作储备资产使用。当一国的借贷资本流出大于借贷资本流入时，资本账户必然发生逆差，如果这时有经常账户逆差，则国际储备将会大幅减少。

（三）中央银行干预外汇市场取得的外汇

中央银行干预外汇市场也可取得一定的外汇，从而增加国际储备。当一国的货币汇率受供求的影响而有上升的趋势或已上升时，该国的中央银行往往就会在外汇市场上进行公开市场业务，抛售本币，购进外汇，从而增加本国的国际储备。当一国的货币汇率有下浮趋势或已下浮时，该国就会购进本币，抛售其他硬货币，从而减少本国储备。一般来说，本币汇率上升的国家，往往是国际收支顺差国，因此，没有必要通过购进外汇来增加已过多的外汇储备，但由于共同干预的需要，会自觉或不自觉地增加本国的外汇储备。

这种干预形式在 20 世纪 70 年代以前，主要以单个国家干预的形式出现，到 80 年代发展成为联合干预。例如，1978 年美元汇率暴跌，美国就曾抛售约合 100 亿美元的德国马克以遏止美元汇价下降。但到 80 年代，这种干预面就扩大了，如 1988 年为力守 1 美元兑 120 日元的防线，西方各国中央银行联合干预外汇市场，仅在 1988 年 1 月 4 日这一天之内，美国、日本、德国、法国、英国、意大利、加拿大、瑞士、奥地利等中央银行就购进 20 亿～30 亿美元，从而使这些国家的外汇储备增加，也使美元汇率得以回升。90 年代以来，由于国际金融局势动荡不安，尤其 1993 年至 1995 年发生了新的美元危机，1997 年又发生了波及世界金融市场的东南亚货币危机，因此，联合干预得到了进一步加强。

三、国际储备的作用

（一）国际储备作用的两个层次

国际储备的作用，可以从两个层次来理解：第一个层次是从世界范围考察国际储备的作用。随着世界经济和国际贸易的发展，国际储备也相应增加，它起着联系国际商品流动和世界经济发展的作用；第二个层次则是具体到每个国家来考察。

（二）各国持有国际储备的主要作用

1. 清算国际收支差额，维持对外支付能力

当一国发生国际收支困难时，政府须采取措施加以纠正。如果国际收支困难是暂时性的，则可通过使用国际储备予以解决，不必采取影响整个宏观经济的财政货币政策来调节。如果国际收支困难是长期的、巨额的，或根本性的，则国际储备可以起到一种缓冲作用，它使政府有时间渐进地推行其财政及货币调节政策，避免因猛烈的调节措施可能带来的社会震荡。

2. 干预外汇市场，调节本国货币汇率

当本国货币汇率在外汇市场上发生变动或波动时，尤其是因非稳定性投机因素引起本国货币汇率波动时，政府可动用储备来缓和汇率的波动，甚至改变其波动的方向。通过出售外汇储备来购入本币，可使本国货币汇率上升；反之，通过购入外汇抛出本币，可增加市场上本币的供应，从而使本国货币汇率下浮。由于各国货币金融当局持有的国际储备总是有限的，因而外汇市场干预只能对汇率产生短期的影响。但是，汇率的波动在很多情况下是由短期因素引起的，故外汇市场干预能对稳定汇率，乃至稳定整个宏观金融和经济秩序起到积极作用。

3. 信用保证

国际储备的信用保证作用包含两层意思：一是可以作为政府向外借款的保证；二是可以提高对本国货币价值稳定性的信心。

4. 赢得竞争利益

一国持有比较充分的国际储备，政府就有力量使其货币高估或低估，争取国际竞争的优势。如果是储备中心国家，这对于支持其关键货币的国际地位，是至关重要的。

综上所述，国际储备不但是一种支付手段，而且是平衡资产和干预资产。

第二节　国际储备的构成

一般而言，一国的国际储备可以分为两部分：一部分用于日常弥补赤字和干预外汇市场的需要，称为交易性储备；另一部分用于不可预测的突发性内外冲击，称为预防性储备。前者与弥补赤字和干预外汇市场所需储备量保持一致，后者则需按照分散原则进行投资。

从国际清偿力的角度看，国际储备的构成包括以下两种。

一、自有储备

自有储备主要包括一国的货币用黄金储备、外汇储备、在 IMF 的储备头寸，以及在 IMF 的特别提款权。

（一）黄金储备

黄金储备是指一国货币当局持有的，用以平衡国际收支、维持或影响汇率水平，作为金融资产持有的黄金。

黄金储备的管理意义在于实现黄金储备最大可能的流动性和收益性。作为国际储备的主要形式之一，黄金储备在流动性上有其自身存在的局限性，因此应考虑其规模适度的问题。

黄金储备量作为国际储备的一个部分，只是衡量国家财富的一个方面，黄金储备量高则抵御国际投资冲击的能力加强，有助于弥补国际收支赤字，有助于维持一国的经济稳定。另外，其储备量的多寡也关系到一国对外经济贸易的资信程度。它在稳定国民经济、抑制通货膨胀、提高国际资信等方面有着特殊的作用。这种作用无论是在发达国家，还是在发展中国家都是相当显著的。不过过高的黄金储备量会导致中央银行的持有成本增加，因为黄金储备的收益率从长期来看基本为零，而且在金本位制解体以后黄金储备的重要性已大大降低。

各国要储备黄金是由其货币属性决定的。由于黄金的优良特性，历史上黄金充当货币的职能，如价值尺度、流通手段、储藏手段、支付手段及历史货币。随着社会经济的发展，黄金已退出流通领域。20 世纪 70 年代布雷顿森林体系瓦解，黄金与美元脱钩，黄金的货币职能也有所减弱，但仍保持一定的货币职能。许多国家，包括西方主要国家的国际储备中，黄金仍占有相当重要的地位。黄金相对纸币，具有相对的内在稳定性，而纸币则受发行国家或金融机构的信用和偿付能力的影响，债权处于被动地位，不如黄金可靠。

黄金作为各国储备，作用不容忽视。据世界黄金协会最新的数据显示，截至 2018 年 1 月，全球官方黄金储备共计 33 726.2 吨。世界黄金协会在官网更新的 2018 年 1 月世界各国（地区）及组织官方黄金储备排行如表 2-1 所示。

表 2-1 世界各国（地区）及组织官方黄金储备排行

排序	国家（地区）及组织	黄金储备（吨）	黄金储备占外汇储备的比例（%）
1	美国	8 133.5	75.0
2	德国	3 373.6	69.1
3	IMF	2 814.0	—
4	意大利	2 451.8	67.5
5	法国	2 435.9	63.5
6	中国大陆	1 842.6	2.4
7	俄罗斯	1 828.6	17.5
8	瑞士	1 040.0	5.4
9	日本	765.2	2.5
10	荷兰	612.5	66.6
11	印度	557.8	5.7

续表

排序	国家（地区）及组织	黄金储备（吨）	黄金储备占外汇储备的比例（%）
12	土耳其	525.8	18.4
13	欧洲中央银行	504.8	28.4
14	中国台湾	423.6	3.7
15	葡萄牙	382.5	63.4
16	沙特阿拉伯	322.9	2.7
17	英国	310.3	8.8
18	哈萨克斯坦	295.7	38.7
19	黎巴嫩	286.8	20.8
20	西班牙	281.6	17.0

（资料来源：http://www.com/a/209207298_119759）

（二）外汇储备

外汇储备又称外汇存底，是指为了应付国际支付的需要，各国的中央银行及其他政府机构所集中掌握的外汇资产。外汇储备的具体形式是政府在国外的短期存款或其他可以在国外兑现的支付手段，如外国有价证券，外国银行的支票、本票、外币汇票等。主要用于清偿国际收支逆差，以及干预外汇市场以维持该国货币的汇率。外汇储备是当今国际储备中的重要主体。

外汇储备的功能主要包括以下四个方面：调节国际收支，保证对外支付；干预外汇市场，稳定本币汇率；维护国际信誉，提高融资能力；增强综合国力，抵抗金融风险。

在金本位制下，外汇储备处于极其次要的地位。在布雷顿森林体系创立之后，外汇储备的地位虽有所提高，但在第二次世界大战结束后，同黄金储备相比，仍处于次要地位。随着布雷顿森林体系的崩溃，外汇储备在国际储备总额中的比重迅速提高，并于 1970 年超过黄金储备的比重而占首要地位。目前在实际操作中，外汇储备使用的频率最高，规模也最大。

在第一次世界大战前，英镑是最主要的储备货币。到了 20 世纪 30 年代，美元崛起，与英镑共享主要储备货币的地位。从第二次世界大战以后，美元由于是唯一在一定条件下可兑换为黄金的货币，处于“等同”黄金的地位，从而成为各国外汇储备中最主要的储备货币。在 70 年代以前，外汇储备的供给主要依赖美元。美国通过其国际收支逆差使大量美元流出美国，其中一部分被各国政府所拥有，成为各国的美元储备。自 60 年代开始，由于美元危机频发，其储备货币的地位逐渐下降。其他一些国家如日本、德国在经济上的崛起，以及在世界经贸领域中作用的扩大，使得日元、马克的储备货币地位不断上升，从而形成储备货币多元化趋势。随着中国经济的崛起，人民币纳入特别提款权货币篮子，人民币结算受到越来越多国家的重视，2018 年年初，德国中央银行已决定在外汇储备中纳入人民币。

一定的外汇储备是一国进行经济调节、实现内外平衡的重要手段。当国际收支出现逆差时，动用外汇储备可以促进国际收支的平衡；当国内宏观经济不平衡，出现总需求大于总供给时，可以动用外汇组织进口，从而调节总供给与总需求的关系，促进宏观经济的平衡。同时，当汇率出现波动时，可以利用外汇储备干预汇率，使之趋于稳定。因此，外汇储备是实现经济均衡稳定的一个必不可少的手段，特别是在经济全球化不断发展、一国经济更易于受到其他国家经济影响的情况下，更是如此。外汇储备作为一个国家经济金融实力的标志，是弥补该国国际收支逆差、抵御金融风暴、稳定该国汇率以及维持该国国际信誉的物质基础。对于发展中国家来说，往往要持有高于常规水平的外汇储备。

一般来说，外汇储备的增加不但可以增强宏观调控的能力，而且有利于维护国家和企业在国际上的信誉，有助于拓展国际贸易、吸引外国投资、降低国内企业融资成本、防范和化解国际金融风险。但是，外汇储备并非多多益善，多年来中国外汇储备规模的急剧扩大对经济发展产生了许多负面影响。适度外汇储备水平取决于多种因素，如进出口状况、外债规模、实际利用外资等。应根据持有外汇储备的收益、成本比较和这些方面的状况把外汇储备保持在适度的水平上。

（三）在 IMF 的储备头寸

储备头寸也称普通提款权，是指 IMF 的会员按照规定从基金组织提取一定数额款项的权利，它是 IMF 最基本的一项贷款，用于解决成员国际收支失衡，但不能用于成员贸易和非贸易的经常账户支付。储备头寸是一国在 IMF 的自动提款权，其数额的大小主要取决于该成员在 IMF 认缴的份额。

IMF 实行“基金制”，当一个国家加入基金组织时，必须向该组织缴纳一定份额的款项，作为入股基金，我们称为份额。按该组织现在的规定，认缴份额的 25%必须以可兑换货币缴纳，其余 75%用本国货币缴纳。当成员发生国际收支困难时，就有权向 IMF 申请普通贷款。贷款最高限额可达成员所缴份额的 125%，分为 5 档，每档 25%。第一档由于是成员认缴的可兑换货币，因此条件较宽松，成员只要提出申请便可提用，是一种无条件贷款，这一档称为储备部分提款权。其余 4 档的使用条件逐渐严格，称为信用提款权，是成员以本国货币作为抵押的形式，在 IMF 可能的借入储备。储备头寸等于成员以可兑换的外汇资产向 IMF 认缴其份额的 25%的部分而产生的对 IMF 的债权，再加上 IMF 用去的本国货币持有量部分而产生的对 IMF 的债权。

（四）在 IMF 的特别提款权

特别提款权，亦称“纸黄金”，最早发行于 1969 年，是 IMF 根据成员认缴的份额分配的，可用于偿还 IMF 债务、弥补成员政府之间国际收支逆差的一种账面资产。其价值目前由美元、欧元、人民币、日元和英镑组成的一揽子储备货币所决定。成员在发生国际收支逆差时，可用它向 IMF 指定的其他成员换取外汇，以偿付国际收支逆差或偿还 IMF 的贷款，还可与黄金、自由兑换货币一样充当国际储备。因为它是 IMF 原有的普通提款权以外的一种补充，所以称为特别提款权。最初发行时每一单位等于

0.888 克黄金，与当时的美元等值。发行特别提款权旨在补充黄金及可自由兑换货币以保持外汇市场的稳定。

2015 年 11 月 30 日，IMF 正式宣布人民币在 2016 年 10 月 1 日加入特别提款权。2016 年 10 月 1 日，特别提款权的价值由美元、欧元、人民币、日元、英镑这五种货币所构成的一揽子货币的当期汇率确定，所占权重分别为 41.73%、30.93%、10.92%、8.33%和 8.09%。

第二次世界大战后，布雷顿森林体系于 1944 年成形，美元的币值与黄金挂钩，其他主要国家的货币汇率钉住美元。20 世纪 60 年代初爆发的美元第一次危机，暴露出以美元为中心的布雷顿森林体系的重大缺陷：以一国货币为支柱的国际货币体系是不可能保持长期稳定的。该体系下，只有黄金和美元是储备资产。黄金的供给很少，美国只能通过持续的国际收支逆差向世界提供更多美元作为国际基础货币。当时，很多国家尚在战后复苏期，劳动成本相对美国较低，钉住美元能够刺激出口，所以多数国家不愿意调整汇率。全球国际收支调整机制的缺位，使得美国贸易持续逆差，人们对固定的美元对黄金比率的信心一点点被侵蚀。美籍经济学家特里芬提出的这一问题被命名为“特里芬难题”：世界必须在全球货币流动性匮乏与对美元的信心丧失之间做选择。为了让布雷顿森林体系继续运转，IMF 提出创设一种补充性的国际储备资产，作为对美国以外美元供给的补充。1969 年，IMF 创设特别提款权，初始价值被设为 1 单位特别提款权对 1 美元，相当于 0.888 671 克黄金。

提款权的分配是无偿的，它具有价值尺度、支付手段、贮藏手段的职能，但没有流通手段的职能，不能被私人直接用于国际商品的流通，目前特别提款权的持有人分为两类：一类是法定持有人，它指基金组织成员的各国政府；另一类是指定持有人，它指 IMF 特别指定可以持有和使用特别提款权的区域性或国际性金融机构，包括国际清算银行、世界银行和国际开发协会、亚洲开发银行、瑞士国民银行等机构。

二、借入储备

（一）备用信贷

备用信贷是指某一成员在国际收支发生困难或预计要发生困难时，同 IMF 签订的一种备用借款协议。协议一经签订后，成员在需要时可按协议规定的方法提用，不需要再办理新的手续。这种协议通常包括可借用款项的额度、使用期限、利率、分阶段使用的规定、币种，等等。

备用信贷协议中规定的借款额度，有时并不被完全使用。对于未使用部分的款项，只需缴纳约 1%的年管理费。有的成员与 IMF 签订了备用信贷协议后，甚至根本不去使用它。凡按规定可随时使用而未使用的部分，计入借入储备。备用信贷协议的签订，表明政府干预外汇市场的能力扩大和政府干预外汇市场的决心。

（二）互惠信贷协议

互惠信贷协议又称货币互换协定，是指两个国家签订的使用对方货币的协议。按照互惠信贷协议，当其中一国发生国际收支困难时，可按协议规定的高低限额和最长使用期限，自动地使用对方的货币，然后在规定的期限内偿还。按照此协议获得的储备资产是借入的，可以随时使用。美国在20世纪60年代分别同十多个国家签订过互惠信贷协议，以此缓解美元危机。

与备用信贷相同的是：一国获得的储备资产是借入的，是可以随时使用的。与备用信贷不同的是：备用信贷协议是多边的，互惠信贷协议是双边的，互惠信贷协议只能用来解决协议国之间的收支差额，而不能用作清算同第三国的收支差额。

（三）本国商业银行的对外短期可兑换货币资产

本国商业银行的对外短期可兑换货币资产，尤其是在离岸金融市场上的资产，虽然这种资产不属于政府所有，也未被政府借入，但其流动性和投机性很强，对政策的反应特别敏感，政府可以通过政策的、新闻的、道义的手段来诱导其流动方向，从而间接地达到调节国际收支的目的。因此，这类资产又称诱导性储备资产。

第三节 国际储备管理

一、国际储备管理的含义及内容

（一）国际储备管理的含义

国际储备管理是一国政府或货币当局根据一定时期内本国的国际收支状况和经济发展的要求，对国际储备的规模、结构和储备资产的使用进行调整、控制，从而实现储备资产的规模适度化、结构最优化和使用高效化的整个过程。一个国家的国际储备管理包括两个方面：一是国际储备规模的管理，以求得适度的储备水平；二是国际储备结构的管理，使储备资产的结构得以优化。通过国际储备管理，一方面可以维持一国国际收支的正常进行，另一方面可以提高一国国际储备的使用效率。

（二）国际储备管理的内容

国际储备必须控制在适度的规模上，合理的国际储备有利于促进经济的发展。国际储备的管理包括规模管理和结构管理两个方面。

1．国际储备的规模管理

国际储备的规模管理是发挥国际储备使用效益和作用的前提条件。国际储备不是越多越好，也不是越少越好，规模适度才好。如果国际储备过多，超过平衡国际收支的需要，等于放弃了利用这项资金的机会，造成资源的浪费；如果国际储备过少，则会削弱其平衡国际收支和应付各种支付的能力。因此，必须确定适度的国际储备规模。按照国际惯例，国际储备的总额应相当于当年进口额的25%，以能满足3个月的进口需要为宜。

2. 国际储备的结构管理

国际储备的结构管理包括：外汇储备货币结构的管理，即实现储备货币的多元化和币种结构的合理性；国际储备货币资产运用形式的管理，即中央银行将储备货币适当地运用于不同的资产形式；黄金储备数额的管理。

二、国际储备管理的原则和目标

（一）国际储备管理的原则

（1）储备资产的安全性，即储备资产本身价值稳定、存放可靠。

（2）储备资产的流动性，即储备资产要容易变现，可以灵活调用和稳定地供给使用。

（3）储备资产的盈利性，即储备资产在保值的基础上有较高的收益。

（二）国际储备管理的目标

国际储备管理的总体目标是服务于一国的宏观经济发展战略需要，即在国际储备资产的积累水平、构成配置和使用方式上，有利于经济的适度增长和国际收支的平衡。

早期国际储备的一个重要特点是强调国际储备的务实功能，即实实在在地用真金白银去满足进口、支付债务和干预外汇市场的需要。在这种观念下一般认为，适当的外汇储备规模应能满足以下几方面的需求：一是在没有任何外汇收入的情况下，现存外汇储备足以支付一定时期的进口；二是在没有任何外汇收入的情况下，足以让当局有能力支付短期债务；三是当汇率出现波动时，能有足够的外汇用来干预汇率，使之保持稳定。

金融全球化的迅速发展使传统国际储备管理指导思想发生重大变化。2001 年 IMF 对国际储备的新实践给出了新的管理目标：①支持货币政策与汇率管理政策的信心；②通过吸收货币危机的冲击及缓和外部融资渠道的阻塞来限制一国经济的外部脆弱性；③提供一国能够偿还外债的市场信心；④支持对国内货币的信心；⑤支持政府偿还外部债务与使用外汇的需要；⑥应付灾难和突发事件。

在新的管理目标中，虽然诸如对付汇率波动、应付国际赤字支付等传统务实的国际储备管理目标仍然被提及，但是现在国际储备管理的重心在于保持信心。

三、国际储备的规模管理

（一）确定适度国际储备规模的意义

适度的国际储备规模，应当既能满足国家经济增长和对外支付的需要，又不因储备过多而形成积压浪费。

（二）确定适度国际储备规模的参照指标

从理论上讲，适度的国际储备是指国际储备给该国带来的边际收益等于国际储备增量的机会成本时的国际储备量。但测算这一适度量难度很大，通常通过考察各国储备的一般状况和本国的实际情况来确定储备的数量。从定量分析的角度来看，确定适度国际储备量的参照指标包括以下三个。

1. 国际储备对国民生产总值之比

两者之比基本上呈正比例变化关系。在一般情况下，发达国家较低，而发展中国家较高。因为各国的经济发展程度不一，所以在世界范围内没有关于这一比例的统一标准，各国应根据本国的经济发展状况找出两者最适当的比例。

2. 国际储备对外债总额之比

一国的国际储备占外债总额的比例是衡量一国资信和对外清偿能力的重要指标。因此，这一指标能够在一定程度上反映一国国际储备的需求状况。经验表明，一国的国际储备相当于该国对外债务总额的比例以 50%左右为宜。

3. 国际储备对进口额之比（或国际储备能支付进口的月数）

一般认为，一国的国际储备应保证支付 3 个月的进口，或者说储备对进口的比例不低于 25%。从世界范围来看，3 个月进口是大体符合各国确定适度国际储备量的标准。但是，发达国家与发展中国家的适度储备水平存在明显差异，即发达国家倾向于选择较低的国际储备水平，而发展中国家倾向于选择较高的国际储备水平。这主要是由于发达国家有较强的借款能力，尽管其国际储备不能支付 3 个月进口，但其国际清偿能力不低于发展中国家，而且往往高于发展中国家。

（三）确定适度国际储备规模应考虑的因素

一国的国际储备应保持在怎样的水平才算是适度的，目前没有一个普遍适用的标准，需要从一国对国际储备的需求和供给两个方面进行分析。

1. 国际储备的需求

国际储备的需求是指一国在一定时期内，在既定条件下愿意而且能够获得并持有一定量的国际储备资产。决定一国对国际储备需求量的因素主要有以下几个。

（1）持有国际储备的成本。国际储备是一国对国外实际资源的购买力，使用国际储备可以进口商品和服务等实际资源，增加国内投资并加快经济的发展；而持有国际储备意味着牺牲和放弃实际资源可能给该国带来的收益。因此，持有国际储备的机会成本，也就是使用国外实际资源的投资收益率，它显示了一国持有国际储备所付出的代价。进口资源的投资收益率越高，持有国际储备的机会成本越大。但是在一国持有的国际储备中有一些储备资产是可以生息的，如在国外的银行存款和外国政府债券等。于是，一国持有国际储备的成本等于投资收益率与利息收益率之差。这个差额大，表明持有国际储备的成本高；差额小，表明持有国际储备的成本低。受经济利益的制约，一国需要国际储备的数量，会同其持有的国际储备的成本成相反方向变化：持有国际储备的成本越高，国际储备的需求量越少；反之则越多。

（2）经济开放与对外贸易状况。其主要包括一国的对外开放度、进出口贸易在其国民经济中的地位与作用、贸易条件和出口商品在国际市场上的竞争力等。如果一个国家对外开放程度大，其经济发展对进出口贸易的依赖程度就高，那么它会需要较多的国际储备；相反，则需要较少的国际储备。一个在贸易条件上处于不利地位、其出口商品又缺乏竞争力的国家，需要较多的国际储备；相反，则需要较少的国际储备。

（3）对外资信与融资能力。如果一个国家有良好的对外信誉和形象，能在必要时迅速地筹措到各种外汇资金，那么该国对国际储备的需求会小些；反之，对国际储备的需求会大些。因为该国的国际清偿能力不至于因其储备水平较低而降低。但是，如果一国的储备水平过低，就不具备较高的国际信誉，而其借用国外资金的能力也会降低。

（4）金融市场的发育程度。发达的金融市场能够提供较多的诱导性储备，这些储备对利率和汇率等调节政策的反应比较灵敏。因此，金融市场越发达，货币当局对国际储备的需求“冲动”就越少，其保有的储备就会越少；反之，对储备的需求“冲动”就增加，调节国际收支对储备的依赖性就越大。

（5）外汇管制的宽严程度。当一国发生国际收支逆差时，既不靠外汇资金来融通，也不靠实施经济调整来扭转，而是通过对外贸易和外汇的直接管制来扩大外汇收入并限制外汇支出，从而实现国际收支的平衡。这些管制越严格，需要的储备就越少；管制越宽松，需要的储备就越多。

（6）汇率制度与外汇政策的选择。国际储备的一大作用就是干预汇率。如果一国实行固定汇率制度并采取稳定汇率的外汇政策，为干预外汇市场、平抑汇率，就需要持有较多的国际储备；反之，对国际储备需要的数量就少。

（7）货币的国际地位。一国货币如果处于储备货币地位，则可以直接用本国货币来支付短期逆差，也可以对外直接投资去获取更高的投资报酬，而不需要较多的储备；相反，则需要较多的储备。美国是世界上最重要的储备货币发行国，美元是最重要的储备货币，是关键货币，因此，尽管美国的国民生产总值最大，开放度与市场化极高，但其外汇储备并非最多。

（8）应付各种因素对国际收支冲击的需要。一国在考虑对国际储备规模的需求时，还要注意到各种可能出现的因素对本国未来国际收支的冲击，否则可能陷于困境。因此，一国应该对这些冲击的类型和程度有正确的预测。各种因素对一国国际收支冲击的概率和程度，影响着该国国际收支的稳定性，从而决定其对国际储备的需求量。各种因素对国际收支冲击的概率和程度越大，国际收支越不稳定，从而需要的储备就越多；相反，则需要较少的储备。

从上述分析可以看到，确定一国对国际储备的需求量是很复杂的，应将以上各因素综合起来考虑。

2. 国际储备的供给

一个国家的国际储备水平，不仅取决于它对国际储备的需求量，还取决于它对国际储备的供给量。在黄金储备、外汇储备、普通提款权和特别提款权这 4 种储备形式中，后面两项是一国不能主动增减的。因为它们都与成员缴纳给 IMF 的份额密切相关，份额又以该国的经济实力为基础，在其经济实力无显著变化或 IMF 未调整份额的情况下，该国持有的普通提款权和特别提款权就不会增减。因此，一国国际储备的增减主要取决于其黄金储备与外汇储备的增减。

（1）黄金储备。一国黄金储备的增加，主要是通过黄金的国内外交易来实现的。储备货币发行国如果用本国货币在国际市场购买黄金，该国的国际储备可随之扩大；非储备货币发行国只能用其外汇储备在国际市场上购买黄金，其结果只能改变该国国际储备的构成，而不能扩大其国际储备。但是从黄金的国内交易来看，不论是储备货币发行国，还是非储备货币发行国，中央银行以本国货币在国内收购黄金，即所谓的"黄金货币化"，都可增大它们的黄金储备量。不过靠这种办法来增大黄金储备量，受到黄金产量等条件的制约，有一定的限度。

（2）外汇储备。一国增加外汇储备有以下三种渠道：第一，国际收支顺差是增加外汇储备的根本渠道，经常账户的盈余是外汇储备最稳定的来源；第二，一国中央银行为阻止本国货币升值而抛售本国货币，获得的外汇收入将计入外汇储备；第三，一国政府或中央银行向外国政府或国际金融机构的借款也可以作为外汇储备。

（四）确定适度国际储备规模的方法

测算并判断一国适度储备量的方法主要有定性分析法和定量分析法两大类。

1．定性分析法

定性分析法也称质量分析法，它的基本思路：国际储备的短缺或过剩会直接影响某些关键的经济变量和政策倾向，因此，考察这些经济变量和政策倾向的变动，就可以判断储备水平是否适度。例如，表明一国国际储备不足的经济变量和政策倾向主要有下列指标：①持续的高利率政策；②外汇管制、外贸管制；③紧缩性需求管理；④持续的汇率不稳定；⑤把增加储备作为首要的经济目标；⑥新增储备主要来自信用安排。

这些客观指标产生的背景：该国政府已经明确其适度储备量的水平，因而当其采取高利率政策或奖出限入政策来改善国际收支时，便意味着该国存在储备不足的问题。正是由于储备不足，该国政府缺乏干预外汇市场的能力，从而汇率不稳。于是，该国被迫通过国外借款来弥补国际储备缺口。

定性分析法不乏其合理性，但它只能粗略地反映储备的适度性，不能测算出一个确定的储备量。而且用来反映储备适度性的经济变量和政策倾向的变化可能并非由储备过剩或不足引起，而是由其他经济因素，甚至政治因素所引起。因为这种方法的前提是假定储备水平是一种重要的政策目标，政府为达到预定的储备水平目标而调整内部和外部的政策，但有些时候政府的政策调整可能是为了其他更重要的政策目标。

2．定量分析法

（1）比例分析法。

比例分析法，即采用国际储备量与某种经济活动变量之间的比例关系来测算储备需求的最适度水平。其中，进口比例法（R/M 比例法）是目前国际上普遍采用的一种简便易行的衡量方法。这是由美国耶鲁大学的经济学家罗伯特·特里芬教授在其 1960 年出版的《黄金与美元危机》一书中提出的，其基本思路：把国际贸易中的进口作为唯一的变量，用国际储备对进口的比例（R/M）来测算最适度储备量。一国的 R/M 比例应以 40%为最高限，20%为最低限。按全年储备对进口额的比例计算，约为 25%～30%，即一国的储备量应以满足 3～4 个月的进口为宜。

除此以外，比例分析法常用的比例指标还有储备对外债总额的比例、储备对国民生产总值的比例等。这种方法因简明易行而被许多国家所采用，IMF 也是这一方法的支持者。但是比例法也有明显的缺点：首先，某一比例关系只能反映个别经济变量对储备需求的影响，而不能全面反映各种经济变量对储备需求的影响。其次，对于 R/M 比例法来说，一是它理论上存在缺陷，即国际储备的作用并非只是支付进口。二是各国情况不同，例如，各国对持有国际储备的好处和付出的代价看法不同，各国在世界经济中所处的地位不同等，这些差异决定了各国储备政策的差异，因而各国对储备的需求量也就不同。所以，只用进口贸易这个单一指标作为决定各国国际储备需求量的依据，显得有些依据不足。

（2）成本—收益分析法。

成本—收益分析法又称机会成本分析法。这是 20 世纪 60 年代以来，以海勒、阿加沃尔为首的经济学家，将微观经济学的厂商理论"边际成本等于边际收益"，运用于外汇储备总量管理而得出的，即当持有储备的边际成本等于边际收益时，所持有的储备量是适度的。一般情况下，国际储备的需求量与持有储备的机会成本成反比，与持有储备的边际收益成正比。持有储备的机会成本是运用外汇进口资源要素以促进国内经济增长的边际产出（可采用国内投资收益率来计算）。持有储备的边际收益则是运用储备弥补国际收支逆差，避免或推迟采用政策性调节措施，减少对经济造成的不利影响，以及运用外汇购买国外有息资产的收益。只有当持有储备的边际收益等于持有储备的机会成本，从而带来社会福利最大化时，才是最适度储备规模。

成本—收益分析法具有测算的准确性高于比例分析法的优点，这种方法采用多元回归和相关分析的技术建立储备需求函数，克服了比例分析法采取单一变量的片面性。但宏观经济中有些变量并不像微观经济变量一样有界限分明的成本和收益，只能测算综合成本和综合收益。这使成本—收益分析法存在着不足之处：其计算方法比较复杂，涉及的经济变量较多，有的数据难以获得，只能凭经验主观选择或采用其他近似指标替代，影响了计算结果的准确性，因而在实际生活中很难被采用。

四、国际储备的结构管理

国际储备的结构管理是指如何使各项储备资产实现最佳的组合搭配，以及如何使外汇储备的各种储备货币保持合适的比例。

（一）黄金储备、外汇储备、普通提款权和特别提款权的结构管理

各项储备资产结构管理的目标，是确保流动性和收益性的恰当结合。然而在实际的经济生活中，流动性和收益性互相排斥。这就需要在流动性与收益性之间进行权衡，兼顾二者。由于国际储备的主要作用是弥补国际收支逆差，因而各国货币当局更重视

流动性。按照流动性的高低，经济学家和货币当局把储备资产划分为以下三级。

一级储备资产，富于流动性，但收益性较低，它包括活期存款、短期存款和短期政府债券。

二级储备资产，收益性高于一级储备资产，但流动性低于一级储备资产，如2~5年期的中期政府债券。

三级储备资产，收益性高于二级储备资产，但流动性低于二级储备资产，如长期公债券。

普通提款权，由于成员能随时从IMF提取和使用，所以类似一级储备资产。特别提款权，由于它只能用于其他方面的支付，须向IMF提出申请，并由IMF指定参与特别提款权账户的国家提供申请国所需货币。显然，这个过程需要一定时日才能完成。因此，特别提款权可视为二级储备资产。而黄金储备，由于各国货币当局一般只在黄金市价对其有利时，才会转为储备货币，可视为三级储备资产。

一级储备资产作为货币当局随时、直接用于弥补国际收支逆差和干预外汇市场的储备资产，即作为交易性储备。二级储备资产用作补充性的流动资产。三级储备资产主要用于扩大储备资产的收益性。一国应当合理安排这三级储备资产的结构，以做到在保持一定流动性的前提条件下，获取尽可能多的收益。

（二）外汇储备的币种结构管理

对外汇储备的结构管理主要是储备货币的币种选择，即合理地确定各种储备货币在一国外汇储备中所占的比重。确定外汇储备币种结构，有以下几个基本原则。

1. 储备货币的币种和数量要与对外支付的币种和数量保持大体一致

外汇储备币种结构应当与该国对外汇的需求结构保持一致，或者说取决于该国对外贸易支付所使用的货币、当前还本付息总额的币种结构和干预外汇市场所需要的外汇，这样可以降低外汇风险。

2. 排除单一货币结构，实行以坚挺的货币为主的多元化货币结构

外汇储备中多元化货币结构，可以保护外汇储备购买力相对稳定，以求在这些货币汇率有升有跌的情况下，大体保持平衡，使得一些货币贬值时遭受的损失，能从另一些货币升值带来的好处中得到补偿，提高外汇资产的保值和增值能力。在外汇头寸上应尽可能多地持有汇价坚挺的硬货币储备，而尽可能少地持有汇价疲软的软货币储备，并要根据软硬货币的走势，及时调整和重新安排币种结构。

3. 采取积极的外汇风险管理策略，安排预防性储备货币

如果一国货币当局有很强的汇率预测能力，那么它可以根据非抛补利率平价（预期汇率变动率等于两国利率差）来安排预防性储备的币种结构。例如，若利率差大于高利率货币的预期贬值率，则持有高利率货币可增强储备资产的盈利性；若利率差小于高利率货币的预期贬值率，则持有低利率货币有利于增强储备资产的盈利性。

第四节 我国的国际储备

一、我国国际储备的构成与特点

我国国际储备的构成与其他国家一样，由黄金、外汇、储备头寸和特别提款权构成。改革开放前，我国实行计划经济体制，没有建立与国际经济接轨的国际储备制度。1980 年我国正式恢复了在 IMF 和世界银行的合法席位，次年正式对外公布了国家黄金外汇储备，并逐步形成了我国的国际储备体系。

我国国际储备体系的发展具有以下几个明显的特点。

1. 国际储备体系由不规范走向规范，储备资产规模不断增大

其中，外汇储备已列世界首位。

2. 长期以来实行稳定的黄金储备政策

我国黄金储备的来源主要是依据国家黄金库存的增长状况，以及对外经济贸易发展的需要逐步调整的。多年来，我国黄金储备量位居世界排名第五位。

3. 外汇储备构成发生了变化

我国外汇储备规模不断扩大。目前，外汇储备已成为我国国际储备的绝对主体。长期以来，我国的外汇储备由两部分组成：国家外汇库存和中国银行外汇结存。

（1）1994 年以前，我国的外汇储备规模变化不一，出现了“下降—增长—下降—增长”的循环变化特征。但从 1994 年开始，我国的外汇储备却呈现出了持续大幅度增长之势，在我国国际储备总额中的比例屡破纪录，目前更高达 90%以上，外汇储备已成为我国国际储备的绝对主体。我国外汇储备的主要组成部分是美元资产。

但是，我国外汇储备是不是越多越好？这是近年来学术界探讨的一个热点问题。一种观点认为，我国是发展中国家，各种支付需求强烈，面临的金融风险也较大，因此，外汇储备不嫌多；另一种观点认为，任何事物发展变化都应有个界限，外汇储备还是适度为好。我们认为，我国外汇储备应该讲究一个适度的储备量，外汇储备过多，负面效益也很明显。这是因为：

① 外汇储备过多，而这“过多部分”主要是债务性储备（如由对外借款等资本流入方式形成的），这必然增加外债负担，也使储备流动性减弱。

② 外汇储备过多，一般会支持本币汇率上升，会增强本币的坚挺程度和国际地位，但同时不利于本国商品的出口。

③ 外汇储备过多，也会加大国内一定时期通货膨胀的压力，影响国内物价稳定和经济发展。

④ 外汇储备大量增加，并不等于储备效益也大量增加。因为外汇储备多为硬货币，硬货币一般利率较低，因此储备越多，利息收益的潜在损失也越大。而且，我国目前经营管理外汇储备的水平较低，手段也较缺乏，从而造成较大的亏损。

⑤ 外汇储备不断增加，事实上等于把得之不易的外汇存到外国银行让外国人使

用，而我们自己有时却以高利率向国外借款，造成宝贵资源的低效益使用，甚至浪费。

⑥ 外汇储备过度增加，还会失去获取国际金融组织优惠低息贷款的权力，同时也会面临更大的汇率变动风险，增加对其进行管理的难度。

⑦ 外汇储备持续过度增加，必然意味着国际收支存在不断的顺差，因而也可能招致其他国家的不满，甚至报复。可见，我国外汇储备可适当多些，但不能过度。

（2）2017 年后外汇储备连续下滑。中国人民银行发布的数据显示，截至 2017 年 1 月 31 日，我国外汇储备规模为 29 982.04 亿美元，连续第七个月下滑，并自 2017 年 2 月以来首次低于 3 万亿美元。从 2019 年 1 月初中国人民银行发布的数据来看，2018 年全年外汇储备的走势依然震荡，虽然 11 月和 12 月储备有所增长，但全年一共下降了 672.37 亿美元。

4．国际储备来源多元化

国际储备来源多元化，但主要来自国际收支“双顺差”，即经常项目收支顺差与资本项目收支顺差。

二、我国国际储备管理的目标和指导原则

（一）我国国际储备管理的目标

1．保持一定的流动性

这是指所持有的储备资产具有充分的流动性，其持有量必须适应外汇流量季节性和周期性的变化，国家通过外汇流动资产的管理，满足各种基本需要。

2．获取一定的收益

外汇代表了对外国商品和劳务的购买力，因此要求我国的储备资产能获得一定的收益，其大小至少能抵偿其机会成本。总之，我国国际储备总额中相当大一部分资产，应设法获得尽可能大的收益。

3．保持适度的黄金储备

保持国际储备的目的之一是防止在不测事件发生时，确保我国的对外金融地位不动摇。在这个时候，黄金的保护作用最大。因此，我国的国际储备必须包含一定数量的黄金。

4．维持外汇资产的价值

我国国际储备有时可能超出正常的需要，这时应研究如何维持国际储备资产的价值，以免受国际通货膨胀及汇率、利率波动的损害。

5．促进经济内外均衡

随着我国对外经济往来的不断扩大，国际储备尤其外汇储备管理对宏观金融调控及整体经济的影响越来越大。因此，国际储备管理的目标还应包括在一定时期内促进经济内外均衡。其中，内部均衡的目标是币值稳定与经济持续、稳定增长；外部均衡的目标是国际收支，尤其是经常项目的收支基本平衡。当一国经济实现了低通胀下的持续、稳定增长，同时国际收支也基本达到平衡，且汇率稳定时，就可以说一国经济

处于内外均衡状态，这时的国际储备管理是恰当的或有效的。

上述目标的选择，在很大程度上取决于我国国际储备的数量。它们之间的关系可概括为：如果国际储备较少且储备地位是脆弱的，流动性则应当是最主要的目标；如果国际储备充裕且稳定，则可以储备一定数量的黄金，还可考虑对外投资及对外援助；如果国际储备过多，首先要考虑的是国际储备资产价值的维持。

（二）我国国际储备管理的指导原则

（1）国际收支保持适当顺差。从动态角度上看，即在一个连续时期（如五年计划期间），我国的国际收支应保持适当顺差。贸易收支逆差应由非贸易收支顺差抵补，使经常项目达到基本平衡。

（2）外汇储备水平保持适度或适当高些。可根据我国一定时期的进口支付水平、外债余额状况、市场干预需求等因素，确定一个有上下变化区间的适度储备量。

（3）外汇储备的货币构成保持分散化。为使外汇储备的价值保持稳定，世界各国持有的外汇储备，其货币构成一般不集中在单一的储备货币上，而是分散采用多种储备货币。关于储备货币构成的分散化，各国一般都采用贸易权重法，即根据一定时期内一国与其主要贸易伙伴的贸易往来额，算出各种货币的权数，确定各种货币在一国外汇储备中所占的比重。我国在计算权重时，不仅应考虑贸易往来额、利用外资而发生的资金往来额，还应考虑到我国对外贸易往来主要用美元计价支付这个事实。基于这些特点，我国外汇储备的货币构成中，美元所占比重应为最大；日元、港元次之；英镑、马克、法国法郎和瑞士法郎等再次之。在欧元启动后，欧元的比重应适当提升。

（4）黄金储备可根据国际金融形势，尤其是黄金市场的变化及我国的实际需求做适当的调整。

三、我国国际储备的管理策略

（一）确定我国适度国际储备量

由于我国的国际储备主要是外汇储备，因此，适度国际储备量的确定主要是适度外汇储备量的确定。

（二）加强我国国际储备结构管理

1. 坚持储备货币分散化策略

我国国际储备主要由外汇储备构成，外汇储备必然面临外汇汇率变动带来的风险。同时，当今国际金融市场经常动荡不安，各种投资工具的利率水平受西方国家货币政策的影响也变动不定，从而使我国持有的国际储备资产的预期收益发生增减。因此，我国应坚持储备货币分散化策略，通过各种货币升值与贬值的相互抵消，保持储备资产价值的稳定。

在实行储备货币分散化时，一个重要问题是选用哪些货币作为储备货币，各种储备货币的比重又如何确定。此外，还有一个非常重要的因素不可忽视，那就是欧元的启动与广泛使用对我国储备货币构成的影响。我们认为，欧元的前身即欧洲货币单位

（ECU）已是世界三大储备货币之一，已运作的欧元作为欧洲货币单位的继承与发展，其地位和作用只会加强而不会减弱。因此，我国不但要重视欧元，而且要摆正它在储备体系中的位置，增加其在储备货币总量中的份额。

2．恰当地确定同一货币储备的资产结构

同一种货币储备，有不同的资产形式可供选择。例如，既可以采用银行存款方式，也可以采用持有证券方式持有储备。因此，如何确定同一货币储备的资产结构，是国际储备日常管理的重要内容，根据流动性、安全性和盈利性，储备资产可分为以下三个层次。

（1）一线储备，即现金或准现金，如活期存款、短期国库券、商业票据等，该档次储备流动性最高，但收益性较低。

（2）二线储备，是指投资收益率高于一线储备且流动性仍很高的资产，如中期债券。

（3）三线储备，是指流动性低于一线和二线储备的系列长期投资工具，如长期债券，其投资收益率一般较高，但流动性和风险性相对较大。由于我国持有储备的最主要目的是及时平衡国际收支、稳定汇率，因此，一线储备虽然收益率较低，但仍必须足够地持有。

此外，为了应付一些难以预测的突发性事件，如自然灾害等，还必须持有一定量的易于上市、变现性较强的二线储备资产。在一线、二线储备资产确定后，再规划三线储备资产，以获得长期投资收益。

（三）立法保障国际储备投资收益

国际储备是我国宝贵的财富，国际储备投资不同于一般的资产投资，因此对国际储备进行管理与投资必须予以立法保障，即用法律或中央银行管制条例的形式，赋以立法权威，如规定成立何种机构去投资，投资用什么方法，投资于哪些资产和哪些国家，投资的权责利如何界定，等等。由此做到储备投资有法可依、有章可循，全面有效地保障储备资产在投资过程中保值、增值。

（四）利用好国际金融机构的信贷额度

我国在 IMF 中的储备头寸，也是我国国际储备的一部分。在国际储备管理中，有时由于政局的突变、农作物的严重歉收，以及地震和洪水等，会在一夜之间改变一国储备货币的流动性地位，因此，中央银行应该预先筹划，争取获得国际金融机构的信贷额度。积极利用信贷额度，从储备管理的角度来看，具有战略性与战术性的优点。因为一国储备突然流失，通过借用国际金融机构的短期信贷，可以暂时渡过难关，有可能利用时间制订出一项改善国际收支状况的战略计划。在战术上，中央银行可根据额度提取贷款，这样不必用出售外国证券的方法来获取外汇，避免资本损失，不至于采用中断国外定期存款的方法来取得外汇资金，从而有利于保障国际储备的稳定和收益的安全。

拓展阅读

中国的外汇储备

一、中国外汇储备水平

中国外汇储备的主要组成部分是美元资产，其主要持有形式是美国国债和机构债券。

有观点认为，实行浮动汇率制度的国家外汇储备以 GDP 的 10%左右为好，中国目前的外汇储备水平明显偏高。

中欧国际工商学院教授许小年表示，目前中国的外汇储备反映出两个问题：第一，中国经济结构内部严重失衡，必须尽快纠正；第二，人民币现在还不是国际货币。

中国日益膨胀的外汇储备其实并不完全是国家财富的象征，当外汇储备超过一定程度之后，即外汇储备规模越大，就说明国家经济结构失衡越严重，存在一定的风险，所以在研究外汇储备规模的时候，首要问题是如何缩小继续膨胀的外汇储备，其次才是外汇储备如何保值。

二、状况发展

外汇储备的主要组成部分是美元资产，其主要持有形式是美国国债和机构债券。2006 年 2 月底，中国的外汇储备总额为 8 537 亿美元（未包含港澳台数据），首次超过日本，位居全球第一。中国外汇储备作为国家资产，由中国人民银行下属的中国国家外汇管理局管理，部分实际业务操作由中国银行进行。

回顾中国外汇储备的发展变化：1996 年年底，中国外汇储备首次突破了 1 000 亿美元（未包含港澳台数据），此后四年，储备上升相对平稳；自 2000 年起，中国外汇储备呈快速增长趋势；2005 年年末增至 8 188.72 亿美元（未包含港澳台数据），居全球第二位；2006 年 2 月，中国外汇储备达 8 537 亿美元（未包含港澳台数据），超过日本，成为全球外汇储备最大持有国；至 2010 年 3 月，中国外汇储备规模已达 24 470.84 亿美元（未包含港澳台数据），稳居全球第一位。

中国人民银行 2014 年 7 月 15 日发布数据，6 月末，中国外汇储备达到 3.99 万亿美元（未包含港澳台数据）。还差 0.01 万亿美元就跃上新的整数关口的微妙数据，折射出中国庞大的外汇储备正在发生悄然而重大的新变化。

2019 年 1 月，国家外汇管理局公布的数据显示，截至 2018 年 12 月末，中国外汇储备规模为 30 727 亿美元，较 11 月末上升 110 亿美元，升幅为 0.4%。这是我国外汇储备在 2018 年 7 月开始连降 3 个月后，自 11 月开始连续第二个月出现环比回升。主要原因是，年末非美元货币相对美元汇率小幅上升，主要国家债券价格有所上涨，汇率折算和资产价格变化等因素综合作用使得外汇储备规模小幅回升。2019 年有望在波动中保持稳定，外汇市场供求基本平衡。

三、结构形式

（一）结构原因

中国外汇储备结构以美元资产为主，有以下几方面历史和国际金融理论原因。

（1）储备货币发行国的经济活动要以国内经济为主，虽然美国占国际贸易的比例很大，但是与美国庞大的国内生产总值相比仍然比例很低，远远低于日本、德国、瑞士的相应指标，后面三国的主要经济活动是外向型的，其货币价值容易受到国际资本流动的干扰而大幅波动，不利于保值。

（2）除美国外，日本、德国、瑞士的中央银行拒绝其货币在国际金融市场上扮演更重要的角色。

（3）美元是历史形成的国际支付手段、交易中介、价值储藏手段，国际贸易中2/3以美元结算。

（4）国际金融市场上的批发交易绝大多数以美元交易，各国中央银行的金融操作也是主要使用美元。

（5）各大国的外汇储备主要是美元资产。

（6）国际银团贷款和国际债券市场的绝大多数交易都以美元或美元债券交易。

（二）币种构成

中国外汇储备的结构没有对外明确公布过，目前属于国家金融机密。据估计，美元资产约为70%，日元约为10%，欧元和英镑约为20%，依据来自国际清算银行的报告、路透社报道，以及中国外贸收支中各币种的比例。

（三）具体形式

政府在国外的短期存款或其他可以在国外兑现的支付手段，如外国有价证券，外国银行的支票、期票、外币汇票等，主要用于清偿国际收支逆差，以及干预外汇市场以维持本国货币的汇率。

四、外汇的使用

（1）通过外汇储备规模的减少实现部分外汇储备的市场化的民间运用。基本思路是中央银行向公众卖出外汇储备，收回人民币，卖出的外汇储备留在公众手中，由专业公司、部门或民间自主进行管理运作。例如，鼓励企业用自己的人民币买入外汇，进口国外先进技术、设备和战略性物资，而购买外汇的价格可以根据国家战略需要的紧急和重要程度予以不同程度的优惠。再如，可以推动建立“战略物资投资公司”——通过发行股票和债券的方式从私人部门募集资金来买外汇，然后由战略物资投资公司自主进行有关经营。对战略物资未来价格有不同看法的人可自由选择，谁看“多”就去买投资公司的股票，谁看“空”就不买甚至可以卖空股票。

（2）对属于非财政性资金的外汇储备部分，合理拓宽投资渠道。基本思路是在保持外汇储备流动性和安全性的前提下，采取更为积极的投资组合策略，拓展外汇储备使用渠道。保守的投资是欧美的主权债和金融债，相对积极的投资会涉及其他信用评级一般的证券，更为积极的投资可涉及企业股权和不动产。在进行投资组合拓展时，要借鉴国际经验，谨慎选择。列举几个重视程度不够的资产运用方式。例如，1996年我国曾由外汇指定银行将外汇储备贷款给商业机构，现在可以考虑再次这么做，以减少同时高利借债和低利投资美国国债的损失；考虑到发展中国家不满意IMF的贷款程序和条件，可拿出部分储备对其发放贷款；可考虑将部分外汇储备转为中央银行其他资产，通过注资等方式支持金融改革，并探索扩大投资领域的可能，但是各类投资是由中央银行直接操作，还是委托操作，则需要权衡优劣，做好筹划。

（3）对属于财政性资金的外汇储备部分，探索进行财政性使用，可以消费或者划拨。基本思路是让中央银行“铸币税”性质的外汇储备转化为财政资金。操作办法有两种：一是中央银行向公众出售外汇储备（虽然在人民币升值预期下，公众持有外汇储备的意愿下降，但公众为了资产多元化目的，仍然会对外汇有需求），然后用所得购买财政部发行的国债，财政部获得人民币资金，作为财政资金花掉，但这一办法要保证不会出现二次结汇；二是中央银行直接用外汇购买财政部发行的特种国债，财政部由此得到的外汇，可作为财政资金花掉。我国在基础设施、教育、医疗、社会保障、环境保护等方面的政府投入相对较低，财政可以利用得到的外汇进口相关物资和设备。

（4）财政性地使用外汇储备的投资收益。外汇储备的投资收益部分直接表现为财政收入，可以当作财政资金使用。

五、成本规模

（一）储备成本

由于中国外汇储备结构中美元资产较多，在 2000 年之后美元大跌的过程中，中国外汇储备在账面上贬值严重。有观点认为，2003 年中国的外汇储备账面损失约 200 亿美元，2004 年上半年账面损失约 400 亿美元。

（二）风险

“外汇储备经营管理特别强调安全性和流动性，这决定了外汇储备主要投资于国际市场上信用等级较高的债券。”“中国的外汇不是拿着一些外国的现钞放在那里，而是买了外国的一些高收益、低风险、非常安全的债券。”然而，约占 60%比例、高达数千亿美元的外汇储备以美国国债和债券形式存在，使得外汇储备的流动性不足，受制于中美关系和美国国债的市场规模。

（三）储备规模

有观点认为，实行浮动汇率制度的国家外汇储备以 GDP 的 10%左右为好，中国目前的外汇储备水平明显偏高。亚太区国家的外汇储备额占 GDP 的比例平均上都要比西方国家高出很多，这个现象并非中国所独有，而且高外汇储备对于维护金融市场的稳定也是有帮助的。有些观点认为，考虑到中国的银行坏账情况比较严重，适当的增加外汇储备是必要的，而且现在的储备水平还太低。

人民币汇率曾经采用钉住美元的做法，在人民币/美元购买力平价失衡、全球预期人民币将会相对美元升值的情况下，大量美元热钱涌入中国换取人民币，以求收买廉价资源并获得汇率波动收益。中国中央银行为了维持固定汇率，不得不大量买入美元，加剧了中国外汇储备问题，导致了通货膨胀的风险。统计表明，2004 年约有 1 000 亿美元热钱通过各种渠道进入中国。人民币的汇率在 2005 年 7 月 21 日改为“以市场供求为基础、参考一揽子货币进行调节、有管理的浮动汇率制度”。

六、面临风险

欧美等发达国家近几年来猛开印钞机大量投放货币，如美国持续不断的量化宽松政策、欧洲保持的超低利率和无限量购买国债政策等。专家指出，欧美量化宽松政策的实质是大量增发货币，此举对中国而言不仅增加了输入性通胀压力，还令庞大的外汇储备面临缩水的风险。

美欧现行的宽松货币政策将使美元、欧元贬值，造成中国外汇储备购买力下降，资产遭受损失。专家建议，针对新的形势，我国中央银行应该审时度势、趋利避害，及时调整外汇储备资产结构，逐步减持美国国债和其他美元债券，鼓励商业银行向中央银行申请外汇贷款，用于支持国内企业扩大对欧洲、美国的直接投资和高科技产品进口，从而为世界经济摆脱困境做出更大贡献。

（资料来源：https://baike.so.com/doc/3036976-3201871.html）

基本概念

国际储备　国际清偿力　自有储备　借入储备　黄金储备　外汇储备　储备头寸　特别提款权　备用信贷　互惠信贷协议　国际储备管理　一线储备　二线储备　三线储备

复习思考题

一、单项选择题

1.（　　）特点使国际储备被称为官方储备，也使国际储备与国际清偿力区分开来。

A．官方持有性　　B．自由兑换性

C．充分流动性　　D．普遍接受性

2．判断一国短期对外支付能力，采用的指标是（　　）。

A．自有储备　　B．借入储备　　C．国际储备　　D．国际清偿力

3．国际储备的重要补充来源是（　　）。

A．收购黄金　　B．国际收支顺差

C．中央银行干预外汇市场取得的外汇　　D．本币的发行

4．随着经济的发展，现如今，下列（　　）不属于黄金储备的职能。

A．价值尺度　　B．流通手段　　C．储藏手段　　D．支付手段

5．在第一次世界大战前，（　　）是最主要的储备货币。

A．黄金　　B．美元　　C．法郎　　D．英镑

6．下列关于外汇储备表述，不正确的是（　　）。

A．当国际收支出现逆差时，动用外汇储备可以促进国际收支的平衡

B．利用外汇储备干预汇率，使之趋于稳定

C. 当国内出现总需求大于总供给时，可以动用外汇组织出口，促进宏观经济的平衡

D. 外汇储备是实现经济均衡稳定的一个必不可少的手段

7. (　　)是IMF的会员按照规定从基金组织提取一定数额款项的权利，用于解决成员国际收支失衡，但不能用于成员贸易和非贸易的经常账户支付。

A. 备用信贷　　B. 自动提款权　　C. 普通提款权　　D. 特别提款权

8. IMF 实行(　　)，当一个国家加入 IMF 时，必须按一定的份额向该组织缴纳一笔款项，被称为份额。

A. "基金制"　　B. "股份制"　　C. "份额制"　　D. "登记制"

9. 当一个国家加入 IMF 时，必须向该组织缴纳一定份额的款项，认缴份额的(　　)以可兑换货币缴纳，其余(　　)用本币缴纳。

A. 20%，80%　　B. 25%，75%

C. 30%，70%　　D. 35%，65%

10. 当成员发生国际收支困难时，就有权向 IMF 申请普通贷款。贷款最高限额可达成员所缴份额的(　　)。

A. 100%　　B. 125%　　C. 145%　　D. 165%

11. 特别提款权发行于(　　)，被称为"纸黄金"。

A. 1944 年　　B. 1951 年　　C. 1969 年　　D. 1970 年

12. 特别提款权不具备(　　)职能。

A. 价值尺度　　B. 支付　　C. 贮藏　　D. 流通

13. (　　)是指某一成员在国际收支发生困难或预计要发生困难时，同 IMF 签订的一种借款协议。协议一经签订后，成员在需要时可按协议规定的方法提用，不需要再办理新的手续。

A. 备用信贷　　B. 互惠信贷协议

C. 本国商业银行的对外短期可兑换货币资产　　D. 储备头寸

14. 国际储备的(　　)是发挥国际储备使用效益和作用的前提条件。

A. 规模管理　　B. 结构管理　　C. 安全管理　　D. 盈利管理

15. 经验表明，一国的国际储备相当于该国对外债务总额的比例以(　　)左右为宜。

A. 20%　　B. 25%　　C. 35%　　D. 50%

二、多项选择题

1. 关于国际清偿力，下列说法正确的有(　　)。

A. 是一国平衡国际收支和干预外汇市场的总体能力

B. 国际清偿力包括自有储备和借入储备

C. 是该国现实的对外清偿能力和可能的对外清偿能力的总和

D．是一国官方所能动用的一切储备资产的总和

2．国际储备的特征主要有（　　）。

A．官方持有性　　B．自由兑换性

C．充分流动性　　D．普遍接受性

3．国际储备的来源主要有（　　）。

A．收购黄金　　B．国际收支顺差

C．中央银行干预外汇市场取得的外汇　　D．本币的发行

4．持有国际储备的主要作用有（　　）。

A．清算国际收支差额　　B．干预外汇市场调节本币的汇率

C．信用保证　　D．争取国际竞争的优势

E．维持对外支付能力

5．国际储备可分为（　　）。

A．突发性储备　　B．干预性储备

C．交易性储备　　D．预防性储备

6．自有储备主要包括（　　）。

A．黄金储备　　B．外汇储备　　C．普通提款权　　D．特别提款权

7．黄金储备的作用主要有（　　）。

A．抵御国际投资的冲击　　B．弥补国际收支赤字

C．稳定国民经济　　D．抑制通货膨胀

8．外汇储备的具体形式有（　　）。

A．政府在国外的短期存款　　B．外国有价证券

C．外国银行的支票　　D．外币汇票

9．目前，特别提款权是由（　　）组成的一揽子储备货币决定的。

A．美元、欧元　　B．英镑、法郎

C．日元、英镑　　D．人民币

10．特别提款权的作用有（　　）。

A．成员可用特别提款权向IMF指定的其他成员换取外汇，以偿付国际收支逆差

B．可充当国际储备

C．补充黄金及可自由兑换货币以保持外汇市场的稳定

D．可偿还IMF的债务

11．特别提款权的持有人包括（　　）。

A．大型跨国企业　　B．基金组织成员政府

C．区域性金融机构　　D．国际性金融机构

12．下列（　　）属于借入储备。

A．备用信贷　　B．互惠信贷协议

C．本国商业银行的对外短期可兑换货币资产　　D．储备头寸

13．一个国家的国际储备管理包括（　　）。

A．规模管理　　B．结构管理　　C．收益管理　　D．效率管理

14．国际储备资产的管理原则有（　　）。

A．效率性　　B．安全性　　C．流动性　　D．盈利性

15．国际储备的总额应相当于（　　），以能满足（　　）需要为宜。

A．当年进口额的25%　　B．当年进口额的50%

C．3个月的进口　　D．5个月的进口

三、判断题

1．根据来源的不同，国际储备的概念有广义和狭义之分，通常所讲的国际储备是狭义的国际储备，即自有储备，广义的国际储备则指的是国际清偿力。（　　）

2．国际清偿力中包含着国际储备，自有储备只是国际清偿力的一部分。（　　）

3．通常，判断一国短期对外支付能力采用国际清偿力这一指标，而判断一国国际经济地位、金融资信和长期对外支付能力则往往采用国际储备指标。（　　）

4．非官方金融机构、企业和私人持有的黄金、外汇等资产，不能算作国际储备。（　　）

5．对于发达国家来说，往往要持有高于常规水平的外汇储备。（　　）

6．当成员发生国际收支困难时，就有权向IMF申请普通贷款。贷款分为4档，每档为25%。（　　）

7．普通提款权的第一档称为信用提款权，使用条件逐渐严格，是成员以本国货币为抵押的形式在IMF可能的借入储备。（　　）

8．特别提款权的分配是有偿的。（　　）

9．备用信贷协议中规定的借款额度，有时并不被完全使用，凡按规定可随时使用而未使用的部分，计入自有储备。（　　）

10．备用信贷协议是多边的，互惠信贷协议是双边的，互惠信贷协议只能用来解决协议国之间的收支差额，而不能用作清算同第三国的收支差额。（　　）

11．自有储备和借入储备共同构成一国的国际清偿力，被称为广义的国际储备。（　　）

12．一国需要国际储备的数量，会同其持有的国际储备的成本成正方向变化。（　　）

13．一国国际储备的增减主要取决于其黄金储备、外汇储备、储备头寸和特别提款权的增城。（　　）

14．确定适度国际储备规模的方法有定性分析法和定量分析法，而定量分析法中又包括成本—收益分析法和比例分析法。（　　）

15．三级储备资产，富于流动性，但收益性较低，它包括活期存款、短期存款和

短期政府债券。(　　)

四、问答题

1. 国际储备与国际清偿力的区别有哪些？
2. 简答国际储备的特征。
3. 各国持有国际储备的作用有哪些？
4. 国际储备的构成具体包括哪些内容？
5. 国际储备管理中的结构管理和规模管理是如何规定的？
6. 国际储备管理的原则、总体目标及新管理目标的内容是什么？
7. 确定适度国际储备规模的参照指标有哪些？具体如何规定？
8. 确定适度国际储备规模应考虑哪些因素？并详细说明这些因素。
9. 确定国际储备规模方法之一的定性分析法的基本思路、分析指标及局限性是什么？
10. 定量分析法包括哪两个方法？这两个方法的基本思路及特点是什么？
11. 如何对自有储备进行结构管理？
12. 如何对外汇储备的币种结构进行管理？
13. 我国国际储备有哪些特点？
14. 我国国际储备的管理目标及指导原则是什么？
15. 我国国际储备的管理策略是什么？

第三章 国际货币体系

学习目标

通过本章的学习，掌握国际货币体系的概念；了解国际货币体系的演进过程；掌握布雷顿森林体系和牙买加货币体系的主要内容；掌握区域货币合作理论；了解欧洲货币合作的发展状况。

国际货币关系是世界经济中一个非常重要和复杂的问题。国际货币体系是由支配各国货币关系的规则、惯例等构成的，是一切国际金融活动的体制背景。随着国际金融市场一体化和国际贸易的历史发展，国际货币体系不断演进。本章主要介绍历史上不同时期的主要货币制度、欧洲货币体系，以及国际货币体系的改革与发展趋势。

第一节 国际货币体系概述

一、国际货币体系的主要内容

（一）国际货币体系的含义

国际货币体系也称国际货币制度，是各国政府为适应国际贸易与国际支付的需要，对货币在国际范围内发挥世界货币职能所确定的原则、采取的措施和建立的组织形式的总称。

国际货币体系是伴随着以货币为媒介的国际经贸活动而产生的，其形成一般有三种渠道：一是依靠习惯缓慢发展形成；二是依靠法律法规和行政命令建立；三是依靠习惯和法律二者共同作用形成。现行的国际货币体系是习惯与法律相结合的产物。

（二）国际货币体系的主要内容

1．确定世界及各国货币的汇率制度

这主要是指对各国货币间的汇率形式、汇率变化协调机制、货币的可兑换性，以及货币合作形式的确定。

2．确定国际收支调节方式

这是指当一国出现国际收支失衡时，各国政府的政策措施如何协调，以及采取什么方法弥补差额，帮助其恢复平衡。

3．确定主导货币或国际储备货币

这是指为满足国际支付和调节国际收支的需要，一国应持有的储备资产的数量、形式和构成。

4．确定资金融通机制

5．确定国际货币发行国的国际收支及约束机制

6．确定有关国际货币金融事务的协调机制或建立有关协调和监督机构

二、国际货币体系的类型

1．根据储备资产的保有形式，可分为金本位制、金汇兑本位制和信用制度

金本位制是指以黄金作为国际储备资产或国际本位货币；金汇兑本位制是同时以黄金和可直接自由兑换的货币作为国际储备资产；信用制度是指以外汇作为储备资产，与黄金无任何联系。

2．根据汇率制度的形态，主要分为固定汇率制度和浮动汇率制度

此外，还有介于二者间的可调整的钉住汇率制度、爬行钉住汇率制度、有管理的浮动汇率制度等。

在实际中，上述两种分类方式往往结合在一起，如金本位制条件下的固定汇率制度、以纸币（如美元）为本位的固定汇率制度、有管理的浮动汇率制度等。

三、国际货币体系的作用

国际货币体系是历史的产物，也是各国间利益与矛盾冲突协调的结果，对世界经济的发展和各国的货币行为起着重要的影响和制约作用。国际货币体系的作用，主要表现在以下几个方面。

（1）确定国际支付手段和国际清算手段，为稳定汇率和国际金融活动提供统一规范的运行规则。国际货币体系确定了国际清算、国际支付和国际投资的手段、形式和数量，为世界经济的发展及各国的经贸往来提供了必要和充足的国际货币，并规定国际货币与各国货币相互往来的准则，包括国际货币与各国货币的比价和兑换方式的确定、汇率制度的安排与管理等，维护汇率稳定，促进世界贸易支付清算和国际金融活动有序进行。

（2）确定国际收支失衡的调节机制，为实现世界经济的稳定和均衡发展奠定了基础。世界经济发展的非均衡性是一种客观的经济现象，其中的原因是多方面的，但顺差国与逆差国之间国际收支调节责任的不对等是其中的重要原因之一。对此，国际货币体系进行了一定的规范约束，尽可能实现调节方式、调节机制的合理化及调节责任的对称性。虽然各种货币制度的运行在这方面发挥的作用并不令人满意，但是毕竟为解决此类问题提供了制度框架，进而为克服国际经济的非均衡发展奠定了基础。

（3）建立国际货币金融事务的协调、监督和执行机构，使国际货币体系得以有效维护。随着经济全球化进程不断加快，各国间的经贸往来日益加强，参与国际货币金融业务的国家日益增多，国际经贸合作的形式日益复杂，规模和范围日益增长，因此，有必要建立与健全国际货币金融事务的协调、监督和执行机构。国际货币体系是各国在国际货币往来中必须共同遵守的基本行为准则，要使它的各项机制得到落实则需要建立一些监督和执行的具体机构。IMF、世界银行等就是这样的国际性机构，它们在维护各国金融主权的基础上强调国家之间的合作与政策协调，并为实现这种合作和协调提供了场所，对于推动国家之间的平等起到了积极的作用。

第二节 国际货币体系的演进

一、国际金本位制

国际金本位制是以黄金作为国际储备货币或国际本位货币的国际货币制度。世界上首次出现的国际货币制度是国际金本位制，它大约形成于1880年末，到1914年第一次世界大战爆发时结束。在金本位制下，黄金具有货币的全部职能，即价值尺度、流通手段、贮藏手段、支付手段和世界货币。英国作为世界上最早的发达资本主义国家，于1821年前后采用了金本位制。19世纪中后期，欧洲和美洲的一些主要国家先后在国内实行了金本位制，国际金本位制才大致形成。

（一）国际金本位制的内容

国际金本位制的主要内容包括：①用黄金规定货币所代表的价值，每种货币都有法定的含金量，各国货币按其所含黄金的重量而有一定的比价；②金币可以自由铸造，任何人都可按法定的含金量，自由地将金块交给国家造币厂铸造成金币，或以金币向造币厂换回相当的金块；③金币是无限法偿的货币，具有无限制支付手段的权利；④各国的货币储备是黄金，国际间结算也使用黄金，黄金可以自由输出或输入。

从这些内容可看出，金本位制有三个特点：自由铸造、自由兑换和自由输出入。由于金币可以自由铸造，金币的面值与其所含黄金的价值就可保持一致，金币数量就能自发地满足流通的需要，从而起到货币供求的作用，不会发生通货膨胀和货币贬值。由于黄金可在各国之间自由转移，这就保证了外汇行市的相对稳定与国际金融市场的统一，因而，金本位制是一种比较健全和稳定的货币制度。

（二）国际金本位制的类型

金本位制就是以黄金为本位币的货币制度。在金本位制下，每单位的货币价值等同于若干重量的黄金（货币含金量）；当不同国家使用金本位制时，国家之间的汇率由它们各自货币的含金量之比——铸币平价，也称金平价来决定。在历史上，曾有过三种形式的金本位制：金币本位制、金块本位制、金汇兑本位制。其中，金币本位制是最典型的形式，就狭义来说，金本位制即指该种货币制度。

1．金币本位制

这是金本位制最早的形式，亦称古典的或纯粹的金本位制，盛行于 1880—1914 年。自由铸造、自由兑换及黄金自由输出入是该货币制度的三大特点。在该制度下，各国政府以法律形式规定货币的含金量，两国货币含金量的对比即决定汇率基础的铸币平价。黄金可以自由输出或输入国境，并在输出入过程中形成铸币—物价流动机制，对汇率起到自动调节作用。这种制度下的汇率，因铸币平价的作用和受黄金输送点的限制，波动幅度不大。

2．金块本位制

这是一种以金块办理国际结算的变相金本位制，在该制度下，由国家储存金块作为储备。流通中各种货币与黄金的兑换关系受到限制，不再实行自由兑换，但在需要时，可按规定的限制数量以纸币向本国中央银行无限制兑换金块。可见，这种货币制度实际上是一种附有限制条件的金本位制。

3．金汇兑本位制

这是一种在金块本位制或金币本位制的国家为了保持外汇，准许本国货币无限制地兑换外汇的金本位制。在该制度下，国内不流通金币，只能流通有法定含金量的纸币，纸币不能直接兑换黄金，只能兑换外汇。实行这种制度的国家的货币同另一个实行金块本位制国家的货币保持固定比价，并在该国存放外汇和黄金作为准备金，体现了小国对大国（“中心国”）的依附关系。通过无限制买卖外汇维持与金块本位制国家货币的联系，即“钉住”后者的货币。国家禁止黄金自由输出，黄金的输出入由中央银行负责办理。

金块本位制和金汇兑本位制这两种货币制度是在金本位制的稳定性因素受到破坏后出现的两种不健全的金本位制。在这两种制度下，虽然都规定以黄金为货币本位，但只规定货币单位的含金量，而不铸造金币，实行银行券流通，所以，它们在 19 世纪 70 年代基本消失。

（三）国际金本位制的崩溃

1914 年第一次世界大战爆发后，各国纷纷发行不兑现的纸币，禁止黄金自由输出，金本位制随之告终。金本位制通行了约 100 年，其崩溃的主要原因有：首先，黄金生产量的增长幅度远远低于商品生产增长的幅度，黄金不能满足日益扩大的商品流通需要，这就极大地削弱了金铸币流通的基础。其次，黄金的存量在各国的分配不平衡。1913 年年末，美、英、德、法、俄五国占有世界黄金存量的 2/3。黄金存量大部分为少数强国所掌握，必然导致金币的自由铸造和自由流通受到破坏，削弱其他国家金币流通的基础。最后，第一次世界大战爆发，黄金被参战国集中用于购买军火，并停止自由输出和银行券兑现，从而最终导致金本位制的崩溃。

金本位制的崩溃，对国际金融乃至世界经济产生了巨大的影响：首先，为各国货币贬值、推行通货膨胀政策打开了方便之门。这是因为废除金本位制后，各国为了弥补财政赤字或扩军备战，会滥发不兑换的纸币，加速经常性的通货膨胀，不仅使各国货币流通和信用制度遭到破坏，而且加剧了各国出口贸易的萎缩及国际收支的恶化。其次，导致汇价的剧烈波动，冲击着世界汇率制度。在金本位制下，各国货币的对内价值和对外价值大体上是一致的，货币之间的比价比较稳定，汇率制度也有较为坚实的基础。但各国流通纸币后，汇率的决定过程变得复杂了，国际收支状况和通货膨胀引起的供求变化，对汇率起着决定性的作用，从而影响了汇率制度，影响了国际货币金融关系。

（四）对国际金本位制的评价

由于金币可以自由兑换，各种价值符号（金属辅币和银行券）就能稳定地代表一定的黄金量进行流通，从而保持币值的稳定，避免发生通货膨胀；由于可自由铸造，金币的面值就可与其所含的黄金价值保持一致，金币的数量就可以自发地满足流通中的需要，促进了各国商品生产的发展和国际贸易的扩展，促进了资本主义信用事业的发展，也促进了资本输出；由于黄金自由输出入就能自动调节国际收支并保证外汇行市的稳定和国际金融市场的统一，促进了资本主义上升阶段世界经济的繁荣和发展。所以，国际金本位制是一种比较稳定、健全的货币制度。

同时，国际金本位制也存在着以下几个明显的缺陷。

（1）货币供应受到黄金数量的限制，不能适应经济增长的需要。

（2）当一国出现国际收支赤字时，往往可能由于黄金输出、货币紧缩，引起生产停滞和工人失业，这大大限制了使用货币政策对付失业等问题的能力。

（3）相当多的国家挖掘黄金并窖藏黄金，造成资源浪费。

（4）只有当黄金与其他产品和服务的相对价格是稳定的，将货币与黄金挂钩的做法才能确保总体价格水平的稳定。

（5）当各国经济增长时，除非能不断地发现新的黄金，否则，中央银行无法增加其持有的国际储备。

（6）金本位制给了主要的黄金产出国通过出售黄金来影响世界经济状况的巨大的能力。

二、布雷顿森林体系

（一）布雷顿森林体系的建立

两次世界大战之间的 20 年中，国际货币体系分裂成几个相互竞争的货币集团，各国货币竞相贬值，动荡不定。

在第二次世界大战后期，英美两国政府出于本国利益的考虑，构思和设计战后国际货币体系，分别提出了怀特计划[①]和凯恩斯计划[②]。怀特计划和凯恩斯计划都是以设立国际金融机构、稳定汇率、扩大国际贸易、促进世界经济发展为目的的，但运营方式不同。由于美国在世界经济危机和第二次世界大战后登上了资本主义世界盟主地位，美元的国际地位因其国际黄金储备的实力得到稳固，双方于 1944 年 4 月达成了反映怀特计划的“关于设立国际货币基金的专家共同声明”。

建立布雷顿森林体系的关键人物是美国财政部长助理哈里·怀特。凭借第二次世界大战后美国拥有全球 3/4 黄金储备和强大军事实力的大国地位，他力主强化美元地位的提议力挫英国代表团团长、经济学大师凯恩斯，使怀特计划成为布雷顿森林会议最后通过决议的蓝本。

1944 年 7 月，44 个主要国家的代表在联合国国际货币金融会议上确立了该体系，商讨第二次世界大战后的世界贸易格局。经过 3 周的讨论，会议通过了以怀特计划为基础制定的《国际货币基金协定》和《国际复兴开发银行协定》，确立了以美元为中心的国际货币体系，因为此次会议是在美国新罕布什尔州布雷顿森林城举行的，所以称为布雷顿森林协定，并于 1945 年 12 月 27 日批准生效，从而确定了第二次世界大战以后以美元为中心的固定汇率体系的原则和运行机制。这种以固定汇率制度为基本特征的国际金融体系称为布雷顿森林体系。

（二）布雷顿森林体系的主要内容

布雷顿森林体系的主要内容包括以下几点。

1. 实行美元与黄金挂钩、其他国家货币与美元挂钩的可调整的固定汇率制度

各国确认 1944 年 1 月美国规定的 35 美元一盎司的黄金官价，每一美元的含金量为 0.888 671 克黄金。各国政府或中央银行可按官价用美元向美国兑换黄金。为使黄金官价不受自由市场金价冲击，各国政府需协同美国政府在国际金融市场上维持这一黄金官价。其他国家政府规定各自货币的含金量，通过含金量的比例确定同美元的汇率。各国货币对美元的汇率，只能在法定汇率上下各 1%的幅度内波动。若市场汇率超过法定汇率 1%的波动幅度，各国政府有义务在外汇市场上进行干预，以维持汇率的稳定。若成员法定汇率的变动超过 10%，就必须得到 IMF 的批准。布雷顿森林体系的这种汇率制度被称为“可调整的钉住汇率制度”。

2. 建立永久性的国际金融机构

布雷顿森林体系建立了 IMF、国际复兴开发银行等永久性国际金融机构。通过国际金融机构的组织、协调和监督，保证统一的国际金汇兑本位制各项原则、措施的推行。

---

① 怀特计划是美国财政部长助理怀特提出的“联合国平准基金计划”。怀特计划企图由美国控制“联合国平准基金”，通过“基金”使成员的货币“钉住”美元。这个计划还立足于取消外汇管制和各国对国际资金转移的限制。

② 凯恩斯计划即“国际清算同盟计划”，由英国经济学家约翰·梅纳德·凯恩斯于 1944 年提出。其目的是维持和延续英镑的国际地位，并与美国分享国际金融领导权。由于历经第二次世界大战的英国经济实力严重衰退，而英国最有力的竞争对手美国实力空前膨胀，最终，凯恩斯计划在美国提出的怀特计划面前流产。

3. 确定国际储备资产

《国际货币基金协定》中关于货币平价的规定，使美元处于等同黄金的地位，成为各国外汇储备中最主要的国际储备货币。

4. 国际收支的调节

IMF 成员份额的 25%以黄金或可兑换成黄金的货币缴纳，其余则以本国货币缴纳。成员发生国际收支逆差时，可用本国货币向 IMF 按规定程序购买（借贷）一定数额的外汇，并在规定时间内以购回本国货币的方式偿还借款。成员所认缴的份额越大，得到的贷款也越多。贷款只限于成员用于弥补国际收支赤字，即用于经常项目的支付。

5. 取消对经常账户交易的外汇管制，但是对国际资金流动进行限制

在 20 世纪 30 年代国际金本位制崩溃后，各国都采取了严厉的外汇管制措施，这使国家间的经济交流受到严重损害。为了改变这一状况，布雷顿森林体系要求各国尽快放开对经常账户交易的管理，但是鉴于两次世界大战间国际资金流动的投机色彩特别浓厚，给国际货币体系的稳定带来了非常大的冲击，因此，布雷顿森林体系允许对国际资金流动进行控制，各国均严格限制资金的国际流动。

从上述内容可以看出，布雷顿森林体系的根本特点是美元成为一种关键货币，它既是美国本国货币，又因为它是储备货币和国际清偿能力的主要来源而成为世界各国的货币。美元的这种特殊地位反映了布雷顿森林体系建立的历史背景，使这一体系下的内外均衡实现问题具有独特性。

（三）布雷顿森林体系的崩溃

20 世纪 60 年代至 70 年代，美国深陷越南战争的泥潭，财政赤字巨大，国际收入情况恶化，美元的信誉受到冲击，爆发了多次美元危机。大量资本出逃，各国纷纷抛售自己手中的美元，抢购黄金，使美国黄金储备急剧减少，世界金价上涨。美国黄金储备流出了 14 亿多美元，没有了维持黄金官价的能力，于是在 1968 年 3 月，美国不得不实行“黄金双价制”。“黄金双价制”是指黄金官价用于各国中央银行用美元向美国兑换黄金，市场金价则由供求关系决定。“黄金双价制”的出现，实际上说明了美元已变相贬值，意味着布雷顿森林体系的根基已发生了动摇。

为了摆脱美元危机的困境，IMF 于 1969 年通过了设立特别提款权的决议。特别提款权被称为“纸黄金”，成员可用它履行原先必须由黄金才能履行的义务，可用它充当国际储备，也可用它代替美元清算国际收支差额。

布雷顿森林体系崩溃的标志是：

第一，美元停止兑换黄金。1971 年 7 月第七次美元危机爆发，尼克松政府于当年 8 月 15 日宣布实行新经济政策[①]，停止履行外国政府或中央银行可用美元向美国兑换

---

① 为摆脱越南战争时期美国社会失业、通货膨胀、国际收支赤字的困境，减缓美元暴跌、大量黄金外涌的危机，尼克松政府于 1971 年 8 月 15 日宣布实行“新经济政策”。该政策对外采取了两项措施：放弃金本位，停止美元兑换黄金和征收 10%的进口附加税，从而导致第二次世界大战后的布雷顿森林体系崩溃，西方国家股价普遍下跌，严重损害了许多国家的利益，加剧了国际经济、金融的动荡。

黄金的义务，至此，美元与黄金挂钩的体制名存实亡。

第二，取消固定汇率制度。1973 年 3 月，西欧出现抛售美元、抢购黄金和马克的风潮。联邦德国、法国等国家对美元实行“联合浮动”，英国、意大利、爱尔兰实行单独浮动，至此，固定汇率制度完全垮台，布雷顿森林体系彻底崩溃。

美元停止兑换黄金和固定汇率制度的垮台，标志着第二次世界大战后以美元为中心的货币体系瓦解，各国纷纷放弃本国货币与美元的固定汇率，采取浮动汇率制度。布雷顿森林体系崩溃以后，美元地位下降，美国经济实力相对削弱，贸易保护主义抬头。IMF 和世界银行作为重要的国际组织仍得以存在，发挥作用。

（四）对布雷顿森林体系的评价

1．布雷顿森林体系的积极意义

布雷顿森林体系有助于国际金融市场的稳定，对第二次世界大战后的经济复苏起到了一定的作用。

（1）布雷顿森林体系的形成，暂时结束了第二次世界大战前货币金融领域里的混乱局面，维持了第二次世界大战后世界货币体系的正常运转，使国际货币金融关系有了统一的标准和基础，混乱局面暂时得以稳定。

（2）促进各国国内经济的发展。在金本位制下，各国注重外部平衡，国内经济往往带有紧缩倾向。在布雷顿森林体系下，各国偏重内部平衡，危机和失业情形较之第二次世界大战前有所缓和。

（3）布雷顿森林体系的形成，在相对稳定的情况下扩大了世界贸易。固定汇率制度在很大程度上消除了由于汇率波动而引起的动荡，在一定程度上稳定了主要国家的货币汇率，有利于国际贸易的发展。

（4）布雷顿森林体系的形成有助于生产和资本的国际化。汇率的相对稳定，避免了国际资本流动中引发的汇率风险，有利于国际资本的输入与输出；为国际间融资创造了良好环境，有助于金融业和国际金融市场发展，也为跨国公司的生产国际化创造了良好的条件。

2．布雷顿森林体系的内在矛盾

由于资本主义发展的不平衡性，主要资本主义国家经济实力对比一再发生变化，以美元为中心的国际货币体系本身固有的矛盾和缺陷日益暴露。

（1）“双挂钩”本身的缺陷。美元与黄金挂钩，享有特殊地位，加强了美国对世界经济的影响。其一，美国通过发行纸币而不动用黄金进行对外支付和资本输出，有利于美国的对外扩张和掠夺。其二，美国承担了维持金汇兑平价的责任。当人们对美元充分信任，美元相对短缺时，这种金汇兑平价可以维持；当人们对美元产生信任危机，美元拥有太多，要求兑换黄金时，美元与黄金的固定平价就难以维持。

（2）储备制度的不稳定。这种制度无法提供一种数量充足、币值坚挺、可以被各国接受的储备货币，以使国际储备的增长能够适应国际贸易与世界经济发展的需要。1960 年，美国耶鲁大学教授罗伯特·特里芬在其《黄金与美元危机——自由兑换的未来》一书中提出："由于美元与黄金挂钩，而其他国家的货币与美元挂钩，美元虽然取得了国际核心货币的地位，但是各国为了发展国际贸易，必须用美元作为结算与储备货币，这样就会导致流出美国的货币在海外不断沉淀，对美国来说就会发生长期贸易逆差；而美元作为国际货币核心的前提是必须保持美元币值稳定与坚挺，这又要求美国必须是一个长期贸易顺差国。这两个要求互相矛盾，因此是一个悖论。"这一内在矛盾称为"特里芬难题"，它决定了布雷顿森林体系的不稳定性。

（3）国际收支调节机制的缺陷。该制度规定汇率浮动幅度需保持在 1%以内，汇率缺乏弹性，限制了汇率对国际收支的调节作用。

（4）内外平衡难统一。在固定汇率制度下，各国不能利用汇率杠杆来调节国际收支，只能采取有损于国内经济目标实现的经济政策或采取管制措施，以牺牲内部平衡来换取外部平衡。当美国国际收支逆差、美元汇率下跌时，根据固定汇率原则，其他国家应干预外汇市场，这一行为导致和加剧了这些国家的通货膨胀；若这些国家不加干预，就会遭受美元储备资产贬值的损失。

三、牙买加货币体系

（一）牙买加货币体系的建立

布雷顿森林体系崩溃以后，国际金融形势动荡不安，国际社会及各方人士也纷纷探析能否建立一种新的国际金融体系，提出了许多改革主张，如恢复金本位制、恢复美元本位制、实行综合货币本位制及设立最适货币区等，但均未取得实质性进展。IMF 于 1972 年 7 月成立专门委员会，具体研究国际货币体系改革的问题，它由 11 个主要工业国家和 9 个发展中国家共同组成。委员会于 1974 年 6 月提出一份"国际货币体系改革纲要"，对黄金、汇率、储备资产、国际收支调节等问题提出了一些原则性的建议，为以后货币体系的改革奠定了基础。1976 年 1 月，IMF 理事会"国际货币制度临时委员会"在牙买加首都金斯敦举行会议，讨论《国际货币基金协定》的条款。经过激烈的争论，签订达成了著名的《牙买加协议》，同年 4 月，IMF 理事会通过了《〈国际货币基金协定〉第二次修正案》，从而形成了新的国际货币体系。

（二）牙买加货币体系的主要内容

牙买加货币体系放弃了布雷顿森林体系下的双挂钩制度，但保留了布雷顿森林体系下的 IMF，并且加强了该组织的作用。《牙买加协议》的主要内容，包括以下几个方面。

1. 实行浮动汇率制度的改革

《牙买加协议》正式确认了浮动汇率制度的合法化，承认固定汇率制度与浮动汇率制度并存的局面，成员可自由选择汇率制度。同时，IMF 继续对各国货币汇率政策实行严格监督，并协调成员的经济政策，促进金融稳定，缩小汇率波动范围。

2. 推行黄金非货币化

协议做出了逐步使黄金退出国际货币的决定。并规定：废除黄金条款，取消黄金官价，成员中央银行可按市价自由进行黄金交易；取消成员相互之间，以及成员与 IMF 之间须用黄金清算债权债务的规定，IMF 逐步处理其持有的黄金。

3．增强特别提款权的作用

主要是提高特别提款权的国际储备地位，扩大其在 IMF 一般业务中的使用范围，并适时修订特别提款权的有关条款。规定参加特别提款权账户的国家可以用特别提款权来偿还 IMF 的贷款，使用特别提款权作为偿还债务的担保，各参加国也可用特别提款权进行借贷。

4．增加成员基金份额

成员的基金份额从原来的 292 亿特别提款权增加至 390 亿特别提款权，增幅达 33.6%。

5．扩大信贷额度，以增加对发展中国家的融资

（三）牙买加货币体系的特征

1．黄金非货币化

即黄金与货币彻底脱钩，取消国家之间必须用黄金清偿债权债务的义务，降低黄金的货币作用，使黄金在国际储备中的地位下降，促成多元化国际储备体系的建立。

2．多样化的汇率制度安排

国际经济合作的基本目标是维持经济稳定而不是汇率稳定。牙买加货币体系允许汇率制度安排多样化，并试图在世界范围内逐步用更具弹性的浮动汇率制度取代固定汇率制度。IMF 把多样化的汇率制度安排分为三种："硬钉住汇率"，如货币局制度、货币联盟制等；"软钉住汇率"，包括传统的固定钉住制、爬行钉住制、带内浮动制和爬行带内浮动制；"浮动汇率群"，包括完全浮动汇率制度，以及各种实施不同程度管制的浮动汇率制度。

3．以美元为主导的多元化国际储备体系

在牙买加货币体系中，可供一国选择的国际储备不只是美元，还可以是黄金储备、欧元、日元和英镑等国际性货币、IMF 的储备头寸、特别提款权等。尽管如此，美元仍是各国外汇储备的主要组成部分，由此可见，原有货币体系的根本矛盾仍然没有得到根本解决。

4．国际收支调节机制多样化

IMF 允许国际收支失衡的国家通过汇率机制、利率机制、资金融通机制等多种国际收支调节手段对国际收支失衡进行相机抉择。

（四）对牙买加货币体系的评价

实际上，《牙买加协议》生效后的国际货币体系是以美元为中心的多元化国际储备和浮动汇率制度，它在内外均衡实现问题上的制度安排比较灵活，对维护国际经济运行和推动世界经济的发展具有积极的作用。但是，随着国际经济的发展变化，牙买

加货币体系的弊端也显露出来。

1．牙买加货币体系的积极作用

（1）多元化的储备结构摆脱了布雷顿森林体系下各国货币间的僵硬关系，为国际经济提供了多种清偿货币，在较大程度上解决了储备货币供不应求的矛盾。

（2）多样化的汇率安排适应了多样化的、不同发展水平的各国经济，为各国维持经济发展与稳定提供了灵活性与独立性，同时有助于保持国内经济政策的连续性与稳定性。

（3）多种渠道并行，使国际收支的调节更为有效与及时。

2．牙买加货币体系存在的问题

（1）在多元化国际储备格局下，储备货币发行国仍享有“铸币税”等多种好处，同时，在多元化国际储备下，缺乏统一的、稳定的货币标准，这本身就可能造成国际金融的不稳定。

（2）汇率大起大落、变动不定，汇率体系极不稳定。其消极影响之一是增大了外汇风险，从而在一定程度上抑制了国际贸易与国际投资活动，对发展中国家而言，这种负面影响尤为突出。

（3）国际收支调节机制并不健全，各种现有的渠道都有各自的局限，牙买加货币体系并没有消除全球性的国际收支失衡问题。

如果说在布雷顿森林体系下，国际金融危机是偶然的、局部的，那么，在牙买加货币体系下，国际金融危机就成为经常性的、全面的和具有影响深远的事件。1973年浮动汇率制度普遍实行后，西方外汇市场货币汇价的波动、金价的起伏经常发生，小危机不断，大危机时有发生。1978年10月，美元对其他主要西方货币汇价跌至历史最低点，引起整个西方货币金融市场的动荡，这就是著名的1977—1978年西方货币危机。由于金本位制与金汇兑本位制的瓦解，信用货币无论在种类上、金额上都大大增加。信用货币占西方各通货流通量的90%以上，各种形式的支票、支付凭证、信用卡等种类繁多，现金在某些国家的通货中只占百分之几。货币供应量和存放款的增长大大高于工业生产增长速度，而且国民经济的发展对信用的依赖越来越深。总之，现有的国际货币体系被人们普遍认为是一种过渡性的不健全的体系，需要进行彻底的改革。

第三节 最优货币区及欧洲货币一体化

20世纪60年代，在区域经济一体化迅速发展的大背景下，货币一体化的研究和实践成为国际金融界的一个热点。从实施的角度看，欧洲货币一体化是最成功的范例，在世界范围内产生了深远的影响，也为未来国际货币体系改革提供了有益的借鉴。

一、最优货币区

（一）最优货币区的含义

一般而言，最优货币区是指一种“最优”的地理区域，在此区域内支付手段是单一的共同货币，或者几种货币，这几种货币之间具有无限的可兑换性，其汇率在进行经常交易和资本交易时互相钉住，保持不变。但是区域内的国家与区域以外的国家之间的汇率保持浮动。“最优”在此意味着内部平衡与外部平衡同时得以实现。

最优货币区方案，也称最优通货区理论，最早由蒙代尔和麦金农于20世纪60年代提出，后经许多经济学家发展而日益成熟和完善。它既是国际经济政策协调的理论主张之一，也是国际货币体系改革的方案之一。

（二）最优货币区的特征

最优货币区是区域货币合作的最高形式，它具有如下五个基本特征。

（1）成员货币之间的名义汇率是固定的。

（2）具有一种占主导地位的货币作为成员汇率确定的共同基础。

（3）主导货币与成员货币间具有充分的可自由兑换性。

（4）存在一个负责协调和监管的超国家的权力机构。

（5）成员的货币政策主权受到削弱，其中，包括发钞权。

（三）最优货币区的综合分析法：成本—收益分析

由于浮动汇率制度和固定汇率制度各有利弊，当一个国家加入固定汇率区，有必要权衡其利弊得失、成本收益。20世纪90年代发展起来的对最优货币区成本—收益的综合分析，在一定程度上修正了单一标准的不足。

1. 加入最优货币区的收益分析——*GG* 曲线

一个国家加入最优货币区后的收益包括：①简化经济结算，为国际贸易等决策提供了一个更为准确的预测基础，避免了汇率波动带来的不确定性、复杂性及结算与贸易成本等损失。如果该国与最优货币区的成员贸易量很大，则这种收益会很高。②如果加入国与区域内的成员之间的要素可以自由流动，则加入最优货币区所获得的货币效率收益增大。例如，对外投资回收没有任何障碍，则对加入国十分有利。③汇率稳定减小了公司未来收益的不确定性，增加了社会福利收益。④货币合作使成员国之间的金融约束力和政策协同力增强，货币信誉提高，抵抗外部冲击的能力增强；⑤降低成员国的外债风险。

这些收益与国际贸易和生产要素在国际间的流动成正相关关系，如果该国与最优货币区之间的经济一体化程度提高，则其加入货币区的收益也随之上升。如图3-1所示，*GG* 曲线表示一国与最优货币区的经济一体化程度和该国加入后的货币效益之间的关系，*GG* 曲线的斜率为正，表示一国与所在的最优货币区的经济一体化程度越高，其加入后本国所获得的货币效益就越大。

2．加入最优货币区的成本分析——*LL* 曲线

一个国家或地区加入某一最优货币区需要支付一定的成本及承担一定的损失，具体表现在：①国家或地区失去了自由选择本国通货膨胀率和失业率以调节本国或本地区经济的权力；②因放弃本国或本地区货币所造成的铸币税的损失；③各国不同的财政政策和市场制度带来的金融监管和中央银行职能有效性的弱化。

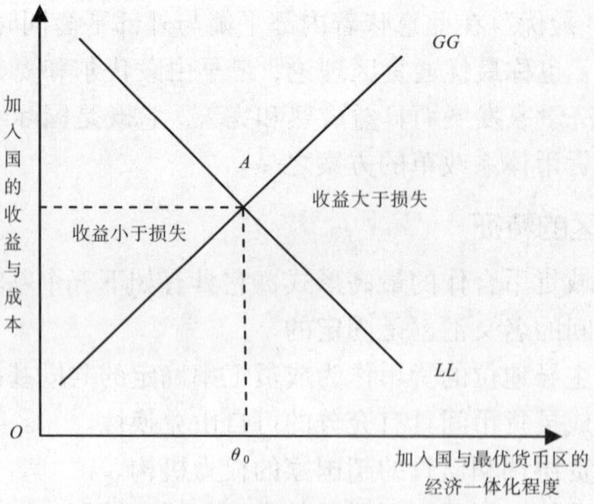

图 3-1　一国加入最优货币区决定的分析

一国或地区与一个实行固定汇率安排的最优货币区之间的经济一体化程度越高，则该国或地区加入最优货币区后，因产出市场波动而形成的经济稳定性损失越低。在图 3-1 中，用 *LL* 曲线来表示加入国与最优货币区的经济一体化程度和成本的关系，*LL* 曲线的斜率为负，表示随着经济依赖程度的提高，加入最优货币区后该国的经济稳定性损失就越少。

3．加入最优货币区的决策

将 *LL* 曲线和 *GG* 曲线结合在一起，就可以看到一国加入最优货币区的决策过程是如何完成的。由图 3-1 可以看出，*LL* 曲线和 *GG* 曲线的交点 *A* 决定了一国是否加入最优货币区所依据的经济一体化程度的临界值。当一国与最优货币区的经济一体化程度高于临界值 θ_0 时，*GG* 曲线位于 *LL* 曲线上方，加入最优货币区的收益大于成本，就决定加入最优货币区；当一国与最优货币区的经济一体化程度低于临界值 θ_0 时，*LL* 曲线位于 *GG* 曲线上方，加入最优货币区的收益小于成本，则不加入最优货币区。

通过 *GG* 曲线与 *LL* 曲线，容易看出一国经济环境的变化如何影响一国加入最优货币区的选择。例如，一国出口需求变动的范围和频率增加，在经济一体化程度的任何一个水平上，固定汇率使该国产出和就业的不稳定性都增大了，即 *LL* 曲线右移，如图 3-2 所示，由 LL_1 移至 LL_2。在其他情况不变时，产品市场的变动性增大使一国加入最优货币区的意愿降低。这有助于解释为什么 1973 年石油危机以后许多国家不愿沿用固定汇率制度的布雷顿森林体系，也可以解释在欧洲货币统一的过程中，一些

经济冲击对它的影响，以及有些国家选择退出或加入的原因。

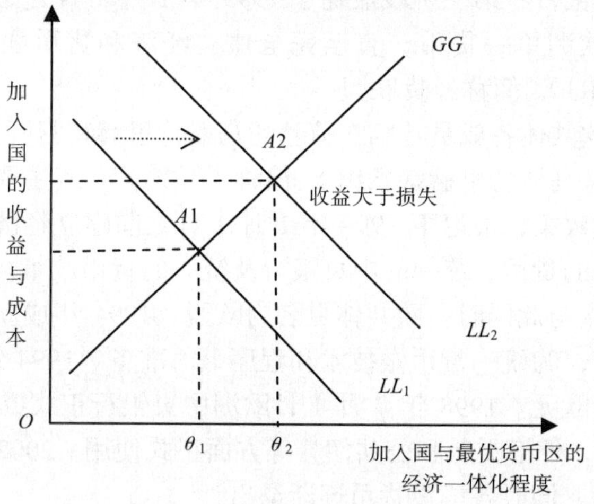

图 3-2　一国经济环境的变化对加入最优货币区决策的影响

二、欧洲货币一体化的实践

（一）欧洲货币一体化的产生与发展

现代意义上的欧洲一体化开始于第二次世界大战以后。当时的欧洲刚刚经过战火的洗礼，百废待兴，局面微妙。与此同时，美国已经逐渐开始在国际政治和经济舞台上争演主角。1947 年，美国国务卿马歇尔声称美国将竭尽全力帮助恢复世界经济正常秩序，并提出了旨在重建欧洲经济的马歇尔计划，为欧洲的战后恢复提供经济援助。欧洲国家在美国的敦促下成立了欧洲经济合作组织，其作用主要是协调欧洲各国经济政策，以努力实现成员之间的自由贸易，欧洲人自己也在积极地推进欧洲一体化。

真正的欧洲一体化开始于 1951 年，当时是为了限制联邦德国的煤炭和钢铁生产总量，从而控制其军事工业的发展基础，一些西欧国家（包括意大利、比利时、荷兰、卢森堡）同法国和联邦德国一起在巴黎共同签署了《建立欧洲煤钢共同体条约》，该条约也被称为《巴黎条约》，至此欧洲经济一体化正式启动。

1957 年 3 月，煤钢共同体六国外长在罗马签订了建立欧洲经济共同体与欧洲原子能共同体（1967 年 3 个共同体统一起来，统称“欧共体”）的两个条约，即《罗马条约》，欧洲经济一体化也随之全面展开。欧洲经济共同体的基本目标之一就是促进成员经济活动的和谐发展及持续均衡的扩张。随着欧共体工业品和农产品共同市场的发展，劳动力和资本的自由流动自然成为一体化的下一个目标。这不仅需要各国在经济政策上一致，还有赖于货币方面的合作。

1978 年 12 月，共同体首脑会议决定建立欧洲货币体系，该体系自 1979 年 3 月 13 日正式实施。欧共体委员会主席德洛尔提出了分三个阶段实现经济和货币联盟的计划。该计划的第一阶段是协调各国的经济和货币政策，逐步取消各成员的外汇管制，实现资本的自由流动，所有成员货币均加入欧洲货币体系的汇率共同浮动机制；第二阶段是建立欧洲中央银行；第三阶段最晚于 1999 年 1 月 1 日开始，逐步取消欧元区成员的货币，推广欧洲单一货币，直至完全建立经济和货币联盟（Economic and Monetary Union，EMU），简称经货联盟。

1991 年 12 月，欧共体各成员首脑在荷兰的马斯特里赫特召开会议，并签署了《欧洲联盟条约》（又称《马斯特里赫特条约》，简称《马约》）。其主要内容是：实行共同的外交、防务和社会政策，最迟于 1999 年 1 月 1 日之前建立经济和货币联盟，届时在该联盟内实现统一的货币、统一的中央银行及统一的货币政策。《马约》于 1993 年 11 月 1 日正式生效，与此同时，欧共体更名为欧盟。1994 年成立欧洲货币局，作为欧洲中央银行的前身，为统一货币做技术和程序上的准备。1994 年 12 月正式决定欧洲统一货币的名称为欧元。1998 年 7 月 1 日欧洲中央银行正式成立。1999 年 1 月 1 日，欧元开始在银行、外汇交易和公共债券等方面正式使用。2002 年 1 月 1 日，欧洲纸币和硬币正式流通，同时各成员货币逐渐退出。

欧洲货币一体化大事记，如表 3-1 所示。

表 3-1 欧洲货币一体化大事记

时间	事件
1951 年	法国、德国、意大利、比利时、荷兰和卢森堡六国签署《巴黎条约》，建立欧洲煤钢共同体，开始了第二次世界大战后欧洲一体化进程
1957 年	签订《罗马条约》，建立了欧洲经济共同体和欧洲原子能共同体，一体化进程复兴
1965 年	共同体成员在布鲁塞尔签订《合并条约》，将原来各自独立的三个共同体加以合并
1969 年 3 月	欧共体海牙会议提出建立欧洲货币联盟的构想，并委托时任卢森堡首相的皮埃尔·维尔纳就此提出具体建议
1971 年 3 月	“维尔纳计划”通过，欧洲单一货币建设迈出了第一步。“计划”主张 10 年内分三个阶段建成欧洲经济货币联盟。但是，随后发生的石油危机和金融风暴致使“维尔纳计划”搁浅
1979 年 3 月	在法国、德国的倡导和努力下，欧洲货币体系宣告建立，同时欧洲货币单位“埃居”诞生。欧洲货币体系 EMS 开始运作
1986 年 2 月	欧共体签署《单一欧洲文件》，提出最迟在 1993 年年初建立统一大市场
1989 年 6 月	德洛尔报告通过，报告主张分三个阶段创建欧洲经货联盟：第一步，完全实现资本自由流通；第二步，建立欧洲货币局（欧洲中央银行的前身）；第三步，建立和实施经货联盟，以单一货币取代成员货币
1991 年 12 月	欧共体首脑会议通过了《欧洲联盟条约》，决定将欧共体改称为欧洲联盟。《欧洲联盟条约》规定，最迟在 1999 年 1 月 1 日，经欧洲理事会确认，如达到“趋同标准”的成员超过 7 个，即可开始实施单一货币

续表

时 间	事 件
1993年11月	《欧洲联盟条约》生效
1994年12月	马德里首脑会议决定将欧洲单一货币定名为欧元，取代埃居
1998年	欧洲中央银行成立。同年5月，布鲁塞尔首脑会议正式排定欧元11个创始国名单
1999年1月1日	欧元在欧盟各成员范围内正式发行，它是一种具有独立性和法定货币地位的超国家性质的货币
2002年1月1日	经过3年的过渡，欧洲单一货币——欧元正式进入流通，同年7月原有货币停止流通，欧元纸币和硬币正式进入市面成为流通货币。同年2月28日，成员本国货币全面退出流通领域，欧元与成员货币并存期结束

（二）欧洲货币一体化的影响与启示

1．欧洲货币一体化对欧洲的积极作用

欧洲货币一体化对欧洲的积极作用包括：①欧元作为国际流通和交易货币，具有很好的流动性和实用性，可减少汇率风险，有利于降低换汇和结算成本，节省外汇对冲的费用。②欧元作为国际结算货币地位的提高，将推动对欧元外汇需求的增加，促进欧元债券市场的发展，引发外汇储备的置换。③欧元作为欧洲单一货币，可以作为许多国家汇率政策中的钉住货币或参考货币。同时，欧元是区域货币一体化的产物，它的形成在很大程度上体现了对固定汇率的回归。④欧元将使国际间的汇率合作进一步加强。⑤欧元的发行增强了欧洲自身经济实力，提高了竞争力。欧元启动以后，统一货币与统一市场的共同促进无疑会带来新的经济增长，使得欧盟在与美国和日本等经济强国的竞争中处于有利地位。

2．欧洲货币一体化对欧洲的消极作用

欧洲货币一体化对欧洲的消极影响主要有：①各国中央政府的货币自主权会被逐渐削弱，因为欧元区的货币政策都是统一由欧洲中央银行制定的，各国政府没有很大发言权。虽然欧洲中央银行的管理委员会也是由13个成员的中央银行行长组成的，不过毕竟每个国家的控制力都被大大削弱，在某种程度上将不利于中央集权。②货币一体化和自由流通可能会导致各国汇率及利率波动，不利于经济的稳定发展。因为不受管制，使得货币在某一时间段大量流入一个国家，会对该国经济造成不利影响。③当一国出现严重的经济衰退时，其他国家可能也会受连累。例如，2008年金融危机发生后的欧洲债务危机就是由希腊引起的。④对欧元区经济产生了不利的影响，如货币一体化的通货膨胀效应、货币一体化造成的差别产品效应和竞争力的削弱、货币一体化带来的组织呆滞效应等。

3．欧洲货币一体化的启示

欧洲货币一体化的成功经验，带给世界各国的启示大致有以下几个方面：①正确

对待历史。法德实现和解，成为欧洲一体化的轴心，符合欧洲各国人民的愿望，有利于欧洲的和平与发展，有利于欧洲各民族和谐相处、联合自强和共同繁荣。欧洲一体化合作的宗旨是决心以共同行动消除分裂欧洲的障碍，确保成员的经济与社会进步；以不断改善人民的生活与工作条件为一体化合作的根本目的等。也就是说，要确保在欧洲的土地上不再发生集团对抗和战争，欧洲国家要实现联合自强。②循序渐进地确定不同时期的经济一体化合作形式，从建立关税同盟、制定共同农业政策向建立共同市场和欧洲货币体系，再向建立经济与货币联盟一步一步地稳步推进。③培育确保一体化合作成功的共同体价值观和欧洲公民的认同感，形成一整套共同的价值理念和原则，包括：建立民主和法治国家、各成员地位平等、公开性和辅助性原则、创业自由、竞争力的提高不得以破坏生态和社会公平为代价、劳动者分享经济成果，以及通过独立工会保护劳动者的权利，等等。④制定了体现一体化合作宗旨和共同价值观的相关合作制度。例如，共同农业政策对发展欧盟农业、缩小成员之间农业发展差距做出了重要贡献；根据统收统支原则建立了欧盟的自有财源，建立了欧盟预算制度。

上述一整套共同的价值理念和原则体现了一种同舟共济、包容、互助、共享和共同分担责任的大家庭精神。成员在分享经济一体化成果的同时，也愿意为一体化合作做出自己的贡献，愿意约束和让渡自己的部分经济主权，愿意在发生矛盾和分歧时，实行必要的妥协。从总体上看，欧盟成员间的关系是和谐的。每年 1 000 亿欧元左右的欧盟预算的绝大部分用于共同农业政策、地区发展基金、团结（凝聚）基金等领域，为缩小经济落后的成员提供了大量的往往是不需偿还的资金，体现了富国帮助穷国、大国帮助小国的团结互助、合作共赢精神，促进了不同国家人民的和谐相处和融合，增强了欧盟国家间的凝聚力。

三、欧元未来面临的挑战

目前，虽然欧元区无论在经济总量、人口上，还是在对外贸易量上都超过了美国，但从多次金融危机中可以看出，欧元区国家在国际支付领域的活动并不是很积极，呈被动状态，它们因此经常受到欧元兑美元及世界其他主要货币汇率波动的影响。

（一）欧元面临的内部挑战

欧元面临的内部挑战主要有以下三个。

1. 国情差异对欧元国际化基础的不利影响

欧元区成员在立法体系、税收制度、政治、文化、经济周期等方面都存在不同程度的差异性，这种差异性影响到欧洲市场统一和融合的步伐。由于国情差异，各国财政政策与欧洲中央银行货币政策实践中出现割裂和不匹配现象，这使得欧元国际化缺乏持久、一致的政策保障和支持。从货币政策方面分析，单一的政策目标使得欧洲中央银行在应对不断变化的经济形势时缺少灵活性；从财政政策方面分析，成员以各自利益为中心常常干扰欧盟的统一行动。

2．经济增长潜力偏弱和欧元金融市场发展相对落后对欧元国际化信心的不利影响

虽然欧元区的就业人数一直在增加，但是欧元区的生产率增长却从 20 世纪 90 年代的 1.5%减速至目前的 1%。在金融市场方面，与纽约市场相比，法兰克福市场作为欧元的金融中心发展相对滞后。此外，欧元区和欧盟一直没有统一的金融监督机制，2008 年的金融危机同样暴露出欧盟金融监管不足和危机应对能力不强的问题。

3．欧洲国家的财政赤字问题

由于缺乏自主的货币政策，成员只能动用财政政策调节经济。但欧盟的《稳定与增长条约》限制了欧元区成员的财政赤字，按照规定成员的财政赤字不得超过其 GDP 的 3%，公共债务不得超过其 GDP 的 60%。但是，在金融危机面前欧元区国家不得不大规模举债以挽救本国的银行业和企业。2009 年 10 月，希腊政府宣布本国当年政府财政赤字和公共债务占 GDP 的比例分别达到 12.7%和 113%，希腊债务危机正式拉开序幕。希腊政府必须紧急筹措资金，否则将面临破产的“威胁”。与此同时，葡萄牙、西班牙、意大利等国都预报预算赤字居高不下，欧洲债务危机全面爆发。

（二）欧元面临的外部挑战

除内部挑战外，欧元国际化还面临着以下三大外部挑战。

1．欧元缺乏清晰的国际战略，其全球影响力无法得到充分发挥

作为单一货币，欧元在减少汇兑成本、减少货币波动性、降低利率风险等方面具有优势，但受制于欧元缺乏明确的国际战略且没有形成有效的国际身份标识，其优势未得到充分发挥。

2．继续受到美元强势压制

美元仍将长期独霸国际货币金融体系，美国仍有转嫁美元危机的能力。在欧元出现之前，世界上 80%的外汇储备是美元。储备美元相当于对美国机构或美国控制的外国投资机构提供了巨大的资金支持。为捍卫美元的垄断地位和获取由此带来的巨大利益，美国甚至不惜利用美元对包括欧元在内的其他国际货币的波动来转嫁或解决自己的危机和困难。

3．欧元权力结构的行动能力不如美国

2009 年的全球金融危机再一次暴露了欧盟超国家机器能力不足的问题，在危机面前，包括欧元区在内的欧洲仍存在诸如内部政策不协调、国家利益侵蚀集团整体利益、金融监管落后、应对措施滞后等问题，欧洲甚至还需要依托美国来救市。

由此可以看出，欧元的发展还存在许多问题。欧洲债务危机迫在眉睫，这使得财政一体化不可避免，欧洲国家的经济一体化能否更进一步，已经成为全世界关注的焦点。

知识链接： 欧元区成员

由于英国、瑞典和丹麦决定暂不加入欧元区，截至 2015 年，欧元区共有 19 个成员，包括德国、法国、意大利、荷兰、比利时、卢森堡、爱尔兰、西班牙、葡萄牙、奥地利、芬兰（以上是 1999 年 1 月 1 日加入）、希腊（2001 年 1 月 1 日加入）、斯洛文尼亚（2007 年 1 月 1 日加入）、塞浦路斯、马耳他（2008 年 1 月 1 日加入）、斯洛伐克（2009 年 1 月 1 日加入）、爱沙尼亚（2011 年 1 月 1 日加入）、拉脱维亚（2014 年 1 月 1 日加入）、立陶宛（2015 年 1 月 1 日加入），人口超过 3.3 亿。受欧债危机影响，欧元区自 2008 年以来经济陷入持续衰退。2012 年 10 月 8 日，欧洲稳定机制启动，向债务缠身的欧元区主权国家提供贷款。

第四节 国际货币制度存在的问题与改革

国际货币制度改革早在布雷顿森林体系崩溃之前就已经开始了，目前所运行的多元化储备货币体系和浮动汇率制度是由各国实现利害冲突的妥协而衍生的一种松散的国际货币制度。最初大多数人认为这种制度只是过渡性的，新的国际货币制度不久就会形成。然而，这种“没有体制的体制”一直延续到现在，该体系暴露出来的弊端已引起世界各国的重视，国际间关于改革现行国际货币制度的讨论一直在进行。

一、现行国际货币制度存在的问题

（一）金融危机不断爆发

20 世纪以来，世界经济金融危机不断。自 20 年代危机之后，又先后爆发过英镑危机、美元危机、布雷顿森林体系崩溃、欧洲货币体系危机、南美金融危机、东南亚危机、俄罗斯危机等。1997 年爆发的东南亚金融危机对世界经济的影响非常大，多数学者从内因、外因两个方面去解释这场危机，究其根源是世界经济、金融一体化与国际货币多元化的矛盾。

（二）国际储备供求矛盾加剧

国际货币制度决定国际储备体系，在现行国际多元货币体系下，一国的储备资产由货币性黄金、外汇储备、特别提款权和在 IMF 的储备头寸所组成，其中，外汇是一国增加国际储备的主要手段。从根本上看，外汇收入增加的来源是国际收支盈余，因此一些国家通过长期盈余来满足对外汇储备的需求，出现了外汇储备的“过剩”；一些赤字国由于缺钱而增加了对国际储备的渴望。国际收支差额对外汇储备供给和需求两方面的反悖制约是现行国际货币制度的弊端，在国际储备体制中的反映是今后国际货币制度改革的一个重大问题。

另外，现行国际货币制度的矛盾在储备体系中的反映还体现在国际货币发行国与非国际货币发行国的不平等。国际货币发行国可以通过货币发行来取得外汇储备，而非国际货币发行国只能通过增加出口减少进口来取得。但是这些国家都属于发展中国家，出口能力有限，改变国际储备的状况显得力不从心。在国际储备的管理中，发展中国家与发达国家的处境形成强烈的反差。

（三）不公平占有

在现行国际货币制度下，一国货币的发行，每新增 1 单位货币，货币发行者都能无偿获得 1 货币单位所对应的价值，因此有“货币发行收入”之说。在现行的国际货币制度中，美元、欧元、日元、英镑等充当国际储备货币，特别是美元占国际储备的 57%。这些发达国家向国际社会发行货币所形成的货币发行收入完全被这些国家无偿占有，并成为其一项固定收入。显然，这种国际货币发行收入的不公平占有是当前国际货币制度的又一重大弊端。

（四）汇率体系弊端

在国际货币多元化背景下，各种货币兑换比例及其变动对一国经济和世界经济有巨大影响。而一些小国抗外来冲击的能力较弱，为了保持自身的经济稳定需要相对固定的汇率制度。在现实条件下只能采取人为固定的方法——钉住汇率制度。但是，钉住汇率制度会导致一国经济政策失去独立性，不仅不利于调节国内经济，也不利于调节该国与其他国家的经济关系。

二、国际货币制度改革的各种主张

面对当代国际货币金融关系的矛盾冲突，尤其是 20 世纪 80 年代以来旷日持久的国际债务问题，以及 20 世纪最后几年相继发生的国际金融危机和动荡，如何改革现行的国际货币制度，使之能在尽可能大的程度上适应经济全球化趋势下世界经济的健康发展，已成为包括发达国家在内的世界各国共同关注的问题。

（一）恢复国际金本位制

持这种观点者，主要以法国的吕埃夫和瑞士的海尔普林等为代表，而更多人则主张的是实行加以改进的金汇兑本位制，只是侧重点有所不同。总的来说，这种将黄金作为基准货币的固定汇率体系的金本位，并非 21 世纪初流行的那种金本位简单复兴，而是所谓的“新金本位”。这种新的全球金本位并不依赖于实际存在的黄金储备，而是以中央银行发行保证本国货币按固定比率购回黄金的远期合约的意愿为基础。

新金本位制相对于布雷顿森林体系而言有它的优势。因为黄金作为货币已有很长的历史，它容易被接受，而且各国中央银行仍能采取主动的货币政策。

但是要看到的是，在现实经济条件下，国际货币市场的自动调节机制重归金本位制，必然要受到各种因素制约。且不说黄金储备分布的不合理，拥有世界黄金储备 20% 的发展中国家自然首先就缺乏货币稳定的基础，即使世界黄金产量充足，也跟不上国际经济增长对货币黄金的需求。此外，金本位制同各国国内的经济政策目标也有其矛盾的一面。例如，在国际收支出现逆差的条件下，要维持金本位制，就得用黄金去进行清偿，这不仅会出现黄金严重外流、引起国内货币量收缩、抑制经济增长，而且根本就没有那么多的黄金用于这种清偿。如果希望保持经济增长，就必须冻结黄金外流，但这不仅会加剧出现更严重的国际收支逆差，而且从根本上动摇着金本位制的基础。

（二）恢复布雷顿森林体系

从本质上讲，布雷顿森林体系与金本位类似，即所有国家的货币均与一核心货币挂钩，并在此基础上确定各国之间的汇率。布雷顿森林体系和金本位的区别仅在于核心货币：前者为美元，后者为黄金。尽管它问题很多，但终究为全球贸易提供了一个稳定的货币基础。从 1944—1971 年这段时间的国际货币制度来看，总的情况是稳定的，对世界经济与国际贸易的发展是有益的。

这种方案尽管有许多合理之处，但在具体的实行中困难也很多。首先，在 20 世纪 70 年代，美国的黄金尚且难以维持与美元的挂钩，在世纪之交世界经济迅猛发展的今天，则更不用说了。其次，经济全球化趋势下世界经济的多极化发展已成事实，美国经济近十年来的持续增长，并不能改变欧盟、日本及发展中的新兴工业化国家经济的崛起，国际基准货币及国际储备的多元化也难以逆转。最后，让美国独家主导全球的货币政策，通过控制世界基础货币发行，再次享有向全球征收铸币税和转嫁其国内通胀压力的权力和机会，也难以被大多数国家所接受。

（三）创建单一世界货币

建立世界中央银行并让其发行统一货币的思想，最初源于 1974 年诺贝尔经济学奖获得者——奥地利裔英国经济学家弗里德里奇·哈耶克于 1937 年出版的《货币的民族主义与国际稳定》。哈耶克指出，货币改革者的理性选择只有两种：建立国际货币政策的“世界中央银行”和与通常理解的货币政策毫不相关的“完全自由的银行”。哈耶克认为，与其由民族国家执行货币政策，不如由一个单一的世界中央银行负起责任。这一思想在后来美国的另一个经济学家特思芬那里得到进一步发展。他主张创建起国际中央银行作用的世界中央银行，其任务是建立世界储备，控制国际货币发行，实行统一的国际通货管理。

该方案较为理想，但其实施的困难在于，它与各主权国家的利益密切相关，要想建立高度统一的世界银行机构，统一行使权力，必然面临来自不同国家的众多压力。此外，这种要在全球范围内创造一种统一管理通货的设想在实行中，也存在着许多具体的困难。

（四）建立区域性货币联盟

根据地理和经济的联系及特点，将世界分成若干货币区，货币区内各国实行固定汇率，各货币区之间的汇率则可根据市场供求而自行变动。面对 20 世纪 90 年代国际金融的动荡，建立类似欧洲货币联盟式的区域性货币联盟的构想，业已成为东亚国家经常讨论的议题。其中，较为具体而现实的是马来西亚总理马哈蒂尔提出的旨在降低对美元依赖的货币联盟方案，即在东盟的四个关键国家（马来西亚、泰国、菲律宾和印度尼西亚）间进行贸易时，用新加坡元来取代美元，并使之成为东盟各国货币的标准。他的这一建议已经受到了泰国的欢迎，并将在其他东盟国家得到认真的讨论。有些分析家指出，此方案实施后将会减少 30%甚至更多的对美元的需求，并且能缓和这一地区的货币波动。

尽管这一建议的实施面临着不少问题，但其建立区域性货币联盟的动向已引起了国际金融界的广泛关注。

（五）重构现存的多边国际金融组织

近年对国际货币制度的改革往往还和对 IMF、世界银行等的尖锐指责相关联，因此，国际货币制度的改革和这些国际金融机构的改革是联系在一起的。以埃及经济学家萨米尔·阿明为代表的学者，提出了重构这些国际组织的设想。

具体的改革方案应包括：将 IMF 转变为拥有真实的世界货币发行权的世界中央银行，发行可以取代美元的真实货币，保持汇率稳定；在世界银行成立一种基金，使其能够从德国和日本等国家吸收国际资本，并注入发展中国家；检讨欧洲、美国和日本之间的金融政策协调，使之朝着能够稳定汇率，并迫使美国调整其结构性赤字的方向发展，同时依据地区性和世界性的相互依存关系来重建第三世界国家组织；重建联合国体系，使之成为政治和经济谈判的场所，以便把世界主要地区的金融活动和货币政策协调机制建立起来。

三、国际货币制度的发展前景

以上这些方案只是众多改革方案中较为重要的几个，总的来看，国际货币制度的改革方向主要集中在国际储备资产的确定和汇率制度的选择两个方面。

从已提出的主要汇率制度的改革方案来看，多数人主张建立某种形式的固定汇率制度，也有人主张保持目前各国自由选择汇率安排的混合汇率制，但要求主要国家协调制度政策、联合行动，以实现汇率稳定。实行汇率制度需要一定的客观条件，目前是行不通的。在各国通货膨胀率、经济增长率、国际收支状况和货币政策都存在很大差异的条件下，实行固定汇率制度没有基础。目前通过各国之间的政策协调和共同干预来稳定汇率；降低波动幅度的方案经过国家间的努力有可能实现，或者至少在一定程度上有可能实现，因为合作、协调制度、相互让步对各方都有好处。至于国际汇率制度的发展前景，一方面取决于各主要国家之间货币合作的密切程度；另一方面取决于国际储备货币的发展状况。

在国际储备资产的确定和汇率制度的选择这两个国际货币制度改革的主要方向上，国际储备资产的确定是基本的。有关国际货币改革的方案和建议，都围绕着以什么资产来代替美元的问题。在当今的国际经济形势下，美元越来越不能胜任主导国际储备货币的角色了，在多元化的国际储备货币中，任何一种货币的汇率上浮或下浮都会影响国际货币制度的稳定。从长远来看，还应发展统一的世界货币，这个趋势在众多的国际储备改革方案中都有所反映。

如前所述，从国际货币制度发展的总体趋势来看，它的长远目标是创立一种既不依赖黄金，又不依附于单一国家货币的统一的世界货币，这是国际货币制度发展的必然趋势。现在的关键问题是发行统一货币就必须建立统一的世界范围的中央银行或类似的机构，并实行统一的世界货币政策，这个难度相当大。不过从经济发展的规律来看，随着经济全球化趋势的加强，经济利益的相关性会促使各国的政策进行协调，共同货币的理想在未来可能会实现。

拓展阅读

欧洲主权债务危机

欧洲主权债务危机，简称欧债危机，是指在 2008 年金融危机发生后，希腊等欧盟国家所发生的债务危机。它是美国次贷危机的延续和深化，其本质原因是政府的债务负担超过了自身的承受范围而引起的违约风险。美国三大评级机构则落井下石，连连下调希腊等债务国的信用评级。至此，国际社会开始担心，债务危机可能蔓延全欧，由此侵蚀脆弱复苏中的世界经济。

▸▸ 欧债危机导火索

2009 年 10 月 20 日，希腊政府宣布当年财政赤字占 GDP 的比例将超过 12%，远高于欧盟设定的 3%的上限。随后，全球三大评级公司相继下调希腊主权信用评级，欧洲主权债务危机率先在希腊爆发。

2009 年 12 月，希腊的主权债务问题凸显，2010 年 3 月进一步发酵，葡萄牙、西班牙、爱尔兰、意大利等国接连出现财政问题，德国与法国等欧元区主要国家也受到拖累。

2010 年上半年，欧洲中央银行、IMF 等一直致力于为希腊债务危机寻求解决办法，但分歧不断。欧元区成员担心，无条件救助希腊可能助长欧元区内部“挥霍无度”并引发本国纳税人不满。同时，欧元区内部协调机制运作不畅，致使救助希腊的计划迟迟不能出台，导致危机持续恶化。

欧洲稳定机制执行董事、欧洲稳定基金 CEO 克劳斯·雷格林表示，欧债危机的发生归结于三大原因：一是货币联盟设计自身存在很多问题；二是各个欧盟成员之间的政策协调性还有待提升；三是预防机制不健全。

▸▸ 危机起因

（1）整体经济实力薄弱：遭受危机的国家大多财政状况欠佳，政府收支不平衡。

（2）财务造假埋下隐患：希腊因无法达到《马斯特里赫特条约》所规定的标准，即预算赤字占 GDP 3%、政府负债占 GDP 60%以内的标准，于是聘请高盛集团进行财务造假，以顺利进入欧元区。高盛为希腊量身定做的“货币掉期交易”方式，为希腊掩盖了一笔高达 10 亿欧元的公共债务，以符合欧元区成员的标准。有分析指出，高盛行为背后是欧美之间的金融主导权之争。

（3）欧元体制天生弊端：作为欧洲经济一体化组织，欧洲中央银行主导各国货币政策大权，欧元具有天生的弊端。经济动荡时期，无法使用货币贬值等政策工具，因而只能通过举债和扩大赤字来刺激经济。

（4）欧式社会福利拖累：希腊等国高福利政策没有建立在可持续的财政政策之上，历届政府为讨好选民，盲目为选民增加福利，导致赤字扩大、公共债务激增，偿债能力遭到质疑。

（5）国际金融力量博弈：一旦经济状况出现问题，巨大的财政赤字和较差的经济状况，会使整体实力偏弱的希腊等国成为国际金融力量的狙击目标。

▸▸ 内部原因

1. 产业结构不平衡：实体经济空心化，经济发展脆弱

以旅游业和航运业为支柱产业的希腊经济难以抵御危机的冲击。在欧盟国家中，希腊经济发展水平相对较低，资源配置极其不合理，以旅游业和航运业为主要支柱产业。一方面，为了大力发展支柱产业并拉动经济快速发展，希腊对旅游业及其相关的房地产业加大了投资力度，其投资规模超过了自身能力，导致负债提高。另一方面，受金融危机影响，从 2008 年年底开始航运业进入周期低谷，航运业的衰退对造船业形成了巨大冲击。由此看出，希腊的支柱产业属于典型的依靠外需拉动的产业，这些产业过度依赖外部需求，在金融危机的冲击面前显得异常脆弱。

依靠房地产和建筑业投资拉动的西班牙和爱尔兰经济本身存在致命缺陷。建筑业、汽车制造业与旅游服务业是西班牙的三大支柱产业。由于长期享受欧元区单一货币体系中的低利率，使得房地产业和建筑业成为西班牙经济增长的主要动力。然而在全球金融危机席卷下，房地产泡沫的破灭导致西班牙失业率加重。

爱尔兰一直被誉为欧元区的“明星”，因为其经济增速一直显著高于欧元区平均水平。2005 年，爱尔兰房地产业就已经开始浮现泡沫，且在市场推波助澜下越吹越大。在次贷危机的冲击下，爱尔兰房地产价格出现急速下跌，过度发达的金融业在房地产泡沫破裂后受到了巨大打击，爱尔兰高速运转的经济受到重创，从此陷入低迷。

2. 人口结构不平衡：逐步进入老龄化

人口老龄化是社会人口结构中老年人口占总人口的比例不断上升的一种发展趋势。随着工化和城市化步伐的加快，各种生活成本越来越高，生育率不断下降，老年人口在总人口中的占比不断上升。最快进入老龄化的发达国家是日本，日本的劳动力人口占总人口的比重从 20 世纪 90 年代初开始出现拐点，随之出现了日本经济的持续低迷和政府债务的不断上升。从而判断从 20 世纪末开始，欧洲大多数国家人口结构也开始步入快速老龄化主要有三个方面：长期低出生率和生育率、平均预期寿命的延长、生育潮人口大规模步入老龄化。

3. 刚性的社会福利制度

对于欧元区来讲，主要的矛盾体现在南北欧问题上：北欧制造，南欧消费；北欧储蓄，南欧借贷；北欧出口，南欧进口；北欧经常账户盈余，南欧赤字；北欧人追求财富，南欧人追求享受。

4. 法德等国在救援上的分歧令危机处于胶着状态

是否要对身陷危机的国家施以援手主要取决于德国和法国的态度。法国是坚决支持对危机国实施救援的，因为法国银行持有相当数量的欧元区债券，如果这些国家违约的话，法国的损失将会非常惨重。德国是欧元区第一大经济体，其经济发展强劲很大程度上得益于严格的成本控制。在欧元开始成为统一货币的 12 年里，德国国内工资上涨速度缓慢（年均 2%左右），导致国内消费不振，但是赤字控制得比较好。欧洲五国（葡萄牙、意大利、爱尔兰、希腊、西班牙）从加入欧元区之后，为了缩短与欧元区其他国家各方面的差距，工资一直在上涨，平均每年上涨 10%以上。德国这些年忍受着福利削减、工资长期不上涨的痛苦，却要让他们去拯救那些享受高福利高工资的国家，本国民众显然会心有不甘，德国正面临艰难的选择，欧债危机如何演绎一定程度上取决于德国的态度。

▸▸ 解决办法

为了应对危机，恢复投资者的信心，欧元区协同做出强有力的承诺，通过发行“欧元共同债券”共同担负起相关债务，并着手建立有共同货币、统一财政机制的联邦制。为此，欧洲中央银行推出“无限购债计划”，受到债务危机困扰的欧元区主要经济体西班牙和意大利的融资压力得到明显缓解。

但从中期来看，希腊等国的债务还要自己来还，需靠经济发展来缓解财政状况。具体来讲有两点最关键：第一，要增加财政收入，刺激经济增长，带来税收的增加，才能有钱还债；第二，要削减财政支出，减轻财政负担，调整过高的公务员工资和社会福利等。

从长期来看，欧洲国家要想解决债务问题，还是要找到经济增长点。除了财政救援这一短期救急方法外，“督促各成员进行经济改革，改正自由市场经济模式的缺陷，向社会市场经济模式靠拢”，才能从根本上解决问题。欧元区的发展还任重而道远。

（资料来源：https://baike.baidu.com/item/%E6%AC%A7%E5%80%BA%E5%8D%B1% E6%9C%BA/74525）

基本概念

国际货币体系　国际金本位制　金块本位制　金汇兑本位制　布雷顿森林体系　牙买加货币体系　最优货币区　特里芬难题

复习思考题

一、单项选择题

1.（　　）是最典型的金本位制形式。

A．金币本位制　　　　B．金块本位制

C．金锭本位制　　　　　　　　　D．金汇兑本位制

2．下列说法不正确的是（　　）。

A．在金币本位制下，黄金可以自由输出入，并在这个过程中形成铸币—物价流动机制，对汇率起到自动调节作用

B．在金块本位制下，社会流通中各种货币与黄金的兑换关系受到限制，不再实行自由兑换

C．在金汇兑本位制下，国内不能流通金币，只能流通纸币，纸币不能直接兑换黄金，只能兑换外汇

D．实行金汇兑本位制的国家的货币同另一个实行金块本位制国家的货币保持浮动比价

3．布雷顿森林体系是以（　　）为基础而确立的。

A．怀特计划　　　　　　　　　B．凯恩斯计划

C．马歇尔计划　　　　　　　　D．新经济计划

4．布雷顿森林体系规定各国货币对美元的汇率只能在（　　）波动。若市场汇率超过法定汇率1%的波动幅度，各国政府有义务在外汇市场上进行干预，以维持汇率的稳定。

A．法定汇率上下各10%的幅度内　B．名义汇率上下各10%的幅度内

C．法定汇率上下各1%的幅度内　　D．名义汇率上下各1%的幅度内

5．第一次世界大战前的国际货币体系是（　　）。

A．金本位制　　B．纸币本位制　　C．布雷顿森林体系　　D．牙买加货币体系

6．布雷顿森林体系实行的是（　　）。

A．自发的固定汇率制度　　　　B．可调整的固定汇率制度

C．浮动汇率制度　　　　　　　D．联合浮动汇率制度

7．布雷顿森林体系内部存在着难以解决的矛盾，即（　　）。

A．J曲线效应　　　　　　　　B．里昂惕夫之谜

C．米德冲突　　　　　　　　　D．特里芬难题

8．（　　）的实施，导致美元与黄金挂钩的体制名存实亡。

A．马歇尔计划　　　　　　　　B．怀特计划　　　　　C．新经济政策

D．特里芬难题　　　　　　　　E．史密森协议

9．国际货币体系进入浮动汇率时代开始于（　　）。

A．国际金本位制　　　　　　　B．布雷顿森林体系

C．牙买加货币体系　　　　　　D．欧元诞生之后

10．现代意义上的欧洲一体化开始于（　　）。

A．第一次世界大战前　　B．第一次世界大战后　　C．第二次世界大战前

D．第二次世界大战后

11．真正的欧洲一体化开始于20世纪50年代，最初的动因是为了（ ）。

A．限制联邦德国的煤炭和钢铁生产总量

B．协调欧洲各国经济发展

C．实现成员之间的自由贸易

D．欧洲原子能的建设

12．（ ）的签署，标志着欧洲经济一体化正式启动。

A.《罗马条约》 B.《巴黎条约》

C.《欧洲联盟条约》 D.《马斯特里赫特条约》

13．"欧共体"是在（ ）的签订下产生的。

A.《罗马条约》 B.《巴黎条约》

C.《欧洲联盟条约》 D.《马斯特里赫特条约》

14．欧元正式使用于（ ）。

A．1995年12月1日 B．1999年1月1日

C．1998年7月1日 D．2002年1月1日

15．煤钢经济共同体指的是（ ）。

A．英国、法国、德国、比利时、荷兰、卢森堡

B．卢森堡、丹麦、法国、希腊、荷兰、西班牙

C．法国、德国、希腊、葡萄牙、波兰、比利时

D．法国、德国、意大利、比利时、荷兰、卢森堡

16．欧洲货币一体化对欧洲的积极作用表述不正确的是（ ）。

A．欧元地位的提高，将促进欧元债券市场的发展

B．各国中央政府的货币自主权会被逐渐削弱

C．欧元的发行可减少汇率风险，有利于降低换汇和结算成本，节省外汇对冲的费用

D．欧元将使国际间的汇率合作进一步加强

二、多项选择题

1．国际货币体系的形成渠道一般有（ ）。

A．依靠习惯缓慢发展形成的 B．依靠法律法规建立的

C．依靠行政命令建立的 D．依靠习惯和法律二者共同作用形成的

2．国际货币制度的内容一般包括（ ）。

A．国际收支调节方式的确定 B．货币合作形式的确定

C．汇率制度的确定 D．国际储备资产的确定

3．根据储备资产的保有形式，国际货币体系可分为（ ）。

A．固定汇率制度 B．浮动汇率制度 C．金本位制

D．金汇兑本位制 E．信用制度

4．在金本位制下，黄金具有的职能有（　　）。

A．价值尺度　　B．流通手段　　C．贮藏手段

D．支付手段　　E．世界货币

5．在历史上，金本位制曾有过（　　）形式。

A．金币本位制　　B．金块本位制

C．金条本位制　　D．金汇兑本位制

6．下列对金本位制的优点描述正确的是（　　）。

A．金本位制下，币值稳定，不发生通货膨胀

B．黄金的自由铸造促进了资本主义信用事业的发展

C．黄金的自由铸造促进了资本输出

D．促进了资本主义上升阶段世界经济的繁荣和发展

7．布雷顿森林体系建立了（　　）等永久性国际金融机构。

A．国际清算银行　　B．IMF

C．泛美开发银行　　D．国际复兴开发银行

8．布雷顿森林体系崩溃的标志是（　　）。

A．越南战争的爆发　　B．朝鲜战争的爆发

C．美元停止兑换黄金　　D．取消固定汇率制度

9．按照布雷顿森林体系的规定，两个挂钩是指（　　）。

A．美元同黄金挂钩　　B．英镑同黄金挂钩

C．各国货币之间相互挂钩　　D．各国货币同美元挂钩

10．下列关于牙买加货币体系的说法中，正确的包括（　　）。

A．是多元储备体系　　B．采取国际收支的多种调节机制

C．是无体系的体系　　D．拥有多元化的国际货币体系

11．一个国家加入货币区后的收益包括（　　）。

A．简化经济结算　　B．要素可以自由流动

C．汇率稳定　　D．增强成员政策协同力

12．一国加入某一货币区的成本或损失表现在（　　）。

A．丧失自由选择本国通货膨胀率的权力

B．铸币税的损失

C．丧失自由选择本国失业率的权力

D．弱化了金融监管的有效性

13．欧共体变为欧盟是于（　　）。

A．《马斯特里赫特条约》的签署　　B．1993 年 11 月 1 日

C．“德洛尔报告”的通过　　D．1999 年 1 月 1 日

14．下列表述正确的是（　　）。

A．1999 年 1 月 1 日，欧元开始正式使用

B．2000 年 1 月 1 日，欧洲纸币和硬币正式流通，同时各成员货币逐渐退出

C．欧洲中央银行的前身是欧洲货币局

D．1998 年 7 月 1 日，欧洲中央银行正式成立

15．欧元面临的内部挑战主要有（　　）。

A．欧洲国家的财政赤字问题

B．欧元权力结构的行动能力不如美国

C．欧元金融市场发展相对落后对其国际化信心的影响

D．国情差异对欧元国际化基础的影响

三、判断题

1．现行的国际货币体系是习惯与法律相结合的产物。（　　）

2．由于黄金可在各国之间自由转移，这就保证了外汇行市的相对稳定与国际金融市场的统一，因而金币本位制是一种比较健全和稳定的货币制度。（　　）

3．在金块本位制下，因铸币平价的作用和受黄金输送点的限制，波动幅度不大。（　　）

4．英国是世界上第一个实行金本位制的国家。（　　）

5．在金块本位制下，国内不能流通金币，只能流通纸币，纸币不能直接兑换黄金，只能兑换外汇。（　　）

6．1914 年，金本位制结束。（　　）

7．在金本位制下，各国货币的对内价值和对外价值大体上是一致的，货币之间的比价比较稳定。（　　）

8．布雷顿森林体系下的国际货币制度是以美元—黄金为基础的国际金本位制。（　　）

9．布雷顿森林体系崩溃的标志是马歇尔计划的实施，美元与黄金挂钩的体制名存实亡。（　　）

10．布雷顿森林体系崩溃以后，美元地位下降，美国经济实力相对削弱，自由贸易盛行。（　　）

11．布雷顿森林体系下的国际经济合作的基本目标是维持经济稳定而不是汇率稳定。（　　）

12．牙买加货币体系放弃了布雷顿森林体系下的双挂钩制度，但保留了布雷顿森林体系下的 IMF。（　　）

13．黄金非货币化始于牙买加货币体系。（　　）

14．在牙买加货币体系下，多样化的汇率为各国维持经济发展与稳定提供了灵活性与独立性，同时有助于保持国内经济政策的连续性与稳定性，汇率体系非常稳定。（　　）

15．最优货币区内的支付手段可以是单一的共同货币或者几种货币，这几种货币之间具有无限的可兑换性，其汇率互相钉住，保持不变。(　　)

四、问答题

1．简述国际货币体系的主要内容。

2．试述国际货币体系的类型及作用。

3．国际金本位制的主要内容有哪些?

4．国际金本位制为什么会崩溃？该制度有什么样的缺陷?

5．布雷顿森林体系的主要内容有哪些？有什么样的意义?

6．布雷顿森林体系崩溃的标志与崩溃的原因有哪些?

7．牙买加货币体系的内容及其评价如何?

8．固定汇率制度与浮动汇率制度争论的观点有哪些?

9．评价最优货币区的标准有哪些？具体内容是什么?

10．如何利用成本—收益分析法对最优货币区进行综合分析?

11．欧洲货币一体化是如何发展起来的?

12．欧洲货币一体化的影响有哪些?

13．欧洲货币一体化的成功经验带给世界各国的启示有哪些?

14．目前欧元发展面临着哪些挑战?

15．现行国际货币制度存在哪些问题?

第四章 外汇与汇率

学习目标

通过本章的学习，掌握有关外汇与汇率的基本概念、汇率的分类和标价方法；掌握汇率的决定基础及影响汇率变动的因素；重点掌握汇率变动对经济的影响及汇率制度的有关内容；掌握购买力平价理论、利率平价理论和国际收支理论的基本内容；熟悉资产市场理论对汇率决定的解释；了解汇率决定理论的最新发展。

在前面对国际收支、国际储备和国际货币体系有关理论的阐述中，我们都提到了外汇，外汇促进了国际经济发展。因此在本章我们将学习国际经济交往中的货币问题——外汇与汇率。另外，汇率决定理论是西方外汇理论的核心，也是国际经济学中一直最为活跃的领域之一。随着世界经济的发展和国际货币体制的变迁，汇率决定理论也在不断地发展。第一次世界大战后，金本位制瓦解，各国大量发行纸币，原有的铸币平价理论不复存在。在纸币本位制下，如何确定各国货币之间的汇率成为众多经济学家研究的重要内容，本章就着重介绍一些比较有代表性的汇率决定理论。

第一节 外汇与汇率概述

在国际金融的理论研究和实际工作中，“外汇”是一个最普通和最常见的概念。目前，它已成为世界各国经济运行中特别是对外经济往来中不可缺少的媒介。世界上大多数国家都有自己的货币，但这些货币只能在本国流通，一旦跨越国境就失去了它的特性。而各国货币不同，从事世界经济交往就涉及本国货币和外国货币之间的兑换，汇率这一概念就由此产生。汇率不是一成不变的，它随着世界经济的变化而波动，进而又影响着世界各国的经济。外汇与汇率是国际金融研究的核心问题之一，掌握有关外汇和汇率的基本概念和基本理论是研究整个国际金融问题的基础。

一、外汇

（一）外汇的含义

外汇是“国际汇兑”的简称，它有动态和静态两种含义。动态的外汇可以看成一种行为，是指将一国货币转化为另一国货币，借此清偿国际债权债务关系的行为活动，即国际汇兑。静态的外汇则是一种以外币表示的用于国际结算的支付手段。通常我们所称的外汇是指静态含义的外汇，静态的外汇又有狭义和广义之分。

狭义静态外汇仅指以外国货币表示的、为各国普遍接受的、可用于国际间债权债务结算的各种支付手段。具体表现为以外币表示的银行汇票、支票、银行存款等，其中银行存款占主要部分。狭义静态外汇具有以下几个特征：①国际性，即必须是以外币表示的金融资产，而不能是本币表示的金融资产；②可兑换性，即持有人能够不受限制地将它们兑换为其他外币支付手段；③可偿性，即可以在另一国直接作为支付手段无条件使用。按照这一定义，以外币表示的有价证券，由于不能直接用于国际支付，因此不能视为外汇。

广义静态外汇是指一国拥有的一切以外币表示的资产、货币在各国间的流动，以及把一个国家的货币兑换成另一个国家的货币，借以清偿国际间债权债务关系的一种专门性的经营活动。实际上就是货币行政当局（中央银行、货币管理机构、外汇平准基金及财政部）以银行存款、财政部库券、长短期政府债券等形式所保有的在国际收支逆差时可以使用的债权。

《中华人民共和国外汇管理条例》规定，外汇的具体范围包括：①外国货币，包括纸币和铸币；②外币支付凭证，包括票据、银行存款凭证、邮政储蓄凭证等；③外币有价证券，包括政府债券、公司债券、股票等；④特别提款权；⑤其他外汇资产。

（二）外汇的作用

1. 促进国际间经济贸易的发展

用外汇清偿国际间的债权债务，不仅能节省运送现金的费用，降低风险，缩短支付时间，加速资金周转，更重要的是运用这种信用工具，可以扩大国际间的信用交往，拓宽融资渠道，促进国际经济贸易的发展。

2. 调剂国际间资金余缺

世界经济发展不平衡导致了资金配置不平衡。有的国家资金相对过剩，有的国家资金严重短缺，客观上存在着调剂资金余缺的必要。而外汇充当国际间的支付手段，通过国际信贷和投资途径，可以调剂资金余缺从而促进各国经济的均衡发展。

3. 清偿国际债务的主要支付手段

外汇与国家黄金储备一样，作为国家储备资产，一旦国际收支发生逆差便可以用来清偿债务。

（三）外汇的分类

1. 按受限程度分为自由兑换外汇、有限自由兑换外汇和记账外汇

自由兑换外汇，是指在国际结算中用得最多、在国际金融市场上可以自由买卖、在国际金融中可以用于清偿债权债务，并且可以自由兑换其他国家货币的外汇，如美元、欧元、港元、加拿大元等。

有限自由兑换外汇，是指未经货币发行国批准，不能自由兑换成其他货币或对第

三国进行支付的外汇。IMF 规定，凡对国际性经常往来的付款和资金转移有一定限制的货币均属于有限自由兑换货币。世界上有一大半的国家货币属于有限自由兑换货币，包括人民币。

记账外汇，又称清算外汇或双边外汇，是指记载在双方指定银行账户上的外汇，不能兑换成其他货币，也不能对第三国进行支付。

2．按来源、用途分为贸易外汇、非贸易外汇和金融外汇

贸易外汇，也称实物贸易外汇，是指来源于或用于进出口贸易的外汇，即由于国际间的商品流通所形成的一种国际支付手段。

非贸易外汇，是指贸易外汇以外的一切外汇，即一切非来源于或用于进出口贸易的外汇，如劳务外汇、侨汇和捐赠外汇等。

金融外汇与贸易外汇、非贸易外汇不同，它属于一种金融资产外汇。例如，银行同业间买卖的外汇，既非来源于有形贸易，也非来源于无形贸易，而是为了进行各种货币头寸的管理。

3．按市场走势分为硬外汇和软外汇

硬外汇也称强势货币，是指在国际金融市场上汇价坚挺并能自由兑换、币值稳定、可以作为国际支付手段或流通手段的货币。

软外汇也称弱势货币，是指在国际金融市场上汇价疲软、不能自由兑换他国货币、信用程度低的国家货币。

二、汇率

（一）汇率的定义

汇率也称“外汇行市”或“汇价”，是一种货币兑换另一种货币的比率，即以一种货币表示另一种货币的价格。由于世界各国（地区）货币的名称不同，币值不一，因此一种货币对其他国家（地区）的货币要规定一个兑换率，即汇率。

（二）汇率的标价方法

外汇的价格不同于其他商品的价格，其他商品的价格只能用对应的货币来标示或标价，而不能反过来，外汇却不然，外汇买卖的对象都是货币，都是表示商品价格或双方货币价格的材料。究竟是用本币表示外币的价格，还是用外币表示本币的价格，这就是汇率的标示或标价方法所要解决的问题。

由于两种货币都可以作为计算对方货币价格的标准，折算两个国家货币的比价，因此首先就要确定采用哪一国货币作为标准。由于确定的标准不同，因此汇率就有了两种标示或标价方法。

1．直接标价法

直接标价法，又称应付标价法，是以一定单位（1、100、1 000、10 000）的外国货币为标准计算应付出多少单位本国货币。就相当于计算购买一定单位外币应付多少本币，所以称应付标价法。在国际外汇市场上，包括中国在内的世界上绝大多数国家

目前都采用直接标价法。如日元兑美元汇率为 114.05，即 1 美元兑 114.05 日元。

在直接标价法下，若一定单位的外币折合的本币数额多于前期，则说明外币币值上升或本币币值下跌，叫作外汇汇率上升；反之，如果要用比原来较少的本币即能兑换到同一数额的外币，这说明外币币值下跌或本币币值上升，叫作外汇汇率下跌，即外币的价值与汇率的涨跌成正比。直接标价法与商品的买卖常识相似，例如，美元的直接标价法就是把美元外汇作为买卖的商品，以美元为 1 单位，且单位是不变的，而作为货币一方的人民币是变化的。

2. 间接标价法

间接标价法，又称应收标价法，是以一定单位的本国货币为标准计算应收若干单位的外汇货币。在国际外汇市场上，欧元、英镑、澳大利亚元等均为间接标价法。例如，欧元兑美元汇率为 1.165 8，即 1 欧元兑 1.165 8 美元。在间接标价法中，本国货币的数额保持不变，外国货币的数额随着本国货币币值的变化而变化。如果一定数额的本币能兑换的外币数额比前期少，这表明外币币值上升，本币币值下降，即外汇汇率下跌；反之，如果一定数额的本币能兑换的外币数额比前期多，则说明外币币值下降，本币币值上升，即外汇汇率上升，此时外汇的价值和汇率的涨跌成反比。

直接标价法和间接标价法所表示的汇率涨跌的含义正好相反，所以在引用某种货币的汇率和说明其汇率高低涨跌时，必须明确采用哪种标价方法，以免混淆。

（三）汇率的种类

汇率按不同的标准，可以划分为许多种类。

1. 按国际货币制度的演变划分，有固定汇率和浮动汇率

（1）固定汇率是指由政府制定和公布，并且只能在一定幅度内波动的汇率。

（2）浮动汇率是指由市场供求关系决定的汇率，其涨落基本自由。一国货币市场原则上没有维持汇率水平的义务，但必要时可进行干预。

2. 按制定汇率的方法划分，有基本汇率和套算汇率

（1）基本汇率是各国在制定汇率时必须选择某一国货币作为主要对比对象，这种货币称为关键货币。根据本国货币与关键货币实际价值的对比，制定出对关键货币的汇率，这个汇率就是基本汇率。美元是国际支付中使用较多的货币，各国都把美元当作制定汇率的关键货币，常将对美元的汇率作为基本汇率。

（2）套算汇率是指各国按照对美元的基本汇率套算出的直接反映其他货币之间价值比率的汇率。

3. 按银行买卖外汇的角度划分，有买入汇率、卖出汇率、中间汇率和现钞汇率

（1）买入汇率也称买入价，即银行向同业或客户买入外汇时所使用的汇率。采用直接标价法时，外币折合本币数较少的那个汇率是买入价，采用间接标价法时则相反。

（2）卖出汇率也称卖出价，即银行向同业或客户卖出外汇时所使用的汇率。采用直接标价法时，外币折合本币数较多的那个汇率是卖出价，采用间接标价法时则相反。

买入汇率和卖出汇率都是站在银行（不是客户）的角度来定的，买入卖出之间有个差价，这个差价是银行买卖外汇的收益，一般为1‰～5‰。银行同业之间买卖外汇时使用的买入汇率和卖出汇率也称同业买卖汇率，实际上就是外汇市场买卖价。

汇率的标价方法不同，买入汇率和卖出汇率的确定也不相同。国际间外汇牌价数字的标价排列总是前一数字小，后一数字大，因而在不同的标价法下，买卖价的排列顺序也就不同。在直接标价法下，汇价的前一个数字为银行买入价，后一个数字为银行卖出价，如在香港外汇市场 EUR1=USD1.160 7/1.161 4，则银行买入欧元的价格为EUR1=USD1.160 7，卖出欧元的价格为 EUR1=USD1.161 4。在间接标价法下，汇价的前一数字为卖出价，后一数字为买入价，如在伦敦外汇市场 GBP1=USD1.307 4/1.308 2，则银行买入1.308 2美元需付1英镑，卖出1.307 4美元收入1英镑。

（3）中间汇率是买入价与卖出价的平均数。西方报刊报道汇率消息时常用中间汇率，套算汇率也用有关货币的中间汇率套算得出。

（4）一般国家都规定不允许外国货币在本国流通，只有将外币兑换成本国货币才能购买本国的商品和劳务，因此产生了买卖外汇现钞的兑换率，即现钞汇率。按理现钞汇率应与外汇汇率相同，但因需要把外币现钞运到各发行国去，而运送外币现钞要花费一定的运费和保险费，因此，银行在收兑外币现钞时使用的汇率通常要低于现汇买入汇率，而卖出外币现钞时使用的汇率则高于现汇卖出汇率。如中国银行公布的某日 USD/CNY 的钞买价为 657.260 0，而汇买价是 662.701 0。

4. 按银行外汇付汇方式划分，有电汇汇率、信汇汇率和票汇汇率

（1）电汇汇率是经营外汇业务的本国银行在卖出外汇后，即以电报委托其国外分支机构或代理行付款给收款人所使用的一种汇率。由于电汇付款快，银行无法占用客户资金头寸，同时，国际间的电报费用较高，所以电汇汇率较一般汇率高。但是电汇调拨资金速度快，有利于加速国际资金周转，因此电汇在外汇交易中占有较大的比重。

（2）信汇汇率是银行开具付款委托书，用信函方式通过邮局寄给付款地银行转付收款人所使用的一种汇率。由于付款委托书的邮递需要一定的时间，银行在这段时间内可以占用客户的资金，因此，信汇汇率比电汇汇率低。

（3）票汇汇率是指银行在卖出外汇时，开立一张由其国外分支机构或代理行付款的汇票交给汇款人，由其自带或寄往国外取款时所使用的汇率。由于票汇从卖出外汇到支付外汇有一段间隔时间，银行可以在这段时间内占用客户的头寸，所以票汇汇率一般比电汇汇率低。

5. 按外汇交易的交割期限划分，有即期汇率和远期汇率

（1）即期汇率也称现汇汇率，是指买卖外汇双方成交当天或两天以内进行交割的汇率。

（2）远期汇率是在未来一定时期进行交割，而事先由买卖双方签订合同、达成协议的汇率。到了交割日期，由协议双方按预订的汇率、金额进行钱汇两清。远期外汇买卖是一种预约性交易，是由于外汇购买者对外汇资金需要的时间不同，以及为了避免外汇汇率变动风险而产生的。远期汇率与即期汇率相比是有差额的，这种差额称为

远期差价，有升水、贴水、平价三种情况。升水是表示远期汇率比即期汇率高，贴水则表示远期汇率比即期汇率低，平价表示两者相等。

6. 按对外汇管理的宽严区分，有官方汇率和市场汇率

（1）官方汇率是指国家机构（财政部、中央银行或外汇管理局）公布的汇率。官方汇率又可分为单一汇率和多重汇率。多重汇率是一国政府对本国货币规定的一种以上的对外汇率，是外汇管制的一种特殊形式。其目的在于奖励出口限制进口，限制资本的流入或流出，以改善国际收支状况。

（2）市场汇率是指在外汇市场上自由买卖外汇的实际汇率。在外汇管理较松的国家，官方宣布的汇率往往只起中心汇率作用，实际外汇交易则按市场汇率进行。

7. 按银行营业时间划分，有开盘汇率和收盘汇率

（1）开盘汇率又称开盘价，是外汇银行在一个营业日刚开始营业时进行外汇买卖使用的汇率。

（2）收盘汇率又称收盘价，是外汇银行在一个营业日的外汇交易终了时使用的汇率。

知识链接

常见外币英文缩写

货币符号	货币名称	货币符号	货币名称	货币符号	货币名称
CNY	人民币元	HKD	港元	NZD	新西兰元
EUR	欧元	GBP	英镑	SGD	新加坡元
USD	美元	AUD	澳大利亚元	SEK	瑞典克朗
JPY	日元	CAD	加拿大元	DKK	丹麦克朗
KRW	韩元	RUB	俄罗斯卢布	NOK	挪威克朗
IEP	爱尔兰镑	THB	泰铢	CHF	瑞士法郎

第二节 汇率决定的基础

汇率作为两种货币之间的交换比率，其本质是两国货币各自所代表或所具有的价值的比率，因此各国货币所具有或所代表的价值是汇率决定的基础。但由于在不同货币制度下，货币发行基础、货币的种类和形态各异，因而决定汇率的基础也不一样。下面就按照不同的货币制度，分别研究汇率的决定基础。

一、金本位制下汇率决定的基础

（一）金币本位制下汇率决定的基础

1. 铸币平价是汇率决定的基础

金币本位制是典型的金本位制。在金币本位制下，各国使用黄金为币材，并规定了单位金铸币的含金量，同时规定金币可以自由铸造、自由兑换银行券，黄金可以自由流出流入国界。由此可以看出，在金币本位制时期，金币可以自由对外进行支付结算。由于币材相同，使不同货币之间存在着比较的基础。各国的金币虽然形状、大小各不相同，但可以用含金量体现出它们所具有的价值，因此两种货币之间的比价就是它们的含金量之比。在金币本位制下，两种金铸币含金量之比称为铸币平价，所以铸币平价是金本位时期决定汇率的基础。例如，在金本位时期，1 英镑铸币的重量为 7.988 05 克，成色为 22 开金，则每英镑含有的纯金为 7.322 38 克（7.988 05 × 22 ÷ 24）。而当时 1 美元铸币的重量为 1.671 81 克，成色为 0.900 0，则美元的含金量为 1.504 63 克（1.671 81 × 0.900 0）。因此英镑与美元的铸币平价为：1 英镑=7.322 38 ÷ 1.504 63 ≈ 4.866 6 美元。

2. 汇率波动幅度的界限是黄金输送点

在金本位时期，各国虽然在法律上认定两国货币的汇率是铸币平价，但铸币平价并不是外汇市场上的实际汇率，而是决定汇率的价值基础。由于当时各国之间已开始使用以外汇为支付手段的非现金结算方式，外汇买卖已很普遍。因此作为外汇买卖的实际汇率是在外汇市场的供求机制下形成的。如果市场上某种外汇供过于求，其汇率就会跌到铸币平价以下；反之，如果某种外汇供不应求，其汇率就会涨到铸币平价以上。然而在金本位制下，汇率的下跌或上升不是漫无边际的，而是以铸币平价为中心，在一定幅度内上下波动，波动幅度的界限就是黄金输送点。

黄金输送点是指在金币本位制下，由于外汇汇率涨落所引起黄金输出入国境的界限，它等于铸币平价加（减）运送黄金的费用。在直接标价法下：

黄金输出点=铸币平价+黄金运杂费

黄金输入点=铸币平价−黄金运杂费

例如，在第一次世界大战之前，把 1 英镑黄金由英国运往美国的运杂费为 0.03 美元，对美国来说英镑汇率的波动界限为黄金输送点，即在英镑与美元的铸币平价的基础上加（减）0.03 美元。也就是黄金输出点为：1 英镑 = 4.866 6+0.03 = 4.896 6 美元；黄金输入点为：1 英镑 = 4.866 6−0.03 = 4.836 6 美元。这就是说，美国黄金输出点为 4.896 6，黄金输入点为 4.836 6，英镑与美元汇率的波动界限在 4.836 6 ~ 4.896 6。黄金输送点之所以成为汇率波动的上下限，是由于金本位时期存在着现金和非现金两种对外结算方式。因为运输黄金进行结算风险很大，又要支付费用，所以当汇率围绕铸币平价波动的幅度不超过运输黄金的费用时，人们会选择非现金结算方式，而当汇率波动幅度超过运输黄金的费用时，人们宁愿选择现金结算方式，即不再买卖外汇，而直接运送黄金支付。

（二）金块本位制和金汇兑本位制下汇率决定的基础

第一次世界大战时期，金本位制遭到严重破坏，战后一些想恢复金本位制的国家建立了金块本位制和金汇兑本位制。这是被严重削弱了的金本位制，是没有金币流通的金本位制。因此，铸币平价作为决定汇率基础的作用被严重削弱，黄金输送点也不存在了。在这两种货币制度下，两种货币之间的汇率由纸币所代表的含金量之比来决定，称为法定平价，它是铸币平价的另一种表现形式。

汇率以法定平价为中心上下波动，但是波动的幅度不再受黄金输入点和黄金输出点的限制，而是由政府来规定和维护这一波动幅度。

二、纸币本位制下汇率决定的基础

（一）纸币具有法定含金量时期

1．黄金平价是汇率决定的基础

在纸币流通初期，纸币具有法定含金量（纸币所代表的价值量是由各国政府根据过去流通中的金属货币的含金量来确定，并以法律形式来规定）。两种货币法定含金量之比称为黄金平价，黄金平价是这一时期（固定汇率制度纸币流通的情况下）汇率决定的基础。

当时官方用法令垄断了纸币的发行，并参照原来金币的价值以法律形式规定了纸币的含金量。因此含金量是纸币名义上或法律上所代表的价值量，也就是说，这一时期纸币在流通中所代表的价值在观念上表现为一定的含金量。例如，1934 年美国政府规定 1 美元的含金量是 0.888 671 克纯金。同样英国政府规定 1 英镑的含金量是 3.881 344 克纯金，即 1 英镑纸币在流通中所代表的价值量与 3.881 344 克黄金相同。所以，在纸币流通条件下，两种货币法定含金量的对比（黄金平价）是决定汇率的基础。例如：1 英镑 = 3.881 344 ÷ 0.888 671 = 4.37 美元，那么 4.37 就是决定英镑与美元汇率的基础。英镑与美元的汇率围绕着黄金平价受外汇供求影响在规定的幅度内上下波动。

2．各国政府有义务维持汇率在规定的幅度内波动

根据布雷顿森林协定，各成员货币与美元挂钩，对美元的汇率波动幅度为金平价的上下各 1%，各国当局有义务对外汇市场进行干预以保持汇率的稳定。

（二）纸币不规定含金量时期

1973 年以后，随着布雷顿森林体系的瓦解，各国普遍实行信用货币制度，不再规定纸币的含金量，纸币的价值不再以含金量来体现。由于各国货币的发行已经脱离了兑换黄金的物质约束，货币的对内价值就决定了货币的对外价值。而货币的对外价值又是用其购买力来衡量的，因此，货币的购买力对比成为纸币制度下汇率决定的基础。另外，两国的通货膨胀率差异、利率差异、国际收支状况、经济增长差异、市场预期

及经济政治形势等也是汇率的重要决定因素，由此形成了一系列最具影响力的汇率决定理论，如购买力平价理论、利率平价理论、国际收支理论等（具体内容见本章第四节）。

在纸币本位制下，汇率有多种表现形式，如钉住汇率制度、货币局制度、管理浮动汇率制度、联合浮动汇率制度和完全浮动汇率制度，等等。但总体上来说，汇率的变动不再具有内在的约束机制，而是呈现出自由的或管制的浮动特征。

第三节　汇率的变动

汇率是连接国内外市场的重要纽带，一方面，汇率的变化受制于一系列因素；另一方面，汇率的变动又会对其他经济因素产生影响。了解汇率变动对经济的影响，对于研究各国货币当局制定的汇率政策具有重要意义。

一、汇率变动的形式

汇率变动是指货币对外价值的上下波动，包括货币贬值和货币升值。货币贬值是指一国货币对外价值的下降，或称该国货币汇率下跌。货币升值是指一国货币对外价值的上升，或称该国货币汇率上涨。

货币的升值与贬值在不同的货币制度或汇率制度下有着不同的表现形式。

在固定汇率制度下，升值就是政府以法令形式提高本国货币的含金量，降低外汇汇率，因此也称法定升值。在布雷顿森林体系下，个别通货膨胀较轻、国际收支在一定时期内具有顺差的国家，在其他国家的影响与压力下，被迫进行过法定升值。例如，1969 年 10 月，德国马克的含金量由 0.222 168 克纯金提高到 0.242 806 克纯金，从而使马克对美元的汇率升值 8.5%。贬值是政府以法令形式降低本国货币含金量，提高外汇汇率，因此也称法定贬值。在纸币流通制度下，当一国原有的黄金平价和汇率不能维持，或者勉强维持会进一步削弱其出口竞争能力、消耗其有限的黄金储备时，该国政府就会颁布法令废除纸币原来的黄金平价和汇率，规定新的、较低的黄金平价和汇率。例如，在布雷顿森林体系下，美元曾法定贬值两次，使得黄金的美元官价由 1 盎司 35 美元上升至 38 美元，后来又上升至 42.22 美元。

1973 年各国实行浮动汇率制度后，货币脱离了黄金平价，汇率随供求行情发生变化，法定升值和法定贬值就失去了意义。当外汇求过于供时，其汇率会由下往上升高，称为上浮，意味着该国货币升值。当外汇供过于求时，其汇率就会由上往下降低，称为下浮，意味着该国货币贬值。

二、影响汇率变动的因素

作为一国货币对外价格的表现形式，汇率受到来自国内和国际因素的影响。同时，除了受到经济因素影响，往往还受到政治、社会等因素的影响。因此，汇率的变动很难准确预测。

（一）影响汇率变动的长期因素

1．国际收支状况

一国的国际收支状况会直接影响该国的外汇市场供求，进而影响汇率变动，所以一国的国际收支状况对汇率的影响是最直接、最明显的。一般而言，如果一国国际收支顺差，在外汇市场上会表现为外汇供大于求，外汇汇率下跌，本币汇率上升；如果是逆差的话，则是外汇供不应求，外汇汇率上升，本币汇率下跌。不过，国际收支对汇率的影响要在较长的时间内才能发挥作用，短期的、小规模的国际收支差额对汇率的影响，容易被其他一些因素所抵消。

2．相对的通货膨胀率

货币对外价值的基础是对内价值。如果货币的对内价值降低，其对外价值，即汇率也必然随之下降。一国货币的对内价值的变化通常用通货膨胀率来度量。通货膨胀、物价上涨，意味着单位货币的购买力降低，代表的价值量减少。在纸币流通的情况下，各国存在不同的币值变化情况，因此不但要考察本国的通货膨胀率，也要考察其他国家的通货膨胀率，即比较相对的通货膨胀率。一般来说，一国的相对通货膨胀率越高，表示该国货币的对内价值下降得越快，其本币汇率也将随之下跌，外汇汇率会上升。

3．宏观经济状况

一国的宏观经济状况除了通货膨胀之外，还包括经济增长、财政收支、国民收入、投资环境、经济开放程度等诸多方面。若一国的宏观经济状况良好、经济稳定，该国货币的汇率就趋稳；反之，则会出现较大幅度的波动。因此，创造一个良好的宏观经济环境是维持汇率稳定的一个重要前提。

（二）影响汇率变动的短期因素

1．资本流动

资本流动是在短期内对汇率影响最大的因素。国际资本的大量流入会使外汇供给相对增加，外币币值相对于本币下降，从而使本币升值、外币贬值；反之，则会使本币贬值、外币升值。由于国际游资流量巨大，流动迅速，因此其对短期汇率产生的影响不可低估。

2．相对的利率水平

利率是借贷资金的价格。利率作为使用资金的成本也会影响汇率水平。一般而言，资金总是从利率低的地方流向利率高的地方。当一国的利率水平高于其他国家时，其他国家的资金就会流入该国；当一国的利率水平低于其他国家的时候，该国的资金就会流出。而资金的大量流入流出，会直接影响一国的外汇供求，特别是短期外汇的供求，从而引起汇率的变动。利率对长期汇率的影响十分有限，更大程度上是作为政策工具对短期汇率产生重大影响。

3. 政府的短期干预

政府为了实现一定的经济目标，常常会采用种种措施干预外汇市场和外汇汇率，有时甚至操纵汇率的波动。政府为了避免汇率变动对国内经济造成不利的影响，需要通过中央银行在外汇市场上买卖外汇，使汇率的变动有利于本国经济的运行。

4. 经济政策

政府的经济政策包含许多方面，如货币政策、财政政策、汇率政策等。它们都会对汇率产生重要的影响。政府的货币政策主要是调控本国的货币供应量，这会影响本国的通货膨胀率，进而影响汇率；政府的财政政策可以通过税收和补贴改变贸易成本和投资成本，进而影响国际收支，也会影响到汇率。货币政策和财政政策都是作用于总需求进而作用于总产出的，总需求和总产出的变化会影响进出口，进而影响汇率。

5. 心理预期

心理预期有时会对汇率产生重大的影响。心理预期是多方面的，既包括对利率变动、汇率走势、通货膨胀、国际收支等经济方面的预期，也包括对政治局势、国际关系、社会稳定等政治和社会方面的预期。而对这些方面的不同预期，会直接改变人们的经济行为，如改变投资和储蓄的方向，进而影响汇率。由于心理预期的变化快、影响大，因此常常会引起短期汇率波动。有时，心理预期甚至会成为市场上影响汇率的最主要因素。

6. 投机活动

当今国际金融市场上，短期游资规模巨大，四处追逐高额利润。由于浮动汇率制度的特点，这些游资在外汇市场上的投机活动也愈演愈烈。它们往往拥有雄厚的资金实力，可以在外汇市场上推波助澜，使汇率的变动远远偏离其均衡水平，或者利用市场趋势对某一货币发动攻击，攻势之强使各国中央银行甚至 IMF 联手干预也难以阻挡。过度的投机活动，阻碍了正常外汇交易的发展，扭曲了外汇供求关系，加剧了汇率的波动。

7. 政治与突发性因素

资本具有追求安全的特性，政治及突发性因素对外汇市场的影响是直接和迅速的。国际性的政治、经济、军事等突发事件的冲击，包括政局的稳定性、政策的连续性、政府的外交政策，以及战争、经济制裁和自然灾害等，会在很大程度上影响投资者的信心，进而引发大规模资本流动，从而对汇率产生巨大的影响。政治与突发事件因其突发性和临时性，市场难以预测，很容易对市场造成冲击。

上述因素均为影响汇率的主要因素，这些因素并非彼此孤立存在，而是相互交织、相互影响的，它们的作用有些会相互抵消，有些则相互促进，从而形成一种对汇率变动的综合影响力。

三、汇率变动对经济的影响

（一）汇率变动对一国经济的影响

1．汇率变动对一国国内经济的影响

（1）影响物价的上涨或下降。汇率变动会立即对进口商品的价格产生影响，首先是进口的消费品和原材料的价格变动，进而以进口原料加工的商品或与进口商品相类似的国内商品的价格也发生变动。汇率变动后，出口商品的国内价格也会发生变动。如本币汇率下降，则外币购买力提高，国外进口商就会增加对本国出口商品的需求。在出口商品供应数量不能相应增长的情况下，出口商品的国内价格必然上涨。在初级产品的出口贸易中，汇率变化对价格的影响特别明显。

（2）一定情况下影响出口商品的生产部门。外币升值时，将使进口商品变得更贵，从而使以进口原材料为主的出口商品生产者的生产成本上升，削弱其在国际市场上的竞争力，而对以国内原材料为主的出口商品生产者较为有利。外币贬值时，将使进口商品变得便宜，从而使以进口原材料为主的出口商品生产者的生产成本下降，出口产品的国际市场竞争力增强，而同时以国内原材料为主的出口商品生产者则得不到由于汇率变动而带来的好处。

（3）影响经济增长和就业。如果一国的货币贬值能够起到增加出口的作用，就会使生产扩大、国民收入和就业增加。出口收入增加，会带来国内投资、消费和储蓄的增加。根据对外贸易乘数原理，如果增加的出口收入中有一部分用于购买本国产品，出口就会对国民收入和就业的增加起到推动作用。另外，一国货币贬值导致进口商品价格上涨，这会在一定程度上引导消费者转向购买本国商品，刺激本国增加进口替代品的生产，进而产生与出口增加同样的作用，从而增加国民收入。

2．汇率变动对一国对外经济的影响

（1）对一国资本流动的影响。从长期看，当本币汇率下降时，本国资本为防止货币贬值的损失，常常逃往国外。如本币汇率上涨，则对资本移动的影响恰与上述情况相反。但也存在特殊情况，近几年，在短期内也曾发生美元汇率下降时，外国资本反而急剧涌入美国进行直接投资和证券投资，利用美元贬值的机会，取得较大的投资收益，这对缓解美元汇率的急剧下降有一定的好处，但这种情况的出现是由于美元的特殊地位决定的。

（2）对国际收支的影响。本币价值下降，具有扩大本国出口、抑制本国进口的作用，从而有可能扭转贸易收支逆差。而一国货币对外升值后，则有利于外国商品的进口，不利于本国商品的出口，因而会减少贸易顺差或扩大贸易逆差。

（3）对旅游等非贸易部门的影响。其他条件不变，以本币表现的外币价格上涨，而国内物价水平未变，对国外旅游者来说，本国商品和服务项目显得便宜，可促进本国旅游及有关非贸易收入的增加。

（4）对一国外汇储备的影响。外汇汇率变动影响一国外汇储备的实际价值，储备货币升值，则一国外汇储备的实际价值提高，反之则降低。本国货币汇率变动，通过

资本转移和进出口贸易额的增减，直接影响本国外汇储备的增加或减少。国际储备多元化加上汇率变化的复杂化，使国际储备管理的难度加大，因此各国货币当局都会随时注意外汇市场的变化，进行相应的储备货币调整，以避免汇率波动给外汇储备带来，损失。

总之，汇率变动对经济的影响是多层次、多维度的。由于不同国家、不同时期的经济条件各不相同，汇率变动对经济的影响也有差别，而且在很多时候，由于各种因素的综合作用，汇率变动对经济的影响可能并不是确定的。

（二）汇率变动对国际经济的影响

1．汇率变动加剧发达国家与发展中国家的矛盾

如前所述，第二次世界大战后美元的两次贬值，使初级产品生产国家的外汇收入遭受损失，而它们的美元债务，由于订有黄金保值条款，丝毫没有减轻；至于其他非美元债务，有的则相对加重。

2．汇率变动加剧发达国家之间的矛盾，促进区域经济集团的建立与加强

一国货币汇率的下跌，必然会加剧发达国家之间争夺销售市场的斗争。20 世纪 80 年代以前，美元汇率急剧下跌，日元与德国马克的汇率日益上升，资本主义世界货币十分动荡。美国政府对美元汇率日趋下降的现象放任不管，其目的就在于扩大本国的出口，迫使日本及西欧等工业发达国家采取刺激本国经济发展的措施，以扩大对美国商品的进口。美元汇率的一再下降，使这些国家陷入经济增长缓慢、失业现象严重，以及手中持有的美元价值日益下跌的困难处境。就是在这种情况下，当时欧洲共同体 9 国决定建立“欧洲货币体系”，确定了成员之间汇率波动的界限，建立了欧洲货币基金，并创设了欧洲货币单位。“欧洲货币体系”的建立，固然是欧洲共同体实现财政经济联合、最终走向货币一体化的必然过程，但美元日益贬值、美元汇率急剧下降则是促进“欧洲货币体系”加速建立的一个直接原因。

3．汇率变动促进储备货币多元化

汇率是否稳定、坚挺，是选择储备货币的主要标准。由于某些储备货币国家的国际收支恶化、通货不断贬值，其储备货币的地位就会受到威胁，甚至丧失储备货币的资格。如第二次世界大战后，英国金融实力的衰退致使英镑不断贬值，英镑在国际支付中的使用量随之锐减，其作为储备货币的地位大大削弱。与此同时，某些货币在国际结算领域中的作用则日渐增强，如 20 世纪 80 年代德国马克和日元的崛起，促进了国际储备货币多元化局面的形成。

4．汇率变动加剧国际金融市场的动荡

汇率的波动使投机成为外汇市场上的不稳定因素。外汇投机的发展，造成了国际金融市场的动荡与混乱。

5．汇率变动促进国际金融创新

汇率波动在加剧金融市场动荡的同时，也加速了国际金融创新的过程。期货、期权、货币互换等国际金融新业务的出现，以及国际金融市场机制的不断创新，都是市

场规避汇率风险的产物。

四、制约汇率发挥作用的条件

（一）开放程度

一国经济对外依赖程度较深、进出口贸易在国民生产总值中所占比重较大者，汇率变动对该国经济进程的影响就较大；反之，则较小。

（二）商品结构

汇率变动对生产单一商品的国家经济影响较大，对商品生产多样化的国家影响较小。

（三）与国际金融市场的联系程度

汇率变动对与国际金融市场联系密切的国家影响较大，对与国际金融市场联系不紧密的国家影响就较小。

（四）通货的兑换性

一国货币完全自由兑换，在国际支付中使用较多者，影响就较大，否则影响较小。

第四节　汇率决定理论

汇率决定理论是西方外汇理论的核心，也一直是国际经济学中最为活跃的领域之一。随着世界经济的发展和国际货币体制的变迁，汇率决定理论也在不断地发展。在金本位制下，汇率决定的基础是铸币平价，实际汇率因供求关系的变化围绕铸币平价上下波动，其波动幅度受黄金输送点的限制。第一次世界大战后，金本位制瓦解，各国大量发行纸币，原有的铸币平价理论不复存在。在纸币本位制下，如何确定各国货币之间的汇率成为众多经济学家研究的重要内容。本节就着重介绍一些比较有代表性的汇率决定理论，包括购买力平价理论、利率平价理论、国际收支理论，最后简要分析汇率理论发展的新趋势。

一、购买力平价理论

购买力平价是指两种货币之间的汇率决定于它们单位货币购买力之间的比例。它最早是在 20 世纪初由瑞典经济学家古斯塔夫·卡塞尔提出的。简单地说，购买力平价是国家间综合价格之比，即两种或多种货币在不同国家购买相同数量和质量的商品和服务时的价格比率，用来衡量一国与对比国之间价格水平的差异。一个测量购买力平价的简单而幽默的例子就是巨无霸指数。这个指标由于《经济学人》杂志的使用而闻名于世。《经济学人》杂志将麦当劳在各国的分店中卖的巨无霸汉堡包的价格进行了比较。如果一个巨无霸在美国的价格是 4 美元，而在英国是 3 英镑，那么美元与英镑的购买力平价汇率就是 4 美元 = 3 英镑，因此在这个例子中美元和英镑的汇率是 4∶3。

购买力平价理论的基本思想是：一国居民之所以需要外国货币，是因为这种货币在其发行国具有对商品的购买力，一种货币价格的高低自然取决于它对商品购买力的强弱，因此决定汇率最基本的依据应是两国货币购买力之比。而购买力变化是由物价变动引起的，这样，汇率的变动归根结底是由两国物价水平的相对变动所引起的。

购买力平价理论有两种形式，即绝对购买力平价和相对购买力平价。前者解释某一时点上汇率决定的基础，后者解释某一时段上汇率变动的原因。

（一）绝对购买力平价

绝对购买力平价成立的前提是一价定律成立。所谓一价定律，是指在开放经济条件下，如果不考虑交易成本因素，以同一种货币衡量的不同国家的某种可贸易商品的价格应该是一致的。用公式可表示为：

$$p = ep^*$$

式中，e 为直接标价法下的汇率；p 为本国价格；p^* 为外国价格。

在此基础上，绝对购买力平价理论认为两国货币之间的汇率是由两国货币在其本国所具有的购买力决定的，又由于货币的购买力主要体现在价格水平上，所以若以 p 表示本国的物价水平，p^* 表示外国的物价水平，e 表示直接标价法下的汇率，则：

$$e = \frac{p}{p^*}$$

这就是绝对购买力平价的一般形式，其实也是一价定律公式的变形，它意味着汇率取决于不同货币衡量的可贸易商品的价格水平之比，即取决于不同货币对可贸易商品的购买力之比。

（二）相对购买力平价

绝对购买力只有当所参照的商品篮子对各国都相同时才成立，而实际中各国计算本国价格水平所采用的一揽子商品及其权数并不相同，相对购买力平价则弥补了绝对购买力平价的这一不足。相对购买力平价理论是卡塞尔在 1918 年分析第一次世界大战期间的通货膨胀率和汇率变动关系时提出的，他的主要观点可以简单表述为：两国货币的汇率水平将根据两国通货膨胀的差异而进行相应的调整。该理论认为一价定律并不能始终成立，而且各国对一般物价水平的计算方法各异，所以各国的一般物价水平以同一种货币计算时并不相等，而是存在一定的偏差。相对购买力平价的表达式为：

$$\frac{e_1 - e_0}{e_0} = \pi - \pi^*$$

式中，e_0 和 e_1 分别表示基期 t_0 时刻和 t_1 时刻的汇率水平；π 和 π^* 分别表示本国和外国从基期 t_0 时刻到 t_1 时刻这一时段的通货膨胀率。

该式的经济学含义为：两国货币的汇率变动取决于两国物价水平的变动，即汇率变化等于同期本国与外国的通货膨胀之差。若本国物价上涨幅度超过外国物价上涨幅度，则本国汇率贬值，表现为 e 值增大；反之，则意味着本国货币升值，表现为 e 值降低。

显然，相对购买力平价对真实汇率变化的解释力更强，也更符合实际，原因是其假定与客观现实更为接近。如果绝对购买力平价成立，那么相对购买力平价一定成立，因为物价指数就是两个时点物价绝对水平之比。反过来，如果相对购买力平价成立，绝对购买力平价却不一定成立。

（三）对购买力平价理论的评价

1. 理论的贡献

首先，购买力平价是从货币的基本功能（具有购买力）角度分析货币的交换问题，符合逻辑，易于理解，表达形式最为简单，对汇率决定这样一个复杂问题，给出了最简洁的描述。其次，购买力平价所涉及的一系列问题都是汇率决定中非常基本的问题，处于汇率理论的核心位置。最后，购买力平价被普遍作为汇率的长期均衡标准而被应用于其他汇率理论的分析中。

基于以上原因，自该理论被提出以来，它在西方汇率理论中一直保持着重要地位。

2. 理论的缺陷

首先，购买力平价忽略了国际资本流动对汇率的影响。尽管购买力平价理论在揭示汇率长期变动的根本原因和趋势上有其不可替代的优势，但在中短期内，国际资本流动对汇率的影响越来越大。其次，购买力平价忽视了非贸易商品因素，也忽视了贸易成本和贸易壁垒对国际商品套购的制约。最后，计算购买力平价的诸多技术性困难也使其具体应用受到了限制。

二、利率平价理论

我们前面的分析重点是商品市场，本部分将分析重点从商品市场转移到金融市场。假定只有一种金融产品，即货币，也只有一种资产价格，即利率。从金融资产的国际套利角度来分析各国金融资产的价格水平（利率）与汇率之间的关系，这就是汇率决定的利率平价理论。分析的出发点仍然是一价定律，所不同的是，由于金融资产在产品同质性和转移便利性等方面具有商品无法比拟的优势，国际套利更容易实现，因此一价定律在金融市场上表现得更为充分，或者说由于金融产品价格调整速度比商品价格调整速度快，利率平价不仅适用于长期分析，而且更适用于短期分析。而购买力平价则更适用于长期分析，短期内会出现较大偏离。

（一）理论的背景和基本观点

利率平价理论的基本思想可追溯到 19 世纪下半叶，在 20 世纪 20 年代由凯恩斯等人予以完善。凯恩斯于 1923 年建立了古典利率平价理论框架，他从金融市场角度分析了汇率与利率之间的关系，他认为汇率变动与两国相对利差有关，投资者根据两国利差大小，以及对未来汇率的预期进行选择，以达到获取收益或避免风险的目的。继凯恩斯之后英国经济学家保罗·艾因齐格把外汇理论和货币理论相结合，开辟了现代利率平价理论。

利率平价理论假定资本完全自由流动，而且资本流动不存在任何交易成本。在此基础上，两国之间相同期限的利率只要存在差距，投资者即可运用套利行为赚取差价。两国货币间的汇率将因为此种套利行为而产生波动，直到套利空间消失为止。其结果是使远期汇率趋近于某一特定的均衡水平。同即期汇率相比，利率低的国家的货币远期会升水，而利率高的国家的货币远期会贴水。汇水数大约等于两国间的利差。

按照对投资者的风险偏好所做的假定不同，可以把利率平价理论分为非抛补的利率平价和抛补的利率平价。

（二）抛补的利率平价

抛补的利率平价是指在金融市场发达完善的情况下，投资者利用两国利率之差在即期外汇市场和远期外汇市场同时进行反向操作来套取利差的做法。投资者不仅要考虑利率的收益，还要考虑由于汇率变动所产生的收益变动。其公式推导如下：

假定世界上只有两个国家，即本国与外国，资本在两国间完全自由流动。本国的一个投资者现持有一笔闲置资金，决定其资金投向的唯一因素是在哪一个国家投资可以获得更高的收益率。设本国市场上一年期存款利率为i，外国金融市场上的同期利率为i^*，即期汇率为e（直接标价法），远期汇率为f。

如果投资于本国金融市场，则每单位本国货币到期时的本利和为：

$$1\times\left(1+i\right)=1+i$$

如果投资于外国金融市场，则首先将本国货币在外汇市场上兑换成外国货币；其次用这笔外国货币在外国金融市场上进行投资；最后再将投资期满后的外国货币本利和在外汇市场上兑换成本国货币。

首先，每一单位本币可在金融市场上即期兑换$1/e$单位的外币，将这$1/e$单位的外币投资于外国金融市场，期满后的本利和应为：

$$\frac{1}{e}+\frac{1}{e}\times i^*=\frac{1}{e}\left(1+i^*\right)$$

由于到期时的即期汇率是不确定的，因此这笔投资的最终收益也难以确定，或者说这笔投资有很大的汇率风险。为规避风险，投资者可以按照外汇市场上的远期汇率，即期卖出一年后交割的远期外汇。这样，这笔投资就不存在任何汇率风险，一年后的收益换成本币为$\frac{f}{e}\left(1+i^*\right)$。

投资者面临着投资于本国金融市场还是外国金融市场的选择，这需要将在两国投资的收益进行比较。如果在外国投资的收益高，则市场上众多的投资者都会将资金投入外国金融市场，这会导致即期外汇市场上外国货币需求上升，从而使本币即期贬值（e增大），远期升值（f减少），投资外国金融市场的收益率下降。只有投资于两国的收益率相同时，市场才处于均衡状态，即：

$$1+i=\frac{f}{e}(1+i^*)$$

整理可得：

$$\frac{f}{e}=\frac{1+i}{1+i^*}$$

将上式的等式两边同时减去 1，再进一步整理，得到：

$$\frac{f-e}{e}=\frac{i-i^*}{1+i^*}$$

因为两国利率的值都不大，与 1 相比时可以忽略不计，所以$1+i^*$近似于 1，则有：

$$\frac{f-e}{e}\approx i-i^*$$

实际上，等式左边是即期货币与远期货币之间的升贴水率。此式就是抛补利率平价的一般形式。它的经济含义是汇率的远期升贴水率等于两国货币利率之差。若本国利率高于外国利率，则本币远期贬值；若本国利率低于外国利率，则本币远期升值。也就是说，汇率的变动会抵消两国间的利率差异，使金融市场处于平衡状态。

抛补的利率平价具有很高的实践价值。事实上，抛补的利率平价公式被作为指导公式广泛用于外汇交易中，许多大银行基本上就是根据各国间的利率差异来确定远期汇率的升贴水额。除了外汇市场出现剧烈波动以外，一般来讲，抛补的利率平价基本上能成立。当然，由于外汇交易成本及风险等因素的存在，抛补的利率平价与实际汇率之间也存在着一定的偏差。

（三）非抛补的利率平价

在上面的分析中，投资者是通过远期交易来规避风险的。实际上，投资者还有另外一种选择，即根据自己对汇率未来变动的预测，不进行相应的远期交易，而是在承担一定汇率风险的情况下进行投资。此时，投资者通过对未来汇率的预测来计算投资活动的收益。

假定投资者预期一年后的即期汇率为E，那么在外国金融市场投资的本息和换算成本币为：

$$\frac{E}{e}(1+i^*)$$

如果与在本国金融市场投资的收益存在差异，那么投资者会通过套利行为使两者一致。这样，当市场出现均衡状态时，有：

$$1+i=\frac{E}{e}(1+i^*)$$

整理可得：

$$\frac{E-e}{e}=i-i^*$$

等式左边为汇率的远期变动率。该式即非抛补的利率平价的一般形式，其经济含义为预期的汇率远期变动等于两国货币利率之差。

在非抛补的利率平价成立时，如果本国利率高于外国利率，意味着市场预期本币在远期将会贬值；反之，预期本币远期升值。若本国政府提高利率，当市场预期未来的即期汇率不变时，本币的即期汇率将升值。

当 E 与 f 存在差异时，投机者认为有利可图，就会通过在远期外汇市场的交易使二者相等，此时抛补的利率平价和非抛补的利率平价同时成立。

在进行非抛补套利时，投资者要承担汇率风险，如果投资者为风险厌恶者，他对其承担的汇率风险会要求有额外的收益补偿，即风险溢价。而风险溢价的存在容易导致非抛补的利率平价不成立。实证研究的结果显示，在现实中抛补的利率平价经常成立，非抛补的利率平价却经常不成立。同时，由于预期的汇率变动是一个心理变量，难以得到可行的数据进行分析，而且实际意义也不大，因此利用非抛补的利率平价的一般形式进行实证检验并不多见。

（四）对利率平价理论的评价

1．理论的贡献

首先，利率平价理论阐明了外汇市场上即期汇率、远期汇率及相关国家利率变动之间的相互关系，把利率决定的因素扩展到资产市场领域，反映了货币资产因素在国际金融领域内日益重要的作用。其次，从资金流动的角度揭示了汇率与利率之间的密切关系，以及汇率的市场形成机制。最后，利率平价理论是一种与购买力平价理论互补的汇率决定理论。

2．理论的缺陷

首先，利率平价理论没有考虑交易成本。然而，交易成本却是很重要的因素。如果各种交易成本过高，就会影响套利收益，从而影响汇率与利率的关系。如果考虑交易成本，国际间的抛补套利活动在达到利率平价之前就会停止。其次，利率平价理论假定不存在资本流动障碍，假定资金能顺利、不受限制地在国际间流动。但实际上，资金在国际间流动会受到外汇管制和外汇市场不发达等因素的阻碍。目前，只有在少数国际金融中心才存在完善的期汇市场，资金流动所受限制也少。最后，利率平价理论还假定套利资金规模是无限的，故套利者能不断进行抛补套利，直到利率平价成立。

三、国际收支理论

1944 年到 1973 年布雷顿森林体系实行期间，各国实行固定汇率制度。这一期间的汇率决定理论主要从国际收支均衡的角度阐述汇率的调节，即确定适当的汇率水平，这些理论统称为国际收支理论。

（一）理论的早期形式：国际借贷说

国际借贷说可以追溯到 14 世纪，在第一次世界大战前金本位制盛行的时期出现，是用以说明外汇汇率变动的最主要的理论之一，其实质是汇率的供求决定论。该理论的主要依据来源于古典经济学派，特别是重商主义有关国际贸易及外汇方面的论述。国际借贷说又称外汇供求说，是由英国经济学家戈逊于 1861 年在其所著的《外汇理论》一书中正式提出来的。

该理论认为汇率是由外汇的供给和需求决定的，而外汇的供给和需求是由国际借贷所产生的，因此国际借贷关系是影响汇率变化的主要因素。这里所讲的国际借贷关系不仅包括贸易往来，还包括资本的输出和输入。国际借贷分为固定借贷和流动借贷，前者指借贷关系已经形成但尚未进入实际支付阶段的借贷；后者指已经进入支付阶段的借贷，只有流动借贷的变化才会影响外汇的供求。一国流动借贷相等，则外汇供求平衡，汇率不变；一国流动债权大于债务，则外汇供给大于需求，本币升值，外币贬值；一国流动债务大于债权，则外汇需求大于供给，本币贬值，外币升值。

戈逊的国际借贷说第一次较为系统地从国际收支的角度解释外汇供求的变化，分析了汇率波动的原因。从目前的角度看，国际收支仍然是影响汇率变化最直接最重要的基本因素之一。该学说在金本位制下是成立的，它对汇率变动原因的解释（由外汇供求关系亦即流动借贷引发）做出了很大的贡献，事实证明，国际收支失衡是导致汇率变动的主要原因之一。但国际借贷说存在其历史的局限性，它仅从国际借贷关系角度解释外汇供求变化是不全面的。它并没有回答汇率由何决定这个问题，也无法解释在纸币流通制度下由通货数量增减而引起的汇率变动等问题。

后来，凯恩斯学派对该学说进行了深化，提出了调整国际收支的弹性论和国际收支调节的吸收论，肯定了国家干预对汇率变动的作用。

（二）现代国际收支理论

现代国际收支理论形成于布雷顿森林体系崩溃之后，是凯恩斯主义的汇率理论。其主要观点是外汇汇率取决于外汇供求，而国际收支状况决定着外汇供求，因而汇率实际上取决于国际收支。因此，影响国际收支的因素也将间接影响汇率。

假定 Y、Y'分别表示本国及外国的国民收入，P、P'分别表示本国及外国的价格水平，i、i'分别表示本国及外国的利率，e 是本国的汇率，Ee_f 是预期汇率。一国的国际收支是由经常账户和资本与金融账户组成，所以，国际收支实现均衡的条件是经常账户收支差额（CA）与资本账户收支差额（KA）之和等于零，即：

$$BP=CA+KA=0 \tag{1}$$

一国的经常账户由该国的进出口所决定，主要受 Y、Y'、P、P'、e 这 5 个因素影响。因此，用公式表达就是：

$$CA=f_1(Y,Y',P,P',e) \tag{2}$$

一国国际收支中资本和金融账户收支主要由 i、i'、e、Ee_f 这 4 个因素来决定。因此，用公式表达就是：

$$KA = f_2(I,i',e,Ee_f) \tag{3}$$

将式（2）和式（3）代入式（1）中可得到：

$$BP=CA+KA=f_1(Y,Y',P,P',e)+f_2(I,i',e,Ee_f)=0$$

整理可得：

$$BP=CA+KA=f(Y,Y',P,P',I,i',e,Ee_f)=0$$

如果将除汇率以外的其他变量均视为已经给定的外生变量，则汇率将在这些因素的共同作用下达到某一水平，从而起到平衡国际收支的作用，此时所对应的汇率是均衡汇率，用公式表示为：

$$e=g(Y,Y',P,P',I,i',Ee_f)$$

该式表明，影响汇率变动的因素有本国国民收入、外国国民收入、本国价格水平、外国价格水平、本国利率水平和外国利率水平，以及人们对未来汇率的预期。这些变量的变动对汇率的影响机制如下：

① 当其他变量不变时（下同），本国国民收入的增加将带来进口的上升，在外汇市场上会出现对外汇的超额需求，本币趋于贬值；外国国民收入的增加将带来本国出口的上升，外汇市场会出现外汇的超额供给，则本币趋于升值。

② 本国价格水平的上升将导致本国出口下降，从而本币趋于贬值；外国价格水平上升将导致本国出口上升，经常账户得到改善，从而本币趋于升值。

③ 本国利率水平的提高将带来更多的资本流入，外汇市场出现超额的外汇供给，本币趋于升值；外国利率水平的提高将导致本国资金外流，外汇市场出现对外汇的超额需求，本币趋于贬值。

④ 如果预期未来本币贬值，资本将流出以避免损失，导致本币贬值，外币将升值；反之，则本币升值，外币贬值。这是预期自我实现的能力在外汇市场上的体现。

（三）对国际收支理论的评价

1．理论的贡献

首先，国际收支理论指出了汇率与国际收支之间存在的密切关系，这对于全面分析汇率的决定因素，尤其是分析短期内汇率的变动是极为重要的。其次，国际收支理论是关于汇率决定的流量理论，国际收支的外汇供求流量变化决定了短期汇率水平及其变动。

2．理论的缺陷

首先，与购买力平价理论及利率平价理论一样，国际收支理论也不能视为完整的汇率决定理论。对于影响国际收支的众多变量之间，以及这些变量与汇率之间的复杂关系，国际收支理论并没有进行深入分析，也没有得出具有明确因果关系的结论。其次，国际收支理论的前提假定比较严格，只能适用于外汇市场发达、政府干预少的国家。

四、汇率理论发展的新趋势

（一）资产市场说

1973 年，布雷顿森林体系解体后，固定汇率制度崩溃，各国开始实行浮动汇率制度，汇率决定理论有了更进一步的发展。资本市场说在 20 世纪 70 年代中后期成为汇率理论的主流。该理论是在国际资本流动不断增加的背景下产生的，因此特别重视金融资产市场均衡对汇率变动的影响。与传统的理论相比，汇率的资本市场说更强调汇率被看作资产的价格，由资产的供求来决定。资产市场说的一个重要分析方法是一般均衡分析，它较之传统理论的最大突破在于，它将商品市场、货币市场和证券市场结合起来，进行汇率决定的分析。在这些市场中，国内外市场有一个替代程度的问题。而在一国的三种市场之间，则有一个受到冲击后均衡调整的速度问题，由此引出了各种资产市场说的模型。

（二）汇率决定理论的新发展

固定汇率制度下汇率理论的新发展主要体现在把汇率调整融入政府政策优化分析的框架中进行研究。浮动汇率制度下汇率理论的新发展主要体现在将现代经济学的最新发展应用到汇率决定理论的研究中，如将预期、不完全信息、博弈论、有效市场理论、行为金融学及微观市场结构理论等引入汇率决定理论研究中。20 世纪 80 年代以来，很多学者不断寻求对传统理论的突破，将汇率决定理论的发展推向了一个新的阶段。

汇率决定理论博大精深，前文主要介绍了购买力平价理论、利率平价理论、国际收支理论。它们分别从实际市场因素、宏观基本面因素、货币因素、存量因素和流量因素等不同的角度对汇率的决定和变动进行了研究。这些理论都有优点，但也都有不足。一种理论只能针对汇率决定的某一方面进行深入详尽的阐述。同一种理论在不同时期的解释能力也是不同的。到目前为止，还没有一种全能的汇率决定理论。但是已有的汇率决定理论是相互补充、相互替代的，它们一起构成了多姿多彩的汇率决定理论体系。

现实经济是复杂的，当前汇率决定理论仍在不断的发展中，还有很多谜团尚未解开，应该说我们对于汇率如何决定这一问题的研究还有很长的路要走。但是，也正是理论与现实的差距，不断地调整着理论经济学家和计量经济学家研究和实证的视角，推动着汇率决定理论不断地向前发展。

拓展阅读

英镑贬值致通胀蹿升，英国民众开始节衣缩食：为什么英国脱欧会导致英镑贬值

自英国公投选择退欧以来，英镑持续贬值。但是，英镑贬值对于英国国内来说是把双刃剑。

首先，英镑贬值促进海外游客纷至沓来，来自海外的购买力大大提高。英国脱欧公投也让英国奢侈品品牌从中获益，巴宝莉服装公司的股价从2016年6月英国脱欧公投前处于四年来低位的每股10英镑左右一度飙升到每股超过15英镑。这让公司的市值增加了超过20亿英镑；房地产市场也因为英镑贬值，引来了众多的海外买家。房地产价格受脱欧公投牵累产生的负面影响回落，仅来自中国的房地产投资者就大幅上升。

德国商业银行有报告称，英国脱欧公投后出现的英镑贬值对经济产生了相互矛盾的影响。一方面，出口增长弥补了可能出现的投资下降；另一方面，英镑走软又会因为进口商品价格上涨而加大消费者的压力。

▶▶　“硬退欧”加大零售价格的上升预期

因为首相特雷莎·梅的“硬脱欧”论调，英国工商业联合会和零售业协会等产业机构就警告道，严重依赖进口的食品、服装等零售业，在英镑贬值的形势下已经出现进口价格上升，如果政府不能及时获得单一市场的谈判结果，回到世贸组织的贸易规则，那么与民众生活相关的食品、服装等价格的上升会降低大众生活水平。

以肉类为例，进口关税可能最高达到27%，而服装鞋帽的进口关税也会在11%~16%。根据英国零售业协会的统计数据，如果按照世贸规则，欧盟之外其他国家的关税也会提高。例如，从印度进口女式服装的关税会比目前高出12%，从智利进口酒类也会增加14%的关税。

从英国环保和食品部门网站了解到，仅食品行业，英国从海外市场的进口率高达46%，其中27%来自欧盟。由于英镑贬值，英镑对欧元已经接近1∶1。来自欧盟的蔬菜水果价格上升是可以预见的前景。再加上工资收入上升速度远不及通胀水平，英国人勒紧裤带过日子，看来是在所难免了。

▶▶　为什么英国脱欧会导致英镑贬值

很少有东西比英镑的贬值更能反映出大英帝国的没落轨迹。历史学家、经济学家和外交政策专家纷纷指出，自2016年6月23日公投以来英镑超过10%的跌幅，表明英国的全球角色和影响力将呈现下行轨迹。

英镑一直处于稳定下滑轨迹之中，这主要归因于一系列的金融震荡。在过去一个世纪中的绝大多数时间内，英镑在国际舞台上的优越性已经减弱。

索罗斯曾在1992年的“黑色星期三”因为做空英镑赚取了丰厚的利润。此前，他指出：“英国的选民现在都很了解脱欧的代价。有太多人认为离开欧盟对于他们个人的财政状况没有什么影响，但这只是他们一厢情愿。英国脱欧将会让一些人更加富有，但是大多数选民将会变得贫穷。”

另外，香港首富李嘉诚此前也呼吁英国公民选择留在欧盟。他在接受彭博社采访时表示，脱欧会给英国带来很大的损害，对整个欧洲的影响也不好。

现在，有很多分析人士怀疑，退出欧盟将会让英镑痛失国际储备货币的地位。根据IMF发布的数据，现在英镑在外汇储备中占据的份额为5%。

英镑的贬值，或许并不能大力提振英国经济。虽然疲软的英镑可能会提振制造和旅游行业，但英国 3/4 的经济依赖的是像金融这样的服务行业，后者的未来取决于英国能获得多大程度的欧盟准入。

▸▸ **脱欧将对英国产生消极影响**

牛津大学经济政策教授 Simon Wren-Lewis 表示，任何"竞争力的短期提振都将被其他负面影响抵消，如投资减少。因而，不管是在短期内，还是长期内，退出欧盟都将给英国经济带来消极影响"。

（资料来源：http://www.southmoney.com/huilv/yingbanghuilv/201610/808262.html）

基本概念

外汇　自由兑换外汇　有限自由兑换外汇　记账外汇　贸易外汇　非贸易外汇　金融外汇　汇率　直接标价法　间接标价法　固定汇率　浮动汇率　基本汇率　套算汇率　中间汇率　现钞汇率　电汇汇率　信汇汇率　票汇汇率　即期汇率　远期汇率　升水　贴水　官方汇率　市场汇率　铸币平价　黄金输送点　购买力平价理论　一价定律　利率平价理论　抛补的利率平价　非抛补的利率平价　国际收支理论　国际借贷说　资产市场说

复习思考题

一、单项选择题

1．下面关于外汇表述不正确的有（　　）。

A．外汇是"国际汇兑"的简称

B．静态的外汇是一种以外币表示的用于国际结算的支付手段

C．动态的外汇有狭义和广义之分

D．广义的外汇是指一国拥有的一切以外币表示的资产

2．下列外汇不属于按受限程度划分的是（　　）。

A．自由兑换外汇　　B．有限自由兑换外汇

C．记账外汇　　D．贸易外汇

3．在国际外汇市场上，下列（　　）不是间接标价法。

A．欧元　　B．日元　　C．澳大利亚元　　D．英镑

4．下列汇率中属于直接标价法的是（　　）。

A．伦敦市场 GBP1= USD1.307 4　　B．纽约市场 USD1=JPY114.06

C．法兰克福市场 EUR1=HKD9.055 5　　D．东京市场 CAD1=KRW874.188 7

5．关于升贴水表述不正确的是（　　）。

A．远期汇率与即期汇率相比是有差额的，这种差额叫远期差价

B．远期差价有升水和贴水两种情况

C．升水表示远期汇率比即期汇率贵

D．贴水表示远期汇率比即期汇率便宜

6．金币本位制下汇率决定的基础是（　　）。

A．铸币平价　B．法定平价　C．黄金平价　D．购买力平价

7．黄金输送点是指在（　　）下，由于外汇汇率涨落所引起黄金输出入国境的界限，它等于铸币平价加（减）运送黄金的费用。

A．金币本位制　B．金块本位制

C．金汇兑本位制　D．纸币本位制

8．纸币具有法定含金量时期，（　　）是汇率的决定基础。

A．铸币平价　B．法定平价　C．黄金平价　D．购买力平价

9．影响汇率的主要因素中，（　　）对汇率的影响是最直接、最明显的。

A．国民收入　B．国际收支　C．通货膨胀率　D．资本流动

10．某贸易企业从出口业务中收入5万欧元，到银行去办理出口结汇手续，则该银行应该按（　　）计算人民币结汇给企业。

A．现钞买入价　B．现汇买入价

C．现钞卖出价　D．现汇卖出价

E．中间价

11．下列（　　）是相对购买力平价的表达式。

A．$e=\frac{p}{p^*}$　B．$\frac{e_1-e_0}{e_0}=\pi-\pi^*$

C．$\frac{E-e}{e}=i-i^*$　D．$\frac{f-e}{e}\approx i-i^*$

12．关于购买力平价表述不正确的是（　　）。

A．购买力平价是国家间综合价格之比

B．购买力平价理论有两种形式：绝对购买力平价和相对购买力平价

C．相对购买力是只有当所参照的商品篮子对各国都相同时才成立

D．购买力平价忽略了国际资本流动对汇率的影响

13．关于利率平价理论表述不正确的是（　　）。

A．凯恩斯建立了古典利率平价理论，从金融市场角度分析了汇率与利率之间的关系

B．在进行非抛补套利时，投资者要承担汇率风险

C．利率平价理论是一种与购买力平价理论互补的汇率决定理论

D．在现实中非抛补的利率平价经常成立，抛补的利率平价却经常不成立

14. 根据利率平价理论，利率高的货币（ ）。

A. 远期升水 B. 远期贴水 C. 即期升水 D. 即期贴水 E.平价

15. 戈逊的（ ）第一次较为系统地从国际收支的角度解释外汇供求的变化，分析了汇率波动的原因。

A. 购买力平价理论 B. 利率平价理论

C. 国际借贷说 D. 资产市场说

二、多项选择题

1. 狭义静态外汇具有（ ）特征。

A. 国际性 B. 可兑换性 C. 可偿性 D. 可支付性

2.《中华人民共和国外汇管理条例》规定，外汇的具体范围包括（ ）。

A. 外国货币

B. 外币票据、外币银行存款凭证、外币邮政储蓄凭证等

C. 外币有价证券，包括政府债券、公司债券、股票等

D. 特别提款权

3. 外汇的作用有（ ）。

A. 促进国民经济发展 B. 促进国际间经济贸易的发展

C. 调剂国际间资金余缺 D. 是清偿国际债务的主要支付手段

4. 外汇按来源用途可分为（ ）。

A. 贸易外汇 B. 非贸易外汇 C. 金融外汇 D. 记账外汇

5. 关于汇率表述正确的是（ ）。

A. 汇率亦称“外汇行市”或“汇价”

B. 是一种货币兑换另一种货币的比率

C. 是以一种货币表示另一种货币的价格

D. 是一种货币对其他国家货币的兑换率

6. 关于买入价，下列说法正确的有（ ）。

A. 采用直接标价法时，外币折合本币数较多的那个汇率是买入价

B. 采用直接标价法时，外币折合本币数较少的那个汇率是买入价

C. 采用间接标价法时，外币折合本币数较多的那个汇率是买入价

D. 采用间接标价法时，外币折合本币数较少的那个汇率是买入价

7. 在间接标价法下，外币数量减少，表示（ ）。

A. 外币汇率上升 B. 外币汇率下降

C. 本币汇率上升 D. 本币汇率下降

8. 按制定汇率的方法划分可将汇率分为（ ）。

A. 固定汇率 B. 浮动汇率 C. 基本汇率 D. 套算汇率

9. 影响汇率变动的长期因素有（ ）。

A．宏观经济状况　　B．资本流动
C．通货膨胀率　　D．国际收支状况

10．汇率变动对国际经济的影响有（　　）。
A．影响外汇储备
B．影响一国国际收支状况
C．加剧国际金融市场的动荡
D．促进区域经济集团的建立与加强

11．制约汇率发挥作用的条件包括（　　）。
A．对外开放程度　　B．商品结构
C．与国际金融市场的联系程度　　D．货币的自由兑换性

12．纸币浮动汇率制度下，决定汇率的基础是（　　）。
A．法定平价　　B．购买力平价　　C．利率平价　　D．国际收支

13．下列汇率决定理论中，（　　）分析的出发点是一价定律。
A．购买力平价理论　　B．利率平价理论
C．国际收支理论　　D．资产市场说

14．下列说法正确的有（　　）。
A．国际收支理论的早期形式是国际借贷说
B．国际收支理论在金本位制下是成立的，解释了汇率变动的原因
C．国际收支理论的观点是外汇汇率取决于外汇供求，而国际收支状况决定着外汇供求，因而汇率实际上取决于国际收支
D．国际收支理论的前提假定比较严格，只能适用于外汇市场发达、政府干预少的国家

15．下列属于凯恩斯主义的汇率理论的有（　　）。
A．购买力平价理论　　B．利率平价理论
C．国际借贷说　　D．现代国际收支理论

三、判断题

1．记账外汇，又称清算外汇或双边外汇，是指记载在双方指定银行账户上的外汇，不能兑换成其他货币，也不能对第三国进行支付。（　　）

2．直接标价法又称应收标价法，它是以一定单位的本国货币为标准，来计算应收若干单位的外汇货币。（　　）

3．即期汇率也称现汇汇率，是指买卖外汇双方成交当天或三天以内进行交割的汇率。（　　）

4．信汇汇率是指银行在卖出外汇时，开立一张由其国外分支机构或代理行付款的汇票交给汇款人，由其自带或寄往国外取款所使用的汇率。其汇率一般比电汇汇率低。（　　）

5．升水表示即期汇率比远期汇率贵，贴水表示即期汇率比远期汇率便宜。(　　)

6．绝对购买力平价解释某一时点上汇率决定的基础，相对购买力平价解释某一时段上汇率变动的原因。(　　)

7．相对购买力平价成立的前提是一价定律成立。(　　)

8．如果绝对购买力平价成立，相对购买力平价一定成立；如果相对购买力平价成立，绝对购买力平价却不一定成立。(　　)

9．一价定律在金融市场上表现比商品市场更为充分，因为金融产品价格调整速度比商品价格调整速度快。(　　)

10．购买力平价不仅适用于长期分析，更适用于短期分析。而利率平价则更适用于长期分析，短期内会出现较大偏离。(　　)

11．非抛补利率平价的表达式的经济含义是汇率的远期升贴水率等于两国货币利率之差。(　　)

12．国际借贷分为固定借贷和流动借贷，只有流动借贷的变化才会影响外汇的供求。(　　)

13．国际收支理论指出了汇率与国际收支之间存在的密切关系，这对于全面分析汇率的决定因素，尤其对分析长期的汇率变动是极为重要的。(　　)

14．现代国际收支理论形成于金本位制崩溃之后，是凯恩斯主义的汇率理论。(　　)

15．资产市场说是一般均衡分析，它较之传统理论的最大突破在于，它将商品市场、货币市场和证券市场结合起来，进行汇率决定的分析。(　　)

四、问答题

1．什么是外汇？外汇有哪些作用？

2．汇率的标价方法有哪些？各有什么不同？

3．汇率有哪些主要种类？

4．为什么说金本位制下汇率是比较稳定的？

5．何谓货币的法定升值和法定贬值？

6．影响汇率变动的因素有哪些？

7．汇率变动对经济有何影响？

8．制约汇率发挥作用的条件有什么？

9．简述购买力平价理论的主要内容。

10．从利率平价的角度论述汇率和利率之间的关系。

11．试比较购买力平价理论与利率平价理论的优缺点。

12．简述国际借贷说的基本观点。

13．现代国际收支理论如何解释汇率决定的问题？

第五章 外汇市场与外汇交易

学习目标

通过本章的学习了解外汇市场的组成、作用、类型及参与者；掌握外汇市场的功能及特征；熟悉全球主要的外汇市场；通过学习外汇交易，掌握传统外汇交易的类型及应用，尤其需要掌握即期外汇交易、远期外汇交易、套汇、套利及掉期交易的含义、特征、分类及实际操作。

政府对外汇市场的调控、企业的进出口，以及个人外汇资产的保值增值都离不开外汇交易。本章在介绍外汇、汇率等相关知识的基础上，从实务层面重点介绍外汇交易的主要方式。

第一节 外汇市场

一、外汇市场的概念及作用

（一）外汇市场的概念

外汇市场是指经营外币和以外币计价的票据等有价证券买卖的市场，是金融市场的主要组成部分。

贸易往来的频繁及国际投资的增加，使各国的经济形成密不可分的关系，全球的经常性经济报告如通货膨胀率、失业率以及一些不可预期的消息，如天灾或政局的动荡等，皆为影响币值的因素。币值的变动也影响了货币在国际间的供给与需求。而美元的波动持续抗衡世界上其他的货币。国际性贸易及汇率变动的结果造就了全球最大的交易市场——外汇市场，一个具有高效率性、公平性及流通性的一流世界级市场。

外汇市场是全球最大的金融市场。在传统印象中，一般认为外汇交易仅在银行、财团及财务经理人之间发生。但是经过这些年的发展，外汇市场持续成长，它已联结了全球的外汇交易人，包括银行、中央银行、经纪商及公司组织，如进出口业者及个别投资人。许多机构组织包括美国联邦银行都通过外汇赚取丰厚的利润。现今，外汇市场不仅为银行及财团提供了获利的机会，也为个别投资者带来了获利的契机。

（二）外汇市场的作用

1．国际清算

因为外汇就是作为国际间经济往来的支付手段和清算手段的，所以清算是外汇市场最基本的作用。

2．兑换功能

在外汇市场买卖货币，把一种货币兑换成另一种货币作为支付手段，实现了不同货币在购买力方面的有效转换。国际外汇市场的主要功能就是通过完备的通信设备、先进的经营手段提供货币转换机制，将一国的购买力转移到另一国交付给特定的交易对象，实现国与国之间货币购买力或资金的转移。

3．授信

由于银行经营外汇业务，它就有可能利用外汇收支的时间差为进出口商提供贷款。

4．套期保值

套期保值，即保值性的期货买卖。这与投机性期货买卖的目的不同，它不是为了从价格变动中牟利，而是为了使外汇收入不会因日后汇率的变动而遭受损失，这对进出口商来说非常重要。当出口商有一笔远期外汇收入时，为了避开因汇率变化而可能导致的风险，可以将此笔外汇当作期货卖出；反之，进口商也可以在外汇市场购入外汇期货，以应付将来支付的需要。

5．投机

投机，即预期价格变动而买卖外汇。在外汇期货市场上，投机者可以利用汇价的变动牟利，产生“多头”和“空头”，对未来市场行情下赌注。“多头”是预计某种外汇的汇价将上涨，即按当时价格买进，而待远期交割时，该种外币汇价上涨，按“即期”价格立即出售，就可谋取汇价变动的差额。相反，“空头”是预计某种外币汇价将下跌，即按当时价格售出远期交割的外币，到期后，价格下降，按“即期”价买进补上。这种投机活动，是利用不同时间外汇行市的波动进行的。在同一市场上，也可以在同一时间内利用不同市场上汇价的差别进行套汇活动。

二、外汇市场的功能及特征

（一）外汇市场的功能

外汇市场的功能主要表现在三个方面：一是实现购买力的国际转移；二是提供资金融通；三是提供外汇保值和投机的市场机制。

1．实现购买力的国际转移

国际贸易和国际资金融通至少涉及两种货币，而不同的货币对不同的国家形成购买力，这就要求将该国货币兑换成外币来清理债权债务关系，使购买行为得以实现。而这种兑换就是在外汇市场上进行的。外汇市场所提供的就是这种购买力转移、交易得以顺利进行的经济机制，它的存在使各种潜在的外汇售出者和外汇购买者的意愿能联系起来。当外汇市场汇率变动使外汇供应量正好等于外汇需求量时，所有潜在的出售和购买愿望都得到了满足，外汇市场处于平衡状态。这样，外汇市场提供了一种购买力国际转移机制。同时，由于发达的通信工具已将外汇市场在世界范围内联成一个整体，使得货币兑换和资金汇付能够在极短时间内完成，购买力的这种转移变得迅速和方便。

2. 提供资金融通

外汇市场向国际间的交易者提供了资金融通的便利。外汇的存贷款业务集中了各国的社会闲置资金，从而能够调剂余缺，加快资本周转。外汇市场为国际贸易的顺利进行提供了保证，当进口商没有足够的现款提货时，出口商可以向进口商开出汇票，允许延期付款，同时以贴现票据的方式将汇票出售，拿回货款。外汇市场便利的资金融通功能也促进了国际借贷和国际投资活动的顺利进行。美国发行的国库券和政府债券中很大部分是由外国官方机构和企业购买并持有的，这种证券投资在脱离外汇市场的情况下是不可想象的。

3. 提供外汇保值和投机的市场机制

在以外汇计价成交的国际经济交易中，交易双方都面临着外汇风险。由于市场参与者对外汇风险的判断和偏好的不同，有的参与者宁可花费一定的成本来转移风险，而有的参与者则愿意承担风险以实现预期利润，由此产生了外汇保值和外汇投机两种不同的行为。在金本位和固定汇率制度下，外汇汇率基本上是平稳的，因而就不会形成外汇保值和投机的需要及可能。而在浮动汇率制度下，外汇市场的功能得到了进一步的发展，外汇市场的存在既为套期保值者提供了规避外汇风险的场所，又为投机者提供了承担风险、获取利润的机会。

（二）外汇市场的特征

1. 24 小时交易

由于全球金融中心的地理位置不同，全球各大外汇市场因时间差的关系，成为昼夜不停、全天 24 小时连续运作的巨大市场。惠灵顿、悉尼、东京、中国香港、法兰克福、伦敦、纽约等各大外汇市场紧密相连，为投资者提供了没有时间和空间障碍的理想投资场所。只有星期六、星期日及各国的重大节日，外汇市场才关闭。

2. 成交量巨大

外汇市场是世界上最大的金融交易市场，每天成交额超过 1.2 万亿美元，高峰期甚至能超过 3 万亿美元。其规模已远远超过股票、期货等其他金融商品市场，财富转移的规模越来越大，速度也越来越快。

3. 有市无场

外汇买卖是通过没有统一操作市场的行商网络进行的，现代化通信设备和电子计算机大量应用于这个由信息流和资金流组成的无形市场。各国外汇市场之间已形成一个迅速、发达的通信网络，任何一地的外汇交易都可通过电话、电脑、手机等设备在全球联通的网络进行外汇交易，完成资金的划拨和转移。这种没有统一场地的外汇交易市场被称为“有市无场”。尽管外汇市场“有市无场”，但它具备信息公开、传递迅速的特点。

4．零和游戏

在外汇市场上，汇价波动表示两种货币价值量的变化，也就是一种货币价值的减少与另一种货币价值的增加。因此有人形容外汇市场是“零和游戏”，更确切地说是财富的转移。

5．交易成本低

外汇交易不收取佣金或手续费，而只设定点差作为交易的成本，相对而言，成本较为低廉。

6．双向交易

外汇市场操作可以进行双向交易，交易者可以先买后卖进行多头交易，也可以先卖后买进行空头交易。而股票市场只能是“先买后卖”进行单向交易。

7．政策干预低

虽说一国中央银行会从实现货币和汇率政策、宏观经济运行的整体要求等角度出发，对外汇市场进行相应的干预活动，但中央银行进行干预的能力在这个容量巨大的外汇市场上并不突出，况且在买卖双方阵营中随时都有大型金融机构及为数众多的普通交易者存在并不断地参与交易活动，所以是没有机构或个人能够操纵市场的。国际外汇市场与期货或股票市场相比，是最公平的市场。

8．成交方便

能利用杠杆进行保证金交易是外汇市场相对股票交易市场的主要优势。外汇市场每天的交易量超过1.2万亿美元，是美国股票市场日交易量的30倍。巨大的交易量使市场保持高度流通，因此也保证了价格的稳定。高交易量、高流通性、高价格稳定性，这三个因素是支持高杠杆率的理由。

三、外汇市场的类型及参与者

（一）外汇市场的类型

1．按外汇市场的外部形态可以分为无形外汇市场和有形外汇市场

（1）无形外汇市场，也称抽象的外汇市场，是指没有固定、具体场所的外汇市场。这种市场最初流行于英国和美国，故其组织形式被称为英美方式。现在，这种组织形式不仅扩展到加拿大、东京等其他地区，而且也渗入到欧洲大陆。无形外汇市场的主要特点是：第一，没有确定的开盘与收盘时间；第二，外汇买卖双方无须进行面对面的交易，外汇供给者和需求者凭借电传、电报和电话等通信设备进行与外汇机构的联系；第三，各主体之间有较好的信任关系，否则，这种交易难以完成。目前，除个别欧洲大陆国家的一部分银行与顾客之间的外汇交易在外汇交易所进行外，世界各国的外汇交易均通过现代通信网络进行。无形外汇市场已成为今日外汇市场的主导形式。

（2）有形外汇市场，也称具体的外汇市场，是指有具体的固定场所的外汇市场。这种市场最初流行于欧洲大陆，故其组织形式被称为大陆方式。有形外汇市场的主要特点是：第一，固定场所一般指外汇交易所，通常位于世界各国的金融中心；第二，从事外汇业务经营的双方都在每个交易日的规定时间内进行外汇交易。在自由竞争时期，西方各国的外汇买卖主要集中在外汇交易所。但进入垄断阶段后，银行垄断了外汇交易，致使外汇交易所日渐衰落。

2．按外汇管制的程度可以分为自由外汇市场、外汇黑市和官方市场

（1）自由外汇市场是指政府、机构和个人可以买卖任何币种、任何数量外汇的市场。自由外汇市场的主要特点是：第一，买卖的外汇不受管制；第二，交易过程公开。例如，美国、英国、法国、瑞士的外汇市场皆属于自由外汇市场。

（2）外汇黑市是指非法进行外汇买卖的市场。外汇黑市的主要特点是：第一，是在政府限制或法律禁止外汇交易的条件下产生的；第二，交易过程具有非公开性。由于发展中国家大多执行外汇管制政策，不允许自由外汇市场存在，所以这些国家的外汇黑市比较普遍。

（3）官方市场是指按照政府的外汇管制法令来买卖外汇的市场。这种外汇市场对参与主体、汇价和交易过程都有具体的规定。在发展中国家，官方市场较为普遍。

3．按外汇买卖的范围可以分为外汇批发市场和外汇零售市场

（1）外汇批发市场是指银行同业之间的外汇买卖行为及其场所，其主要特点是交易规模大。

（2）外汇零售市场是指银行与个人及公司客户之间进行的外汇买卖行为及场所。

（二）外汇市场的参与者

外汇市场的参与者，主要包括外汇银行、外汇银行的客户、中央银行与监管机构、外汇经纪人及交易中心。

1．外汇银行

外汇银行又称外汇指定银行，是指根据外汇法由中央银行指定可以经营外汇业务的商业银行或其他金融机构。外汇银行大致可以分为三类：专营或兼营外汇业务的本国商业银行、在本国的外国商业银行分行及本国与外国的合资银行、经营外汇业务的其他金融机构。我国的外汇指定银行包括四大国有商业银行和交通银行等全国性的股份制商业银行，以及具有外汇经营资格的外资银行在华分支机构，多数地方商业银行和信用社还不具备外汇指定银行的资格。

2．外汇银行的客户

在外汇市场中，凡与外汇银行有外汇交易关系的公司和个人，都是外汇银行的供应者、需求者和投机者，在外汇市场上占有重要的地位。他们中有为进行国际贸易、国际投资等经济交易而买卖外汇者，也有零星的外汇供求者，如国际旅游者、留学生等。我国外汇银行的客户主要是有外汇需要的各类企业，由于生产经营和国际贸易的需要而产生了外汇的需求和供给。随着中国国门的开放和人们收入的普遍提高，个人在外汇交易中的地位开始变得越来越重要。

3. 中央银行与监管机构

外汇市场上另一个重要的参与者是各国的中央银行。这是因为各国的中央银行都持有相当数量的外汇余额作为国际储备的重要构成部分，并承担着维持本国货币金融市场的职责。随着中国外汇储备的逐步增加，中央银行在中国外汇市场中的作用日益重要，大量的外汇储备成为中央银行干预外汇市场的重要保证。另外，鉴于外汇市场的重要性，各国一般由专门的监管机构来规范外汇市场的发展，我国外汇市场的监管机构为国家外汇管理局。

4. 外汇经纪人

外汇经纪人是指介于外汇银行之间、外汇银行和其他外汇市场参与者之间，进行联系、接洽外汇买卖，从中赚取佣金的经纪公司或个人。目前，这项业务已经由大的交易商所垄断。在中国，外汇市场上外汇经纪人的角色已经出现，随着中国外汇市场的发展，外汇经纪人的作用将会越来越大。

5. 交易中心

大部分国家的外汇市场都有一个固定的交易场所，交易中心为参与交易的各方提供了一个有规则的交易场所和结算机制，便利了会员之间的交易，促进了市场的稳定与发展。位于上海外滩的中国外汇交易中心是我国外汇交易的固定交易场所。

四、全球主要外汇市场

世界上交易量大且有国际影响力的外汇市场有伦敦、纽约、巴黎、法兰克福、苏黎世、东京、卢森堡、中国香港、新加坡、巴林、米兰、蒙特利尔和阿姆斯特丹等30多个。其中，最重要的外汇市场就是纽约、伦敦、东京，剩下的新加坡、巴黎、悉尼等都是比较小的，正是这些中小市场使外汇市场 24 小时不停地运作。在这些市场上买卖的外汇主要有欧元、英镑、瑞士法郎、加拿大元、日元等货币，其他货币也有买卖，但为数极少。

（一）伦敦外汇市场

伦敦外汇市场是一个非常典型的无形市场，它一直是全球最大的外汇市场，交易货币种类众多，经常有 30 多种，规模最大的是英镑和美元的交易，其次是欧元、瑞士法郎和日元，其交易时间为北京时间 17: 00 至次日 1: 00。在伦敦外汇市场，几乎所有的国际性大银行都在此设有分支机构，由于其与纽约外汇市场的交易时间衔接在一起，因此，在每日的 21：00 至次日 1: 00 是各主要币种波动最为活跃的阶段。

（二）纽约外汇市场

纽约外汇市场也是一个非常大的外汇市场，它的外汇交易完全是通过现代化的通信和电子计算机进行的。由于美国外汇市场是开放的，没有外汇管制，政府也不会指定专门的银行，因此几乎所有的美国银行和金融机构都可以经营外汇业务。纽约的外汇市场参与者以商业银行为主，包括50余家商业银行，还有20多家外汇银行。纽约的交易非常活跃，纽约外汇市场就是一个投机的金融交易市场，投机交易占很大比例，而其他外汇市场进行外贸交易的比较多，如与出口相关的交易。纽约外汇市场是完全自由的外汇市场。刚刚讲的伦敦外汇市场是间接标价法，以英镑为自己的主货币。纽约外汇市场既采用直接标价法，也采用间接标价法，交易品种有欧元、英镑、瑞士法郎和加拿大元。欧洲市场的交易量比较大，日元相对少一点，交易时间为北京时间21:00至次日4:00。全球50%以上的美元交易都是通过纽约的系统进行银行清算，所以纽约外汇市场是交易中心。

（三）东京外汇市场

东京外汇市场也是一个无形的交易市场，可以是银行同业的交易，也可以通过经纪人进行。东京外汇市场交易品种比较单一，主要是日元对美元、欧元。日本作为出口大国，它的进口贸易的收付较为集中，所以比较容易受干扰。交易时间为北京时间8:00至11:00和12:30至16:00。

（四）巴黎外汇市场

巴黎外汇市场比较有特点，它是有形和无形市场的结合。有形市场是指巴黎交易所进行的外汇交易，类似我国的证券市场，主要的品种有美元对英镑、欧元。

（五）悉尼外汇市场

悉尼外汇市场作为每天全球最早开市的外汇交易市场之一，交易时间为北京时间6:00至14:00。通常汇率波动较为平缓，交易品种以澳大利亚元、新西兰元和美元为主。

虽然国际汇市是一个不分昼夜24小时连续运作的市场，一个市场的汇率波动可以迅速波及其他市场，但每个市场又都有其自身不同的特点。据统计，国际外汇市场每日平均交易额约为1.5万亿美元，其中，纽约、伦敦和东京是世界最大的交易中心。

第二节　外汇交易

一、即期外汇交易

（一）即期外汇交易的概念

即期外汇交易又称现期交易，是指外汇买卖成交后，交易双方于当天或两个交易日内办理交割手续的一种交易行为。

即期外汇买卖是外汇市场上最常见的买卖形式，其交易量居各类外汇交易之首。为此，必须清楚与其有关的若干概念。

1. 交割

交割指买卖成交后“钱货两清”的行为。交割日为成交当天，称当日交割；交割日为成交后第一个营业日，称翌日或明日交割；交割日为成交后的第二个营业日，称即期交割或即交割。

2. 营业日

营业日指两个清算国银行都开门营业的日期，一国若遇节假日，交割日按节假日天数进行顺延。

3. 报价

报价指外汇银行在交易中报出的买入或卖出外汇的汇价。一般采取“双档”报价法，即外汇银行在交易中同时报出买价和卖价。报价排列是“前小后大”，直接标价法下的顺序是买入价/卖出价，间接标价法下的顺序是卖出价/买入价。如直接标价法下 US$1=HK$7.751 6/7.752 6，前者为买入价，后者为卖出价。银行的买卖价格之差就是外汇银行买卖外汇的收益，一般为1‰～5‰。在实际操作中，外汇交易员不申报全价，只报出汇率小数点后的最后两位数。同上例，如果当时汇率为 US$1=HK$7.751 6/7.752 6，则香港银行接到询问时就仅报出 16/26。这是因为外汇汇率变化一天之内一般不会超过最后两位数，不需要报全价，这也是银行报价的习惯。如果汇率在一天内暴涨暴跌，打破惯例，则另当别论。

4. 基本点

基本点是构成汇率变动的最小单位。在一般情况下，一个基本点为1‱货币单位，即汇率小数点后第四个单位数（0.000 1）。极少数货币因面额较大，其基本点有些不同，如日元的价格变动主要在小数点后的两位数上，因此它的基本点为 0.01 单位货币。

除特殊标明外，所有货币的汇价都是针对美元的，即采用以美元为中心的报价方法。在外汇市场上，外汇交易银行所报出的买卖价格，如没有特殊说明，均是指所报货币与美元的比价。

除英镑（GBP）、爱尔兰镑（IEP）、澳大利亚元（AUD）和新西兰元（NZD）等英联邦国家的汇率报价是采用间接标价法以外，其他可兑换货币的汇率均采用直接标价法。

（二）即期外汇交易的应用

即期外汇交易可以满足临时性的支付需要。通过即期外汇交易业务，可以将一种货币兑换成另一种货币用来支付进出口贸易、投标、海外工程承包等的外汇结算或归还外汇贷款。

即期外汇交易可以调整所有不同货币的比例，规避外汇风险。例如，某国家外汇储备中美元比重较大，但为了防止美元下跌带来的损失，可以卖出一部分美元，买入日元、欧元等其他货币，调整外汇储备结构。同样，投资者也可以通过即期外汇交易调整手中外币的币种结构，优化投资组合。

通过即期外汇交易可以进行外汇投机。外汇市场上汇率的频繁波动为投机行为创造了条件，但投机行为有很大风险性，可能带来丰厚利润，也可能造成巨额亏损。

（三）即期套算汇率的计算

国际外汇市场习惯以美元为货币汇率中心，如果想知道两种非美元之间的即期汇率，就要运用套算汇率。套算汇率的计算规则如表 5-1 所示。

表 5-1　套算汇率的计算规则

	美元作为基准货币	美元作为标价货币
美元作为基准货币	交叉相除	同边相乘
美元作为标价货币	同边相乘	交叉相除

（1）如果报价方报出的两个即期汇率都是以美元为基准货币，则采用交叉相除的方法进行套算。

例 5-1　已知：USD/CHF=0.960 9/0.961 9

USD/HKD=7.823 5/7.825 5

求解：CHF/HKD（瑞士法郎对港元的即期汇率）。

解：瑞士法郎的买入汇率（港元的卖出汇率）是：7.823 5 ÷ 0.961 9≈8.133 4

瑞士法郎的卖出汇率（港元的买入汇率）是：7.825 5 ÷ 0.960 9≈8.143 9

CHF/HKD=8.133 4/8.143 9（1 瑞士法郎=8.133 4/8.143 9 港元）

（2）如果报价方报出的两个即期汇率都是以美元为标价货币，也采用交叉相除的方法进行套算。

例 5-2　已知：GBP/USD=1.378 0/1.379 0

CAD/USD=0.804 1/0.804 8

求解：GBP/CAD（英镑对加拿大元的即期汇率）。

解：英镑的买入汇率（加拿大元的卖出汇率）是：1.378 0 ÷ 0.804 8≈1.712 2

英镑的卖出汇率（加拿大元的买入汇率）是：1.379 0 ÷ 0.804 1≈1.715 0

GBP/CAD=1.712 2/1.715 0（1 英镑=1.712 2/1.715 0 加拿大元）

（3）如果报价方报出的两个即期汇率中，一个是以美元为基准货币，另一个是以美元为标价货币，则采用同边相乘的方法进行套算。

例 5-3　已知：GBP/USD=1.378 0/1.379 0

USD/CHF=0.960 9/0.961 9

求解：GBP/CHF（英镑对瑞士法郎的即期汇率）。

解：英镑的买入汇率（瑞士法郎的卖出汇率）是：1.378 0 × 0.960 9≈1.324 1

英镑的卖出汇率（瑞士法郎的买入汇率）是：1.379 0 × 0.961 9≈1.326 5

GBP/CHF=1.324 1/1.326 5（1 英镑=1.324 1/1.326 5 瑞士法郎）

二、远期外汇交易

（一）远期外汇交易的含义及特点

1．远期外汇交易的含义

远期外汇交易又称期汇交易，是指交易双方先签订合同，事先约定买卖外汇的币种、金额、汇率、交割时间等交易条件，在成交后并不立即办理交割，而是到期按照合同约定进行实际交割的交易。远期外汇交易与即期外汇交易的根本区别在于交割日不同。凡是交割日在成交两个营业日以后的外汇交易均属于远期外汇交易。远期外汇买卖根据交割日是否固定，分为两种类型：一是固定交割日，二是非固定交割日；也叫择期远期外汇交易。关于远期外汇交易交割期限则一般有 1 个月、2 个月、3 个月、6 个月、12 个月，若期限再长则被称为超远期交易。

2．远期外汇交易的特点

（1）双方签订合同后，无须立即支付外汇或本国货币，而是延至将来某个时间。

（2）买卖规模较大。

（3）买卖的目的，主要是保值，避免外汇汇率涨跌的风险。

（4）外汇银行与客户签订的合同须经外汇经纪人担保。此外，客户还应缴存一定数量的押金或抵押品。当汇率变化不大时，银行可把押金或抵押品抵补应负担的损失。当汇率变化使客户的损失超过押金或抵押品时，银行就应通知客户加存押金或抵押品，否则合同就无效。客户所存的押金，银行视其为存款予以计息。

（二）远期外汇交易的报价

在远期外汇交易中使用的是远期汇率。远期汇率以即期汇率为基础，它受两种相关货币的利率差异的影响。即期汇率与远期汇率之间必然存在差额，称为远期差价或远期汇水，包括升水、贴水和平价三种情况。

升水：当某货币在外汇市场上的远期汇价高于即期汇率时，称为升水。例如，即期外汇交易市场上美元兑澳大利亚元的比价为 1∶1.253 4，3 个月期的美元兑澳大利亚元价是 1∶1.239 3，此时澳大利亚元升水。

贴水：当某货币在外汇市场上的远期汇价低于即期汇率时，称为贴水。例如，即期外汇交易市场上美元兑澳大利亚元的比价为 1∶1.239 3，3 个月期的美元兑澳大利亚元价是 1∶1.253 4，此时澳大利亚元贴水。

平价：当某货币在外汇市场上的远期汇价等于即期汇率时，称为平价。

远期汇率的报价一般采用以下两种方法。

1．直接报价法

直接报价法即直接报出远期汇率的具体数字，采用这种方法的国家有日本、瑞士等少数国家。如东京外汇市场上美元兑日元 1 个月的远期汇率为 110.69/110.95。

2．差价报价法

外汇银行只公布即期汇率而不直接公布远期汇率，远期汇率是在即期汇率的基础上，通过远期汇率与即期汇率的差价来表示。

（1）直接报升贴水数。

差价报价法可以直接用升贴水表示，在即期汇率上加减升贴水数得出远期汇率。英国、德国、美国和法国等采用这种方法。

由于汇率的标价方法不同，计算远期汇率的方法也不同。

直接标价法下：远期汇率=即期汇率+升水

远期汇率=即期汇率–贴水

间接标价法下：远期汇率=即期汇率–升水

远期汇率=即期汇率+贴水

例如，某日在伦敦外汇市场上，美元的即期汇率是 GBP1=USD 1.383 3/1.385 2，3 个月远期美元升水 0.003 5/0.003 0，则 3 个月远期美元汇率等于即期汇率减去升水数，由于：1.383 3–0.003 5=1.379 8，以及 1.385 2–0.003 0–1.382 2，则有：远期汇率=1.379 8/1.382 2。

（2）点数报价法。

外汇银行在报价时，只报出远期汇率升贴水的点数，并不说明是升水还是贴水。所报出的点数有两栏数字，分别代表买入价和卖出价变动的点数。

例如，某日中国外汇市场的即期汇率报价：

USD/AUD=1.252 7/1.256 8

1 个月远期：15/20

3 个月远期：35/25

6 个月远期：55/40

此时，在计算远期汇率时，首先要判断升贴水。当买价变动小于卖价变动时，即为升水；反之为贴水。其次，不同标价法下买卖价格位置不同。在直接标价法下，前面是买价，后面是卖价；在间接标价法下，前面是卖价，后面是买价。经过归纳，我们可以得出计算远期汇率的一个规则：不论是什么标价法，如果远期汇率点数顺序是前小后大，就用加法；如果远期汇率点数顺序是前大后小，就用减法。

根据这一规则，可得出上例中美元的远期汇率。

1 个月远期：1.254 2/1.258 8

3 个月远期：1.249 2/1.254 3

6 个月远期：1.247 2/1.252 8

（三）远期外汇交易的方式

1. 直接的远期外汇交易

直接的远期外汇交易是指直接在远期外汇市场做交易，而不在其他市场进行相应的交易。银行对于远期汇率的报价，通常并不采用全值报价，而是采用远期汇价和即期汇价之间的差额，即基点报价。远期汇率可能高于或低于即期汇率。

2. 期权性质的远期外汇交易

公司或企业通常不会提前知道其收入外汇的确切日期。因此，可以与银行进行期权外汇交易，即赋予企业在交易日后的一定时期内，如 5~6 个月内执行远期合同的权利。

3．即期和远期结合型的远期外汇交易

（四）进行远期外汇交易的原因

远期外汇买卖产生的主要原因在于企业、银行、投资者规避风险之所需，具体包括以下几个方面。

1．进出口商预先买进或卖出期汇，以避免汇率变动风险

汇率变动是经常性的，在商品贸易往来中，时间越长，由汇率变动所带来的风险也就越大，而进出口商从签订买卖合同到交货、付款又往往需要相当长的时间（通常达 30~90 天，有的更长），因此，有可能因汇率变动而遭受损失。进出口商为避免汇率波动所带来的风险，就想尽办法在收取或支付款项时，按成交时的汇率办理交割。

例 5-4　某日本出口商向美国进口商出口价值 10 万美元的商品，共花成本 1 200 万日元，约定 3 个月后付款。双方签订买卖合同时的汇率为 USD1=JPY130。按此汇率，出口该批商品可换得 1 300 万日元，扣除成本，出口商可获得 100 万日元。但 3 个月后，若美元汇价跌至 USD1= JPY128，则出口商只可换得 1 280 万日元，比按原汇率计算少赚了 20 万日元；若美元汇价跌至 USD1= JPY120 以下，则出口商就要亏本了。可见美元下跌或日元升值将对日本出口商造成压力。因此日本出口商在订立买卖合同时，就按 USD1=JPY130 的汇率，将 3 个月的 10 万美元期汇卖出，即把双方约定远期交割的 10 万美元外汇售给日本的银行，届时就可收取 1 300 万日元的货款，从而避免了汇率变动的风险。

例 5-5　某中国香港进口商向美国买进价值 10 万美元的商品，约定 3 个月后交付货款，如果买货时的汇率为 USD1=HKD7.81，则该批货物买价为 78.1 万港元。但 3 个月后，美元升值，港元对美元的汇率为 USD1=HKD7.88，那么这批商品价款就上升为 78.8 万港元，进口商得多付出 0.7 万港元。如果美元再猛涨，涨至 USD1=HKD8.00 以上，中国香港进口商进口成本也将猛增，甚至导致亏损。所以，中国香港的进口商为避免遭受美元汇率变动的损失，在订立买卖合约时就向美国的银行买进这 3 个月的美元期汇，以此避免美元汇率上升所承担的成本风险，因为届时只要付出 78.1 万港元就可以了。

由此可见，进出口商避免或转嫁风险的同时，事实上就是银行承担风险的开始。

2．外汇银行为平衡远期外汇持有额而进行远期外汇交易

远期外汇持有额就是外汇头寸。进出口商为避免外汇风险而进行期汇交易，实质上就是把汇率变动的风险转嫁给外汇银行。外汇银行之所以有风险，是因为它在与客户进行了多种交易以后，会产生一天的外汇“综合持有额”或总头寸，在这当中难免会出现期汇和现汇的超买或超卖现象。这样，外汇银行就处于汇率变动的风险之中。为此，外汇银行就设法把它的外汇头寸予以平衡，即要对不同期限、不同货币头寸的

余缺进行抛售或补进，由此求得期汇头寸的平衡。

例 5-6 中国香港某外汇银行发生超卖现象，表现为美元期汇头寸“缺”10 万美元，为此银行就设法补进。假定即期汇率为 USD1=HKD7.70，3 个月远期汇率为 USDl = HKD7.88，即美元 3 个月期汇汇率升水 0.18 港元。3 个月后，该外汇银行要付给客户 10 万美元，收入 78.8 万港元。该银行为了平衡这笔超卖的美元期汇，它必须到外汇市场上立即补进同期限（3 个月）、相等金额（10 万）的美元期汇。如果该外汇银行没有马上补进，而是延至当日收盘时才成交，这样就可能因汇率已发生变化而造成损失。假定当日收市时美元即期汇率已升至 USD1=HKD7.90，美元 3 个月期汇仍为升水 0.18 港元，这样，该外汇银行补进的美元期汇就按 USD1=HKD8.08（7.90+0.18）的汇率成交。10 万美元合 80.8 万港元，结果银行因补进时间不及时而损失 2 万港元（80.8–78.8）。

所以，银行在发现超卖情况时，就应立即买入同额的某种即期外汇。如本例，即期汇率为 USD1=HKD7.70，10 万美元合 77 万港元。若这一天收盘时外汇银行就已补进了 3 个月期的美元外汇，这样，即期港元外汇已为多余，因此，又可把这笔即期港元外汇按 USD1=HKD7.90 汇率卖出，因此可收入 79 万港元，该外汇银行可获利 2 万港元（79–77）。

外汇银行的正确做法可归结如下：首先，在出现期汇头寸不平衡时，外汇银行应先买入或卖出同类、同额现汇，再抛补这笔期汇。也就是说用买卖同类、同额的现汇来掩护这笔期汇头寸平衡前的外汇风险。其次，银行在平衡期汇头寸时，还必须着眼于即期汇率的变动和即期汇率与远期汇率差额的大小。

3. 短期投资者或定期债务投资者预约买卖期汇以规避风险

在没有外汇管制的情况下，如果一国的利率低于他国，该国的资金就会流往他国以谋求高息。假设在汇率不变的情况下纽约投资市场利率比伦敦高，两者分别为 9.8% 和 7.2%，则英国的投资者为追求高息，就会用英镑现款购买美元现汇，然后将其投资于 3 个月期的美国国库券，待该国库券到期后将美元本利兑换成英镑汇回国内。这样，投资者可多获得 2.6%的利息，但如果 3 个月后，美元汇率下跌，投资者就得花更多的美元去兑换英镑，因此就有可能换不回投资的英镑数量而遭受损失。为此，英国投资者可以在买进美元现汇的同时，卖出 3 个月的美元期汇，这样只要美元远期汇率贴水不超过两地的利差（2.6%），投资者的汇率风险就可以消除。当然如果超过这个利差，投资者就无利可图而且还会遭受损失。这是就在国外投资而言的，如果是在国外有定期外汇债务的人，则要购进期汇以防债务到期时多付出本国货币。

例 5-7 我国一投资者对美国有外汇债务 1 亿美元，为防止美元汇率波动造成损失，就购买 3 个月的期汇，当时汇率为 USD1=RMB8.172 1，现汇率变动为 USD1=RMB8.272 1，如果未买期汇，该投资者就得付出 8.272 1 亿元人民币才能兑换 1 亿美元，但现已购买期汇，则只需花 8.172 1 亿元人民币就够了。

三、套汇交易

(一)套汇交易的含义及条件

1. 套汇交易的含义

套汇交易是指在不同的时间(交割期限)、不同的地点(外汇市场)利用汇率或利率上的差异进行外汇买卖,以防范汇率风险和谋取套汇收益的外汇交易活动。套汇交易市场是全球最大的金融交易市场。套汇是指同时买入一对货币组合中的一种货币而卖出另一种货币的外汇交易行为。国际市场上各种货币相互间的汇率波动频繁,且以货币对形式交易,如欧元/美元、美元/日元等。

(1)套汇交易的地点。套汇交易不像股票和期货那样集中在某一个交易所里进行交易。事实上,交易双方只要通过一个电话或一个电子交易网络就可以成交一笔交易,因此,套汇交易市场被称作超柜台(OTC)或“银行间”交易市场。

(2)套汇交易市场的参与者。套汇交易市场之所以被称作“银行间”交易市场,是因为长期以来,该交易都是被银行所控制,包括中央银行、商业银行和投资银行。然而,如今的交易主体正在迅速扩大,一些跨国公司、国际货币经理人、注册交易商、国际货币经纪人、期货和期权交易商、私人投机商也参与其中。

(3)套汇交易的时间。事实上,套汇交易市场是一个即时的 24 小时交易市场,交易每天从悉尼开始,并且随着地球的转动,全球各金融中心的营业日将依次开始,首先是东京,然后是伦敦和纽约。与其他金融市场有所不同的是,在套汇交易市场中,投资者可以对无论是白天还是晚上发生的经济、社会和政治事件而导致的汇率波动随时做出反应。

(4)交易货币种类。在套汇交易中,主要交易货币是由政局稳定的国家发行的、由中央银行认可的、汇率较稳定的、通常用来交易的或者流通性强的货币。如今,大约日交易量的85%是这些主要货币,包括美元、日元、欧元、英镑、瑞士法郎、加拿大元和澳大利亚元。

2. 套汇交易应具备的条件

一般来说,要进行套汇必须具备以下三个条件。

(1)存在不同的外汇市场和汇率差价。

(2)套汇者必须拥有一定数量的资金,且在主要外汇市场拥有分支机构或代理行。

(3)套汇者必须具备一定的技术和经验,能够判断各外汇市场的汇率变动及其趋势,并根据预测迅速采取行动。否则,要进行较为复杂的套汇将事倍功半。

(二)套汇交易的分类

套汇的种类有地点套汇、时间套汇和利息套汇三种。时间套汇就是后面要讲的掉期交易,利息套汇又称套利交易。所以通常所说的套汇指的是地点套汇。

地点套汇是指套汇者利用不同外汇市场之间的汇率差异,同时在不同的地点进行外汇买卖,以赚取汇率差额的一种套汇交易。地点套汇又可分为直接和间接两种套汇。

1. 直接套汇

直接套汇，又称两地或两角套汇，是指利用同一时间两个外汇市场的汇率差异，进行贱买贵卖，以赚取汇率差额的外汇买卖活动。

例 5-8 在同一时间内，出现如下情况：

伦敦：GBP1=USD1.481 5 / 1.482 5

纽约：GBP1=USD1.484 5 / 1.485 5

若某一套汇者在伦敦市场上以 GBPl=USD1.482 5 的价格卖出美元，买进英镑，同时在纽约市场上以 GBP1=USD1.484 5 的价格买进美元，卖出英镑，则每英镑可获得 0.002 0 美元的套汇利润。

若以 100 万英镑进行套汇，则可获利 2 000 美元（未扣除各项费用）。上述套汇活动可一直进行下去，直到两地美元与英镑的汇率差距消失或极为接近为止。

2. 间接套汇

间接套汇，又称三角套汇或多角套汇，是指利用三个或多个不同地点的外汇市场中三种或多种货币之间的汇率差异，同时在这三个或多个外汇市场上进行外汇买卖，以赚取汇率差额的一种外汇交易。

间接套汇相对于直接套汇比较复杂。其中一点是投资者在进行间接套汇时，必须先判断一下是否有套汇的机会。其方法是：把三地汇率改成相同的标价法，然后用三个卖出价或三个买入价连乘，如果乘积等于 1 或者几乎等于 1，说明市场之间的货币汇率关系处于均衡状态，没有套汇机会，套汇将无利可图。如果乘积不等于 1，说明存有汇率差异，此时套汇有利可图。如果连乘结果大于 1，表明可以套汇，而且连乘算式的买卖顺序即套汇顺序。如果结果小于 1，仍然可以套汇，只是不能以连乘算式的买卖顺序进行套汇，而是反向进行套汇。

例 5-9 同一时间，纽约、伦敦、中国香港外汇市场上的汇率报价如下：

纽约外汇市场：USD1=HKD7.810 8/7.811 8

伦敦外汇市场：GBP1=USD1.451 0/1.452 0

中国香港外汇市场：GBP1=HKD10.789 0/0.799 0

要求：判断三地是否存在套汇机会？如果存在，某港商有 500 万港元投资成本，如何进行套汇，以及将获利多少？套汇过程不考虑其他费用。

解：首先，将三地汇率换成同一标价法下的汇率，由于纽约和伦敦外汇市场都采用间接标价法，则将中国香港外汇市场的汇率换算成间接标价法。即 HKD1=GBP0.092 6/0.092 7，将三个汇率同边相乘得到：

$$(7.810\ 8\times1.451\ 0\times0.092\ 6)/(7.811\ 8\times1.452\ 0\times0.092\ 7)\approx1.049\ 5/1.051\ 5$$

由此可以看出存在套汇机会，套汇方向为：先在中国香港外汇市场上卖出港元买入英镑，然后在伦敦外汇市场上卖出英镑买入美元，最后在纽约外汇市场上卖出美元买入港元。

该港商的套汇收入为：

$$500\times(0.092\ 6\times1.451\ 0\times7.810\ 8)\approx524.75（万港元）$$

524.75−500 =24.75（万港元）

四、套利交易

（一）套利交易的含义

套利交易又称套期图利，是指利用不同国家或地区短期利率的差异，将资金由利率较低的国家或地区转移到利率较高的国家或地区进行投放，以从中获得利息差额收益的一种外汇交易。

在进行套利交易时，投资者关心的是合约之间的相互价格关系，而不是绝对价格水平。投资者买进自认为价格被市场低估的合约，同时卖出自认为价格被市场高估的合约。如果价格的变动方向与当初的预测相一致，即买进的合约价格走高，卖出的合约价格走低，那么投资者可从两合约价格间的关系变动中获利；反之，投资者就遭受损失。

套利交易已经成为国际金融市场中的一种主要交易手段，由于其收益稳定，风险相对较小，国际上绝大多数大型基金均主要采用套利或部分套利的方式参与期货或期权市场的交易。随着中国期货市场的规范发展，以及上市品种的多元化，市场蕴含着大量的套利交易机会。套利交易已经成为一些大机构参与期货市场的有效手段。

（二）套利交易的特点

套利交易与通常的投机交易相比，具有以下特点。

1．较低的风险

不同期货合约的价差变化远不如绝对价格水平变化剧烈，相应降低了风险。尤其是回避了突发事件对盘面冲击的风险。由于双边持仓，主力机构很难逼迫套利交易者斩仓出局。

2．方便大额资金进出

套利交易本身需要大量资金，所以能够吸引大额资金进场交易。

3．长期稳定的获利率

套利交易的收益不像单边投机那样大起大落，同时由于套利交易是利用市场上不合理的价差关系进行操作，而在多数情况下不合理的价差很快就会恢复正常，因此套利交易具有较高的成功率。

（三）套利交易的分类

根据是否对套利交易进行保值，套利可分为非抵补套利和抵补套利。

1．非抵补套利

非抵补套利又称非抛补套利，是指没有采取保值措施的套利交易。投资者把资金从利率低的货币转向利率高的货币，从中谋取利率差额收入。这种交易不必同时进行反方向交易轧平头寸，因此这种交易要承担高利率货币贬值，即汇率变动的风险。

在非抵补套利交易中，资本流动的方向主要是由两国货币的利差决定的。

例 5-10 假设 2 月初英国的 3 个月期国库券利率为 10%，而美国的 3 个月期国库券利率为 4%，英镑与美元的即期汇率是 GBP1=USD2.80，假设 3 个月后汇率没有发生变化，为了谋取利差收益，某投资者持 10 000 美元本金进行 3 个月的套利交易，那么该投资者套利情况如何？

解：（1）如果该套利者不进行套利而把 10 000 美元存在美国银行，他得到的本利合计为：

10 000×（1+4%×3/12）=10 100（美元）

（2）这个投资者在 2 月初把美元兑换成英镑存在英国银行 3 个月是：

10 000÷2.80≈3 571.43（英镑）

3 个月后所得本利合计为：

3 571.43×（1+10%×3/12）≈3 660.72（英镑）

再将所得英镑换回美元，可得：

3 660.72×2.80≈10 250（美元）

套利所得为：

10 250–10 100=150（美元）

但是，该例中的套利活动并未考虑汇率风险，因为在这 3 个月中，英镑的即期汇率不会停留在 GBP1/USD2.80 的水平上不变，所以对投资者而言，其套利收益是不确定的。如果在 3 个月后英镑的即期汇率变为 GBP1/USD2.70，由于英镑贬值，3 660.72 英镑只能兑换成 9 883.94 美元，那么该套利交易是亏损的，这说明套利者在 2 月初做套利交易时，买即期英镑的时候没有同时按一定汇率卖 3 个月的远期英镑，甘愿冒汇率变动的风险。从这个例子可以看出，英镑贬值越大，套利者的损失就越大。当然，如果 3 个月后英镑的即期汇率是 GBP1/USD3，这个套利者就太幸运了，化险为夷，他的净利润会达到 3 660.72×3–10 100=882.16（美元）。

由此可知，非抵补套利的利润的大小是由两种利率之差的大小和即期汇率波动情况共同决定的。在即期汇率不变的情况下，两国利率之差越大，套利者的利润越大。在两国利率之差不变的情况下，利率高的货币升值，套利者的利润增加；利率高的货币贬值，套利者的利润减少，甚至为零或者为负。那么为了化解这种风险，就要做抵补套利。

2. 抵补套利

抵补套利又称抛补套利，是指把资金调往高利率货币国家或地区的同时，在外汇市场上卖出远期高利率货币，即在进行套利的同时做掉期交易，以避免汇率风险。实际上这就是套期保值，一般的套利保值交易多为抵补套利。

例 5-11 承上例，若 3 个月后英镑与美元的即期汇率果然是 GBP1=USD2.70，则该投资者套利出现损失。这时应考虑采用抵补套利。假设 2 月初英镑与美元的 3 个月远期汇率是 GBP1=USD2.78，则该投资者可利用远期交易进行如下抵补套利。

解：（1）2 月初将 10 000 美元换成英镑是：

10 000÷2.80≈3 571.43（英镑）

存在英国银行 3 个月所得本利合计为：

3 571.43 ×（1+10% × 3/12）≈ 3 660.72（英镑）

（2）同时将预计得到的本利和 3 660.72 英镑到外汇市场上卖出 3 个月远期英镑，可得：

3 660.72 × 2.78 ≈ 10 176.80（美元）

套利所得为：

10 176.80−10 100=76.80（美元）

需要指出的是，一旦投资者以远期方式卖出英镑，无论 3 个月后英镑/美元的即期汇率如何变化，都不会改变其抵补套利的结果。抵补套利，实际上是投资者利用远期外汇买卖来防范未来可能发生的货币兑换损失抵消甚至超过利差收益。因此，套利活动的可行性实际上取决于两国利率差异和货币兑换的即期汇率与远期汇率差异这两个因素的比较。如果前者大于后者，则套利可以进行；如果前者小于后者，则套利不可行；如果两者相等，则套利没有必要。

那么为什么利率高的货币会出现远期汇率下跌的现象呢？还以英、美两国为例，如果美国的利率低于英国的利率，美国人就愿意按即期汇率把美元兑换成英镑存在英国银行。这样，美国人对英镑的需求增加。英镑的需求增加，在其他因素不变的情况下，英镑的即期汇率要提高。另外，套利者为了避免汇率变动的风险，又都按远期汇率签订远期英镑的合同，使远期英镑的供给增加。远期英镑的供给增加，在其他因素不变的情况下，远期英镑的汇率就要下跌。西方人根据外汇市场上的经验得出这样一条结论：利率较高国家货币的即期汇率呈上升趋势，远期汇率呈下降趋势；利率较低国家货币的即期汇率呈下降趋势，远期汇率呈上升趋势。根据这一规律，资本流动的方向不仅仅是由两国利率差价决定的，而是由两国利率的差价和利率高的国家通货的远期升水率或贴水率共同决定的。

五、掉期交易

（一）掉期交易的含义及特点

1. 掉期交易的含义

掉期交易又称时间套汇，是指在同一个外汇市场上同时买卖期限不同而金额相等的外汇。更为准确地说，掉期交易是当事人之间约定在未来某一期间内相互交换他们认为具有相等经济价值的现金流的交易。

2. 掉期交易的特点

（1）买与卖是有意识地同时进行的。

（2）买与卖的货币种类相同，金额相等。

（3）买卖交割期限不相同。

掉期交易与前面讲到的即期交易和远期交易有所不同。即期交易与远期交易是单一的，要么做即期交易，要么做远期交易，并不同时进行，因此，通常也把它们称作单一的外汇买卖，主要用于银行与客户的外汇交易之中。掉期交易的操作涉及即期交易与远期交易的同时进行，故称为复合的外汇买卖，主要用于银行同业之间的外汇交易。一些大公司也经常利用掉期交易进行套利活动。

掉期交易的目的包括两个方面：一是轧平外汇头寸，避免汇率变动引发的风险；二是利用不同交割期限汇率的差异，通过贱买贵卖，谋取利润。

（二）掉期交易的类型

1．即期对远期的掉期交易

即期对远期的掉期交易是指买进或卖出某种即期外汇的同时，卖出或买进同种货币的远期外汇。它是掉期交易里最常见的一种形式。

这种交易形式按参与者不同又可分为以下两种。

（1）纯粹的掉期交易。其交易只涉及两方，即所有外汇买卖都发生于银行与另一家银行或公司客户之间。

（2）分散的掉期交易。其交易涉及三个参与者，即银行与一方进行即期交易的同时与另一方进行远期交易。但无论怎样，银行实际上仍然同时进行即期和远期交易，符合掉期交易的特征。进行这种交易的目的在于避免风险，并从汇率的变动中获利。

例 5-12　美国一家银行某日向客户按 USD1=NZD1.38 的汇率，卖出 276 万新西兰元，收入 200 万美元。为防止将来新西兰元升值或美元贬值，该行就利用掉期交易，在卖出即期新西兰元的同时，又买进 3 个月的远期新西兰元，其汇率为 USD1=NZDl.48。这样，虽然卖出了即期新西兰元，但又补进了远期新西兰元，使该家银行的新西兰元、美元头寸结构不变。

2．即期对即期的掉期交易

即期对即期的掉期交易是指买进或卖出某种即期外汇的同时，卖出或买进同种货币的即期外汇。根据交割日期的不同，即期对即期的掉期又可以分为今日对明日掉期、明日对后日掉期，以及即期对次日掉期。这类掉期主要用于外汇银行之间的交易，目的在于避免同业拆借过程中存在的汇率风险。

3．远期对远期的掉期交易

远期对远期的掉期交易是指买进并卖出两笔同种货币不同交割期的远期外汇。该交易有两种方式：一是买进期限较短的远期外汇（如 30 天），卖出期限较长的远期外汇（如 90 天）；二是买进期限较长的远期外汇，而卖出期限较短的远期外汇。假如一个交易者在卖出 100 万 30 天远期美元的同时，又买进 100 万 90 天远期美元，这个交易方式即远期对远期的掉期交易。由于这一形式可以使银行及时利用较为有利的汇率时机，并在汇率的变动中获利，因此越来越受到重视。

例 5-13　美国某银行在 3 个月后应向外支付 100 万英镑，同时在 1 个月后又将有另一笔 100 万英镑的收入。如果市场上汇率有利，它就可进行一笔远期对远期的掉期交易。假设某天外汇市场汇率情况如下。

即期汇率：GBP1=USD1.396 0/1.397 0

1 个月远期汇率：GBP1=USD1.386 8/1.388 0

3 个月远期汇率：GBP1=USD1.372 9/1.374 2

解：这时该银行可进行如下两种掉期交易。

（1）进行两次即期对远期的掉期交易。即将 3 个月后应支付的英镑，先在远期市场上买入（期限 3 个月，汇率为 1.374 2 美元），再在即期市场上将其卖出（汇率为 1.396 0 美元）。这样，每英镑可得益 0.021 8 美元。同时，将一个月后将要收到的英镑，先在远期市场上卖出（期限 1 个月，汇率为 1.386 8 美元），并在即期市场上买入（汇率为 1.397 0 美元）。这样，每英镑须贴出 0.010 2 美元。两笔交易合计，每英镑可获得收益 0.011 6 美元。

（2）直接进行远期对远期的掉期交易。即买入 3 个月期的远期英镑（汇率为 1. 374 2 美元），再卖出 1 个月期的远期英镑（汇率为 1. 386 8 美元），每英镑可获净收益 0. 012 6 美元。可见，这种交易比上一种交易较为有利。

（三）掉期交易的作用及应用

由于掉期交易是运用不同的交割期限来进行的，可以避免因时间不一所造成的汇率变动的风险，对国际贸易与国际投资发挥了积极的作用。掉期交易的作用及应用，具体表现在以下几个方面。

1. 有利于进出口商进行套期保值

例 5-14　某英国出口商与美国进口商签订合同，规定 4 个月后以美元付款。它意味着英国出口商在 4 个月以后将收入一笔即期美元。在这期间，如果美元汇率下跌，该出口商要承担风险。为了使这笔货款保值，该出口商可以在成交后马上卖出等量的 4 个月远期美元，以保证 4 个月后该出口商用本币计值的出口收入不因汇率变动而遭受损失。除进出口商外，跨国公司也经常利用套期保值，使公司资产负债表上外币资产和债券的国内价值保持不变。

套期保值与掉期交易在实质上并没有差异。因为在套期保值中，两笔交易的交割期限不同，而这正是掉期交易的确切含义所在。凡利用掉期交易的同样可获得套期保值的利益。但在操作上，掉期交易与套期保值仍有所区别，因为在套期保值中，两笔交易的时间和金额可以不同。

2. 有利于证券投资者进行货币转换，避开汇率变动风险

掉期交易可以使投资者将闲置的货币转换为所需要的货币，并得以运用，从中获取利益。现实中，许多公司和银行及其他金融机构就利用这项新的投资工具，进行短期的对外投资。在进行这种短期对外投资时，它们必须将本币兑换为另一国的货币，然后调往投资国或地区，但在资金回收时，有可能发生外币汇率下跌使投资者遭受损失的情况，为此，就得利用掉期交易避开这种风险。

3. 有利于银行消除与客户单独进行远期交易承受的汇率风险

掉期交易可使银行消除与客户进行单独远期交易所承受的汇率风险，平衡即期交易与远期交易的交割日结构，使银行资产结构合理化。

例 5-15　某银行在买进客户 6 个月期的 100 万远期美元后，为避免风险，轧平头

寸，必须再卖出等量及交割日期相同的远期美元。但在银行同业市场上，直接出售单独的远期外汇比较困难。因此，银行就采用这样一种做法：先在即期市场上出售 100 万即期美元，然后再做一笔相反的掉期买卖，即买进 100 万即期美元，并卖出 100 万远期美元，期限也为 6 个月。结果，即期美元一买一卖相互抵消，银行实际上只卖出了一笔 6 个月期的远期美元，轧平了与客户交易出现的美元超买。

拓展阅读

中国外汇市场的发展历史

自中华人民共和国成立后，外汇市场的形成与国内经济体制演变保持高度一致性。在改革开放前我国外汇市场基本处于初始阶段。

1949—1952 年我国外汇多为“侨汇”。侨汇指的是海外华侨寄回国内赡养家属的汇款，是我国初期外汇汇率的主要工具。

在中国人民银行成立并发行统一的货币——人民币之初，由于人民币没有规定含金量，人民币汇率的确定基本按照“物价对比法”来确定，直到 1950 年 7 月 8 日，随着经济秩序的逐步恢复和全国财经统一制度的建立，人民币才开始实行全国统一汇率，由中国人民银行总行公布。

在当时的国际环境下，由于国际上的市场封锁，侨汇是当时我国外汇的主要来源。据中国银行统计，在 20 世纪 50 年代到 60 年代这一阶段，虽然受到种种限制，侨汇收入仍达到 1 亿美元左右，而 1951 年我国的外汇储备仅为 0.45 亿美元。因此，在当时的汇率政策中也就一直存在着“鼓励侨汇”这一条。

这一局面到了 1953 年后才有了转变，在高度集中的计划经济体制下，对外贸易由国营对外贸易公司专管，外汇业务由中国银行统一经营。与之相适应，当时人民币汇率是官方制定的固定汇率，只是作为编制计划和经济核算的标准，保持了稳定的方针，只在外国货币贬值或升值时做相应调整，人民币汇率与对外贸易联系并不密切。

为此，人民币汇率主要用于非贸易外汇兑换的结算上，也就不存在浮动的需要。从 1955 年 3 月起新币代替旧币，直到 1971 年 11 月，人民币汇率在近 16 年时间里基本保持为 2.461 8 元人民币/美元的水平。

到了 1973 年 3 月，布雷顿森林体系彻底解体，西方国家普遍实行了浮动汇率制度。为了避免西方国家通货膨胀及汇率变动对我国经济的冲击，我国也开始改变过去固定汇率的做法，在计算人民币汇价时，采用了钉住加权的“一揽子”货币的办法，主要选用与我国外贸有密切关系的国家和地区的货币组成“货币篮子”，并根据不同时期的情况加以变动。

在当时美元危机不断发生且汇率持续下浮的状况下，人民币汇率呈现快速升值态势。在 1972 年人民币汇率偏离 2.46 元人民币/美元后，于 1980 年达到 1.5 元人民币/美元的历史高点。

自 1978 年改革开放以来，我国外汇市场进入正式发展阶段，并形成了以银行间市场为核心的外汇交易体系。我国现代外汇市场始于 20 世纪 90 年代初。1994 年 1 月 1 日，我国取消双重汇率制，人民币官方汇率与市场汇率并轨，实行以外汇市场供求为基础的、单一的、有管理的浮动汇率制度。1994 年 4 月 4 日，银行间外汇市场正式运营，中国外汇交易中心成立。初期，银行间外汇市场仅有外汇即期交易业务。2005 年 8 月，银行间外汇市场正式推出了人民币外汇远期，2006 年 4 月推出了人民币外汇掉期，2007 年 8 月上线了货币互换，2011 年 4 月上线了外汇期权，至此，我国外汇衍生品市场已形成了由远期、掉期、货币互换，以及期权四类产品组成的结构体系。改革开放以来的外汇市场主要经历了外汇调剂市场阶段、银行间市场初级阶段、银行间市场发展阶段三个阶段，目前正处于人民币国际化背景下的发展新阶段。

改革开放后的外汇市场的发展历程可以分为四个阶段。

（一）第一阶段（1979—1994 年）：外汇调剂市场阶段

改革开放后，我国从 1979 年起实施外汇留成制度。外汇留成制度是指创汇企业在出口创汇后被强制结汇，除外资企业和部分国内企业外，企业和居民的经常账户所得的外汇收入必须售给指定银行，企业按一定的比例留存外汇，其余外汇归属国家。外汇留成制度是计划经济的手段，是在为扩大我国出口创汇、支持国家集中使用现汇资金、缓解外汇资金短缺困难的历史背景下的产物。

从银行层面看，当时银行结售汇头寸受监管部门管制，当日盈余或不足部分必须及时抛补，不能超限。为了实现头寸调剂，1980 年起开办银行间的外汇额度调剂，允许银行之间以一定价格抛补头寸，并对调剂价格设定波幅限制。为实现外汇调剂，1985 年深圳设立首个外汇交易所，1988 年上海创办首家外汇调剂公开市场，这些外汇调剂市场并称为外汇调剂中心，至 1993 年年底，全国外汇调剂中心多达 108 家。但由于各家外汇调剂中心并不联网，当时的外汇市场面临着市场分割、价格差异化等问题，市面上存在多重汇率，阻碍了市场的正常发展。

在外汇调剂市场阶段，外汇交易市场化程度相当有限，企业、银行的行为对外汇供求关系均影响不大，当时并不存在真正的外汇市场。

（二）第二阶段（1994—2005 年）：银行间市场初级阶段

1994 年外汇管理体制改革，我国开始实行以市场供求为基础的、单一的、有管理的浮动汇率制度，外汇留成制度取消，转而实行结售汇制度。人民币官方汇率与外汇调剂价并轨，官方汇率由 1993 年 12 月 31 日的 5.80 元人民币/美元大幅贬值至 1994 年 1 月 1 日的 8.70 元人民币/美元，并实行单一的、有管理的浮动汇率制度，改变了以行政决定或调节汇率的做法，利用市场机制对汇率进行调节。

对企业而言，其经常项目下的收入及用汇需求的审批被放松，但对资本项目下的外汇收支仍然严格管制。企业有了一定的保留现汇的自主权。

银行层面，统一的银行间外汇市场正式建立，通过交易所集中竞价的交易方式，为各外汇指定银行相互调剂余缺和提供清算服务。中国人民银行通过国家外汇管理局对市场进行监督管理，所有头寸调剂都必须通过银行间外汇市场进行，不允许场外交易。定价方面，银行以中国人民银行每日公布的人民币对美元及其他主要货币的汇率为依据，在中国人民银行规定的浮动幅度之内自行挂牌公布汇率。此举形成了以市场供求为基础的汇率形成机制，规范了银行之间结售汇头寸的调剂，外汇市场因此成为单一的集中竞价交易市场，其深度和广度均得以拓展。

此后，我国又关闭了外汇调剂中心，外商投资企业的外汇买卖全部纳入银行结售汇体系，并对境内居民个人因私用汇大幅度提高供汇标准，扩大供汇范围，超限额或超范围用汇。其间，人民币汇率小幅升值为 8.3 元兑 1 美元。在此之后，汇价固定在 8.28 元兑 1 美元，上下浮动的幅度很小。

即使在东南亚金融危机期间，人民币汇率也顶住压力，保持了货币稳定的态势。

（三）第三阶段（2005—2015 年）：银行间市场发展阶段

2005 年 7 月人民币汇率制度改革，根据《关于完善人民币汇率形成机制改革的公告》，我国开始实行以市场供求为基础、参考一揽子货币进行调节、有管理的浮动汇率制度。

对企业而言，其买卖外汇的自由度进一步提升，随着监管当局不断放宽条件，企业和个人拥有更多保留和使用外汇资金的自由，结售汇行为在一定程度上体现市场预期和需求。2008 年 4 月，强制结售汇制度取消，企业账户限额和个人购汇额度扩大。

银行层面，中央银行对各银行的结售汇周转头寸管理改为综合头寸管理，结售汇综合头寸限额的管理区间变成下限为零、上限为外汇局核定的限额，银行体系的结售汇综合头寸总限额有了较大幅度的提高。而在银行间市场上，询价交易模式诞生，并代替竞价交易，成为市场主导。2006 年，根据国家外汇管理局颁布的有关规定，正式引入做市商制度。我国外汇市场同时具备了指令驱动和报价驱动两大模式。此后银行间外汇市场参与主体范围不断扩大，尤其是我国加入 WTO 后，外资银行逐步进入，外汇市场的竞争新格局开始形成。此外，外汇市场技术层面也获得进展，电子网络和信息科技加强了市场配套设施建设，外汇市场电子交易系统成功上线，为日常交易、信息传递、监管监控等提供了便利。

但外汇市场运行情况依然不够理想。首先，外汇市场的活跃程度不强，外汇交易中心的日均外汇交易额较低，低于国际一般水平。其次，外汇市场对汇率的形成作用不大，汇率的市场化程度不高。

第三阶段的外汇市场仍在发展进程中，在制度性建设方面取得了一定成果，但在市场活跃程度和定价方面仍有不足。

自 2005 年汇改以来，我国银行间外汇市场持续进行产品创新。其中，2005 年推出人民币外汇远期交易、2006 年推出人民币外汇掉期交易、2007 年推出人民币外汇货币掉期交易、2011 年推出人民币外汇期权交易。目前，银行间外汇市场已具有即期、远期、掉期、货币掉期和期权等衍生产品。从交易情况看，银行间外汇市场的结构也趋于优化，汇率衍生品交易量在人民币外汇市场中的占比连续五年保持上升势头。2015 年上半年，以掉期为主的外汇衍生品交易约为 3.72 万亿美元，占银行间外汇市场成交量的 50.7%。

（四）第四阶段（2015年至今）：人民币国际化背景下的发展新阶段

第四阶段的外汇市场发展在人民币国际化的时代背景下展开。推动人民币国际化的努力自2007年6月首支人民币债券登陆香港后便持续进行，近年来呈加速态势。人民币国际化的目标是使人民币成为能够跨越国界、为国际普遍认可的计价、结算及储备的世界货币。进一步完善、健全我国外汇市场，对人民币国际化的推进有重要意义。

2015年8月，我国中央银行启动新一轮汇率改革。8月11日，中央银行宣布，即日起将进一步完善人民币汇率中间价报价，中间价将参考上日银行间外汇市场收盘汇率。这意味着人民币汇率将在相当程度上与美元脱钩，汇率决定的市场化程度提高。2016年10月1日，人民币正式加入IMF特别提款权货币篮子，成为继美元、欧元、日元和英镑之后的又一个国际储备货币，并成为其中唯一的新兴经济体货币。人民币正式入篮也被各方视为中国资本账户开放和金融改革的新起点。

从目前的政策指向概括并推测，未来我国外汇市场的发展方向包括：进一步完善汇率决定机制，人民币在未来几年实现自由浮动；简政放权，继续放松对经常项目和资本项目的管理限制，如加快资本账户的开放等；为跨境资金流动提供制度安排及保障等。人民币国际化事关国家战略，作为相关产业，外汇市场的市场化水平也将有质的飞跃，市场参与主体进一步扩容，市场活跃程度有望继续提高。我国外汇市场的发展将迎来新阶段。

我国外汇市场分为两个层次：第一层次是银行与客户之间的零售市场，企业和个人客户在该市场办理结售汇业务；第二层次是银行间的外汇批发市场，各银行通过外汇交易中心的平台进行外汇交易，平衡外汇资金头寸。从市场规模来看，银行间外汇市场的规模更大，约为零售市场交易量的2倍多。根据国家外汇局公布的数据，2015年上半年，银行间市场交易量为零售市场交易量的2.59倍。

目前，银行间外汇市场参与者包括银行、财务公司、基金证券公司等非银行金融机构及企业集团。银行包括大型商业银行、政策性银行、股份制商业银行、城市商业银行、外资银行、境外银行（境外清算行）、农村商业银行和合作银行、农村信用联社及村镇银行。截至2015年6月底，银行间外汇市场共有人民币外汇会员488家，外币对会员132家，外币拆借会员248家。其中，人民币外汇即期做市商30家，远期和掉期做市商27家，外币对做市商16家。

（资料来源：https://baijiahao.baidu.com/s?id=1568399044392274&wfr=spider&for=pc）

基本概念

外汇市场　套期保值　多头　空头　即期外汇交易　交割　远期外汇交易　升水　贴水　直接标价法　间接标价法　点数报价法　套汇　直接套汇　间接套汇　套利　非抵补套利　抵补套利　掉期交易

复习思考题

一、单项选择题

1.（　　）是外汇市场最基本的作用。

A．套期保值　　B．投机　　C．兑换　　D．清算

2. 外汇市场的功能之一是授信功能，基于银行经营外汇业务，它就有可能利用外汇收支的（　　）为进出口商提供贷款。

A．汇率差　　B．利率差　　C．时间差　　D．地区差

3.（　　）是预计某种外汇的汇价将上涨，即按当时价格买进，而待远期交割时，该种外币汇价上涨，按即期价格立即出售，就可谋取汇价变动的差额。

A．多头　　B．空头　　C．投机　　D．套期保值

4. 在外汇市场上，汇价波动表示两种货币价值量的变化，也就是一种货币价值的减少与另一种货币价值的增加，这体现了外汇市场的（　　）特征。

A．双向交易　　B．交易成本低　　C．零和游戏　　D．成交方便

5. 有形外汇市场，也称具体的外汇市场，是指有具体的固定场所的外汇市场。这种市场最初流行于（　　）。

A．英国　　B．美国　　C．日本　　D．欧洲大陆

6.（　　）不属于无形外汇市场的特征。

A．从事外汇买卖的双方都在每个交易日的规定时间内进行外汇交易

B．没有确定的开盘与收盘时间

C．外汇供给者和需求者凭借电传、电报和电话等通信设备与外汇机构进行联系

D．各主体之间有较好的信任关系

7. 我国外汇市场的监管机构是（　　）。

A．中国人民银行　　B．国家外汇管理局

C．银监会　　D．商务部

8. 位于（　　）的中国外汇交易中心是我国外汇交易的固定交易场所。

A．北京　　B．上海　　C．深圳　　D．广州

9.（　　）交易是外汇市场上最常见的买卖形式，其交易量居各类外汇交易之首。

A．即期外汇　　B．远期外汇　　C．套汇　　D．套利

10. 即期外汇交易中银行的买卖价格之差就是外汇银行买卖外汇的收益，一般为（　　）。

A．1%～5%　　B．5%～10%　　C．1‰～5‰　　D．5‰～10‰

11. 如果报价方报出的两个即期汇率中，一个是以美元为基准货币，另一个是以美元为标价货币，则采用（　　）的方法进行套算。

A．交叉相除　　B．交叉相乘　　C．同边相乘　　D．同边相除

12．(　　)交易市场被称作超柜台或“银行间”交易市场。

A．即期外汇　　B．套汇　　C．套利　　D．掉期

13．伦敦报价商报出了四种 GBP/USD 的价格，我国外汇银行希望卖出英镑，最好的价格是(　　)。

A．1.686 5　　B．1.686 8　　C．1.687 4　　D．1.686 6

14．一位客户希望买入日元，要求外汇银行报出即期 USD/JPY 的价格，外汇银行报出如下价格，使外汇银行获利最多的价格是(　　)。

A．102.25/35　　B．102.40/50　　C．102.45/55　　D．102.60/70

15．如果你想出售美元买进港元，你应该选择的银行价格是(　　)。

A．银行：7.803 0/40　　B．银行：7.801 0/20

C．银行：7.798 0/90　　D．银行：7.799 0/98

16．一位客户希望买入日元，要求外汇银行报出即期 USD/JPY 的价格，外汇银行报出如下价格，使外汇银行获利最多的价格是(　　)。

A．88.55/88.65　　B．88.25/88.40　　C．88.35/88.50　　D．88.60/88.70

17．假设 1AUD=USD0.652 5/35，1USD=JPY119.30/40，那么 AUD/JPY 的汇率为(　　)。

A．182.555/182.708　　B．77.843/78.028

C．78.028/77.843　　D．173.453/173.852

18．若伦敦外汇市场即期汇率为 GBP1=USD1.460 8，3 个月美元远期外汇升水 0.51 美分，则 3 个月美元远期外汇汇率为(　　)。

A．GBP1=USD1.465 9　　B．GBP1=USD1.870 8

C．GBP1=USD0.950 9　　D．GBP1=USD1.455 7

19．某日纽约银行报出的英镑买卖价是 GBP/USD=1.678 3/93，3 个月远期贴水为 80/70，那么 3 个月远期汇率为(　　)。

A．1.670 3/23　　B．1.671 3/23　　C．1.678 3/93　　D．1.686 3/73

20．(　　)可使银行消除与客户进行单独远期交易所承受的汇率风险，平衡即期交易与远期交易的交割日结构，使银行资产结构合理化。

A．远期外汇交易　　B．套汇　　C．套利　　D．掉期交易

二、多项选择题

1．外汇市场是指经营(　　)买卖的市场，是金融市场的主要组成部分。

A．外币　　B．以外币计价的票据

C．外币有价证券　　D．本币

2．外汇市场的作用有(　　)。

A．国际清算　　B．套期保值　　C．投机　　D．兑换

3．外汇市场的功能体现在（　　）。

A．提供资金融通　　B．实现购买力的国际转移

C．提供投机的市场机制　　D．提供外汇保值

4．外汇市场的特点之一是成交方便，（　　）是支持高杠杆率的理由。

A．高风险性　　B．高交易量　　C．高流通性　　D．高价格稳定性

5．按外汇市场的外部形态进行分类，外汇市场可以分为（　　）。

A．无形外汇市场　　B．有形外汇市场

C．外汇批发市场　　D．外汇零售市场

6．按外汇管制程度将外汇市场分为（　　）。

A．自由外汇市场　　B．管制外汇市场　C．外汇黑市　　D．官方市场

7．有形外汇市场的特点是（　　）。

A．有固定场所，通常位于世界各国的金融中心

B．外汇买卖双方无须进行面对面的交易

C．各主体之间有较好的信任关系

D．从事外汇买卖的双方都在每个交易日的规定时间内进行外汇交易

8．外汇市场的参与者主要包括（　　）。

A．外汇银行　　B．客户　　C．中央银行　　D．外汇经纪人

9．我国的外汇指定银行包括（　　）等全国性的股份制商业银行，以及具有外汇经营资格的外资银行在华分支机构，各地方商业银行和信用社许多还不具备外汇指定银行的资格。

A．工行、中行　　B．交通银行　　C．建行　　D．农行

10．全球最重要的外汇市场有（　　）。

A．纽约外汇市场　　B．伦敦外汇市场

C．东京外汇市场　　D．巴黎外汇市场

11．下列（　　）货币采用间接标价法。

A．澳大利亚元　　B．新西兰元　　C．新加坡元

D．爱尔兰镑　　E．英镑

12．即期外汇交易可以满足临时性的支付需要，经常被用于（　　）。

A．支付进出口贸易　　B．投标

C．海外工程承包　　D．归还外汇贷款

13 下列有关运用套算汇率计算方法的表述正确的是（　　）。

A．如果报价方报出的两个即期汇率都是以美元为基准货币，则采用交叉相除的方法进行套算

B．如果报价方报出的两个即期汇率都是以美元为标价货币，则采用交叉相除的方法进行套算

C．如果报价方报出的两个即期汇率中，一个是以美元为基准货币，另一个是以美元为标价货币，则采用同边相乘的方法进行套算

D．如果报价方报出的两个即期汇率中，一个是以美元为标价货币，另一个是以美元为基准货币，则采用同边相除的方法进行套算

14. 一家日本银行在外汇市场上报出的即期汇率是 USD1=JPY112.31/51，HKD1=JPY14.30/40。若其客户想要卖出美元，买入港元，则应遵循的价格是（　　）。

A．USD1=HKD7.867 8　　B．USD1=HKD7.853 8

C．USD1=HKD7.799 3　　D．HKD1=USD0.128 2

15. 在间接标价法下，下列有关计算远期汇率的方法的表述中正确的是（　　）。

A．远期汇率=即期汇率+升水　　B．远期汇率=即期汇率−贴水

C．远期汇率=即期汇率−升水　　D．远期汇率=即期汇率+贴水

16. 套汇的种类有（　　）。

A．地点套汇　B．时间套汇　C．利息套汇　D．掉期交易

17. 利率较高的国家的货币（　　）。

A．即期汇率呈上升趋势　　B．即期汇率呈下降趋势

C．远期汇率呈上升趋势　　D．远期汇率呈下降趋势

18. 套利交易的特点有（　　）。

A．较高的风险　　B．较低的风险

C．大额资金进出　　D．长期稳定的获利率

19. 掉期交易是指在同一个外汇市场上同时买卖（　　）的外汇。

A．期限相同　B．期限不同　C．金额相同　D．金额不同

20. 掉期交易的特点有（　　）。

A．买卖是有意识地同时进行的

B．买与卖的货币种类相同，金额相等

C．买与卖的货币种类不同，金额相等

D．买卖交割期限不相同

三、问答题

1．外汇市场有哪些作用？

2．外汇市场具有什么功能及特征？

3．即期外汇交易应用在哪些方面？

4．远期外汇交易与即期外汇交易相比具有哪些特点？

5．远期外汇交易有哪些方式？

6．为什么会存在远期外汇交易？

7．套汇交易有什么特点？该交易应具备什么条件？

8．间接套汇的方法是什么？

9．套利交易有什么特点？

10．套利交易怎么分类，分别有哪些不同？

11．请说明利率高的货币为什么会出现远期汇率下跌的现象。

12．请说明掉期交易的特点及目的。

13．掉期交易有哪些类型？

14．掉期交易有哪些作用？

四、计算题

1．已知：某日中国香港外汇市场上的报价：USD/EUR=0.815 1/62；USD/HKD=7.823 5/45。

求：EUR/HKD 的汇率。

2．已知：GBP/USD=1.378 3/93；AUD/USD=0.796 6/75。

求：GBP/AUD 的汇率。

3．某外汇市场上的汇率报价为：USD/JPY=110.12/92；GBP/USD=1.378 3/93。

求：某客户要将 1 000 万日元兑成英镑，按照即期汇率能够得到多少英镑？

4．设：即期 USD1=SGD1.731 0/20，3 个月 230/240；即期 GBP1=USD1.488 0/90，3 个月 150/140。

求：

（1）USD/SGD 和 GBP/USD 的 3 个月远期汇率分别是多少？

（2）试套算即期 GBP/SGD 的汇率？

5．美国某公司从日本进口了一批货物，价值 1 136 000 000 日元。根据合同规定，进口商在 3 个月后支付货款。由于当时日元对美元的汇率呈上升的趋势，为避免进口付汇的损失，美国进口商决定采用远期合同来防范汇率风险。纽约外汇市场的行情如下。

即期汇率：USD1=JPY 141.00/142.00

3 个月的远期日元的升水：JPY 0.5–0.4

请问：

（1）通过远期外汇合同进行套期保值，这批进口货物的美元成本是多少？

（2）如果该美国进口商未进行套期保值，3 个月后，由于日元相对于美元的即期汇率为 USD1=JPY 139.00/141.00，该进口商的美元支出将增加多少？

6．纽约市场报：美元/丹麦克朗 6.091 0。

伦敦市场报：美元/丹麦克朗 6.078 0。

请问：如不考虑交易成本，100 万美元的套汇利润是多少？

7．纽约和伦敦市场两地的外汇牌价如下：

伦敦市场 GBP1=USD1.376 0/1.377 0

纽约市场 GBP1=USD1.378 0/1.379 0

请问：

（1）根据上述市场条件如何进行套汇？

（2）若以 1 000 万美元套汇，套汇利润是多少？

8．某日：

伦敦外汇市场 GBP1=HKD10.701 2

香港外汇市场 USD1=HKD7.919 8

纽约外汇市场 GBP1=USD1.576 6

请问：是否存在套汇机会，如有，单位套汇利润如何？

9．在某一交易日，法兰克福、苏黎世、新加坡外汇市场上的汇率如下。

法兰克福外汇市场 EUR1=CHF1.603 5/85

苏黎世外汇市场 SGD1=CHF0.285 8/86

新加坡外汇市场 EUR1=SGD5.661 0/50

请问：

（1）是否存在套汇机会？

（2）一个投机者若要进行 100 万欧元（EUR）的套汇交易，可以获利多少英镑？

10．某日：

纽约市场 GBP1=USD1.378 0/96

东京市场 USD1=JPY110.63/71

伦敦市场 GBP1=JPY162.56/77

请问：

（1）用 100 美元如何进行套汇？获利多少？

（2）用 100 英镑又如何进行套汇？获利多少？

11．如果纽约市场年利率为 5%，伦敦市场的年利率为 3%，即期汇率为 GBP1=USD1.291 7/1.292 4，3 个月汇水为 30/50 点。

请问：

（1）3 个月的远期汇率是多少？并说明汇水情况。

（2）若一投资者拥有 10 万英镑，他应该投放在哪个市场更为有利？（请写明投资过程及获利情况）

12．新加坡进口商根据合同进口一批货物，1 个月后须支付货款 10 万美元，他将这批货物转口外销，预计 3 个月后收回以美元计价的货款。为避免风险，他应该如何进行操作？

新加坡外汇市场汇率如下。

1 个月期美元汇率：USD1=SGD1.821 3/1.824 3

3 个月期美元汇率：USD1=SGD1.821 8/1.824 8

第六章　外汇业务创新

学习目标

通过本章的学习了解外汇业务创新的含义、发展状况；熟悉外汇衍生品的交易机制及基本功能；掌握外汇衍生品的类型及特征；熟悉外汇期货与远期外汇交易的区别；掌握外汇期货的含义、交易特点、套期保值与投机交易的应用；了解外汇期权的发展历程、影响因素；熟悉期权交易的分类及作用；掌握外汇期权的含义、特点及实际应用；了解互换交易的含义、参与主体及其在中国的发展状况；熟悉互换交易的种类、用途及特点。

20 世纪 90 年代以来，随着金融产品的日新月异和国际贸易的快速发展，外汇衍生品市场飞速发展。经过近半个世纪的发展，全球外汇衍生品业务已日臻成熟，不仅币种齐全、期限多样，而且随着金融创新活动的持续开展，一系列新型品种相继出现，如外汇远期合约、期权交易、远期互换、期货交易等。这不仅为广大投资者提供了有效的套期保值工具，也为套利者和投机者提供了新的获利手段。

第一节　外汇业务创新概述

一、外汇业务创新简介

外汇业务创新是指在传统外汇业务基础上派生出来的外汇衍生品，它是一种金融合约，其价值取决于一种或多种基础资产或指数。合约的基本种类包括远期、期货、掉期（互换）和期权。外汇衍生品还包括具有远期、期货、掉期（互换）和期权中一种或多种特征的结构化金融工具。

我国外汇衍生品最早起源于 1997 年，当时由于汇率相对比较稳定，还不是很活跃。真正的外汇衍生品是从 2005 年 7 月 21 日正式启动的，此时人民币向灵活的管理进行过渡。随着汇率浮动幅度增大，市场主体对于人民币和外汇之间的货币的管理要求有所提高。

到目前为止，我国的外汇衍生品主要是远期和掉期产品，外汇期货和期权市场发展相对滞后。银行对客户的远期产品从 1997 年开始产生。到 2005 年 8 月，国家外汇管理局放松了对银行远期结售汇的管理。2005年以后，我国的银行只要有中国银行业监督管理委员会颁布的金融衍生业务许可证和结售汇业务许可证，就可以向外汇管理局申请该业务。到目前为止，已有将近 80 家银行，其中包括一些外资银行的分支结构。目前，我国现货市场还不够发达和完善，套期保值需求因风险意识不足还是很小；衍生交易的法律法规严重滞后，衍生交易的组织者和参与者还不够成熟。目前，我国外汇衍生交易的政策取向是坚持有限度的试点原则。

二、外汇衍生品的基本特征

1．保证金交易

保证金交易，即只要支付一定比例的保证金就可以进行全额交易，不需要实际上的本金转移，合约的终结一般也采用差价结算的方式进行，只有在到期日以实物交割方式履约的合约才需要买方交足货款。

2．杠杆效应

金融衍生品的交易具有杠杆效应。保证金越低，杠杆效应越大，风险也就越大。

3．收益与风险并存

外汇衍生品可避险保值也可投机获利，可降低风险也可蒙受风险，这种独特的双重性使衍生产品很难控制。因此，外汇衍生品有风险也有回报。

三、外汇业务创新的种类

1．外汇远期合约

外汇远期合约是交易双方约定在未来某日或某日前以确定价格购买或出售一定数额的金融产品。外汇远期合约是金融衍生产品中历史最长、交易方式最简单的一种，也是其他几种基本衍生产品的基础。近年发展较快的一个新产品是远期利率协议。

2．外汇期货

外汇期货是在商品期货基础上发展起来的，是金融期货的一种形式。外汇期货是承诺在将来某一特定时间购买或出售某一金融资产的标准化契约。其数量、质量、交割时间都是已定的，唯一变动的是价格。外汇期货合约的交易对象为各种货币。

外汇期货交易原理和商品期货交易原理一样，都是利用期货价格和现货价格波动的趋合性，即期货合约临近交割时，期货价格和现货价格将趋向一致的特点。在现货和期货两个市场上品种、数量、交割期一致而方向相反的交易，以在一个市场上的盈利弥补另一个市场上的损失，从而达到规避价格波动的风险的目的。

外汇期货交易的主要特点有：交易是一种标准化合约交易；交易是保证金交易；外汇期货市场是一个有形的市场；交易实行会员制和每日清算制度；参与者为套期保值者和投机者。外汇期货交易中的套期保值方法与一般商品期货的套期保值方法基本一致，可以采用多头套期保值和空头套期保值两种方法。

3．外汇期权

外汇期权是权利合约，指买方在支付一定费用（期权费）后，享有在约定的日期或约定的期限内，按约定的价格购买或出售某种外币的权利。按买方的权利划分，期权可分为看涨期权和看跌期权。前者指买方有权以约定价格购买一定金融资产，后者指卖方有权以约定价格出售一定金融资产。期权的买方享有购买或出售的权利，却没有必须购买或出售的义务。

4．外汇互换

外汇互换是交易双方同意按一定的汇率交换一定数额的两种货币，在协议到期时，双方按同样的汇率换回各自的货币。在此期间，双方根据交换的金额相互支付利息。随着金融创新活动的继续，在传统的货币互换的基础上，又出现了许多新的互换方式，主要有远期互换、指数互换、卡特尔互换、可断式互换、可展式互换，等等。

外汇业务创新市场的主要活动涉及货币互换、货币期货，以及上述交易的混合交易。从金融角度看，货币期货交易和利率互换一样，都与全球资本市场紧密相连。外汇业务创新市场的独特之处在于外汇衍生品的普遍性和流动性在很大程度上取决于汇率波动，它会给企业在国外的筹资成本和国际组合投资的收益产生影响。从事跨国业务的企业集团或公司必须熟练运用外汇业务创新市场，才能实行有效的风险管理。

四、外汇衍生品的交易机制

外汇衍生品的交易机制有以下四种最基本的类型。

1．外汇远期交易

与期货类似，但无保证金制度，是非标准化远期协议。

2．外汇期货交易

期货合同的买方或卖方在开始交易时提交保证金，作为价格变化后的一种缓冲机制。保证金依据合同价格的变化，定时调整。

3．外汇期权交易

期权合同可以允许合同持有人在未来以今天确定的价格买入或卖出某种外汇，这是一种权利，而非义务。

4．外汇互换交易

签订调换合同的双方同意在一定时期内定期交换资产。

五、外汇衍生品的基本功能

外汇衍生品的功能有如下三个方面。

1．规避和管理系统性金融风险

据统计，发达国家金融市场投资风险中，系统性风险占50%左右，防范系统性风险为金融机构风险管理的重中之重。传统风险管理工具，如保险、资产负债管理和证券投资组合等均无法防范系统性风险，外汇衍生品却能以其特有的对冲和套期保值功能，有效规避汇率等基础产品市场价格发生不利变动所带来的系统性风险。

2．增强金融体系整体抗风险能力

金融衍生产品具有规避和转移风险的功能，可将风险由承受能力较弱的个体转移至承受能力较强的个体，将金融风险对承受能力较弱企业的强大冲击，转化为对承受能力较强的企业或投机者的较小或适当的冲击，有的甚至转化为投机者的盈利机会，强化了金融体系的整体抗风险能力，增加了金融体系的稳健性。

3．提高经济效率

这主要是指提高企业经营效率和金融市场效率。前者体现为给企业提供更好的规避金融风险的工具，降低筹资成本，提高经济效益；后者体现为以达 2 万余种的产品种类极大地丰富和完善了金融市场体系，减少了信息不对称，实现了风险的合理分配，提高了定价效率等。

第二节　外汇期货交易

一、外汇期货交易的含义及特点

（一）外汇期货交易的含义

外汇期货交易是指买卖双方在达成交易后，在合同约定的到期日内按约定的汇率进行交割的外汇交割方式。买卖双方在期货交易所以公开喊价的方式达成交易后，承诺在未来某一特定日期，以当前所约定的价格交付某种特定标准数量的外币，即买卖双方以约定的数量、价格和交割日签订的一种合约。

（二）外汇期货交易的特点

1．外汇期货交易是一种标准化的期货合约

外汇期货合约表现在交易币种、交易数量等都是标准化的。标准化表现在以下几个方面。

（1）交易币种的标准化。例如，在芝加哥的国际货币市场期货交易所开业时只有美元、英镑、加拿大元、德国马克、日元、瑞士法郎、荷兰盾、墨西哥比索八种货币。

（2）合同金额的标准化。不同外汇期货合约的交易金额有特殊规定，如一份期货合同英镑为 25 000、日元为 12 500 000、瑞士法郎为 125 000、加拿大元为 100 000。

（3）交割期限和交割日期的固定化。交割期一般与日历月份相同，多为每年的 3 月、6 月、9 月和 12 月。一年中其他月份可以购买但不能交割。交割日一般是到期月份的第三个星期的星期三。

2．外汇期货价格与现货价格相关

期货价格与现货价格变动的方向相同，变动幅度也大体一致，而且随着期货交割日的临近，期货合同所代表的汇率与现汇市场上的该种货币汇率日益缩小，在交割日两种汇率重合。

3. 外汇期货交易实行保证金制度

在期货市场上，买卖双方在开立账户进行交易时，都必须缴纳一定数量的保证金。缴纳保证金的目的是确保买卖双方能履行义务。清算所为保证其会员有能力应付交易需要，要求会员开立保证金账户，储存一定数量的货币，同时会员也向他的客户收取一定数量的保证金。保证金分为初始保证金和维持保证金。初始保证金是订立合同时必须缴存的，一般为合同价值的 3%～10%，根据交易币种汇率的易变程度来确定。维持保证金指开立合同后，如果发生亏损，致使保证金的数额下降，直到客户必须补进保证金时的最低保证金限额。一旦保证金账户余额降到维持水平线以下，客户必须再缴纳保证金，并将保证金恢复到初始水平。

4. 外汇期货交易实行每日清算制度

当每个营业日结束时，清算所要对每笔交易进行清算，即清算所根据清算价将每笔交易结清，盈利的一方可提取利润，亏损的一方则需补足头寸。由于实行每日清算，客户的账面余额每天都会发生变化，每个交易者都十分清楚自己在市场中所处的地位。如果想退出市场，则可做相反方向的交易来对冲。

二、外汇期货交易与远期外汇交易的区别

外汇期货交易与远期外汇交易的区别，主要表现在以下几个方面。

（一）交易者不同

外汇期货交易，只要按规定缴纳保证金，任何投资者均可通过外汇期货经纪商从事交易，对委托人的限制不如远期外汇交易。因为在远期外汇交易中，参与者大多为专业化的证券交易商或与银行有良好业务关系的大厂商，没有从银行取得信用额度的个人投资者和中小企业极难有机会参与远期外汇交易。

（二）缴纳保证金与否

外汇期货交易双方均需缴纳保证金，并通过期货交易所逐日清算，逐日计算盈亏，从而补交或退回多余的保证金；而远期外汇交易是否缴纳保证金，视银行与客户的关系而定，通常不需要缴纳保证金，远期外汇交易盈亏要到合约到期日才结清。

（三）交易方式不同

外汇期货交易在期货交易所是以公开喊价的方式进行的，交易双方互不接触，而各自以清算所为结算中间人，承担信用风险。期货合约对交易货币品种、交割期、交易单位及价位变动均有限制，货币局限在少数几个主要币种。而远期外汇交易是在场外交易的，交易以电话或传真方式由买卖双方互为对手进行，而且无币种限制，对于交易金额和到期日，均由买卖双方自由协商决定。在经济不景气时，远期外汇交易会导致对方违约风险增大，因为它在交易时间、地点、价位及行情揭示方面均无特别的限制。

（四）交易内容不同

在外汇期货交易中，通常以本国货币作为代价买卖外汇，如在美国市场仅以美元报价，因此，除美元外的其他币种如欧元与日元之间的避险，只能以美元为代价买卖日元或欧元从而构成两笔交易；而在远期外汇交易中，不同币种之间可以直接交易。

（五）现货与差额结算

外汇期货交易由于以清算所为交易中介，金额、期限均有规定，故不实施现货交割，对于未结算的金额，逐日计算，并通过保证金的增减进行结算。期货合约上虽标明了交割日，但在此交割日前可以转让，实行套期保值，减少和分散汇率风险。当然，实际存在的差额部分应进行现货交割，但这部分所占比例很小；而在远期外汇交易时，要在交割日进行结算或履约。

三、外汇期货交易的应用实例

（一）套期保值

外汇期货市场的套期保值功能，是外汇期货市场最主要的功能。实现这一功能主要是基于外汇期货价格与现汇价格变动方向一致的特点，通过做与现汇价格方向相反的外汇期货交易，来减轻或消除未来现货市场的风险。套期保值的方式有两种，即空头套期保值和多头套期保值。

远期外汇市场套期保值的实质是“锁定”汇率，以使投资者的收入不再随汇率的波动而波动。但这种策略要求对汇率波动的方向做出正确的预测，如果汇率走势预测不正确，仍有可能遭受损失。

1. 空头套期保值

空头套期保值又称卖出套期保值，是指交易者先在期货市场卖出期货，当现货价格下跌时以期货市场的盈利来弥补现货市场的损失，从而达到保值的一种期货交易方式。空头套期保值是为了防止现货价格在交割时下跌的风险而先在期货市场卖出与现货数量相当的合约所进行的交易方式。持有空头头寸，来为交易者将要在现货市场上卖出的现货进行保值。因此，卖出套期保值又称“卖空保值”或“卖期保值”。

例 6-1 假设 1 月初，人民币对美元的即期汇率是 6.3 元，公司预期在未来第三个月月末将收到 100 万美元，而 3 个月的远期汇率是 6.25 元。公司为了确保这 100 万美元不因美元汇率下跌而遭受损失，该如何操作？

解：可以在远期外汇市场按 3 个月的远期汇率 6.25 元卖出 10 份美元合约，共计 100 万美元（100 000USD/份）。到 3 个月期满时，一方面，公司收到预期的 100 万美元，另一方面，公司按照当初卖出的汇价 6.25 元进行合约的交割，获得人民币 625 万元（未计算手续费）。这样，不论汇率如何变化，公司可以在预期收到 100 万美元时，将其收入锁定在人民币 625 万元，避免由于汇率的不确定性而导致的损失。如果到期后人民币对美元的实际汇率为 6 元，那么公司由此避免了 25 万元的损失。

但应该注意，这一方法使公司在锁定损失的同时，也使公司锁定了收益。如果到期后人民币对美元的实际汇率为 6.5 元，则公司按 6.25 元汇价履行合约卖出美元，由此产生了 25 万元的损失。因此，采取远期外汇市场套期保值措施要求对汇率波动的方向做出正确的预测，如果对汇率未来走势判断不正确，仍有可能遭受损失。

2．多头套期保值

多头套期保值又称买入套期保值，是指交易者先在期货市场买进某种外币的外汇期货，以便在将来现货市场买进时不会因汇率上涨而给自己造成经济损失的一种期货交易方式。因此，多头套期保值又称为“多头保值”或“买空保值”。

例 6-2 5 月初美国某公司从英国进口一批价值 250 万英镑的货物，约定 3 个月后支付货款。当时即期汇率是 GBP1=USD1.391 7。为了防止英镑汇率上升而增加进口成本，该公司如何进行套期保值操作？

已知：5 月初 8 月英镑期货合约价格为 GBP1=USD1.391 9

8 月初 8 月英镑期货合约价格为 GBP1=USD1.393 0

8 月初 8 月英镑现货价格为 GBP1=USD1.392 5

解：该公司于 5 月初买入 40 份 8 月到期的期货合约（每份合约为 62 500 英镑），金额为 250 万英镑，并按计划于 8 月初冲销，实现套期保值。

若美国公司不进行套期保值，8 月要比 5 月多支付的货款数额是：

（1.392 5–1.391 7）×2 500 000=2 000（美元）

若美国公司进行套期，期货市场盈利为：

（1.393 0–1.391 9）×2 500 000=2 750（美元）

除了弥补现货市场英镑价格上涨造成的 2 000 美元损失外，还盈利 750 美元（2 750–2 000）。

当套期保值者手中拥有外汇资产时，若担心该外汇贬值，预期其汇率下跌，则可进行空头套期保值；当套期保值者承担着未来要偿还的外汇债务时，若担心该外汇升值，预期其汇率上涨，可在期货市场上买进该货币期货，进行多头套期保值。进行套期保值买进或卖出的期货合约金额应该与保值者拥有的资产或债务相当。

（二）投机

投机交易是外汇期货市场的又一重要功能，是通过买卖外汇期货合约，从外汇期货价格的变动中获利并同时承担风险的行为。投机交易的基本原理是投机者根据对外汇期货价格走势的预测，买进或卖出一定数量的外汇合约，如果价格走势与预测方向相同，则可以在某一价格上顺利平仓，合约的买卖差价即盈利；如果价格走势与预测方向相反，则投机就要承担风险，买卖差价即亏损。

例 6-3 5 月 7 日国际货币市场上 8 月英镑期货合约价格为 GBP1=USD1.391 9。某投机者预测英镑未来将贬值，于该日卖出 40 份 8 月英镑期货合约，金额为 250 万英镑。到 8 月 7 日，该合约价格已跌至 GBP1=1.390 4。此时，该投资者立即买进 40 份 8 月英镑期货合约对冲。试分析其盈亏状况。

解：

该投资者盈利为：

（1.391 9–1.390 4）×2 500 000=3 750（美元）

第三节　外汇期权交易

一、外汇期权交易的含义及特点

（一）外汇期权交易的含义

外汇期权也称货币期权，指合约购买方在支付一定数额的期权费后，有权在约定的到期日按照双方事先约定的协定汇率和金额同期权卖方买卖约定的货币，同时权利的买方也有权不执行上述买卖合约。

外汇期权业务的优点在于可锁定未来汇率，提供外汇保值，客户有较好的灵活选择性，在汇率变动向有利方向发展时，也可从中获得盈利的机会。期权的买方风险有限，仅限于期权费，获得的收益可能性无限大。期权外汇买卖实际上是一种权利的买卖，权利的买方有权在未来的一定时间内按约定的汇率向权利的卖方（如银行）买进或卖出约定数额的外币，同时权利的买方也有权不执行上述买卖合约。

（二）外汇期权交易的特点

1. 外汇期权买卖是一种交易方式

外汇期权买卖是原有的几种外汇保值方式的发展和补充。它既为客户提供了外汇保值的方法，又为客户提供了从汇率变动中获利的机会，具有较大的灵活性。

2. 外汇期权买卖实际上是一种权利的买卖

权利的买方在支付一定数额的期权费后，有权在未来的一定时间内按约定的汇率向权利的卖方买进或卖出约定数额的外币，权利的买方也有权不执行上述买卖合约。

3. 外汇期权业务的优点在于外汇保值

外汇期权业务可锁定未来汇率，提供外汇保值，客户有较好的灵活选择性，在汇率变动向有利方向发展时，也可从中获得盈利的机会。对于那些合同尚未最后确定的进出口业务，外汇期权交易具有很好的保值作用。

二、外汇期权的产生及作用

（一）外汇期权的产生

期权又称选择权，它最早是从股票期权交易开始的，直到 20 世纪 80 年代才有外汇期权产生。第一批外汇期权是英镑期权和德国马克期权，由美国费城股票交易所于 1982 年承办，它是已建立的股票期权交易的变形。

外汇期权的产生归因于两个重要因素：国际金融市场日益剧烈的汇率波动和国际

贸易的发展。随着20世纪70年代初期布雷顿森林体系危机的出现到最终崩溃，汇率波动越来越剧烈。例如，1959—1971年联邦德国马克对美元的日均波动幅度1马克为0.44美分，而1971—1980年增长了近13倍，1马克达5.66美分。同时，国际间的商品与劳务贸易也迅速增长，越来越多的交易商面对汇率变动加剧的市场，寻求避免外汇风险更为有效的途径。

在远期外汇和货币期货这两种保值交易的基础上，期权的产生不仅具有能避免汇率风险、固定成本的作用，而且克服了远期与期货交易的局限，因而颇得国际金融市场的青睐。对于那些应急交易，诸如竞标国外工程或海外公司分红等不确定收入或投资保值来说，期权交易尤其具有优越性。

目前我国尚未开放期权，也没有实体的期权交易所。但是个人可以通过两种渠道进行期权投资：一是银行渠道，银行里可以买卖期权，如交通银行、民生银行等银行都有期权交易；二是国外渠道，可以通过国外一些期权交易平台进行期权交易，如可以通过美国FEX、澳大利亚Trader711等平台进行操作。

（二）外汇期权的作用

外汇期权对于买方而言，其主要作用是通过购买期权增强交易的灵活性，即可以有权选择有利于自己的汇率进行外汇买卖，也可消除汇率变动带来的损失、谋取汇率变动带来的收益，具体内容如下。

1．对于有外汇收付需要的客户在汇率变动中既可以获利也可以避免损失

对进出口商和其他有外汇收付需要的客户而言，当他们对汇率未来走势没有把握时，可参与外汇期权交易。这样既可防止汇率发生不利变动带来的损失，又可获取汇率有利变动的利益。例如，有一美国进口商3个月后需要支付一笔英镑货款，他不能肯定英镑汇率是上升还是下降，这时他就可购入英镑买进期权。如果3个月后，英镑汇率上升、美元汇率下降，他就可以按照3个月前签订的合约，即按约定汇价和约定数量行使买的权利；如果3个月后，英镑贬值、美元升值，他就可以让期权过期作废，即行使不买的权利，按照当时即期汇率从现汇市场上购入英镑，从中取得英镑汇率下跌的好处。

2．可以控制投机失误的损失

对于投机者而言，他们参与外汇期权交易的目的就是给他们的外汇投机增加保险，控制投机失败带来的损失。如果他们预测某种汇率会上升，但又不能十分肯定，他们就可购入买进外汇期权，即做“多头”投机交易。如果到交割日汇率果然上升了，他们就行使买的权利；如果汇率下跌，他们就行使不买的权利，仅损失期权费用。因此他们为预测不准所付出的代价仅仅是数额很小的期权费用。如果他们预测某种汇率会下降，但没有足够的把握，他们就可购入卖出外汇期权，即做“空头”投机交易，同样能避免汇率预测不准确带来的巨大损失。

一般认为，外汇期权交易控制和降低了外汇交易的风险，但在实践中由于期权交易控制风险的作用，使投机者进行投机的胆量越来越大，规模也越来越大，从而使金

融风险大大提高。

三、外汇期权交易的分类及影响因素

（一）外汇期权交易的分类

1. 按期权持有者的交易目的，分为看涨期权和看跌期权

（1）看涨期权，又称买权或“敲进”，是指期权的买方支付期权费后，可在期权合约有效期内按协定价格买进约定数量某种外汇的权利。通常是在预测外汇汇率将上升时，为避免外汇债务遭受风险而购买看涨期权。一旦日后外汇汇率上升，看涨期权持有人便可行使期权，以低于市场汇率的协定价格向期权卖方买进约定数量的外汇；如果日后外汇汇率下跌，看涨期权持有人则可放弃期权合约，损失的只是预先支付的期权费。

（2）看跌期权，又称卖权或“敲出”，是指期权的购买者拥有在期权合约有效期内按协定价格卖出约定数量某种外汇的权利，但不承担必须卖出的义务。通常是在预测外汇汇率将下跌时，为避免外汇债务遭受损失而购买看跌期权。一旦日后外汇汇率下跌，看跌期权持有人便可行使期权，以高于市场汇率的协定价格向期权卖方卖出约定数量的外汇；如果日后外汇汇率上升，看跌期权持有人则可放弃期权合约，损失的只是预先支付的期权费。

2. 按产生期权合约的原生金融产品，分为现汇期权和期货期权

（1）现汇期权，即以外汇现货为期权合约的基础资产。

（2）期货期权，即以货币期货合约为期权合约的基础资产。

3. 按期权持有者可行使交割权利的时间，分为欧式期权和美式期权

（1）欧式期权，指期权的持有者只能在期权到期日当天纽约时间上午 9 时 30 分前，决定执行或不执行期权合约。

（2）美式期权，指期权持有者可以在期权到期日以前的任何一个工作日纽约时间上午 9 时 30 分前，选择执行或不执行期权合约。因此，美式期权比欧式期权的灵活性大，因而价格也高一些。

（二）外汇期权交易的影响因素

1. 期权的执行价格与市场即期汇率

看涨期权，执行价格越高，买方的盈利可能性越小，期权价格越低。看跌期权，执行价格越高，买方的盈利可能性越大，期权价格越高。即期汇率上升，看涨期权的内在价值上升，期权价格升高；而看跌期权的内在价值下跌，期权价格降低。

2. 到期时间（距到期日之间的天数）

到期时间的增加将同时增大外汇期权的时间价值，因此期权的价格也随之增加。

3. 预期汇率波动率大小

汇率的波动性越大，期权持有人获利的可能性越大，期权出售者承担的风险就越大，期权价格越高；反之，汇率的波动性越小，期权价格越低。

4．国内外利率水平

外汇期权合约中规定的卖出货币，其利率越高，期权持有者在执行期权合约前因持有该货币可获得更多的利息收入，期权价格也就越高。

外汇期权合约中规定的买入货币，其利率越高，期权持有者在执行期权合约前因放弃该货币较高的利息收入，期权价格也就越低。

四、外汇期权交易的应用

（一）买入看涨期权

通常是负有外汇债务的进口商和借款者为避免外汇汇率上升的风险，通过买入外汇看涨期权，可以达到保值的目的。在看涨期权有效期内，如果市场即期汇率高于或等于期权的协定价格，就执行期权；如果市场即期汇率低于期权的协定价格，就放弃期权。

例 6-4　假设 2 月初美国某公司预计 6 个月后要支付 100 万澳大利亚元的进口货款，为防范澳大利亚元大幅度上升的风险，便买进 8 月澳大利亚元欧式看涨期权。

已知：8 月澳大利亚元欧式看涨期权协定价格为 AUD1=USD0.800 9，期权费为 AUD1=USD0.01。假设 6 个月后市场即期汇率可能出现两种情况：①USD1=AUD1.247 0；②USD1=AUD1.249 7。请分别计算两种情况下该公司需支付的美元总额。

解：

（1）在 8 月，USD1=AUD1.247 0 的情况下，澳大利亚元的汇率（AUD1=USD0.801 9）高于期权协定价格（AUD1= USD 0.800 9），公司可执行期权，按照 AUD1=USD0.800 9 的协定价格买进 100 万澳大利亚元，支付美元：

1 000 000 × 0.800 9 =800 900（美元）

支付期权费：

1 000 000 × 0.01=10 000（美元）

共支付美元总额是：

800 900+10 000=810 900（美元）

（2）在 USD1= AUD 1.249 7 的情况下，澳大利亚元汇率（AUD1= USD0.800 2）低于期权价格，公司可放弃期权，转而从现货市场上买进 100 万澳大利亚元，支付美元：

1 000 000 × 0.800 2=800 200（美元）

损失期权费：

1 000 000 × 0.01=10 000（美元）

共支付美元总额是：

800 200+10 000=810 200（美元）

（二）买入看跌期权

买入看跌期权的目的，是套期保值者或投资者为了避免未来汇率下跌的风险，或者希望从未来汇率的下跌中获利，以付出一定费用的期权费为代价，从而获得固定价格卖出某种货币的权利。

例 6-5 某投资者预测英镑对美元的汇率将下跌，因此买入 3 个月后到期的英镑看跌期权（欧式），金额为 100 万英镑，协定价格为 GBP/USD=1.395 5，期权费为每英镑 0.02 美元。假设 3 个月后市场即期汇率为 GBP/USD=1.370 8，请问该投资者收益如何？

解：

（1）3 个月后，投资者在即期市场上以 GBP/USD=1.370 8 买入 100 万英镑，需支付美元：

1 000 000 × 1.370 8=1 370 800（美元）

（2）同时以协定价格 GBP/USD=1.395 5 执行期权，卖出即期市场上买进的 100 万英镑，收入美元：

1 000 000 × 1.395 5=1 395 500（美元）

支付期权费：

1 000 000 × 0.02=20 000（美元）

（3）该投资者收益为：

1 395 500–1 370 800–20 000=4 700（美元）

第四节 互换交易

一、互换交易的含义及种类

（一）互换交易的含义

互换交易指对相同货币的债务和不同货币的债务通过金融中介进行互换的一种行为。互换交易是继 20 世纪 70 年代初出现的金融期货后，又一典型的金融市场创新业务。目前互换交易已经从量向质的方面发展，甚至还形成了互换市场同业交易市场。在这个市场中，互换交易的一方当事人提出一定的互换条件，另一方就能立即以相应的条件承接下来。利用互换交易，可依据不同时期的不同利率、外汇或资本市场的限制动向筹措到理想的资金，因此，从某个角度来说，互换市场是最佳筹资市场。互换交易不但为金融市场增添了新的保值工具，也为金融市场的运作开辟了新天地。

互换交易曾被西方金融界誉为 20 世纪 80 年代以来最重要的金融创新，从 1982 年始创后，得到了迅速的发展，许多大型的跨国银行和投资银行机构都提供互换交易服务。其中，最大的互换交易市场是伦敦和纽约的国际金融市场。

（二）互换交易的种类

1. 利率互换

利率互换是指双方同意在未来的一定期限内根据同种货币的同样的名义本金交换现金流，其中一方的现金流根据浮动利率计算，而另一方的现金流根据固定利率计算。

2．货币互换

货币互换是指将一种货币的本金和固定利息与另一种货币的等价本金和固定利息进行交换。

3．商品互换

商品互换是一种特殊类型的金融交易，交易双方为了管理商品价格风险，同意交换与商品价格有关的现金流。它包括固定价格及浮动价格的商品价格互换和商品价格与利率的互换。

4．其他互换

其他互换包括股权互换、信用互换、期货互换和互换期权等。

二、互换交易的用途及优缺点

（一）互换交易的用途

1．互换交易中利率互换的功能

（1）降低融资成本。出于各种原因，对于同种货币，不同的投资者在不同的金融市场的资信等级不同，因此融资的利率也不同，存在着相对的比较优势。利率互换可以利用这种相对比较优势进行互换套利以降低融资成本。

（2）资产负债管理。利率互换可将固定利率债权（债务）换成浮动利率债权（债务）。

（3）对利率风险保值。对于一种货币来说，无论是固定利率的持有者，还是浮动利率的持有者，都面临着利率变化的影响。对固定利率的债务人来说，如果利率的走势上升，其债务负担相对较高；对浮动利率的债务人来说，如果利率的走势上升，则成本会增大。

2．货币互换功能

（1）套利。通过货币互换得到直接投资不能得到的所需级别、收益率的资产，或者得到比直接融资成本较低的资金。

（2）资产、负债管理。与利率互换不同，货币互换主要是对资产和负债的币种进行搭配。

（3）对货币暴露保值。随着经济全球化的发展，许多经济活动开始向全世界扩展。公司的资产和负债开始以多种货币计价，货币互换可使与这些货币相关的汇率风险最小化，对现存资产或负债的汇率风险保值，锁定收益或成本。

（4）规避外币管制。现有许多国家实行外汇管制，使从这些国家汇回资金或向这些国家公司内部贷款的成本很高甚至是不可能的，通过货币互换可解决此问题。

（二）互换交易的优缺点

1．互换与其他衍生工具相比有着自身的优势

（1）互换交易集外汇市场、证券市场、短期货币市场和长期资本市场业务于一身，

既是融资的创新工具，又可运用于金融管理。

（2）互换能满足交易者对非标准化交易的要求，运用面较广。

（3）用互换套期保值可以省去对其他金融衍生工具所需头寸的日常管理，使用简便且风险转移较快。

（4）互换交易期限灵活，长短随意，最长可达几十年。

（5）互换仓库的产生使银行成为互换的主体，所以互换市场的流动性较强。

2. 互换交易中的缺点

互换交易本身也存在许多风险。信用风险是互换交易所面临的主要风险。另外，由于互换期限通常多达数年之久，对于买卖双方来说，还存在着互换利率的风险。

三、互换交易的参与主体

（一）政府

政府利用互换市场开展利率风险管理业务，在自己的资产组合中调整固定与浮动利率债务的比重。大多数有赤字的政府其大部分的债务融资是固定利率，一些国际主权债券是浮动利率票据。欧洲及欧洲以外的许多政府利用互换市场将固定利率债券发行从一种货币互换为另一种货币，或者从中获取更便宜的浮动利率资金。

（二）政府机关与市政府

许多政府机关、国有企业、城市与市政机构利用互换市场降低融资成本，或者在投资者对其债券需求很大而借款人本身并不需要那种货币的市场上借款。借款人可以利用互换市场将融资决策与货币风险管理决策分开。外币借款会产生债务总成本高于或低于利率的可能性，因为所借货币的价值变动会改变融资成本。

（三）出口信贷机构

出口信贷机构提供价格有竞争力的融资以便扩大该国的出口。出口信贷机构利用互换降低借款成本，使资金来源多样化。通过信用套利过程节省下来的费用，分摊给当地借款人，他们构成了出口信贷机构的客户群。一些出口信贷机构特别是来自北欧国家的，一直是活跃在国际债券市场上的借款人。他们中有些成功地创造了融资项目从而能够按优惠利率借款。互换市场使他们能够分散筹资渠道，使借款币种范围更广，再互换回他们所需要的货币。互换也使借款人能管理利率及货币风险。

（四）超国家机构

超国家机构是由一个以上政府共同所有的法人，由于有政府的金融扶持，通常资产负债表良好，有些超国家机构被一些机构投资者认为是资本市场信用最佳的投资对象。超国家机构通常代表客户借款，因为它们能够按十分优惠的价格筹集资金，并把节省的费用与客户分摊。

（五）金融机构

使用互换市场的金融机构范围很广，包括存贷协会、房屋建筑协会、保险公司、养老基金、保值基金、中央银行、储蓄银行、商业银行、商人银行、投资银行与证券公司。商业银行与投资银行是互换市场的活跃分子，它们不仅用自己的账户进行交易，同时也代表自己的客户交易。银行利用互换作为交易工具、保值技术与做市工具。

（六）公司

许多大公司是互换市场的活跃分子，它们用互换规避利率风险，并将资产与负债配对，其方式与银行大抵相同。一些公司用互换市场交换它们对利率的看法，并探寻信用套利的机会。

互换市场还有其他参与者，包括各种交易协会、经纪人、系统卖方与出版商等。

四、互换交易在中国

（一）中国金融改革开放现状

改革开放以来，中国的经济、金融国际化过程开始启动，投资主体多元化，金融机构、企业乃至政府的机制、行为模式发生了深刻变化，金融市场得到了长足发展，而衍生金融市场作为金融市场的一种高级形态也因以上因素有所发展。

衍生金融市场的发展，应具备两大条件：一是金融深化到一定程度；二是机构参与者的成熟。

目前，我国金融深化已经取得了一些显著的成效：中国人民银行完全行使中央银行职能；金融机构多元化，商业银行体系形成并开始股份制改制；金融服务在质与量两个方面迅速提高；同业拆借市场、外汇市场、债券和股票、基金市场快速发展，汇率、利率市场化初见端倪；金融业的管理经营中，经济手段正逐渐替代行政手段。与此同时，通过一方面普及衍生金融工具知识和市场交易实践，另一方面进行国有企业改革和商业银行股份制改制，逐步建立起现代企业制度，并通过改革健全机构参与者的自我约束机制和风险机制，从而培育起了一支较成熟的投资者队伍。

随着中国加入 WTO，金融市场逐渐全方位、宽领域地向世界开放，金融市场及衍生金融市场将会有更进一步的发展。

（二）互换交易在中国的发展前景

金融互换交易的产生是国际金融领域的重大突破，它的诞生不仅带来了无数的保值和盈利机会，使市场参与者通过运用它充分发挥自身的比较优势，并将其转化为实际的经济利益，还为国际资本市场的拓展和融资技术的创新带来了根本性的变化。互换交易旨在降低资本成本及管理风险、实现规模经济、在世界市场套利、进入新市场、创新复合性金融工具等，得到了工商企业、金融机构、储蓄机构、银行、保险公司、世界性组织和主权政府的广泛应用。互换交易的参与者越来越多，国际互换市场的规模也越来越大，其交易额在 1996 年已达 25 万亿美元左右，近几年每年以约 3.5 万亿美元的速度递增。

中国加入 WTO 后，随着经济、金融的进一步开放，金融理论界和实务界对互换衍生交易也越来越关注。2001 年 12 月，中国人民银行与泰国银行签署了人民币与泰铢之间相当于 20 亿美元的双边货币互换协议。2002 年 3 月 28 日，中国人民银行与日本银行在东京签署了人民币与日元之间相当于 30 亿美元的双边货币互换协议。中国还与韩国等一些国家签署了货币互换协议。互换交易在中国金融领域的运用将会越来越广。

但是，互换交易充分发展所需的条件是利率比较彻底的市场化和金融较完全的国际化。而中国利率虽然有实际的黑市利率和官方利率，但总体上依然处于严格的计划控制之下，真正开放的仅仅是同业拆借利率。要实现存贷款的利率市场化，并最终实现利率的全面市场化还有一段路要走。同时，中国加入 WTO 的时间还很短，金融市场上金融工具种类少、性能差、质量低，互换交易进一步发展所需的开放发达的金融市场和大规模、大范围的金融活动，以及相关的法律、政策和技术环境也尚未形成，可以说中国的金融国际化才起步。随着企业外部融资、政府市场筹资的扩大和居民储蓄投资总量的增加，以及金融意识的增强，资金供求双方对金融工具的种类、性能和质量的要求会越来越高。由此可见，互换交易在中国处于刚刚起步阶段，有着非常大的成长空间。

综上所述，中国的互换交易只是局限于一些简单的利率互换与货币互换等形式，还处于初级阶段。但成功案例的存在表明互换交易在中国很有实践价值。中国加入 WTO 之后，中国的市场和企业逐步走向世界，与国际接轨，面对全球范围内的竞争，必将更多地面临利率风险、汇率风险，以及如何去拓展投融资渠道以提高投资效率、降低融资成本等难题。因此，在中国发展互换交易，尽快建立一套完善的风险防范和规避系统、充分发挥金融互换交易功能、规避风险损失、获取风险收益势在必行。从中国的金融改革开放状况看，互换交易必将在中国发展并完善。

拓展阅读

我国外汇衍生品市场的发展现状与问题

一、我国外汇衍生品市场的发展现状

1997 年 1 月，中国人民银行发布了《远期结售汇业务暂行管理办法》，同年 4 月 1 日，人民币远期结售汇业务首先在中国银行试点。2003 年在四大银行的另外三家推行。2004 年以来，招商银行、民生银行和中信银行也先后获得牌照。

2005 年 7 月 21 日实行人民币汇率形成机制改革后，因汇率波动加大，企业对汇率风险管理工具的需求也加大，那么当前全球有哪些重要的人民币外汇的衍生品市场呢？国内的期货交易所尚未推出人民币外汇衍生品的交易，但银行间外汇市场除了外汇即期交易之外，有人民币外汇的远期、掉期和期权交易，其中掉期交易最为活跃，其次是远期交易，外汇期货和期权市场发展相对滞后。银行间外汇市场的参与者主要

是金融机构，一般企业和个人根据银行的报价和银行之间达成交易。价格方面，2015年新汇改之后，境内外掉期点或升贴水的联动性明显下降，这其中的原因也是不言而喻的。因此关注离岸人民币外汇衍生品市场就格外重要。最为人熟知的当属中国香港和新加坡的人民币无本金交割远期外汇交易市场。随着离岸人民币存量的增加，目前也有不少可交割的远期或期货市场，可以理解为国际上对人民币汇率前景的看法。

目前，芝加哥商品交易所、香港交易所、新加坡商品交易所和台湾证券交易所都有人民币外汇的期货/期权产品。其中，芝加哥商品交易所早在2006年8月就推出了无交割人民币期货/期权产品，此后又于2013年2月推出了可交割离岸人民币期货产品。

香港交易所于2012年9月推出了美元兑离岸人民币期货，其报价、按金计算及结算交收均以人民币为单位，更为国内投资者所熟悉认可。此外，香港交易所的美元兑离岸人民币期权也将于2017年一季度开始交易。

纵观我国人民币外汇衍生品市场，其特点主要有：①银行间市场起步较晚；②没有场内交易市场；③场外交易市场产品结构相对简单，没有以货币期权为代表的复杂外汇衍生品。

二、我国外汇衍生品市场存在的问题

由于我国衍生品市场发展较晚，因此，对汇率衍生品市场来说，还存在诸多问题。

1. 外汇衍生品品种较少，交易量不大

我国自从2005年7月21日汇改以来，人民币汇率形成机制更加市场化，汇率变动更具灵活性和弹性。因此，汇率波动的幅度加大，致使汇率风险同时也增大。虽然中央银行先后推出了远期结售汇、掉期等品种，从现状来看，远期结售汇交易发展到现在已具有一定的规模，但该项业务产品基本上还是寡头垄断，供给不足在一定程度上限制了该项业务的发展。

2. 市场参与主体较少

目前能进入外汇衍生品市场进行交易的主要是国有商业银行、股份制商业银行、政策性银行及外资银行在中国的分行等银行类金融机构，很多非银行金融机构、大型机构投资者和大型企业都未能进入外汇衍生品市场。例如，远期结售汇业务在2005年前只有四大国有商业银行和三家股份制商业银行能做，从而导致该项业务产品处于寡头垄断的状态，供给不足在一定程度上限制了此项业务的发展。市场主体种类的缺乏和数量的微小，导致了市场交易的不活跃。

3. 未形成有一定代表性和权威性的地区定价中心

在我国外汇衍生品交易中，银行代理客户在国际金融市场进行交易，对于银行自身的外汇资产，也是通过国际金融市场进行风险管理。我国银行在世界主要国际金融中心仅仅是扮演参与者的角色。我国尚未形成有一定代表性和权威性的地区定价中心，这与我国的经济规模和影响力是不相符合的。

三、我国发展外汇衍生品市场的对策

为充分发挥外汇市场在汇率发现、资源配置和风险管理中的作用，我们应采取一系列措施发展外汇衍生品市场，以加大市场深度，扩展市场广度，增加透明度，提高流动性。

1. 不断完善即期外汇市场

重点发展人民币与外汇间的远期交易，适时推出人民币与外汇期货、期权交易。

第一，不断完善即期外汇市场，为衍生品市场的发展奠定坚实的基础。即期外汇市场是外汇衍生品市场的基础，即期外汇市场发展是否完善，直接影响到外汇衍生品市场的运行状况。要进一步完善即期外汇市场，还应在以下方面进行改进。

（1）逐步放松对银行即期外汇交易的头寸限额等各种限制，使其能够根据自身需要决定持有外汇头寸的规模，以及进行保值或投资的行为。

（2）逐步放松对市场主体参与即期外汇交易的限制，从“真实需求”原则过渡到“自由”原则，逐步允许出于投资目的参与即期外汇交易，从而扩大市场交易规模，提高市场流动性。

第二，重点发展人民币与外汇间远期外汇市场，尤其是积极发展掉期交易。

在远期外汇交易中，掉期交易占有非常重要的地位。掉期交易可以看作一笔即期（或近期）与一笔远期交易的组合，其交易成本低，是一种常用的对敞口头寸进行套期保值的方式，并且也可使用掉期交易进行抛补利率平价套利活动（即期买入收益率较高的货币同时卖出远期该货币），这对于促使利率与汇率保持利率平价关系具有积极作用。要积极发展掉期交易，可首先允许银行利用掉期交易进行抛补利率平价套利活动，其次要尽快引入掉期交易的做市商制度，增加市场流动性。因为掉期交易承担风险较低，做市商可以持有比即期市场做市商更高的头寸水平，所以掉期交易的做市商不必频繁地入市交易冲抵头寸来回避所持头寸的汇率风险，相应地交易成本就比较低，做市商的报价相对于即期市场做市商来说对客户更具有吸引力。

第三，适时推出人民币外汇期货、期权交易。在汇率体制改革进一步深化、汇率形成机制更加趋于市场化的情况下，适时推出人民币外汇期货、期权，具有特殊的战略意义。组建地区性的外汇衍生品交易中心，发挥我国经济的规模优势，可以为我国在国际金融市场上的定价权构建一个平台。

2. 探索增加新的交易主体和扩大交易主体数量

外汇市场改革的重要目标就是要进一步放松管制，将潜在外汇供求转化为现实的外汇供求，增加市场流动性，增强市场供求力量及市场在生成汇率中的作用。应探索增加新的交易主体的种类和扩大交易主体数量。在吸收非银行金融机构、大型非金融企业入场的基础上，研究允许境外合格机构投资者参与市场。

3. 逐步建立有利于外汇衍生品市场发展的金融生态环境

健全法律法规，及时调整外汇衍生品发展中需要的配套政策，逐步健全对衍生市场的监管法律框架体系，避免出现市场缺乏效率，或者市场缺乏稳定性的结果。

建立和发展外汇市场中介机构。建立金融机构信用评级制度，设立信用评级公司。

这将有利于商业银行之间建立相互授信关系，为多种类的交易模式和国内银行逐步进入国际市场创造条件。顺应国际上清算业务集中化、专业化发展的潮流，设立专业化的清算公司，从机制上化解信用风险。设立货币经纪公司。

我国外汇交易中心应尽快改制为提供竞价交易和结算平台的公司制经纪商，进一步改进服务，降低交易成本，提高交易效率。

（资料来源：https://wenku.baidu.com/view/5cf56a0a02d276a201292e54.html）

基本概念

外汇业务创新　外汇远期交易　外汇期货交易　外汇期权交易　外汇互换交易　空头套期保值　多头套期保值　看涨期权　看跌期权　欧式期权　美式期权　现汇期权　期货期权　利率互换　商品互换

复习思考题

一、单项选择题

1. 外汇业务创新是指在传统外汇业务基础上派生出来的外汇衍生品，它是一种（　　），其价值取决于一种或多种基础资产或指数。

A. 外汇合约　　B. 贸易合约　　C. 金融合约　　D. 货币合约

2. 目前我国外汇衍生交易的政策取向是（　　）。

A. 坚持有限度的试点原则　　B. 市场稳步健康发展原则

C. 规范市场操作原则　　D. 提高市场效率原则

3. 外汇衍生品只要支付一定比例的保证金就可以进行全额交易，不需要实际上的本金转移，合约的终结一般采用（　　）的方式进行。

A. 实物交割　　B. 差价结算　　C. 货币结算　　D. 全额结算

4.（　　）是金融衍生产品中历史最长、交易方式最简单的一种，也是其他几种基本衍生产品的基础。

A. 外汇远期合约　　B. 外汇期货

C. 外汇期权　　D. 互换交易

5.（　　）是承诺在将来某一特定时间购买或出售某一金融资产的标准化契约，其数量、质量、交割时间都是已定的，唯一变动的是价格。

A. 外汇远期合约　　B. 外汇期货　　C. 外汇期权　　D. 互换交易

6. 外汇期货交易的交割日期固定化，交割日一般是（　　）。

A. 交割月份的第一个星期的星期三　　B. 到期月份的第一个星期的星期三

C. 交割月份的第二个星期的星期三　　D. 到期月份的第三个星期的星期三

7.（ ）是外汇期货交易订立合同时必须缴存的，一般为合同价值的3%～10%，根据交易币种汇率的易变程度来确定。

A．开立保证金 B．维持保证金 C．初始保证金 D．易变保证金

8.（ ）是指交易者先在期货市场卖出期货，当现货价格下跌时以期货市场的盈利来弥补现货市场的损失，从而达到保值的一种期货交易方式。

A．多头套期保值 B．空头套期保值

C．付汇保值 D．收汇保值

9．期权最早于1982年由（ ）承办，它是已建立的股票期权交易的变形。

A．纽约股票交易所 B．伦敦股票交易所

C．芝加哥股票交易所 D．费城股票交易所

10．某日本进口商为支付三个月后价值为2 000万美元的货款，支付2 000万日元的期权费买进汇价为USD1=JPY200的美元期权，到期日汇价有下列三种可能，（ ）汇价时进口商肯定会行使权利。

A．USD1=JPY205 B．USD1=JPY200

C．USD1=JPY195

11．世界上最大的互换交易市场是（ ）的国际金融市场。

A．伦敦和纽约 B．伦敦和苏黎世

C．纽约和巴黎 D．伦敦和东京

12．互换交易本身也存在许多风险，（ ）是互换交易所面临的主要风险。

A．违约风险 B．货币风险 C．信用风险 D．互换利率的风险

13.（ ）集外汇市场、证券市场、短期货币市场和长期资本市场业务于一身，既是融资的创新工具，又可运用于金融管理。

A．远期外汇交易 B．期货交易 C．期权交易 D．互换交易

14．现有许多国家实行外汇管制，使从这些国家汇回资金或向这些国家公司内部贷款的成本很高甚至是不可能的，通过（ ）可解决此问题。

A．利率互换 B．货币互换 C．商品互换 D．股权互换

15．2001年12月，中国人民银行与（ ）银行签署了人民币与（ ）之间相当于20亿美元的双边货币互换协议。

A．泰国，泰铢 B．日本，日元 C．韩国，韩元 D．俄罗斯，卢布

二、多项选择题

1．到目前为止，我国的外汇衍生品主要是（ ）产品。

A．远期外汇交易 B．期货交易 C．掉期交易 D．期权交易

2．外汇衍生品交易的基本特征有（ ）。

A．提高经济效率 B．保证金交易 C．杠杆效应 D．收益与风险并存

3．外汇业务创新的主要种类有（ ）。

A．外汇远期合约　B．外汇期货　C．外汇期权　D．互换交易

4．外汇期货交易主要的特点有（　　）。

A．是一种标准化合约交易　B．是保证金交易

C．是一个有形的市场　D．实行会员制和日结制度

5．外汇衍生品的功能主要体现在（　　）。

A．规避和管理系统性金融风险　B．增强金融体系整体抗风险能力

C．提高经济效率　D．杠杠效应

6．外汇衍生品能以其特有的（　　）功能，有效规避汇率等基础产品市场价格发生不利变动所带来的系统性风险。

A．互换　B．投机　C．对冲　D．套期保值

7．外汇期货合约的标准化表现在（　　）。

A．合同金额的标准化　B．交割期限的固定化

C．交割日期的固定化　D．交易币种的标准化

8．外汇期汇交易与远期外汇交易的区别主要表现在（　　）。

A．交易者不同　B．缴纳保证金与否　C．交易方式不同

D．结算方式不同　E．交易内容不同

9．外汇期货交易中的套期保值交易方法与一般商品期货套期保值方法基本一致，可以采用（　　）方法。

A．多头套期保值　B．空头套期保值

C．收汇保值　D．付汇保值

10．外汇期权业务中客户有较好的灵活选择性，并可从中获得盈利的机会，其优点在于（　　）。

A．期权的买方风险有限，仅限于期权费

B．买方有权在未来按约定的汇率向银行买卖约定数额的外币

C．买方有权不执行上述买卖合约

D．期权外汇买卖实际上是一种权利的买卖

11．期权最早是从股票期权交易开始的，第一批外汇期权是（　　）。

A．英镑期权　B．美元期权

C．瑞士法郎期权　D．德国马克期权

12．外汇期权产生的重要因素有（　　）。

A．两次世界大战的爆发　B．国际金融市场日益剧烈的汇率波动

C．国际贸易的发展　D．金融危机的出现

13．按期权持有者可行使交割权利的时间，可将外汇期权分为（　　）。

A．现汇期权　B．期货期权　C．欧式期权　D．美式期权

14．互换交易的种类有（　　）。

A．股权互换　B．利率互换　C．货币互换　D．商品互换

15．互换交易中利率互换的功能主要有（　）。

A．降低融资成本　B．资产负债管理

C．利率保值　D．规避管制

三、判断题

1．金融衍生品的交易具有杠杆效应。保证金越低，杠杆效应越大，风险也就越大。（　）

2．外汇衍生品的收益较大，风险较小。（　）

3．外汇业务创新是金融创新的一种。（　）

4．外汇期货交易和商品期货交易原理一样，都是利用期货价格和现货价格波动的趋合性，即期货价格和现货价格将趋向一致的特点。（　）

5．外汇期货交易是利用现货和期货两个市场上品种、数量一致而交割期不一致，方向相反的交易，以在一个市场上的盈利弥补另一个市场上的损失，从而达到规避价格波动的风险的目的。（　）

6．外汇期货交易中的套期保值交易方法与一般商品期货套期保值方法基本一致。（　）

7．外汇远期交易与期货类似，实行保证金制度，是非标准化远期协议。（　）

8．外汇期货交易交割期一般与日历月份相同，多为每年的3月、6月、9月和12月。一年中其他月份可以购买但不能交割。（　）

9．期货价格与现货价格变动的方向相同，变动幅度也大体一致，而且随着期货交割日的临近，期货合同所代表的汇率与现汇市场上的该种货币汇率日益增大。（　）

10．远期外汇市场套期保值的实质是“锁定”汇率，以使投资者的收入不再随汇率的波动而变动。（　）

11．多头套期保值又称卖出套期保值，是指交易者先在期货市场买进某种外币的外汇期货，以便在将来现货市场买进时不会因汇率上涨而给自己造成经济损失的一种期货交易方式。（　）

12．美式期权较欧式期权的灵活性更大，因而费用价格也高一些。（　）

13．看涨期权，执行价格越高，买方的盈利可能性越大，期权价格越高。（　）

14．汇率的波动性越大，期权持有人获利的可能性越大，期权出售者承担的风险就越大，期权价格越高。（　）

15．互换交易能满足交易者对标准化交易的要求，应用面较广。（　）

四、问答题

1．简述外汇业务创新的种类及交易机制。

2．外汇衍生品的特征及功能有哪些？

3．外汇期货交易有哪些特点？

4．外汇期货交易与远期外汇交易有什么不同？请详细说明。

5．外汇投机交易的基本原理是什么？

6．外汇期权交易是如何产生的？它有什么作用？

7．外汇期权交易有哪些特点？期权买方有哪些优势？

8．影响期权交易的因素有哪些？

9．简述互换交易的种类及特点。

10．互换交易的用途及参与的主体有哪些？

五、计算题

1．2017 年 11 月底，美国某公司从英国进口一批工业品，价值 500 万英镑，3 个月后需支付货款，为防止 3 个月后英镑升值，进口商购买了外汇期货进行套期保值。两个时间点现货市场与期货市场汇率如表 6-1 所示，请计算套期盈亏情况并进行解释。

表 6-1　两个时间点现货市场与期货市场的汇率

时　　间	现货市场	期货市场
2017 年 11 月底	GBP1=USD1.383 5	GBP1=USD1.386 0
3 个月后	GBP1=USD1.385 5	GBP1=USD1.389 0

2．某投机商预计两个月后新西兰元（NZD）将上涨，于是按协定汇率 NZD1.4/USD 购入新西兰元 70 万，期权费价格为每新西兰元 0.01 美元，两个月后即期汇率为 USD1=NZD1.3。请计算：该投机商执行期权的盈利是多少？

第七章 国际资本流动

学习目标

通过本章的学习掌握国际资本流动的含义及分类，尤其要掌握国际资本流动的原因及特征；熟悉长短期国际资本流动带给各国经济的不同影响；了解金融危机；掌握国际资本流动带来的风险及如何进行风险控制。

如今，随着金融自由化的进一步发展，国际资本流动出现了加速的趋势。国际资本流动极大地促进了世界经济的发展，以及全球化的进程，同时因其本身所隐含的巨大风险，使其成为世界经济发展的制约因素。如何利用资本的跨国流动促进本国经济发展的同时限制其产生的不利影响是各国都必须面对的问题。

第一节 国际资本流动概述

一、国际资本流动的含义

国际资本流动，简言之，是指资本在国际间转移，或者说，资本在不同国家或地区之间做单向、双向或多向流动，具体包括贷款、援助、输出、输入、投资、债务的增加、债权的取得、利息收支、买方信贷、卖方信贷、外汇买卖、证券发行与流通，等等。

国际资本流动与国际资金流动的区别在于：资金流动是一种具有不可逆转性的流动，即一次性的资金款项转移，其特点是资金流动呈单向性。资本流动则是一种具有可逆转性的流动。例如，投资或借贷资本的流出，伴随的是利润或利息的回流，以及投资资本或贷款本金的返还。其特点是资本流动呈双向性。

二、国际资本流动的分类

国际资本流动的内容主要包括：资本流动的方向是流入还是流出；资本流动的规模是总额还是净额；资本流动的期限是长期还是短期；资本流动的性质是政府还是私人；资本流动的方式是投资还是贷款。因此，这也就决定了国际资本流动的分类有很多种方法。本章主要介绍以下两种分类。

（一）按照资本跨国界流动的方向，国际资本流动可以分为资本流入和资本流出

1. 资本流入

资本流入是指外国资本流入本国，即本国资本输入。主要表现为：①外国在本国的资产增加；②外国对本国的负债减少；③本国对外国的债务增加；④本国在外国的资产减少。

2. 资本流出

资本流出是指本国支出外汇，是本国资本流到外国，即本国资本输出。主要表现为：①外国在本国的资产减少；②外国对本国的债务增加；③本国对外国的债务减少；④本国在外国的资产增加。

（二）按照资本跨国流动时间的长短期限，国际资本流动可以分为长期国际资本流动与短期国际资本流动

1. 长期国际资本流动

长期国际资本流动是指期限在 1 年以上的资本流入与流出，它是国际资本流动的重要方式，与短期资本流动一样，分为政府和私人的长期资本流动。

长期国际资本流动主要包括三种类型：国际直接投资、国际证券投资和国际贷款。

（1）国际直接投资。国际直接投资是指一个国家的企业或个人对另一国企业部门进行的投资。直接投资可以取得某一企业的全部或部分管理和控制权，或直接投资新建企业。按照 IMF 的定义，通过国际直接投资而形成的直接投资企业是“直接投资者进行投资的公司型或非公司型企业”，“直接投资者是其他经济体的居民，拥有公司型企业 10%或 10%以上的流通股或投票权，或拥有非公司型企业相应的股权或投票权”。其特点是投资者能够控制企业的有关设施，并参与企业的管理决策。直接投资往往和生产要素的跨国界流动联系在一起，这些生产要素包括生产设备、技术和专利、管理人员等。因而，国际直接投资是改变资源分配的真实资本的流动。国际直接投资一般有五种方式：①在国外创办新企业，包括创办独资企业、设立跨国公司分支机构及子公司；②与东道国或其他国家共同投资，合作建立合营企业；③投资者直接收购现有的外国企业；④购买外国企业股票，达到一定比例以上的股权；⑤以投资者在国外企业投资所获利润作为资本，对该企业进行再投资。

（2）国际证券投资。国际证券投资也称间接投资，是指通过在国际债券市场上购买外国政府、银行或工商企业发行的中长期债券，或在国际股票市场上购买外国公司股票而进行的对外投资。证券投资与直接投资存在区别，主要表现在证券投资者只能获取债券、股票回报的股息和红利，对所投资企业无实际控制和管理权，而直接投资者则持有足够的股权来承担被投资企业的盈亏，并享有部分或全部管理控制权。

（3）国际贷款。国际贷款是指一国政府、国际金融组织或国际银行对非居民（包括外国政府、银行、企业等）所进行的期限为 1 年以上的放款活动，主要包括政府贷款、国际金融机构贷款、国际银行贷款。

2. 短期国际资本流动

短期国际资本流动是指期限为 1 年、1 年以内或即期支付资本的流入与流出。

短期国际资本流动有以下四个特点。

（1）复杂性。它包括两个方面的内容：①形式复杂多样，如贸易、银行、保值性、投机性等资本流动；②资本流动借用的工具复杂多样，既包括货币现金和银行活期存款，也包括货币市场上的其他各种信用工具，如各种短期证券和票据等。

（2）政策性。政策性指各国政府的系列经济政策，如利率、汇率政策对短期国际资本流动的影响很大。某个国家的利率相对提高，国际资本就会往该国流动；反之，国际资本会流出该国。此外，如果一个国家没有外汇管制或外汇管制较松，也容易发生短期国际资本流动。

（3）投机性。在浮动汇率制度下，短期国际资本流动具有很强的投机性，尤其是短期资本中的“热钱”，更具有投机色彩。投机性构成短期国际资本流动的一个显著特点。

（4）市场性。市场性即游资真正遵循“市场原则”，哪里利润高就往哪里流动。即便没有行情，也会存在人为制造利多利空的消息，哄抬或打压某国或某区域的货币，造成区域或全球范围内劣币（汇率贬值的货币）追逐良币（汇率升高或坚挺的货币）的资本流动现象。

短期国际资本流动有以下四个类型。

（1）贸易资本流动。贸易资本流动是指由国际贸易引起的货币资金在国际间的融通和结算，是最为传统的国际资本流动形式。国际贸易活动的进行必然伴随着国际结算，引起资本从一国或地区流向另一国或地区。各国出口贸易资金的结算，导致出口国或代收国的资本流入；各国进口贸易资金的结算，则导致进口国或代付国的资本流出。随着经济开放程度的提高和国际经济活动的多样化，贸易资本在国际流动资本中的比重已经大为降低。

（2）银行资本流动。银行资本流动是指各国外汇专业银行之间由于调拨资金而引起的资本国际转移。各国外汇专业银行在经营外汇业务的过程中，由于外汇业务或谋取利润的需要，经常不断地进行套汇、套利、掉期、外汇头寸的抛补和调拨、短期外汇资金的拆进拆出、国际间银行同业往来的收付和结算等，都要产生频繁的国际短期资本流动。

（3）保值性资本流动。保值性资本流动，又称“资本外逃”，是指短期资本的持有者为了使资本不遭受损失而在国与国之间调动资本所引起的资本国际转移。保值性资本流动产生的原因主要有国内政治动荡、经济状况恶化、加强外汇管制和颁布新的税法、国际收支发生持续性的逆差，从而导致资本外逃到币值相对稳定的国家，以期保值，免遭损失。

（4）投机性资本流动。投机性资本流动是指投机者利用国际金融市场上的利率差别或汇率差别来谋取利润所引起的资本国际流动。它的具体形式主要有：对暂时性汇率变动的投机；对永久性汇率变动的投机；与贸易有关的投机性资本流动；对各国利率差别做出反应的资本流动。由于金融开放与金融创新，国际间投机资本的规模越来越庞大，投机活动也越来越盛行。

三、国际资本流动的原因

引起国际资本流动的原因有很多，包括根本性的、一般性的、政治方面的、经济方面的，归结起来主要有以下几个方面。

（一）过剩资本的形成或国际收支大量顺差

过剩资本是指相对的过剩资本。随着资本主义生产方式的建立，资本主义劳动生产率和资本积累率的提高，资本积累迅速增长，在资本的特性和资本家唯利是图的本性的支配下，大量的过剩资本就被输往国外，追逐高额利润，早期的国际资本流动就由此而产生了。随着资本主义的发展，资本在国外获得的利润也大量增加，反过来又加速了资本积累，加剧了资本过剩，进而导致资本对外输出规模的扩大，加剧了国际资本流动。近 20 年来，国际经济关系发生了巨大变化，国际资本、金融、经济等一体化趋势有增无减，加之现代通信技术的发明与运用、资本流动方式的创新与多样化，使当今世界的国际资本流动频繁而快捷。总之，过剩资本的形成与国际收支大量顺差是早期也是现代国际资本流动的一个重要原因。

（二）利用外资策略的实施

无论是发达国家，还是发展中国家，都会不同程度地通过不同的政策和方式来吸引外资，以达到一定的经济目的。美国目前是全球最大的债务国。而大部分发展中国家，经济比较落后，迫切需要资金来加速本国经济的发展，因此，往往通过开放市场、提供优惠税收、改善投资软硬环境等措施吸引外资的进入，从而增加或扩大了国际资本的需求，引起或加剧了国际资本流动。

（三）利润的驱动

增值是资本运动的内在动力，利润驱动是各种资本输出的共有动机。当投资者预期到一国的资本收益率高于其他国家，资本就会从其他国家流向该国；反之，资本就会从该国流向其他国家。此外，当投资者在一国所获得的实际利润高于本国或其他国家时，该投资者就会增加对这一国的投资，以获取更多的国际超额利润或国际垄断利润，这也会导致或加剧国际资本流动。在利润机制的驱动下，资本从利率低的国家或地区流往利率高的国家或地区。这是国际资本流动的又一个重要原因。

（四）汇率的变化

汇率的变化也会引起国际资本流动，尤其自 20 世纪 70 年代以来，随着浮动汇率制度的普遍建立，主要国家货币汇率经常波动，且幅度大。如果一个国家货币的汇率持续上升，则会产生兑换需求，从而导致国际资本流入；如果一个国家货币的汇率不稳定或下降，资本持有者可能预期到所持的资本实际价值将会降低，则会把手中的资本或货币资产转换成他国资产，从而导致资本向汇率稳定或升高的国家或地区流动。

在一般情况下，利率与汇率呈正相关关系。一国利率提高，其汇率也会上浮；反之，一国利率降低，其汇率则会下浮。例如，1994 年美元汇率下滑，为此美国连续进行了 7 次加息，以期稳定汇率。尽管加息能否完全见效取决于各种因素，但加息确实已成为各国用来稳定汇率的一种常用方法。当然，利率、汇率的变化，伴随的是短期国际资本（游资或热钱）的经常或大量的流动。

（五）通货膨胀的发生

通货膨胀往往与一个国家的财政赤字有关。如果一个国家出现了财政赤字，该赤字又是以发行纸币来弥补，必然会增加通货膨胀的压力，一旦发生了严重的通货膨胀，为减少损失，投资者会把国内资产转换成外国债权。如果一个国家发生了财政赤字，而该赤字以出售债券或向外借款来弥补，也可能导致国际资本流动，因为当某个时期人们预期到政府又会通过印发纸币来抵偿债务或征收额外赋税来偿付债务，则又会把资产从国内转往国外。

（六）政治、经济及战争风险的存在

政治、经济及战争风险的存在，也是影响一个国家资本流动的重要因素。政治风险是指由于一国的投资气候恶化而可能使资本持有者所持有的资本遭受损失；经济风险是指由于一国投资条件发生变化而可能给资本持有者带来损失；战争风险是指可能爆发或已经爆发的战争对资本流动造成的可能影响。例如，海湾战争就使国际资本流向发生重大变化。在战争期间，许多资金流往以美国为主的几个发达国家（大多为军费），战后安排又使大量资本涌入中东，尤其是科威特等国。

（七）国际炒家的恶性投机

所谓恶性投机，包含以下两种含义。

（1）投机者基于对市场走势的判断，纯粹以追逐利润为目的，刻意打压某种货币而抢购另一种货币的行为。这种行为的普遍发生，毫无疑问会导致有关国家货币汇率的大起大落，进而加剧投机，汇率进一步动荡，形成恶性循环，投机者则在“乱”中牟利。这是一种以经济利益为目的的恶性投机。

（2）投机者不以追求盈利为目的，而是基于某种政治理念或对某种社会制度的偏见，动用大规模资金对某国货币进行刻意打压，由此阻碍、破坏该国经济的正常发展。

无论哪种投机，都会导致资本的大规模外逃，并会导致该国经济的衰退，如 1997 年 7 月爆发的东南亚货币危机。“一国经济状况恶化→国际炒家恶性炒作→汇市、股市暴跌→资本加速外逃→政府官员下台→一国经济衰退”，这几乎已成为当代国际货币危机的“统一模式”。

（八）其他因素

政治及新闻舆论、谣言、政府对资本市场和外汇市场的干预，以及人们的心理预期等因素，都会对短期资本流动产生极大的影响。

四、国际资本流动的特征

20 世纪 80 年代以来，国际资本流动出现了巨大变化，呈现出一系列典型的特征。

（一）国际直接投资高速增长

20 世纪 80 年代以来，国际直接投资出现了两个热潮期：一是 20 世纪 80 年代后半期，据统计，1986—1990 年国际投资流出量平均每年以 34%的速度增长；二是 1995 年以来，国际直接投资基本保持在每年以 30%以上的速度增长。20 世纪 90 年代以来，世界经济呈现较快增长，全球贸易投资自由化步伐加快，全球跨国直接投资进入“黄金发展期”。2000 年，全球跨国直接投资达 13 929.6 亿美元，达到 30 年来的顶峰。但受世界经济低速增长影响，2001 年以来全球跨国直接投资连年下降，2003 年跌至 5 600 亿美元，创近年来的新低。随着世界经济形势的好转和跨国公司经营状况的改善，从 2004 年起全球跨国直接投资开始回暖。

（二）国际资本市场迅速膨胀

国际资本市场的规模主要指国际借贷（中长期）和国际证券投资的数量。至 20 世纪 80 年代末，该市场规模约为 5 万亿美元，为 1970 年的 34 倍。整个 20 世纪 80 年代，金融市场资本量每年递增 16.5%，远超过世界商品贸易每年 5%的增长，进入 20 世纪 90 年代，该市场进一步扩大。据资料显示，截至 1997 年 7 月底，国际银行放款总额达 99 698 亿美元，放款净额达 52 350 亿美元。而至 1997 年 12 月，国际证券发行总量高达 35 314 亿美元。这里的证券发行包括国际债券、货币市场工具、欧洲票据等。如果再计算股票市场，则国际资本市场的规模将进一步膨胀。1997 年多数发达国家股票市场达到了或接近创纪录的水平。美国道琼斯指数在 1992—1996 年翻了一番，1998 年又突破 9 000 点大关，目前更高达 11 000 点以上。债券、股市及银团放款市场的兴旺发达是 1997 年以来国际资本市场发展的一个显著特点。

（三）国际外汇市场交易量扩大

国际金融市场中的短期资金和长期资金的流动，基本上都要反映到外汇市场的各种交易往来中。根据国际银行的估计，世界各主要外汇市场（伦敦、纽约、东京、新加坡、中国香港、苏黎世、法兰克福、巴黎等）每日平均外汇交易额在 1979 年为 750 亿美元，1984 年扩大到 1 500 亿美元。1990 年年初国际清算银行的一项调查资料表明，当时的全球外汇交易量每天已接近 9 000 亿美元，而目前已达 1.2 万亿美元左右。上述数据表明，国际金融市场上的资金流动，尤其是短期资金流动，已占主导地位。货币资本已脱离世界生产和国际贸易而独立运动，由此形成的货币资本运动与商品运动相分离的现象，也构成了当代资本流动的一个重要特点。

（四）跨国公司成为推动国际资本流动的主角

当代国际资本流动，尤其国际直接投资的主角是跨国公司。跨国公司拥有巨额的资本、庞大的生产规模、先进的科学技术、全球的经营战略、现代化的管理手段，以及世界性的销售网络，其触角遍及全球各个市场，成为世界经济增长的引擎，对“无国界经济”的发展起着重大的推动作用。据统计，跨国公司的海外销售总额高达 5.5 万亿美元，而世界出口总额仅为 4 万亿美元。跨国公司通过国外直接投资控制世界对外直接投资累计总额的 90%，其资产总额占世界总产值的 40%，贸易额占世界贸易额的 50%，控制工业研究与开发的 80%、生产技术的 90%、世界技术转让的 75%，以及发展中国家技术贸易的 90%。

五、国际资本流动的发展

（1）国际技术流动的规模越来越大。目前，国际技术流动数额已占世界商品流动总额的 1/3 左右。

（2）国际技术流动速度快于其他生产要素的流动速度。

（3）国际技术流动进一步与商品流动相结合。

（4）国际技术流动进一步与资本流动相结合，国际直接投资活动总是伴随着国际间的技术转让。

（5）软件技术在技术流动中的比重迅速上升。

（6）国际技术流动的垄断性进一步加强。拥有先进技术的国家为了使自身在技术流动中处于有利地位，它们必然垄断先进技术。目前，国际技术流动的 80%以上是在发达国家之间进行的，它们规定种种限制性条款，以阻碍发展中国家参与国际技术流动。

第二节　国际资本流动的影响

一、长期国际资本流动对经济的影响

长期国际资本流动形成的基本条件是各国拥有的相对优势，如所有权优势、内部化优势和区位优势等，而长期国际资本流动的动机则是多样化的，包括利润驱动、生产要素驱动、市场驱动及政治性投机等。长期国际资本流动对资本输出国、资本输入国及国际经济的影响各不相同。

（一）对资本输出国的影响

1. 积极影响

（1）提高资本的边际效益。长期资本输出国一般是资本较充裕或某些生产技术具有优势的国家。这些国家由于总投资额或在某项生产技术领域的投资额增多，其资本的边际效益就会递减，由此使新增加的投资的预期利润率降低。如果将这些预期利润率较低的投资额，投入到资本较少或某项技术较落后的国家，便可提高资本使用的边际效益，增加投资的总收益，进而为资本输出国带来更可观的利润。

（2）带动商品出口。长期资本输出会对输出国的商品出口起到推动作用，从而增加出口贸易的利润收入，刺激国内的经济增长。例如，某些国家采用出口信贷方式，

使对外贷款（资本输出）与购买本国的成套设备或某些产品相联系，从而达到带动出口的目的。

（3）迅速地进入或扩大海外商品销售市场。

（4）为剩余资本寻求出路，生息获利。

（5）有利于提高国际地位。

资本输出，一般来说意味着该国的物质基础较为雄厚，也意味着该国更有能力加强同其他国家的政治与经济联系，从而有利于提高自己的国际声誉或地位。

2. 消极影响

（1）必须承担资本输出的经济和政治风险。当今世界经济和世界市场错综复杂，资本输出一不小心，如投资方向错误，就会产生经济业务的风险。此外，还要承担投资的政治性风险。这体现在如果资本输入国发生政变引起政治变革，就可能会实施不利于外国资本输出的法令，如没收投资资本，甚至拒绝偿还外债等。在国际债务历史上，曾经发生过有的国家因陷入债务危机而停止还债的现象，这便是一个明证。

（2）对输出国经济发展造成压力。在货币资本总额一定的条件下，资本输出会使本国的投资下降，从而减少国内的就业机会，降低国内的财政收入，加剧国内市场竞争，进而影响国内的政治稳定与经济发展。

（二）对资本输入国的影响

1. 积极影响

（1）弥补输入国的资本不足。一个国家获得的间接投资，通过市场机制或其他手段会流向资金缺乏的部门和地区；一个国家获得直接投资，则在一定程度上会弥补国内某些产业的空心化现象。其结果，既解决了资金不足问题，也促进了经济的发展。

（2）引进先进技术与设备，获得先进的管理经验。长期资本流动的很大一部分是直接投资。该投资的特点就是能给输入国直接带来技术、设备，甚至是销售市场。因此，只要资本输入得当、政策科学，资本输入无疑会提高本国的劳动生产率，增加经济效益，加速经济发展进程。

（3）增加就业机会，增加国家财政收入。资本输入的目的很大程度上是创建新企业或改造老企业，这对发达国家或发展中国家都是如此。这样，就有利于增加就业机会，有利于增加国民生产总值，进而有利于增加国家财政收入，提高国民的生活水平。

（4）改善国际收支。一方面，输入资本，建立外向型企业，实现进口替代与出口导向，有利于扩大出口，增加外汇收入，进而起到改善国际收支的作用；另一方面，资本以存款形式进入，也可能形成一国国际收支的来源。

2. 消极影响

（1）可能会引发债务危机。输入国若输入资本过多，超过本国承受能力，则可能会出现无法偿还债务的情况，导致债务危机的爆发。

（2）可能使本国经济陷入被动境地。输入资本过多又管理不善并使本国经济不能获得长足发展的话，输入国就会对外产生很强的依赖性。这样，一旦外国停止资本输出或抽走资本，本国经济发展就会陷入被动的境地，甚至使本国的政治主权受到侵犯。

（3）加剧国内市场竞争。大量外国企业如果把产品就地销售，必然会使国内市场竞争加剧，从而使国内企业的发展受到影响。

（三）对国际经济的影响

1. 形成全球利润最大化

长期资本流动可以增加世界经济的总产值与总利润，并趋于最大化。因为，资本在国际间进行转移的一个原因，就是资本输出的盈利大于资本留守在国内投资的盈利，这意味着输出国因资本输出在资本输入国创造的产值会大于资本输出国因资本流出而减少的总产值。这样，资本流动必然增加了世界的总产值和总利润，而且资本流动一般是遵循哪里利润率高往哪里流动的原则，最终会促使全球利润最大化。

2. 加速世界经济的国际化

生产国际化、市场国际化和资本国际化是世界经济国际化的主要标志。这三个国际化之间互相依存、互相促进，推动了整体经济的发展。

第二次世界大战后，资本流动国际化已经形成一个趋势，20 世纪 80 年代以来更是有增无减。尤其是资本流动国际化的外部环境与内部条件不断充实，如全球金融市场的建立与完善、高科技的发明与运用、新金融主体的诞生与金融业务的创新，以及知识的累积、思维的变化，等等，这些都使资本流动规模大增、流速加快、影响更广，而其所创造的雄厚的物质基础，又反过来推动生产国际化与市场国际化，使世界经济在更广的空间、更高的水平上获得发展。

3. 加深货币信用的国际化

（1）加深金融业的国际化。资本在国际间的转移，促使了金融业，尤其是银行业在世界范围内广泛建立，银行网络遍布全球，同时也促使了跨国银行的发展与国际金融中心的建立，这些都为国际金融市场增添了丰富的内容。目前，不少国家的金融业已成为离岸金融业或境外金融业而完全国际化。

（2）促使以货币形式出现的资本遍布全球，如国际资本流动使以借贷形式和证券形式体现的国际资本迅速发展，现已渗入世界经济发展的各个角落。

（3）国际资本流动主体的多元化，使多种货币共同构成国际支付手段。目前，几个长期资本比较充裕的国家，其货币都比较坚挺，持有这些货币，意味着可更广泛地在世界范围内实现购买力在国际间的转移或可更有选择余地地拥有清偿国际间的债权债务的手段。可见，这些都在不同程度上加深了货币信用的国际化。

二、短期国际资本流动对经济的影响

短期国际资本流动一般都借助于有关的信用工具，并通过电话、电报、传真等通信方式进行。这些信用工具包括短期政府债券、商业票据、银行承兑汇票、银行活期存款凭单、大额可转让定期存单等。

由于通过信汇、票汇等方式进行国际资本转移，相对来说，周转较慢，面临的汇率风险也较大，因此，短期国际资本流动多利用电话、电报、传真等方式实现。

国际游资，也称热钱，从广义来讲，应包括各种形式的短期资本，但从狭义来说，应该指短期资本中的投机性资本。这种资本的大规模的流动，所造成的影响是巨大的。

（一）对国际直接投资环境的影响

1．从汇率变动层面看

短期国际资本的投机冲击引起的汇率的大幅波动和贬值，对国际直接投资产生了巨大的影响。国际直接投资需要支付款项和转移资本，即需要外汇。虽然原则上投资的双方可自由商定在他们的投资中使用何种货币，但许多国家的法律规定，债务必须通过本国货币的转移来清偿。因此，汇率是联系各国经济的重要纽带，也是影响国际直接投资的重要因素之一。汇率的变化会引起各国金融资产和实物资产价值的波动，这种波动，一方面导致企业在国内外融资成本的变化，以及国际直接投资比较利益的变化；另一方面也会引起企业财富储量的短期变化，使国际直接投资能力发生变化。

汇率的不确定性给国际投资带来较大的风险。本币贬值幅度越大，所导致的不利后果越严重。因此，人们通常把由汇率泡沫破灭所引发的汇率的大幅度下跌称为货币危机。在开放型经济的发展中国家和地区，货币危机往往是重大金融危机的核心环节。1992 年的欧洲汇率危机是一次典型的货币危机，1994—1995 年的墨西哥金融危机以货币危机为主，1997 年亚洲金融危机则以泰国的泰铢危机为开端，其他国家或地区的金融危机也因货币贬值而深化。

在开放型经济的发展中国家和地区，货币危机容易引发大规模金融危机的原因在于这些国家和地区因经济稳定性差（巨额财政赤字、高通胀率和经济增长波动大）而较难保持货币价值稳定。为此，往往由政府出面来实现汇率的稳定，实质上，就是政府向微观经济主体提供一种公共设施，把汇率风险集中起来由政府承担，以保障国际经济往来的低成本和高效率。因此，发展中国家和地区对于汇率控制较严，多实行固定汇率制度或有管理的浮动汇率制度。

2．从社会稳定层面看

短期国际资本的投机冲击引起的政局不稳、社会动荡，恶化了投资环境，打击了投资者信心，造成了严重的资金外流。1997 年亚洲爆发金融危机，东南亚各国货币普遍贬值了 10%～40%，居民财富大幅缩水，许多人一生的积蓄大部分已经荡然无存，自然造成了社会的剧烈动荡，各国出现了不同程度的政治危机。动荡不安的政局，严重影响了投资者的投资信心。据估计，自金融危机爆发至 1998 年 5 月，约有 1 150 亿美元从韩国、泰国、菲律宾、印度尼西亚和马来西亚流出，而在发生金融危机之前，每年大约有 1 000 亿美元流入亚洲地区。资金外流造成的资金短缺严重影响了亚洲国家经济的恢复。

（二）对国际直接投资流向的影响

1．从短期来看

国际游资的投机冲击造成的金融危机对发展中国家吸引外资产生了严重的负面

影响。进入 20 世纪 90 年代，大多数发展中国家都将借助外资发展本国经济作为经济发展战略，国际直接投资日益成为许多发展中国家获取国际资本的主要方式。但由于亚洲金融危机，发展中国家吸收外商投资增长缓慢，在国际直接投资中的地位从 1997 年之后有所下降，国际直接投资取向发生了深刻变化。发达国家在国际直接投资中占有绝对主体地位，而发展中国家则有被“边缘化”的趋势。

2. 从长期来看

发展中国家吸引外资的下降状况并非没有尽头。从金融危机中吸取教训的东亚国家和地区正在加快产业结构的调整，并且更加重视直接投资的作用。经历过调整的东亚国家和地区恢复经济的快速增长仍将可期，从而为外国直接投资带来的机会仍将是巨大的。

（三）对区域经济一体化的推动

区域经济一体化是冷战结束后世界经济变化的一大重要特征。它一般以相互间实现自由贸易为起点，逐步向经济一体化方向发展。它要求其成员在关税、资本和人员流动，乃至在一些国内外政策方面对国家主权做出一定的让渡和分享，以推动区域经济的发展。区域经济一体化组织在 20 世纪 50 年代、20 世纪 60 年代先后出现在欧洲、拉美和非洲发展中国家。冷战结束后，发展成了世界各国的首要问题，经济合作的气氛大为加强，因而区域经济一体化合作重新活跃起来。

由于历史原因，东亚的经济金融合作远远落后于欧洲和北美。在亚洲金融危机之前，亚洲并没有实质性的金融合作。1997 年亚洲金融危机是一个转折点，亚洲国家开始感到单纯依靠国际经济组织或大区域经济合作组织来抗御经济、金融危机是不够的，应当挖掘次区域经济合作的潜力，以达到联合自强的目的。

近年来，东亚区域经济、金融合作又以新的势头得到有力的推动。促成这种变化的因素包括：一是在亚洲经济复苏以后，对再次发生金融危机的高度警惕；二是中国经济的持续高速增长，以及中国同东亚各国、各区域经济依存性的加强。随着亚太经济形势的上述变化，亚洲国家已经越来越感到加速东亚区域经济合作的必要性和迫切性。亚洲货币合作的主要目标是防止亚洲再次遭受国际游资的投机冲击而陷入金融危机。

第三节 国际资本流动与金融危机

一、国际资本流动的风险

（一）国际资本流动中的外汇风险

外汇风险实际上就是汇率风险。从微观上看，国际资本流动中的外汇风险，通过汇率的不正常波动加大企业成本与收益核算的难度，从而影响企业的涉外业务；通过改变企业债权、债务的外汇价值，加大企业的偿债负担，从而造成企业不能按时偿还到期债务的风险。通过上述两方面的影响，外汇风险可能最终会影响到企业的经营战略。从宏观上看，国际资本流动中的外汇风险，可能会因改变贸易商品的国际价格而造成一国贸易条件的恶化。由于汇率的变化，外汇风险会造成一国旅游业的大幅波动，影响一国资本流动的状况，改变一国经常项目状况，影响一国货币当局外汇储备的结构和数量，从而影响一国的国际收支，最终对一国国民收入和国内就业及经济发展造成不良影响。

（二）国际资本流动中的利率风险

国际资本流动中，利率是国际货币使用权的价格。国际资本流动中的利率风险，总的来说，就是由于国际金融市场的利率变动，使借贷主体遭受损失的可能性。国际银行贷款和国际债券，是涉及利率风险的国际资本流动的两种主要形式。

1. 国际银行贷款

（1）对借方而言，若借方按照固定利率从国际商业银行借款，在国际商业银行贷款借入日到贷款偿清日的整个借款有效期内，如果国际市场上商业银行贷款利率下降，则借方按照固定利率支付的利息总额，必定高于逐期按市场利率所支付的利息总额；相反，若借款人是按照浮动利率从国际商业银行借款，在整个借款的有效期内，若国际市场利率上升，则借方按照浮动利率逐期支付的利息总额，就会高于按照贷款发放的利率水平所确定的利率所支付的利息总额，这就是借方所面临的利率风险。

（2）对贷方而言，若商业银行以固定利率发放贷款，但日后市场利率上升，则按其固定利率所收取的利息总额会低于按浮动利率所收取的利息总额；若国际商业银行以浮动利率发放贷款，但日后市场利率下降，则其按浮动利率所收取的利息总额，会低于按发放日当天利率收取的利息总额。除此之外，由于国际商业银行的资金，往往来源于吸收存款或发放金融债券所获得的借款，因而在其借款和对外放款之间存在利率不匹配的问题。这种不匹配，表现在浮动利率与固定利率的不匹配，也表现在利率期限的不匹配。市场利率的变化，可能造成国际商业银行在支付借款利息和收取贷款利息两方面同时蒙受损失。因此，作为贷方的国际商业银行，其所面临的利率风险要比借方更为复杂。

2. 国际债券

（1）对债券发行方来说，面临着与国际银行借款方类似的风险。如果国际债券发行人以固定利率发行国际债券，在其债权有效期内，若市场利率下降，发行人将不能享受这种利率下降带来的好处；相反，若发行人以浮动利率发行国际债券，如果市场利率在债券有效期内上升，发行人将按不断上升的利率支付债券利息，其支付额将大于按发行日市场利率以固定利率发行所发生的支付额。

（2）对债券投资者来说，若投资者将债券持有到期，其面临的风险与发行人类似。但是，若投资人在债券未到期时在市场上出售变现，如果是固定利率债券，那么在国际债券购买日到转让日的这段时间里，市场利率的上升将会造成两方面的损失：一方面，购买者将要蒙受在此期间内，由于少收利息而带来的经济损失；另一方面，由于市场利率上升，国际债券的流通价格会下跌，低于债券的发行价格，投资者在变现时，会遭受由于债券价格下跌而带来的损失。两种损失之和，就是投资者所蒙受的利率风险。如果是浮动利率债券，在购买日到转让日的这段时间里，市场利率的下跌也会造成两方面的影响：一方面，购买者要蒙受在此期间少收利息的损失；另一方面，市场利率的下降，会造成债券流通价格的上升，债券投资者在转让债券时，会获得价格收益。两者之差就是投资者面临的利率风险。此外，国际金融市场利率的变动，还会对国际股票市场、国际衍生品市场产生影响，这种影响也是利率风险的一部分。

二、国际资本流动的风险防范

国际资本流动的风险防范和危机化解，要从机制分析入手，抓住风险形成的关键环节，既要努力发展实物经济，又要健全自己的货币金融系统，力求标本兼治。具体要做到以下几点。

（一）实施对冲性货币政策

如果汇率体制缺乏灵活性，外汇储备越多，越要避免名义汇率升值。外汇储备增加会引起货币扩张，为了遏制货币总量的扩张、克服总需求膨胀，应采取对冲性货币政策。可供采用的对冲政策措施有三种：一是公开市场操作；二是准备金要求；三是公共部门存款管理。

（二）加强银行监管，健全金融体系

虽然发生银行危机的国家都有宏观经济方面的原因，但是银行自身因素才是更直接的原因。如果银行在内控机制和市场纪律方面存在纰漏，加强银行监管则可起到亡羊补牢的作用。监管能够重塑操作环境、强化市场纪律、促进内部治理。健全的金融体系有利于经济的平稳增长，银行体系的健全有助于出口不利时内需的扩大。发展金融机构的长期投资和本币债券业务、扩大内需、减少对国际市场的依赖至关重要。

（三）紧缩财政政策

紧缩财政支出，特别是公共支出，可以减少总需求，降低资本流入的通货膨胀效应。在资本流动出现波动迹象时，采取先发制人的紧缩财政政策有助于把核心收益和支出隔离开来。如果出现了资本流动的严重波动，财政收支则需要进一步紧缩，使其变动幅度减小。

三、金融危机概述

（一）金融危机的含义

金融危机是指金融资产、金融机构、金融市场的危机，具体表现为金融资产价格大幅下跌、金融机构倒闭或濒临倒闭、某个金融市场如股市或债市暴跌等。由于金融资产的流动性非常强，因此金融的国际性非常强。金融危机的导火索可以是任何国家的金融产品、市场和机构等。

金融动荡和危机已成为一种世界性现象。据 IMF 资料表明，自 1980 年以来，该

组织 181 个成员中有 133 个成员发生过重大金融动荡，52 个成员的大多数银行多次失去支付能力。进入 20 世纪 90 年代以来，金融动荡和危机频繁发生，主要有 1991 年的英国货币危机，1992 年的欧洲汇率机制危机、1994 年的墨西哥金融危机和全球债券市场危机、1995 年的美元狂跌和英国巴林银行破产、1997 年的亚洲金融危机、2007 年的美国次贷危机，以及 2008 年 9 月 15 日爆发并引发全球经济危机的金融危机，等等。

（二）金融危机与经济危机的关系

1. 二者的区别

理论上而言，“金融”与“经济”本身就存在较大差别。“金融”是以货币和资本为核心的系列活动总称，与它相对应的主要概念有“消费”和“生产”，后两者则主要围绕商品和服务展开。所谓金融危机，就是指与货币、资本相关的活动运行出现了某种持续性的矛盾，如票据兑现中出现的信用危机、买卖脱节造成的货币危机等。就美国次贷危机而言，其根本原因在于资本市场的货币信用通过金融衍生工具被无限放大，在较长的时期内带来了货币信用供给与支付能力间的巨大缺口，最后严重偏离了现实产品市场对信用的有限需求。当这种偏离普遍地存在于金融市场的各个领域时，次贷危机，也就是局部金融矛盾，向金融危机的演化就不可避免了。

“经济”的内涵显然比“金融”更广泛，它包括上述的“消费”“生产”“金融”等一切与人们的需求和供给相关的活动，它的核心在于通过资源的整合，创造价值、获得福利。就此而言，“经济”是带有价值取向的一个结果，“金融”则是实现这个结果的某个过程。因此，经济危机是指在一段时间里价值和福利的增加无法满足人们的需要。例如，供需脱节带来的大量生产过剩（传统意义上的经济萧条），或者信用扩张带来的过度需求（最近发生的经济危机）。通过比较可以发现，经济危机与金融危机最大的区别在于，它们对社会福利造成的影响程度和范围不同。金融危机某种意义上只是一种过程危机，而经济危机则是一种结果危机。

2. 二者的联系

从历史上发生的几次大规模金融危机和经济危机来看，大部分经济危机与金融危机都是相伴随的。也就是说，在发生经济危机之前，往往会先出现一波金融危机。其主要原因在于，随着货币和资本被引入消费和生产过程，消费、生产与货币、资本的结合越来越紧密。以生产过程为例，资本在生产过程的第一个阶段——投资阶段，便开始介入，货币资本由此转化为生产资本；在第二个阶段，也就是加工阶段，资本的形态由投资转化为商品；在第三个阶段，也就是销售阶段，资本的形态又由商品恢复为货币。正是货币资本经历的这些转换过程，使得货币资本的投入与取得在时空上相互分离，任何一个阶段出现的不确定性和矛盾都足以导致货币资本运动的中断，资本投资无法收回，从而出现直接的货币信用危机，也就是金融危机。当这种不确定性和矛盾在较多的生产领域中出现时，生产过程便会因投入不足而无法继续，从而造成产出的严重下降，导致更大范围的经济危机。

在某些情况下，也不能排除金融危机独立于经济危机发生的可能性，尤其是当政府在金融危机之初便采取强有力的应对政策措施时。例如，通过大规模的“输血”政策，有效阻断货币信用危机与生产过程的联系，此时就有可能避免经济危机的发生或深入。

（三）金融危机的类型及特征

金融危机有货币危机、债务危机、银行危机、次贷危机等类型。金融危机越来越呈现出某种混合形式。

金融危机的特征是：人们对未来经济有更加悲观的预期，整个区域内货币币值出现较大幅度的贬值，经济总量与经济规模出现较大幅度的缩减，经济增长受到打击，同时往往伴随着企业大量倒闭的现象、失业率提高、社会普遍的经济萧条，有时候甚至伴随着社会动荡或国家政治层面的动荡。

（四）金融危机形成的原因

金融危机与经济全球化过程特别是金融自由化过程密切相关。由于金融自由化发展迅速，而许多发展中国家金融体制尚不健全，政府缺乏有效的调控和管制手段。在条件还不具备的情况下过早地实行金融自由化，这是导致发展中国家产生金融危机的最主要原因。

1. 国际金融市场的规模不断扩大，金融风险增加

20 世纪 90 年代以来，各国金融市场日趋自由化，出现了货币自由兑换和自由输出入、汇率自由浮动、国际金融资本大量流动、外国金融机构自由活动并与本国金融机构融合、证券交易急剧发展等现象，从而使国际金融市场的规模不断扩大。这不仅表现在外汇市场规模的不断扩大上，同时也表现在国际债券市场规模不断扩大和发展中国家引进外资规模的不断扩大上。国际金融市场规模的不断扩大，必然伴随金融风险的增加。

2. 金融运行与实体经济脱节的现象日益严重，经济泡沫随时可能产生和破灭

很多金融危机主要是由经济泡沫的破灭导致的。美国经济学家乔纳森·特南鲍姆在《世界金融与经济秩序的全面大危机》一文中，将泡沫经济形容为“倒金字塔式”的经济体系，它将庞大的金融体系建立在越来越缩小的实体经济基础之上，这种经济体系是不可能持久的。

3. 金融衍生工具的迅速发展给国际金融市场的健康与安全带来了威胁

20 世纪 70 年代以来，特别是进入 90 年代以后，国际金融市场日趋活跃，金融资本高速增长，金融衍生工具不断创新。一些“国际炒家”与本地投机者相结合，操纵发展中国家的金融市场，造成汇市和股市的剧烈波动，借机大发横财。金融市场开放度和自由度过大的发展中国家更容易成为这些国际炒家的攻击目标。当然，金融危机发生的原因还与一个国家的政治、经济环境，以及财政政策和国际收支状况存在密切关系。

（五）金融危机的影响

1．金融危机对金融体系的影响

进入 20 世纪 90 年代以来，国际金融危机爆发的频率更高，原因也更为复杂。例如，2007 年爆发的次贷危机不仅对美国银行机构造成重创，对其他各国金融体系也形成了巨大的冲击。德国工业银行、荷兰银行 NIBC 因为投资于美国次贷市场遭受巨额损失。在亚洲，日本的数家大型银行也公布了在美国次贷市场的投资损失。次贷危机不仅给金融机构带来了巨额损失，还导致了市场信心的极度匮乏，为了避免损失，投资者加速赎回或抛售，造成全球股市、汇市动荡。此外，由于人们普遍担心次贷危机会造成美国乃至全球经济放缓，导致市场对原油、金属等大宗商品的需求减弱。

2．金融危机对经济增长的影响

1929—1933 年的金融危机对资本主义世界经济的影响无疑是深刻的。整个资本主义世界的工业水平下降 37.2%。其中，美国下降 40.6%，主要国家的经济状况退回到了 19 世纪末 20 世纪初的水平。

爆发在 2007 年的次贷危机，对全球经济也造成了严重的影响，消极影响的路径主要有：首先，对外出口下降，以中国为例，由于危机导致美国和欧洲的进口需求疲软，中国出口增长下降；其次，危机引发了全球性的通胀，当前，许多国家面临着通货膨胀和经济增长趋缓的双重压力，无论是处于经济周期由高到低的发达国家，还是处于经济周期持续上扬的新兴市场国家，无论是处于降息通道的美国，还是按兵不动的欧盟和日本，甚至在实施从紧货币政策的中国，通货膨胀都随处可见；最后，次贷危机还加大了汇率风险和资本市场风险，进一步对经济构成深层冲击。

3．金融危机对社会稳定的影响

金融危机的爆发，通常都伴随着居民生活水平的迅速下降和社会问题的急剧恶化，具体体现在通货膨胀率上升、真实工资下降、资产价格缩水、失业率上升、贫困问题恶化、居民生活水平下降、社会发展指标下滑等方面，但是各次危机对社会领域的冲击程度差异十分明显。2001 年的阿根廷金融危机，使积累多年的社会问题和各项社会发展指标进一步恶化，尤其是劳动力工资的购买力急剧下降、贫困人口大规模增加的问题突出。

美国次贷危机发生后，亚洲、非洲、拉丁美洲的一些发展中国家消费物价指数出现了不同程度的上升，约旦、土耳其通货膨胀率分别上升 37%和 18%，导致资产价格缩水、人们财富水平下降，尤其是对穷人的收入影响更大，引发世界贫困人口激增、居民生活水平下降等一系列严重问题。

同时，对中国也造成了一系列消极影响，包括居民财富缩水、消费需求下降、企业大批亏损、失业率增加等社会问题。其中，次贷危机导致财富缩水的影响渠道主要有两个：第一，次贷危机导致中国通货膨胀率上升。2007 年 11 月，我国物价上涨率达到 6.19%，创 11 年来新高；2008 年 1 月和 2 月，物价上涨率更是分别高达 7.11%和 8.17%。第二，次贷危机导致中国股市大跌，金融资产大幅贬值，进一步加剧了财富缩水。虽然从 2008 年年底至今，中国股市曲折回升，但仍未恢复到金融危机之前的水平。

拓展阅读

亚洲金融危机

1997 年 7 月 2 日，亚洲金融危机席卷泰国，泰铢贬值。不久，这场风暴扫过了马来西亚、新加坡、日本和韩国等地，打破了亚洲经济急速发展的景象。亚洲一些经济大国的经济开始萧条，一些国家的政局也开始混乱。

一、亚洲金融危机的发展阶段

1997 年 6 月，一场金融危机在亚洲爆发，这场危机的发展过程十分复杂。到 1998 年年底，大体上可以分为三个阶段：1997 年 6 月至 12 月；1998 年 1 月至 7 月；1998 年 7 月至年底。

第一阶段：1997 年 7 月 2 日，泰国宣布放弃固定汇率制度，实行浮动汇率制度，引发了一场遍及东南亚的金融风暴。当天，泰铢兑换美元的汇率下降了 17%，外汇及其他金融市场一片混乱。在泰铢波动的影响下，菲律宾比索、印度尼西亚盾、马来西亚林吉特相继成为国际金融炒家的攻击对象。8 月，马来西亚放弃保卫林吉特的努力。一向坚挺的新加坡元也受到冲击。印度尼西亚虽是受“传染”最晚的国家，但受到的冲击最为严重。10 月下旬，国际炒家移师国际金融中心中国香港，矛头直指中国香港联系汇率制。中国台湾突然弃守新台币汇率，使其一天贬值 3.46%，加大了对港元和香港股市的压力。10 月 23 日，恒生指数大跌 1 211.47 点；28 日，下跌 1 621.80 点，跌破 9 000 点大关。面对国际金融炒家的猛烈进攻，香港特区政府重申不会改变现行汇率制度，恒生指数上扬，再上万点大关。接着，11 月中旬，东亚的韩国也爆发金融风暴，17 日，韩元对美元的汇率跌至创纪录的 1 008∶1。21 日，韩国政府不得不向 IMF 求援，暂时控制了危机。但到了 12 月 13 日，韩元对美元的汇率又降至 1 737.60∶1。韩元危机也冲击了在韩国有大量投资的日本金融业。1997 年下半年日本的一系列银行和证券公司相继破产。于是，东南亚金融风暴演变为亚洲金融危机。

第二阶段：1998 年年初，印度尼西亚金融风暴再起，面对有史以来最严重的经济衰退，IMF 为印度尼西亚开出的“药方”未能取得预期效果。2 月 11 日，印度尼西亚政府宣布将实行印度尼西亚盾与美元保持固定汇率的联系汇率制，以稳定印度尼西亚盾。此举遭到 IMF 及美国、西欧的一致反对。IMF 扬言将撤回对印度尼西亚的援助，印度尼西亚陷入政治经济大危机。2 月 16 日，印度尼西亚盾同美元比价跌破 10 000∶1。受其影响，东南亚汇市再起波澜，新加坡元、马来西亚林吉特、泰铢、菲律宾比索等纷纷下跌。直到 4 月 8 日印度尼西亚同 IMF 就一份新的经济改革方案达成协议，东南亚汇市才暂告平静。1997 年爆发的东南亚金融危机使得与之关系密切的日本经济陷入困境。日元汇率从 1997 年 6 月底的 115 日元兑 1 美元跌至 1998 年 4 月初的 133

日元兑1美元；5—6月，日元汇率一路下跌，一度接近150日元兑1美元的关口。随着日元的大幅贬值，国际金融形势更加不明朗，亚洲金融危机继续深化。

第三阶段：1998年8月初，美国股市动荡、日元汇率持续下跌，国际金融炒家对中国香港发动新一轮进攻。恒生指数一直跌至6 600多点。香港特区政府予以回击，金融管理局动用外汇基金进入股市和期货市场，吸纳国际金融炒家抛售的港元，将汇市稳定在7.75港元兑换1美元的水平上。经过近一个月的苦斗，使国际金融炒家损失惨重，无法再次实现把中国香港作为“超级提款机”的企图。国际金融炒家在中国香港失利的同时，在俄罗斯更遭惨败。俄罗斯中央银行8月17日宣布年内将卢布兑换美元汇率的浮动幅度扩大到6.0∶1～9.5∶1，并推迟偿还外债及暂停国债交易。9月2日，卢布贬值70%。这使俄罗斯股市、汇市急剧下跌，引发金融危机乃至经济、政治危机。俄罗斯政策的突变，使得在俄罗斯股市投下巨额资金的国际金融炒家大伤元气，并带动了美欧国家股市、汇市的剧烈波动。如果说在此之前亚洲金融危机还是区域性的，那么俄罗斯金融危机的爆发则说明亚洲金融危机已经超出了区域性范围，具有全球性的意义。到1998年年底，俄罗斯经济仍没有摆脱困境。1999年，金融危机结束。

二、亚洲金融危机爆发的原因

（一）亚洲国家的经济形态导致

新加坡、马来西亚、泰国、日本、韩国等国都为外向型经济的国家，它们对世界市场的依附性很大。亚洲经济的动摇难免会出现牵一发而动全身的状况。以泰国为例，泰铢在国际市场上是否要买卖不由政府来主宰，而泰国本身也并没有足够的外汇储备量，面对金融家的炒作，该国经济不堪一击。而经济决定政治，所以，泰国政局也就动荡了。

（二）美国经济利益和政策的影响

美国，作为资本主义头号强国，通过强大的经济后盾在亚太地区建立起一个资本主义的统一战线：韩国、日本直至东南亚，都成为美国的经济附庸，这给亚洲一些国家的飞速发展带来了经济支持。美国当然不允许亚洲经济继续如此发展，同时，对于索罗斯的行为，它是纵容的。

（三）乔治·索罗斯个人及一个支持他的资本主义集团的因素

“金融大鳄”“一只假寐的老狼”是对这个金融怪才的称谓。他曾说过：“在金融运作方面，说不上有道德还是无道德，这只是一种操作。金融市场是不属于道德范畴的，因为它有自己的游戏规则。从亚洲金融风暴这个事情来讲，我是否炒作对金融事件的发生不会起任何作用，我不炒作它照样会发生。我并不觉得炒外币、投机有什么不道德。另外，我遵守运作规则。我尊重这些规则，并关心这些规则。”众所周知，索罗斯对泰铢的炒作是亚洲金融风暴的导火线，他是一个绝对有实力、有能力的金融家。

（四）直接触发因素、内在基础性因素和世界经济因素

（1）直接触发因素包括：①国际金融市场上游资的冲击；②亚洲一些国家的外汇政策不当；③为了维持固定汇率制度，这些国家长期动用外汇储备来弥补逆差，导致外债的增加；④这些国家的外债结构不合理。

（2）内在基础性因素包括：①透支性经济高增长和不良资产的膨胀；②市场体制发育不成熟、政府的过度干预和金融监管体制不完善；③“出口替代”型模式的缺陷。

（3）世界经济因素主要包括：①经济全球化带来的负面影响，如民族国家间利益冲撞加剧、资本流动能力增强、防范危机的难度加大等；②不合理的国际分工、贸易和货币体制对第三世界国家不利。

三、亚洲金融危机的启示

上述关于亚洲金融危机和经济衰退的分析，可以得出以下几点启示，以防范此类危机再次发生，以及在发生危机时该做些什么。

第一，应该通过政府合理的干预使金融系统恢复稳定。对新兴市场国家来说，这需要国际最后贷款者。

第二，国际最后贷款机构必须制定合适的贷款条件，来避免形成造成金融不稳定的过度道德风险。

第三，虽然资本流动与危机有关，但这只是现象，而不是造成危机的根源，所以外汇管制对于防范今后的危机不大可能奏效。

第四，钉住汇率制度对新兴市场国家十分危险，它使金融危机更易发生。

关于国际最后贷款者我们已经看到，金融危机发生时金融系统的信息失灵会导致经济的灾难性后果。为复苏经济，金融系统需要重新启动，以便完成将资金导向生产性投资的工作。在工业化国家，中央银行可通过扩张性货币政策或进行最后贷款来完成。在一个具有上述制度结构的新兴市场经济国家，最终贷款人角色的作用很有限，因为中央银行现在的贷款是一把双刃剑。

上述观点认为，新兴市场经济国家的中央银行只有很有限的能力从金融危机中解救它们的国家。事实上，经济的迅速恢复需要国外的援助，因为从国外获得的流动性不像本国当局供给的那样会导致不利的后果。国外援助不会导致通货膨胀，从而不会通过现金流损害财务状况，这有助于本币币值稳定，改善财务状况。

由此看来，应吸取亚洲金融危机的教训：在完全融入经济全球化之前，建立健全的微观金融竞争体制、完善市场性宏观金融调控机制就显得刻不容缓。金融全球化的迅速发展，我们应该有紧迫感：改革国有金融机构的法人治理机制，同时对民营资本开放金融领域，还原人民币的杠杆作用。

吸取亚洲金融危机的教训，关键之关键，是一定要符合国际规范。国际规范是金融业的生命，是必经之路、大势所趋，也是不可逆转的。

（资料来源：https://wenku.baidu.com/view/5cf56a0a02d276a201292e54.html）

基本概念

国际资本流动　长期国际资本流动　短期国际资本流动　直接投资　证券投资　国际贷款　贸易资本流动　银行资本流动　资本外逃　投资性资本流动　外汇风险　利率风险　金融危机　经济危机

复习思考题

一、单项选择题

1．与国际资金流动相比，国际资本流动具有（　　）。

A．双向性　　B．单向性　　C．不可逆性　　D．一次性

2．按照IMF的定义，直接投资者进行企业投资时，需拥有公司型企业的（　　）流通股或投票权。

A．5%或5%以上的　　B．10%或10%以上的

C．15%或15%以上的　　D．20%或20%以上的

3．国际直接投资是指将资金投资在另一个国家的（　　）领域。

A．债券　　B．股票　　C．期权　　D．企业

4．下列关于间接投资表述不正确的是（　　）。

A．在国际债券市场上购买外国政府的长期债券

B．在国际股票市场上购买外国公司股票

C．在国际债券市场上购买外国工商企业发行的中长期债券

D．投资者参与企业的管理决策

5．（　　）是最为传统的国际资本短期流动形式。

A．贸易资本流动　　B．银行资金流动

C．保值性资本流动　　D．投机性资本流动

6．（　　）是指短期资本的持有者为了使资本不遭受损失而在国与国之间调动资本所引起的资本国际转移。

A．贸易资本流动　　B．银行资金流动

C．资本外逃　　D．投机性资本流动

7．早期的国际资本流动产生的原因是（　　）。

A．追逐利润　　B．资本过剩　　C．利用外资　　D．投机

8．在一般情况下，一国利率提高，其汇率会（　　）。

A．上浮　　B．下浮　　C．不变　　D．无法预测

9．长期国际资本流动形成的基本条件是（　　）。

A．直接投资的需求　　B．跨国公司的需求

C．资本市场的壮大　　D．各国拥有的比较优势

10．资本流动对国际经济的影响不正确的是（　　）。

A．实现资本流动国际化　　B．形成全球利润最大化

C．加速世界经济的国际化　　D．加深货币信用的国际化

二、多项选择题

1．下列关于国际资本流动与国际资金流动的表述正确的有（　　）。

A．国际资本流动是一种具有可逆转性的流动

B．国际资金流动的特点是资金流动呈单向性

C．国际资金流动是一种具有不可逆转性的流动

D．国际资本流动是一次性的资金款项转移

2．国际资本流动具体包括（　　）。

A．债务的增加　　B．投资、贷款、援助

C．债权的取得、利息收支　　D．外汇买卖、证券发行

3．长期资本流动的形式包括（　　）。

A．资本流入　　B．直接投资　　C．证券投资　　D．国际借贷

4．引起长期国际资本流动的根本原因是（　　）。

A．国际贸易的发展　　B．世界生产力的发展

C．国际分工的不断深化　　D．经济全球化的推进

5．国际贷款主要包括（　　）。

A．政府贷款　　B．国际金融机构贷款

C．跨国公司贷款　　D．国际银行贷款

6．短期资本流动的特点有（　　）。

A．复杂性　　B．政策性　　C．投机性　　D．市场性

7．投机性资本流动的具体形式主要有（　　）。

A．对暂时性汇率变动的投机　　B．对永久性汇率变动的投机

C．有关贸易资本流动的投机　　D．对各国利率差别的投机

8．资本流动对资本输出国的消极影响有（　　）。

A．承担资本输出的经济风险　　B．加剧国内市场竞争

C．使本国经济陷入被动境地　　D．对输出国经济发展造成压力

9．资本流动对资本输入国的积极影响有（　　）。

A．引进先进技术与设备，获得先进的管理经验

B．提高资本的边际效益

C．增加就业机会，增加国家财政收入

D．改善国际收支

10．国际资本流动的风险主要有（　　）。

A．外汇风险　　B．投资风险

C．利率风险　　D．国际收支风险

11.（　　）是涉及国际资本流动中利率风险的主要形式。

A．国际收支　　B．投机冲击　　C．国际银行贷款　　D．国际债券

三、判断题

1. 直接投资是取得某一企业的全部或部分管理和控制权，或者直接投资新建企业。(　　)

2. 如果一个国家外汇管制较松，就容易发生长期国际资本流动。(　　)

3. 随着经济开放程度的提高和国际经济活动的多样化，贸易资本在国际流动资本中的比重大大提高。(　　)

4. 利润驱动是资本运动的内在动力，增值是各种资本输出的共有动机。(　　)

5. 在一般情况下，利率与汇率呈正相关关系。(　　)

6. 经济风险是指由于一国的投资气候恶化而可能使资本持有者所持有的资本遭受损失。(　　)

7. 在开放型经济的发展中国家和地区，货币危机往往是重大金融危机的核心环节。(　　)

8. 从宏观上看，国际资本流动中的利率风险，可能会因改变贸易商品的国际价格，而造成一国贸易条件的恶化。(　　)

9. 亚洲货币合作的主要目标是防止亚洲再次遭受国际游资的投机冲击而陷入金融危机。(　　)

10. 金融危机某种意义上只是一种过程危机，而经济危机则是一种结果危机。(　　)

四、问答题

1. 国际资本流动与国际资金流动的区别是什么？

2. 按照资本跨国界流动的方向，国际资本流动有哪两种类型？具体表现在哪里？

3. 国际直接投资的特点及方式有哪些？

4. 短期资本流动的特点及类型有哪些？

5. 是哪些原因引起了国际资本流动？

6. 国际资本流动的特征是什么？

7. 未来国际资本流动将如何发展？

8. 长期资本流动对资本的输出国与输入国都有什么影响？

9. 长期资本流动对国际经济有哪些影响？

10. 短期资本流动对经济有哪些影响？

11. 国际资本流动对外汇及汇率会产生哪些不利的影响？

12. 如何对国际资本流动中产生的风险进行防范？

13. 金融危机与经济危机有哪些区别与联系？

14. 金融危机的类型及特征有哪些？

15. 金融危机形成的原因与影响有哪些？

第八章 汇率制度

学习目标

通过本章的学习掌握汇率制度的含义及内容；熟悉传统与当代的汇率制度形式，并能区分固定汇率制度与浮动汇率制度的不同；了解支持不同汇率制度的观点；熟悉汇率制度选择的四个理论；掌握一个国家要选择某种汇率制度需考虑的因素；了解汇率水平管理的基本方式；掌握汇率水平管理的目的及原则；熟悉人民币制度的发展历程；掌握现今人民币汇率制度改革的状况和特点。

汇率制度作为整个经济制度的一个有机组成部分，是联系国内经济和国外经济的“纽带”，对一国经济运行方式及其绩效具有重要的影响。不同的汇率制度意味着政府在实现内外均衡的目标中需要遵循不同的规则，所以一个国家只有选择适合自己的汇率制度，才能够实现社会经济福利最大化的目标。

第一节 汇率制度的形式

一、汇率制度的含义及内容

（一）汇率制度的含义

汇率制度，又称汇率安排，是指各国或国际社会对于确定、维持、调整与管理汇率的原则、方法、方式和机构等所做出的系统规定。传统上，按照汇率变动的幅度，汇率制度被分为两大类型：固定汇率制度和浮动汇率制度。西方各国在20世纪70年代之前实行固定汇率制度，后来由于美元危机、布雷顿森林体系崩溃，各国开始采用浮动汇率制度。

（二）汇率制度的内容

（1）确定汇率的原则和依据。例如，以货币本身的价值为依据，还是以法定代表的价值为依据等。

（2）维持与调整汇率的办法。例如，是采用公开法定升值或贬值的办法，还是采取任其浮动或官方有限度干预的办法。

（3）管理汇率的法令、体制和政策等。例如，各国外汇管制中有关汇率及其适用范围的规定。

（4）制定、维持与管理汇率的机构，如外汇管理局、外汇平准基金委员会等。

二、传统的汇率制度形式

（一）固定汇率制度

在固定汇率制度下，两国货币的含金量之比（平价）决定两国货币的兑换率，平价一经确定基本保持不变，在市场的自发调节或货币管理部门的干预下，市场汇率围绕平价在很小的范围内上下波动。19 世纪下半期至 1914 年的国际金本位制下的汇率制度和 1944—1973 年布雷顿森林体系下的汇率制度，都属于固定汇率制度，但前者通过市场自发调节来保持汇率相对稳定，而后者通过货币当局的干预来促成汇率趋于稳定。

1．金本位制下固定汇率制度的特点

（1）在国际金本位制下，黄金充当本位货币，金币的含金量是汇率决定的基础，两国货币的重量和成色之比（铸币平价）决定两国货币的兑换率。

（2）汇率非常稳定（波动幅度极小），市场汇率围绕铸币平价在黄金输送点的范围内上下波动。

（3）在金币可以自由铸造、自由兑换、自由输出入的条件下，汇率水平通过黄金的流出流入自发调节。

2．布雷顿森林体系下各国货币管理部门稳定汇率的主要手段

（1）动用国际储备平抑外汇价格。当外币价格下浮可能超出波幅的下限时，在外汇市场购进外汇；当外币价格上浮可能超出波幅的上限时，在外汇市场抛售外汇。

（2）利用贴现政策控制外汇价格上涨。当外币价格上浮时，通过提高贴现率吸引外资流入，增加市场外汇供给来抑制外汇价格上涨。

（3）实施外汇管制或举借外债。当有限的国际储备难以平抑外币汇率过度上浮时，可采取直接管制措施限制外汇支出或举借外债，以减少外汇需求或增加外汇供给。

（4）货币法定贬值或升值。如果通过上述措施均不能平抑外币汇率上浮，货币管理部门可以宣布本币贬值，即降低本币的金平价，以抑制对外汇的需求（如 1971 年 12 月，在国内通货膨胀和国际收支逆差的压力下，美国被迫对外宣布美元贬值 7.89%，美元含金量降为 0.818 513 克纯金）。货币法定贬值后，可以重新调整与其他货币的金平价，继续在官定浮动范围内波动。

3．两种固定汇率制度的比较

（1）两种固定汇率制度的相似之处。

在汇率决定的基础和汇率波动幅度方面，两种固定汇率制度很相似，中心汇率都是按两国货币的金平价确定，市场汇率围绕平价上下浮动（前者的浮动幅度最早是±1%，后来又改为 ± 2.25%；后者的浮动范围则是黄金输入点与黄金输出点之间）。

（2）两种固定汇率制度的差异。

① 汇率制度形成基础的差异。金本位制下的固定汇率制度，是在主要资本主义国家普遍实行金本位制的基础上自发形成的，金币本身具有价值；而布雷顿森林体系下的固定汇率制度，是在信用货币基础上，由 IMF 人为建立起来的，且纸币本身没有价值。

② 汇率调节机制的差异。在金本位制下，汇率的稳定是通过黄金的自由输出和输入自动调节的；而在布雷顿森林体系下，汇率的稳定主要是通过各国货币管理部门对外汇市场的干预来实现的。

③ 汇率稳定程度的差异。金本位制下汇率的波动受制于黄金输送点，通过金币的自由铸造、自由兑换、自由输出输入保持汇率稳定，波动幅度一般为 5‰ ~ 7‰，是典型的固定汇率制度；而在布雷顿森林体系下，汇率波动幅度在 ± 1%范围内（1971 年 12 月调整为 ± 2.25%），同时 IMF 还允许成员变更货币的含金量，实行货币的法定贬值或升值。严格地说，布雷顿森林体系下的固定汇率制度只能称为“可调整的钉住汇率制度”。

4．固定汇率制度的影响

（1）固定汇率制度的积极作用。

① 有利于国际贸易和国际投资活动的开展。如果汇率保持稳定，从事国际经贸活动的微观经济主体几乎不用考虑汇率波动风险，便于核算成本和利润。

② 有利于国际合作和各国政策的协调。固定汇率制度本身就是靠各国在既定的合作框架下维系的，如果各国不协调配合，固定汇率制度就会瓦解。

（2）固定汇率制度的负面影响。

① 汇率不能发挥对国际收支的自动调节作用。因汇率波动幅度被限制在一定范围内，在国际收支出现逆差时，不能在本币的自发贬值下刺激出口和限制进口，改善国际收支状况。

② 不利于国内经济平衡发展。各国货币管理部门为维持汇率的稳定，都会尽力保持国际收支平衡。当一国的国际收支逆差导致外币汇率上浮时，往往通过抛售外汇回笼本币、限制进口和国内开支等紧缩性政策措施来调节，因此，可能带来国内生产下滑、失业增加等牺牲国内经济协调发展的负面影响。

③ 容易在国与国之间传递通货膨胀。在固定汇率制度下，如一国出现通货膨胀，其出口商品的本币价格上涨，折算成外币表示的价格也相应上浮，从而影响贸易伙伴国的物价上涨。

④ 不易防范国际游资冲击。读者可能以为，浮动汇率制度是“热钱”投机的温床，殊不知固定汇率制度也难抵挡国际游资的冲击。布雷顿森林体系下的固定汇率制度，汇率不能随着国际收支和市场供求的变化而自发调节。当一国出现巨额国际收支逆差或顺差、本币被明显高估或低估时，国际游资都可能大规模地单方面转移，对该国的金融体系造成巨大的冲击。

（二）浮动汇率制度

1976 年 1 月，IMF 国际货币制度临时委员会达成《牙买加协议》。同年 4 月 1 日，IMF 理事会通过《〈国际货币基金协定〉第二次修正案》（《〈国际货币基金协定〉第一次修正案》于 1968 年通过，授权 IMF 发行特别提款权），认可了 1971 年以来国际金融的重大变化，废除以美元为中心的国际货币体系，确立了浮动汇率制度的合法地位，国际货币关系从此迈入一个新时代（一般称为“牙买加货币体系”）。

1．浮动汇率制度的基本内容

浮动汇率制度是指一国不规定本国货币与外国货币的比价，不限制汇率波动的上下限，汇率随外汇市场供求状况而变动的一种汇率制度。

（1）汇率决定的基础。与固定汇率制度相比，浮动汇率制度的内涵发生了根本性变化。布雷顿森林体系崩溃后，纸币与黄金完全脱钩，各国不再规定纸币的含金量，汇率由各国货币的内在价值决定。而货币的内在价值由货币发行国的经济发展水平、货币购买力、国际收支等因素共同决定。

（2）汇率自由波动。在牙买加货币体系的浮动汇率制度下，允许成员中央银行不再承担维持既定汇率波动幅度的义务，在一般情况下，汇率随外汇供求情况自由波动。

（3）各国货币管理部门调整汇率的方法。在牙买加货币体系的浮动汇率制度下，一国为使汇率变动符合本国的经济政策目标，常常或多或少、或明或暗地对外汇市场进行干预。货币管理部门可以通过在外汇市场直接买进或卖出外汇影响市场汇率，也可以通过货币政策或财政政策影响短期资本的国际流动，从而间接影响外汇市场汇率。另外，还可以采取对外汇收支直接管制的方式影响外汇供求和汇率。

（4）多国协调机制。在牙买加货币体系的浮动汇率制度下，IMF 不再具有管理、协调和监督成员维持汇率稳定的功能。因此，在主要国家货币汇率出现剧烈波动时，只能靠这些国家达成某种协议来联合干预汇市。

2．浮动汇率制度的特征

（1）汇率频繁、剧烈波动。在浮动汇率制度下，外汇市场对国际政治、经济形势的变化非常敏感，汇率波动不仅十分频繁，且波动幅度也比较大（有时一天的波幅高达 5%）。

（2）一般采取有管理的浮动。按政府是否干预，浮动汇率可分为自由浮动和管理浮动。自由浮动又称清洁浮动，指一国政府对汇率不进行任何干预，汇率完全由市场供求决定。管理浮动又称肮脏浮动，指一国政府对外汇市场进行干预，以期汇率朝着有利于本国的方向浮动。目前，各国货币管理部门一般都采取措施对汇率的浮动进行一定程度的干预，完全的自由浮动很少见。

（3）汇率制度安排呈现多样化格局。牙买加货币体系将汇率制度的选择权交给了各个成员，现实中各国往往根据自身需要选择汇率制度，从而形成全球多样化的汇率制度安排。

三、当代的汇率制度形式

传统的汇率制度分为固定汇率制度和浮动汇率制度，这种分类形式过于简单，在固定汇率制度和浮动汇率制度之间还存在着众多的中间汇率制度，而这种介于中间的汇率制度是当代汇率制度的主要表现形式。在布雷顿森林体系崩溃以后，IMF 不断细化汇率制度的分类，对各成员汇率制度的分类主要依据的是各成员所公开宣称的汇率制度。

IMF 在 1997 年、1999 年和 2005 年分别对基于官方宣称的汇率制度分类方法进行了修正，其 2005 年的分类具体如下。

1. 无独立法定货币的汇率安排，主要有美元化汇率和货币联盟汇率

这种制度是以他国货币作为其法定货币（完全外币化）或成立货币联盟，货币联盟成员拥有共同的法定货币，采取这种制度安排就意味着放弃了国内货币政策的独立性。

目前共 41 个成员采用该制度。其中，完全外币化的成员有 9 个，分别以美元、欧元、澳大利亚元作为其法定货币，外币作为法定货币居于主导地位，通常没有本国货币，最多也只是发行一些本国硬币作为补充。一般地，完全外币化的国家只会指定一种外币作为法定货币。完全外币化的国家和地区人口规模都较小且高度开放，对经常账户的可兑换和资本账户的交易限制很少。完全美元化最有名的例子是巴拿马、厄瓜多尔、萨尔瓦多、津巴布韦等。实行外币化的国家可以有效地防止政府推行通货膨胀政策，能够消除外汇风险和避免国际游资的冲击，但以损失铸币税的收益和丧失货币政策的独立性为代价。

货币联盟主要有三个，第一个是欧元区国家（12 个）。第二个是非洲法郎区国家，它包括 14 个共同采用非洲法郎为法定货币的中、西非国家，分为“西非经济货币联盟”（共有 8 个成员）和“中部非洲国家经济与货币共同体”（共有 6 个成员）两个组织，这 14 个成员在独立前属于法属殖民地。法国加入欧元区前维持西非法郎和法国法郎 100：1 的固定汇率和自由兑换关系。在欧盟有关欧元的谈判中，法国坚持欧元启动不能触动上述联系，所以，目前西非法郎与欧元保持固定兑换关系，即 655.957 西非法郎兑换 1 欧元。第三个是东加勒比货币联盟，东加勒比中央银行发行在成员范围内的单一流通货币——东加勒比元，这一货币联盟拥有 6 个成员。

2. 货币局汇率

实施这一制度就是用明确的法律形式以固定比率来承诺本币和某一种特定外币之间的兑换。实施该制度的国家的货币发行量必须依据外汇资金多少来定，并有外汇资产作为其全额保证，货币发行当局没有传统中央银行的一些职能，如货币流量控制和最后贷款人。

目前共有 7 个成员采用该制度，其中包括中国香港和几个东欧国家。随着这些东欧国家逐步加入欧元区，中国香港成为货币局制度最著名的代表。

3．传统的钉住汇率

采取这一制度的国家实际上是将本币与另一种货币或一揽子货币保持固定兑换比率。一揽子货币是由主要的经贸伙伴的货币构成的，其汇率权重和双边贸易、服务的交易额及资金流量有关。一揽子货币可以是特别提款权这样的标准形式，这一制度没有保持汇率不变的承诺。汇率可围绕中心汇率在小于 1%的狭窄空间内波动，最高和最低汇率在最近三个月内波动幅度小于 2%。货币当局通过在外汇市场上买卖外汇进行直接干预或通过利率政策、外汇管理法规调整、道义劝告等间接手段去维持固定汇率。该政策相对于前两种体现了一定的货币政策的灵活性（虽然是有限的），因为传统中央银行的作用依然得到了体现。

目前共有 42 个成员采用该制度，其中，采取钉住单一货币的有 32 个成员。中国原来属于管理浮动制的，但由于波动幅度很小而被列入管理浮动制下的实际钉住制。钉住一揽子货币的有 9 个成员，包括斐济、摩洛哥等一些小国。

4．水平带内钉住汇率

这一制度是汇率围绕中心固定汇率有一个至少 ± 1%的波动区间，或者说最高和最低汇率之间的波动幅度超过 2%，当然不同的水平调整幅度对货币政策的影响程度是不同的。目前有 5 个成员采用该制度，其中，丹麦是发达工业化国家中唯一实行该制度的国家。

5．爬行钉住汇率

爬行钉住汇率是指本币与外币保持一定的平价关系，但是货币当局根据一系列经济指标频繁地、小幅度调整平价。实行爬行钉住汇率有两种方法：第一种方法是发挥汇率目标的名义锚作用，汇率爬行速率低于预测的通货膨胀率，以使经济逐步克服通货膨胀而又不至于引起汇率短期内大幅度调整；第二种方法是放弃汇率目标反通胀的名义锚作用，汇率随物价水平调整，重在维持真实汇率水平不变。维持爬行钉住汇率对货币政策的影响类似于固定钉住汇率，包括突尼斯、哥斯达黎加等在内的 5 个成员采用该制度。

6．爬行带内浮动汇率

爬行带内浮动汇率围绕中心汇率有一个至少 ± 1%的波动区间，或者说最高和最低汇率之间的波动幅度超过 2%，同时中心汇率根据所选择的经济指标做周期性调整。波动区间基于中心汇率可以是上下对称或不对称的。如果是不对称的，也可能没有预先声明的中心汇率。货币政策的灵活性与波动幅度有关。1999 年时，包括以色列、罗马尼亚等在内的 10 个成员采用该制度，到了 2005 年就只有汤加一个国家了。

7．管理浮动汇率

货币当局试图不带特定汇率走向和目标去影响汇率。采取干预行动的管理指标很广泛，可以是国际收支状况、外汇储备、平行市场的发展等。汇率调整可能是非自动的，干预方式可以是直接的或间接的。包括俄罗斯、印度、印度尼西亚、阿根廷、埃及在内的 52 个成员采用该制度。

8．独立浮动汇率

独立浮动汇率是指本国货币不与外国任何货币发生固定联系，其汇率根据外汇市场的供求状况独立浮动。目前共有 34 个成员采用该制度，包括非欧元区的西方发达国家，如美国、英国、日本、加拿大、澳大利亚等，还包括许多新兴工业化国家，如巴西、墨西哥、菲律宾、南非、韩国等。

如果将上述汇率制度划分为硬钉住汇率制度、中间汇率制度和浮动汇率制度，那么硬钉住汇率制度包括 1 和 2，中间汇率制度包括 3 至 6，浮动汇率制度包括 7 和 8。按照 IMF 的分类，自 20 世纪 90 年代以来，中间汇率制度的比重在不断缩减，并不断向硬钉住汇率制度和浮动汇率制度集聚。但是，中间汇率制度仍然没有消失。例如，在 2005 年，中间汇率制度在 IMF 所有成员中的比重为 28.4%，无法证明“中间汇率制度消失论”。

第二节 汇率制度的选择

一、固定汇率制度与浮动汇率制度之争

固定汇率制度与浮动汇率制度孰优孰劣是国际金融领域中一个长期争论不休的问题，一大批著名学者均卷入了这场争论。例如，赞成浮动汇率制度的经济学家有弗里德曼、约翰逊、哈伯勒等，赞成固定汇率制度的有纳克斯、蒙代尔和金德尔伯格等。

不同的汇率制度在面对国际资本流动对本国经济产生影响的时候表现不同。一般而言，选择浮动汇率制度，主要由市场力量来控制资本的跨国流动；而选择固定汇率制度，则需要政府来控制资本的跨国流动。

（一）支持固定汇率制度的观点

1．较低程度的不确定性

固定汇率制度可在相当程度上避免汇率的频繁波动所带来的不确定性，以及由此带来的国际经济活动的风险。

2．较少的不稳定投机

在固定汇率制度下，汇率的波动有上下界限的限制，当汇率波动接近上下界限时，投机者多会预测汇率将反向变动，因此投机通常是具有稳定性的。

3．规范政府宏观经济政策

固定汇率制度实际上起着规范一国政府物价纪律的作用，过度扩张的财政政策和货币政策的运用受到了制约。相比之下，浮动汇率制度之下各国政府则没有相应的约束机制。

固定汇率制度的支持者们认为浮动汇率制度与固定汇率制度相比存在以下几点缺陷。

（1）浮动汇率制度内在的不稳定性，将会阻碍国际贸易和国际投资的发展。货币汇率的浮动，使出口方和进口方的未来收益变得不确定。这种不确定性，使国际贸易的成本增加，从而使各国从国际贸易中获得的收益下降。同样，浮动汇率带来的投资收益的不确定性，也会干扰生产性资本的国际流动。

（2）浮动汇率制度下的投机行为，更容易导致外汇市场的不稳定性。如果外汇投机者看到一种货币正在贬值，或者预期它即将贬值，他们会不顾汇率的长期趋势，不断卖出这种货币。当越来越多的投机者采取这种行为时，预期的贬值将成为现实。这种反稳定的投机活动，加剧了汇率围绕其长期趋势的波动，使汇率有可能长期偏离其均衡水平。

（3）在浮动汇率制度下，政府有违反所谓"物价纪律"的倾向，即倾向于采取通货膨胀性政策。在固定汇率制度下，一国若采取扩张性政策，就会使该国物价水平提高，导致国际收支逆差，国际储备减少。由于国际储备的减少不能长期持续下去，该国必须限制通货膨胀。因此，通过国际储备的变动，固定汇率制度具有自动抑制政府采取扩张性货币政策的能力。但在浮动汇率制度下，由于不再受国际储备流失的制约，政府很有可能采取过分扩张的货币政策或财政政策，从而造成较严重的通货膨胀。

（4）浮动汇率制度下可能会出现"以邻为壑"的经济政策。固定汇率制度帮助各国建立有秩序的国际贸易，因为它不允许发生各国货币竞争性贬值的局面。而在浮动汇率制度下，各国又重新获得随意改变本国汇率的自由，可能会出现竞争性贬值的局面，从而导致所有国家都受害。

（二）支持浮动汇率制度的观点

浮动汇率制度的支持者们提出浮动汇率制度具有以下几个方面的优势。

1. 货币政策的自主性

在固定汇率制度下，政府在运用宏观经济政策实现国内目标的同时，还要对外汇市场进行干预。而在浮动汇率制度下，各国中央银行不再因为固定汇率而被迫干预货币市场，各国政府就能够独立运用货币政策来达到国内平衡和国外平衡的目标，并且各国不再会因为外部冲击而导致本国出现通货膨胀或通货紧缩，即浮动汇率制度具有隔离国外经济冲击的作用。

2. 较高的市场效率

在浮动汇率制度下，政府主要是以外汇市场活动的观察和协调者而不是以直接参与者的身份出现。一个汇率能够自由升降、具有充分竞争性的外汇市场的存在，其效率和非扭曲性远比采用固定汇率的政府为纠正国际收支失衡、维持汇率稳定而做出的种种努力要高得多。从理论上讲，该制度可以降低平衡国际收支和干预外汇市场对各国中央银行所需持有的国际储备数量的要求，以及进行外汇市场干预的操作成本，这有助于缓和国际清偿力不足的矛盾，客观上使得资源的配置和使用更加合理化。

3. 对外汇市场和国际金融市场动荡的制约

浮动汇率制度对外汇市场汇率的调节进程带有连续性、渐进性的特点，汇率上下浮动所代表的是由市场供求力量变化带来的价格的边际移动，这在一定程度上避免了固定汇率制度下偶尔发生的平价变更对经济造成的强烈冲击，同时还能够减轻外汇市场上因贬值预期而导致的大规模短期投机资本的冲击。浮动汇率还能起到阻碍通货膨胀和经济周期传递的作用。

4．具有自动稳定器功能

在世界总需求不断变化的情况下，即使没有一个有效的货币政策，由市场决定的汇率也能迅速调整，从而能够帮助各个国家实现内部均衡和外部均衡的目标。在布雷顿森林体系下，汇率重新调整之前的那段长时间令人痛苦的投机过程，在浮动汇率制度下将不再出现。

5．汇率决定的对称性

在布雷顿森林体系下，美元在国际货币体系中至高无上的中心地位，导致了两种主要不对称。第一，除美国以外的各国中央银行都将其本国货币钉住美元，并且积累大量美元作为国际储备，因此，美国的联邦储备体系在决定世界范围内的货币供给方面，也没有多大的自主权。第二，其他任何国家都可以在出现国际收支的“根本性不平衡”时，使其本国的货币相对于美元贬值，但布雷顿森林体系却不允许美元相对于其他货币贬值。浮动汇率制度的实行，则可以消除上述不对称性。因为在浮动汇率制度下，各国不再将本国的货币钉住美元，也就不必因此而持有美元作为储备，所以各国都可以自主决定本国的货币状况。同样，美国在运用货币政策或财政政策改变美元汇率时，也不再遇到特别的阻碍。在全球范围内，所有国家的汇率都将由市场而不是政府来决定。

20 世纪 70 年代，在布雷顿森林体系崩溃之前，IMF 到处宣扬固定汇率制度，认为固定汇率无比好，可以降低交易费用和汇率风险；而布雷顿森林体系崩溃后，IMF 顺势推崇浮动汇率制度，认为浮动汇率灵活、有弹性。其实，在汇率制度问题上，既没有优劣之分，也没有足够的证据证明谁比谁更完美；既没有适合所有国家的“样板”，也没有适合一国不同时期的“定律”。至于选择什么样的汇率制度，关键是看它是否适合一国当时的国情。对于发达大国，浮动汇率制度是最佳选择。与霸权国家不同，发展中国家普遍“害怕浮动”，不敢让汇率玩“过山车”寻求刺激，而倾向于选择中间或固定汇率制度。

在汇率制度问题上，真正重要的不是浮动汇率制度还是固定汇率制度，而是如何为本国经济发展营造一个稳定的货币环境。我国人民币汇率制度就是以市场供求为基础、参考一揽子货币进行调节、有管理的浮动汇率制度。在这一制度下，我国创造了世界经济增长的奇迹，成为拉动世界经济复苏的主要动力。在当前经济条件下，这就是合理的、稳妥的汇率制度，并为今后的改革预留了空间，不断赋予它新的内涵。

首先应该指出的是，一国汇率制度的选择不同于国际汇率体系的选择。相对国际经济体系而言，最优的汇率制度并不总是适合某国某个经济发展阶段的需要，即并不一定是最优的。要确定一国较合适的汇率制度，不得不考虑其所处的国际环境，包括国际货币体系所处的发展阶段、国际汇率制度、调节机制、资本流动，以及不同的政治体制等因素。同时，如前所述，既然在当今国际货币体系中，固定、浮动汇率制度都不能完全避免危机的冲击，那么在一国汇率制度的选择中，具体如何选择，经济学家们提出了不同的看法。

二、汇率制度选择的理论分析

（一）从成本—收益的角度研究汇率制度的选择

20 世纪 50 年代，西方学者对汇率制度选择的争论进入了白热化阶段，以金德尔伯格为代表的一批学者极力推崇固定汇率制度，以弗里德曼为代表的另一批学者极力主张浮动汇率制度。他们分别从实行这两种汇率制度所带来的经济利益和成本出发，各执一词展开了激烈的争论。两派学者的争论焦点在于两种汇率制度的成本—收益比，这意味着货币当局在选择汇率制度时，应当比较每种汇率制度的预期收益及潜在成本，根据比较的结果可以决定一国究竟应当采用哪种汇率制度。

（二）从经济结构特征的角度研究汇率制度的选择

在"固定对浮动"的优劣之争难以下定论的情况下，著名经济学家蒙代尔另辟蹊径，提出了"最优货币区"理论。他认为不能笼统而抽象地谈论某一汇率制度的优劣，应当结合某种经济特征进行汇率制度的选择。蒙代尔提出了以"生产要素流动性"作为建立最优货币区的标准。

在最优货币区理论的基础上，汇率制度的选择理论得到了进一步的发展。一是美国经济学家罗伯特·赫勒提出的"经济论"，该理论认为一国汇率制度的选择主要取决于经济结构的特征，如经济规模、经济开放程度、进出口贸易的商品结构与地域分布、相对通货膨胀率，以及同国际金融市场的一体化程度等。一般来说，经济开放程度较高、经济规模较小，或者进出口集中度较高的国家多实行固定汇率制度或钉住汇率制。而经济开放程度低、进出口商品多样化、地域分布分散化、同国际金融市场联系密切、资本流动较为可观和频繁，或者国内通胀与其他主要国家不一致的国家，则倾向于实行浮动汇率制度。二是一些发展中国家经济学家提出的"依附论"，该理论认为一国汇率制度的选择取决于其在对外经济、政治、军事等诸方面与他国的联系。发展中国家汇率制度的选择取决于其经济、政治、军事等对外的依赖关系，至于采用哪一种货币作为被钉住的"参照货币"，则取决于该国对外经济、政治关系的集中程度。

克鲁格曼和奥布斯菲尔德将成本—收益分析法与经济一体化特征相结合来研究一国汇率制度的选择，即是否加入固定汇率区（或共同货币区）。其研究结果表明，如果一国与其所在的固定汇率区（或共同货币区）经济一体化程度越高，那么该国加入固定汇率区（或共同货币区）的收益越大，而且在产出市场波动时，其遭受的经济稳定性损失成本就越小。

（三）从经济冲击干扰源的角度研究汇率制度的选择

吉富胜和白井早由里认为，如果经济冲击的干扰源是货币性因素，如货币需求的变化和影响价格水平的冲击，那么就应偏向固定汇率制度；如果经济冲击的干扰源主要是实质性因素，如偏好的改变或影响国内商品与进口相对价格的技术的变化，那么更加灵活的汇率制度是合意的。虽然依据经济冲击的干扰源类型来考虑合意的汇率制度选择在理论上是有用的，但由于在实际中很难区分各种干扰源类型，因而也就难以确定选择哪种汇率制度相对更优。同样，如果经济冲击的干扰源来自外部冲击，那么浮动汇率制度是合意的，因为浮动汇率制度能够极大地隔离国内经济，降低外部冲击的影响。相比而言，如果经济冲击的干扰源来自国内，如不稳定的财政政策和货币政策，那么钉住汇率制度是合意的，因为钉住汇率制度有助于对财政政策和货币政策形成外部硬约束，部分地限制了政府政策的随意性行为，从而极大地降低了政府政策不稳定带来的负面效应。

在此基础上，美国经济学家格雷厄姆·伯德将经济结构特征与经济冲击结合起来提出了 10 个方面的因素作为发展中国家是否采用浮动汇率制度的参考，具体是：①一国经济的波动主要来自国内还是国外；②经济开放程度；③商品的多样化程度；④贸易的地理分布情况；⑤国内外资金市场一体化程度；⑥相对通货膨胀率；⑦进出口的价格弹性；⑧国际储备水平；⑨国际对收入稳定和收入增长的偏好；⑩是否存在较为完善的远期外汇市场。

如果一国的经济主要依靠国外、经济开放程度高、商品多样化、贸易分布广、资金市场一体化程度高、相对通货膨胀率差异大、进出口价格弹性高、国际储备少、社会更倾向于收入增长、存在完善的远期外汇市场，或者具备这些因素中的多数，则适宜选择浮动汇率制度；反之，则适宜选择固定汇率制度。

（四）从政策配合的角度研究汇率制度的选择

20 世纪 60 年代初，蒙代尔和弗莱明提出了蒙代尔—弗莱明模型。该模型是在开放的经济条件下，采用短期需求分析法，引入对外贸易和资本流动因素，分析固定汇率和浮动汇率制度下货币政策和财政政策的不同作用。其研究结果表明，固定汇率制度下财政政策有效，货币政策无效；浮动汇率制度下货币政策有效，财政政策无效。这样，蒙代尔—弗莱明模型实际上蕴含着“三元悖论”，即一国不可能同时实现货币政策独立性、固定汇率以及资本自由流动三大金融目标，只能同时选择其中的两个，而放弃另外一个。也就是在资本自由流动的情况下，如果实行严格的固定汇率制度，则没有货币政策的完全独立；如果要维护货币政策的完全独立，则必须放弃固定汇率制度；如果要使得固定汇率制度和货币政策独立性同时兼得，则必须实行资本管制。如果违反三元悖论的规则，就会导致大规模的金融危机。其中，1997 年的亚洲金融危机被认为是由于三种政策并施而爆发的。所以，三元悖论被简化为货币政策与汇率稳定性之间的权衡。

三、汇率制度选择需考虑的因素

根据 IMF 所做的分析，在选择汇率制度时，应考虑以下几个因素。

（1）经济规模与开放程度。如果贸易占国民生产总值的份额很大，那么货币不稳定产生的成本就会很高，最好采用固定汇率制度。

（2）通货膨胀率。如果一国的通货膨胀率比其贸易伙伴高，那么它的汇率必须浮动，以防止它的商品在国际市场上的竞争力下降，如果通货膨胀的差异适度，那么最好选用固定汇率制度。

（3）劳动力市场弹性。工资越具有刚性，就越需要选择浮动汇率制度，以利于经济更好地对外部冲击做出反应。

（4）金融市场发育程度。金融市场发育不成熟的发展中国家，选择自由浮动制度是不明智的，因为少量的外币交易就会引发市场行情的剧烈动荡。

（5）政策制定者的可信度。中央银行的声望越差，采用钉住汇率制度来建立控制通货膨胀信心的情况就越普遍。固定汇率制度曾经帮助拉丁美洲经济减缓了通货膨胀。

（6）资本流动性。一国经济对国际资本越开放，保持固定汇率制度就越难，也就越倾向于采用浮动汇率制度。

四、如何进行汇率制度的选择

（一）寻找最优货币区

实际上，只要允许国际间的交易，则两个市场之间不可避免地要发生相互作用，即不论采取何种汇率制度，经济周期的相互传递都不可避免，只是传递的方式不同而已。传递的程度取决于各经济体的特征（以不同的弹性表现，大国与小国又有明显的区别），因此，货币政策与财政政策的有效性也不尽相同。换句话说，选择何种汇率制度，只是在选择与外部国家之间经济周期的传递方式而已。著名经济学家蒙代尔在《资本流动和国家相对大小》一文中，将数学模型推广到整个世界经济，证实了在固定汇率制度和浮动汇率制度下（资本自由流动），货币政策和财政政策对本国和世界的影响：在固定汇率制度下，货币政策的效果并没有完全丧失，而是传递到了国外；在浮动汇率制度下，财政政策的效果也并没有完全丧失，而是传递到了世界其他国家或地区。

（二）大国、小国与发达、发展中国家的不同选择

一国的经济特征，首先是大国与小国的区别。汇率作为国家之间的货币比率，当一个国家没有对外经济联系时，汇率就没有意义，这时任何汇率制度都没有区别。因此，汇率制度的选择必然是基于一国与世界其他国家存在一定的经济联系基础之上的。同样，这个时候所谓的大国、小国，也与一国对外开放的程度密切相关。在闭关锁国（或严格控制与世界的经济联系）的情况下，即使一个大国，在这里有时也不能认为是一个真正意义上的大国。因为在这种情形下，该国经济的波动对世界无足轻重，世界经济的波动对该国来说也是微不足道的。因此，这里的大国、小国，既与一国的经济规模、经济的多样性有关，也与一国的对外开放程度、在世界经济中的比重有关。

汇率制度的选择，对于大国和小国，具有不同的意义。以上的讨论都以小国为基础，即本国的宏观政策、经济行为不会对世界经济、货币环境造成实质性影响。但对于像美国、欧盟，甚至进入 21 世纪后的中国这样的大国而言，其一举一动都将对世界经济带来影响。类似于完全竞争的模型已不能提供足够的分析线索，这些大国对汇率制度的选择结果，需要进一步考虑其与世界之间的互动。

（三）资本账户管制是对汇率制度的一种补充

以上分析，原则上是建立在资本账户开放的基础之上的。在实际经济生活中，一国可以通过资本账户管理这种“计划经济”手段，来调节两个国家货币、金融市场的融合程度，并在数量方面进行管理以作为对汇率这一价格机制的一种补充。或者说，资本账户管制规定了两国在哪些金融市场将相互融合，哪些市场将相互分割（或不完全分割），从而规定了汇率波动所反映的市场范围。资本账户的管制状况，是一国金融市场最重要的特征之一，影响着最优货币区的选择。

（四）固定汇率制度与浮动汇率制度谁主沉浮

历史上，单个国家的固定汇率制度和浮动汇率制度的表现是不一样的，而且不同时期、不同的国际货币体系下的固定汇率制度、浮动汇率制度也表现出不同的特性。影响汇率制度的最终表现，不仅仅是汇率制度本身的差别，它还与政治环境、国际资本流动有关，与国内的经济表现、宏观调控目标、监管措施、金融微观结构也有关。说到底，汇率制度从属于一个国家的货币制度，其作用发挥的优劣结果也是整个货币体系与经济相互作用的结果。因此，单纯从一国汇率制度判断其最后结果的优劣，并没有明确的答案。更重要的是，国际汇率制度演变的本身，相当程度上只是国际政治环境、资本流动，特别是经济全球化演进和国家间竞争的一个反映。由于存在网络效应，在汇率制度具体形式的选择上具有历史的偶然性，但需要解决的矛盾却具有历史的必然性。

（五）中间汇率制度是对固定汇率制度和浮动汇率制度的扬弃

现实世界中存在的汇率制度，除了固定汇率制度与浮动汇率制度之外，还存在大量介于固定汇率制度与浮动汇率制度之间的各种中间汇率制度。中间汇率制度本质上是固定汇率制度和浮动汇率制度的一种组合，在某种条件下使用所钉住国家的货币政策，在其他条件下则允许本国采取较为灵活的汇率制度。巴里·艾肯格林、奥伯斯费尔德和罗格夫等依据资本高度流动使得汇率承诺变得日益脆弱分析，提出了“两极论”或（“中间空洞论”）汇率制度假说。“两极论”认为，一个国家的汇率制度要么是固定汇率制度，要么是浮动汇率制度，没有中间汇率制度可以选择。奥伯斯费尔德和罗格夫认为，形成和保持信誉已变得越来越困难，甚至像欧洲货币体系那样的宽幅汇率目标区也面临投机攻击，因而，浮动汇率制度与共同货币之间的中间汇率制度不再是合意的。

（六）不能忽视汇率制度转换过程本身的重要性

汇率制度选择是否合理、有无风险，不仅仅与被选的汇率制度本身有关，还涉及从被选前的汇率制度向被选汇率制度这一转换过程本身。20 世纪 70 年代以来，各国汇率制度频繁变动。1975—1999 年各国汇率制度变动次数合计高达 310 次。其中，退出次数最多的就是单一货币钉住制度，而同时转换到这一制度的为 39 次；进入合计次数最多的就是管理浮动汇率制度，达 107 次，而同时退出这一制度的为 82 次。从每种汇率制度实际采用的时间看，严格钉住制度的久期最长，均值为 14.9 年，中值为 23 年；单一货币钉住制度和货币篮子钉住制度的久期次之，均值为 9～10 年，中值为 6～8 年；浮动汇率制度的久期最短，均值为 4～6 年，中值为 2～4 年。

这表明，一是汇率制度转换具有一定的必然性。没有任何一种汇率制度能一劳永逸。当决定汇率制度的主导因素发生变化时，原有的汇率制度必然重新面临选择。汇率制度的选择不是一个静态问题，而是一个动态转换过程，具有历史阶段性。美国 2008 年引致了全球危机，全球都在探索国际体系重建。在今后一个相当长的历史阶段内，这一历史性特征仍不会消失。二是一国汇率制度往往不是一次性转换到位，而是需要多次的反复和转轨。

第三节　汇率水平的管理

将本国汇率维持在合理的水平，避免汇率过度波动，这是一国汇率政策的核心内容之一。对汇率水平的管理，在固定汇率制度下，通过改变法定汇率来实现；在浮动汇率制度下，通过干预外汇市场来实现。

一、均衡汇率

（一）均衡汇率与汇率失调

1. 均衡汇率

均衡汇率最先是指能够使国际收支实现平衡的汇率，这种定义下的均衡汇率侧重于外部均衡，但并非完全不考虑内部均衡，其前提条件之一就是无过度的失业，这与后来内部均衡的衡量指标非常相似。后来，纳克斯发展了均衡汇率理论。他将内部均衡定义为充分就业，外部均衡定义为国际收支平衡，所谓的均衡汇率就是与宏观经济内外部均衡相一致的汇率，也就是内外部均衡同时实现时决定的汇率。

2. 汇率失调

汇率失调是指现实中客观存在的汇率偏离了理想的均衡汇率水平，一般分为汇率高估和低估两种情况。汇率高估是指现实汇率所反映的本币价值高于均衡汇率所反映的价值，在直接标价法下表现为汇率偏低，在间接标价法下则是汇率偏高。汇率低估的情况恰好相反。

（二）均衡汇率与汇率政策

根据在经济增长中发挥作用的差异，均衡汇率可以划分为“投资倾向的均衡汇率”和“消费倾向的均衡汇率”。均衡汇率不是固定的值，它会不断移动，因而是移动均衡，它的值也不是唯一的。均衡汇率的不唯一性使它能够充当政策调控的工具，这对于通过政策搭配及政策调控实现内外均衡有非常现实的意义。

均衡汇率的分类为汇率政策的选择提供了可能性。既然均衡汇率在其实现过程中会影响经济增长，那它也就不再仅仅是不同货币之间的比价，而是可以作为政策工具进行操作和调控的，即它更是一个杠杆。从杠杆的角度看待均衡汇率的实现为政策调控增加了一项政策工具，这就为政策搭配提供了更多的选择和回旋的余地。

二、外汇市场干预

（一）外汇市场干预的含义及目的

1. 外汇市场干预的含义

外汇市场干预是一国货币当局基于本国宏观经济政策和外汇政策的要求，为控制本币与外币的汇率变动，而对外汇市场实施直接的或间接的干预活动，以使汇率的变动符合本国的汇率政策目标。

2. 外汇市场干预的目的

（1）阻止短期汇率发生波动，避免外汇市场混乱。

（2）减缓汇率的中长期变动，实行反方向干预，调整汇率的发展趋势。

（3）使市场汇率波动情况不致偏离一定时期的汇率目标区。

（4）促进国内货币政策与外汇政策的协调推行。

（二）外汇市场干预的原则

关于外汇市场干预应遵循什么原则的问题，至今没有得到圆满解决。一般来说，有四种外汇市场干预的原则可供采取管理浮动汇率制度的国家选择。

（1）采取逆风行事原则。在进行外汇市场干预时，货币当局很可能碰到的一个困难是，它对汇率长期趋势的了解有限，不一定比投机者、投资者、国际贸易商了解得多。采取逆风行事原则，货币当局在稳定短期汇率时，就不必了解汇率变动的长期趋势。根据该原则，当外汇市场上出现对外汇的短期过度需求时，货币当局应动用外汇储备，增加外汇供给，缓和本国货币贬值的压力。当外汇市场出现外汇的短期过度供给时，货币当局则吸收一部分外汇，增加外汇储备，缓和本国货币升值的压力。1973年以来，各国对外汇市场的干预大多遵循该原则。不过在采用该原则的过程中，有的国家很可能有意将汇率诱导至对自己有利的特定水平并将其维持下来，造成汇率的人为失衡。例如，当面临进口增加、出口下降时，有关国家可能有意维持低估了的本国货币币值的汇率，以刺激出口。

（2）规定汇率变动应达到的目标值作为货币当局干预外汇市场的参考。当达到某一目标值所需的干预规模过大时，可以对目标值进行修改，甚至放弃它。

（3）制定一个客观指标（如在某一特定时间内对某一方向的干预净额），当一国的总干预达到某一特定界限时，立即停止以逆风行事为基础或以目标值为基础的干预。该原则得到美国的支持，其他各国均反对，理由是干预受限于客观指标，很可能使干预由于投机活动功亏一篑。

（4）制定并修改各种货币的参考汇率，各国中央银行对外汇市场的干预不得使汇率偏离参考汇率的某一范围。

到目前为止，全世界还没有一个由实行管理浮动汇率制度的国家所公认的干预外汇市场的正式原则。1978 年正式生效的《〈国际货币基金协定〉第二次修正案》赋予了基金组织监督成员干预汇率的责任，并规定了一些成员干预汇率应遵循的原则。

（1）成员应避免操纵汇率阻止国际收支的调节或获取不公平的竞争利益。

（2）外汇市场出现具有破坏性的短期汇率波动时，成员应干预外汇市场。

（3）成员在干预外汇市场时应考虑其他成员的利益等。

由于 IMF 对这些原则没有明确的解释，更由于监督必然影响各成员经济政策的自主权，IMF 的监督实际上很难奏效。

（三）外汇市场干预的方式

1．按干预手段的不同可以划分为直接干预和间接干预

直接干预是指一国货币当局直接参与外汇市场的买卖，通过外汇的买进和卖出来影响货币的汇率，官方或准官方机构还可以通过进行外币借贷活动或采取多种措施控制对外交易和收付，从而直接影响外汇市场的供求状况。间接干预是指政府通过货币、财政政策影响短期资本流动，从而间接影响外汇市场的供求状况和行情，政府还可以通过新闻媒介表达对汇率走势的看法，或者发表有利于中央银行政策意图的经济指标，从而影响市场参与者的心理预期，达到影响外汇供求的目的。

2．按干预结果的不同可以划分为冲销式干预和非冲销式干预

冲销式干预是指货币当局在进行外汇市场干预的同时，通过公开市场活动对因外汇市场干预而导致的国内基础货币变动的情况加以抵消，从而使货币供应量维持不变的外汇市场干预行为。非冲销式干预是指不存在相应冲销措施的外汇市场干预，它会引起一国货币供应量的变动。

3．按干预动机的不同可以划分为积极干预和消极干预

积极干预是指货币当局为改变汇率，使汇率接近于货币当局所设计的目标汇率而主动在外汇市场上进行的操作。消极干预是指货币当局为阻止汇率的某种变动，或者为熨平汇率的剧烈变动而在外汇市场上所进行的操作。

4．按参加干预的国家的不同可以划分为单边干预和联合干预

单边干预是指一国对本国货币与外国货币之间的汇率变动，在没有相关的其他国家的配合下，独自进行的干预。联合干预是指两国或多国联合协调行动，对汇率进行干预。单边干预主要出现在封闭和半封闭的国内外汇市场。在国际金融市场，关键货币之间的汇率往往要通过联合干预才能奏效。

（四）外汇市场干预的效应分析

货币当局干预外汇市场主要通过两种途径发挥效应。

1．通过金融市场的资产调整来发挥效应

中央银行在外汇市场上买卖外汇，会改变各种资产的数量及其组成比例，根据汇率决定的资产组合理论，资产结构的变化会对汇率产生影响。一般来说，非冲销式干预对汇率的调控是有效的，但它会引起国内货币供应量的变动，从而在实现外部均衡的同时会影响国内目标的均衡。冲销式干预对汇率的调控作用不确定，可能有一定的效果，也可能无效，但同时也不会影响国内经济目标的实现。

2．通过外汇市场干预活动本身所产生的信号效应

中央银行在外汇市场进行干预，反映了政府对经济现状的态度，预示着政府未来采取政策措施的倾向，这将影响市场参与者的心理预期，从而影响他们的买卖行为，达到影响汇率变动的目的。当外汇市场预期混乱、投机活动猖獗、市场对未来汇率的走势不明朗时，政府干预的信号效应最为明显。

（五）外汇市场干预的实践

1．英国外汇平准基金对英镑的干预

政府对外汇市场上日常汇率波动进行干预始于 20 世纪 30 年代。英国 1931 年放弃金本位制后，英镑汇率剧烈波动，到 1932 年 4 月，英镑汇率比其实行金本位制时的汇率下跌了 30%。为了抑制投机性的短期资本流动对英镑汇率的影响，英国创设了“外汇平准基金”。其属于国库的一个组成部分，拥有英国全部营业用的黄金和外汇储备，由英格兰银行代为管理。其运作方式是：当从国外流入黄金或外汇、英镑汇率产生上升压力时，财政部就卖出基金的证券，用其英镑收入购入黄金或外汇；与此相反，当从国内流出黄金、形成英镑汇率下跌压力时，财政部则动用基金中的黄金或外汇购入英镑，并且从市场上买进证券。经过财政部的证券买卖活动，不但使英镑汇率得以稳定，而且可以防止因黄金与外汇流出入带来的国内银根过度的时紧时松变化。

2．美国外汇稳定基金对美元的干预

英国利用外汇平准基金成功地将英镑汇率维持在很小的波动范围内。此后，这种制度在各国得到了推广。美国、比利时、加拿大、荷兰、瑞士、法国等纷纷实施了这种制度。美国于 1934 年 4 月创设了“外汇稳定基金”，由财政部从当时因黄金官价上涨而获得的 28 亿美元收益中拨款 20 亿美元设立。在这 20 亿美元的资金中，有 18 亿美元的黄金和 2 亿美元的流动资金。其运作方式是：当国外黄金大规模流入美国时，财政部向联邦储备银行发行黄金证券获得美元资金，并用这些美元资金从市场上购入黄金。在外汇稳定基金中，由于流动资金太少，在黄金流入的同时，银行的准备金也会扩大，并成为信用膨胀的基础。因此，美国的外汇稳定基金实际上仅发挥了黄金输送渠道的作用，无法缓冲黄金流出入对国内金融的影响。

英国的外汇平准基金制度和美国的外汇稳定基金制度在最初的数年间是两国单独实施的。1936 年 9 月，英、美、法三国签订货币协议，各国的外汇基金建立了联系，

开始了货币合作的历史。

3. 第二次世界大战以后的政府直接外汇干预

第二次世界大战结束后的初期，政府干预外汇市场的目的之一是恢复货币的自由兑换。在布雷顿森林体系下，由于各国实行与美元挂钩的固定汇率制度，稳定汇率政策成为各国汇率政策的支柱。对外汇市场进行干预是各国政府的义务和稳定汇率的重要手段。1973 年固定汇率制度崩溃以后，工业发达国家普遍采用浮动汇率制度，虽然各国政府不再承担干预外汇市场的义务，但是各国越来越多地通过直接干预外汇市场来管理汇率，其干预的次数和规模与日俱增。仅 1973 年 7 月至 1975 年 1 月，西方国家的干预总额即达 580 亿美元，20 世纪 70 年代后半期，这种干预更加明显。这主要是因为在浮动汇率制度下，汇率经常发生大规模的波动，仅靠外汇市场的自发力量已很难抑制这种波动。在这种情况下，官方对外汇市场的直接干预比其他汇率管理手段更为方便灵活，效果更佳。

为了防止汇率过度波动影响各国经济及国际经济的顺利发展，同时，为了防止各国政府为维护自身利益不适当地控制汇率，IMF 等对浮动汇率制度下的政府干预制定了一系列的规定：①成员的干预不能妨碍有效的国际收支调节，不能获得对其他成员不公平的竞争利益；②当本国货币汇率存在短期的、具有破坏性的波动时，成员必须通过干预外汇市场来对付混乱状态；③成员在实施干预政策时要考虑其他成员的利益。

4. 20 世纪 80 年代以后，政府外汇干预的新变化

20 世纪 80 年代以后，政府外汇干预出现了一个新变化，即经历 10 多年的浮动汇率制度后，各国终于认识到联合干预外汇市场稳定汇率的重要性。1982 年的七国凡尔赛首脑经济会议上，通过了《关于国际货币方面的保证声明》，并设立了一个以法国财政部官员为首的机构，研究七国联合进行外汇市场干预的行动计划及有关问题。该机构于 1983 年 4 月 28 日发表了关于干预外汇汇率的研究报告，重申“两个或更多国家进行协调一致的干预，将比单个国家进行干预更为有效”。在随后的 1984 年伦敦七国首脑经济会议，以及 1986 年东京首脑经济会议中，联合协调干预外汇市场的问题再次得到重声。历史上，最典型的联合干预是 1985 年对美元汇率的干预。1985 年 9 月在纽约“广场饭店”召开的五国财长会议上，各国一致认为美元汇率高估，决定联合干预外汇市场，并且协商了非常具体的联合干预目标：①将美元汇率下调 10%～12%；②干预时间为 6 周，干预总规模为 180 亿美元，一天的最大干预规模为 3 亿～4 亿美元；③干预资金由各国分担，美国与日本各 30%、联邦德国 25%、法国 10%、英国 5%。此后，五国联合在国际市场上抛售了近 40 亿美元；日本中央银行在一天内就抛售 15 亿美元。这种联合行动在几天时间内就使美元汇率下跌了 8%。

三、汇率操纵

（一）汇率操纵的含义

汇率操纵是指长期、单向、大量干预外汇市场。汇率调整属一国主权范畴，但操

纵汇率却被 IMF 和 WTO 明确禁止。对操纵汇率的界定，一方面因为汇率制度关系到一个国家的主权问题，另一方面因为汇率问题是一个金融问题，而不是贸易问题，所以应由 IMF 管辖。

按照 IMF 制定的原则，应该尊重各成员国内的社会和政治政策，并且对各成员的境况给予应有的关注。显然，我国汇率制度符合基金协定的规定。另外，这样做是为了创造有秩序的经济和金融条件，保持汇率不经常变动，努力促进外汇制度的稳定。

（二）汇率操纵的界定

界定是否操纵汇率，应从主客观两个层面分析。

1. 主观要件

主观要件是指影响汇率是为了产生阻碍其他成员对国际收支的有效调整的结果，或者不公平地取得优于其他成员的竞争地位。

2. 客观要件

客观要件有两个层次：一是进行调控和影响的条件，即是否存在汇率操纵的行为；二是指行为的结果，即实施这些政策是否给其他国家的正当利益造成负面影响。

（三）避免汇率操纵的决议原则

根据《国际货币基金协定》的规定，IMF 执行董事会于 1977 年 4 月 29 日通过了一项旨在避免操纵汇率或国际货币体系的决议。

该决议规定了三项原则：第一项，基金成员有义务避免操纵汇率、操纵国际货币体系、阻碍其他成员对国际收支的有效调整，或者不公平地取得优于其他成员的竞争地位；第二项，如果外汇市场紊乱的情势构成对成员货币汇率的短期干扰，为消除这种紊乱的情势，相关成员在必要时应对外汇市场进行干预；第三项，此项干预应当充分考虑到其他成员，包括所涉及外汇的发行方的利益。

有分析指出，是否将一个国家列入汇率操纵国，更多是出于政治因素，经济和金融因素可能将退居其次。

第四节 人民币汇率制度

一、人民币汇率制度的现状

自 2005 年 7 月 21 日起，人民币汇率制度采取以市场供求为基础、参考一揽子货币进行调节、有管理的浮动汇率制度，我国开始了有管理的浮动汇率制度。

2015 年 8 月 11 日，美元对人民币中间价报 6.229 8，较前一交易日，人民币中间价贬值 1.86%。当天，中央银行声明，决定完善人民币兑美元汇率中间价报价。自 2015 年 8 月 11 日起，做市商在每日银行间外汇市场开盘前，参考上日银行间外汇市场收盘汇率，综合考虑外汇供求情况及国际主要货币汇率变化向中国外汇交易中心提供中间价报价，这就是“8·11汇改”。这一调整使得人民币兑美元汇率中间价机制进一步市场化，更加真实地反映了当期外汇市场的供求关系。

“8·11汇改”是继2005年“7·21汇改”之后，极其重要的政策推进，是一次人民币汇率价格形成机制的重大改革试水，而非简单的人民币升值或贬值趋势的调整。其最大的作用在于校正人民币中间价对市场的偏离，试图让中间价依据上日收盘价来报价，使得中间价与市场更为同步。相对于之前的人民币中间价形成机制，这次“8·11汇改”参考上日银行间外汇市场收盘汇率，意味着今后人民币汇率定价将更加具有连贯性，更加贴近市场变化，更加遵循国际市场的交易惯例，更加有效地反映市场需求，为未来人民币汇率适应国际交易机制打下了基础。

二、人民币制度形成的背景

根据不同时期的经济发展需要，改革开放前我国的汇率体制经历了单一浮动汇率制度（1949—1952年）、单一固定汇率制度（1953—1972年）和布雷顿森林体系后以“一揽子货币”计算的单一浮动汇率制度（1973—1980年）。

党的十一届三中全会以后，我国进入了向社会主义市场经济过渡的改革开放新时期。为鼓励外贸企业出口的积极性，我国的汇率体制从单一汇率制转为双重汇率制，经历了官方汇率与贸易外汇内部结算价并存（1981—1984年）和官方汇率与外汇调剂价格并存（1985—1993年）两个汇率双轨制时期。其中，以外汇留成制为基础的外汇调剂市场的发展，对促进企业出口创汇、外商投资企业的外汇收支平衡和中央银行调节货币流通均起到了积极的作用。但随着我国改革开放的不断深入，官方汇率与外汇调剂价格并存的人民币双轨制的弊端逐渐显现出来。一方面，多种汇率的并存，造成了外汇市场秩序混乱，助长了投机；另一方面，长期外汇黑市的存在不利于人民币汇率的稳定和人民币的信誉。外汇体制改革的迫切性日益突出。

1993年11月，党的十四届三中全会通过的《中共中央关于建立社会主义市场经济体制若干问题的决定》要求：“改革外汇体制，建立以市场供求为基础的、有管理的浮动汇率制度和统一规范的外汇市场，逐步使人民币成为可兑换货币。”1993年12月，国务院正式颁布了《关于进一步改革外汇管理体制的通知》，采取了一系列重要措施，具体包括：实现人民币官方汇率和外汇调剂价格并轨；建立以市场供求为基础的、单一的、有管理的浮动汇率制度；取消外汇留成，实行结售汇制度；建立全国统一的外汇交易市场等。

1994年1月1日，人民币官方汇率与外汇调剂价格正式并轨，我国开始实行以市场供求为基础的、单一的、有管理的浮动汇率制度。企业和个人按规定向银行买卖外汇，银行进入银行间外汇市场进行交易，形成市场汇率。中央银行设定一定的汇率浮动范围，并通过调控市场保持人民币汇率稳定。

1997年以前，人民币汇率稳中有升，海内外对人民币的信心不断增强。但此后由于亚洲金融危机爆发，为防止亚洲周边国家和地区货币轮番贬值使危机深化，中国作为一个负责任的大国，主动收窄了人民币汇率浮动区间。随着亚洲金融危机的影响逐步减弱，近几年来我国经济持续、平稳较快发展，经济体制改革不断深化，金融领域改革取得了新的进展，外汇管制进一步放宽，外汇市场建设的深度和广度不断拓展，为完善人民币汇率形成机制创造了条件。

党中央、国务院于 2005 年 7 月 21 日启动了完善人民币汇率形成机制的改革。改革的内容是人民币汇率不再钉住单一美元，而是按照我国对外经济发展的实际情况。根据对汇率合理均衡水平的测算，人民币对美元即日升值 2%。人民币汇率制度有序过渡，平稳运行。

三、人民币的发展历程

（一）改革开放前的人民币汇率制度

1. 第一阶段：人民币内部结算价与官方汇率并存时期（1981—1984 年）

改革开放以前，人民币汇率长期低于出口创汇成本，但高于国内外消费物价之比。为了扩大出口，人民币需要贬值，不过人民币贬值对非贸易外汇收入不利。从兼顾贸易和非贸易两方面的需要出发，1979 年 8 月政府决定自 1981 年 1 月 1 日起在官方汇率之外实行贸易内部结算汇率，它以全国出口平均换汇成本加一定幅度的利润计算出来，明显低于官方汇率。

2. 第二阶段：取消内部结算汇率，进入官方汇率与外汇调剂市场汇率并存时期（1985—1993 年）

双重汇率体制明显调动了出口企业的积极性，国家外汇储备也有所增加。但是这种安排存在明显的问题：第一，从对外关系来看，IMF 将双重汇率看作政府对出口的补贴，导致发达国家要对我国出口商品征收补贴税；第二，从国内角度来看，双重汇率造成外汇管理工作中的混乱，而且不能有效抑制进口。所以，从 1985 年 1 月 1 日起我国取消了内部结算价，人民币又恢复到单一汇价。

为了配合外贸改革和推行承包制，我国逐步取消财政补贴，从 1988 年起增加外汇留成比例，普遍设立外汇调剂中心，放开调剂市场汇率，形成官方汇率和调剂市场汇率并存的局面。

（二）改革开放后的人民币汇率制度

1. 第一阶段：汇率并轨与有管理的浮动汇率制度时期（1994—2005 年 7 月）

1994 年，国家外汇体制改革的总体目标是“改革外汇管理体制，建立以市场供求为基础的、单一的、有管理的浮动汇率制度和统一规范的外汇市场，逐步使人民币成为可兑换的货币”。具体措施包括：第一，实行以市场供求为基础的、单一的、有管理的浮动汇率制度，1994 年 1 月 1 日实行人民币官方汇率与外汇调剂价并轨；第二，实行银行结售汇制，取消外汇留成和上缴；第三，建立全国统一的、规范的银行间外汇交易市场，中央银行通过参与该市场交易管理人民币汇率，人民币对外公布的汇率即该市场所形成的汇率。1996 年 12 月我国实现人民币经常项目可兑换，从而实现了人民币自由兑换的重要一步。

1994 年以后，我国实行以市场供求为基础的管理浮动汇率制度，但人民币对美元的名义汇率除了在 1994 年 1 月到 1995 年 8 月小幅度升值外，始终保持相对稳定状态。亚洲金融危机以后，由于人民币与美元脱钩可能导致人民币升值，不利于出口增长，中国政府进一步收窄了人民币汇率的浮动区间。1999 年，IMF 对中国汇率制度的划分也从“管理浮动”转为“钉住单一货币的固定钉住制”。

2．第二阶段：2005 年 7 月 21 日，我国对完善人民币汇率形成机制进行改革

人民币汇率不再钉住单一美元，而是选择若干种主要货币组成一个货币篮子，同时参考一揽子货币计算人民币多边汇率指数的变化。实行以市场供求为基础、参考一揽子货币进行调节、有管理的浮动汇率制度。人民币汇率形成机制改革以来，以市场供求为基础，人民币总体小幅升值。

2005 年 7 月 21 日人民币汇率形成机制改革后，中国人民银行每个工作日闭市后公布当日银行间外汇市场美元等交易货币对人民币汇率的收盘价，作为下一个工作日该货币对人民币交易的中间价。自 2006 年 1 月 4 日起，中国人民银行授权中国外汇交易中心于每个工作日上午 9 时 15 分对外公布当日人民币对美元、欧元、日元和港元汇率中间价，作为当日银行间即期外汇市场（含 OTC 方式和撮合方式）以及银行柜台交易汇率的中间价。新的人民币汇率制度的平稳实施充分证明了“以市场供求为基础、参考一揽子货币进行调节、有管理的浮动汇率制度”符合我国汇制改革主动性、可控性、渐进性的要求。人民币汇率将以市场供求为基础，参考一揽子货币，在合理、均衡的水平上保持基本稳定。

3．第三阶段：2015 年以来，提高人民币中间价形成机制的透明度

未来的人民币汇率改革的重点将是更灵活的中间价形成机制，而非单边升值或贬值。具体来看，进一步扩大汇率浮动区间、逐步改革中间价形成机制、扩大银行间外汇市场参与主体和丰富外汇市场交易品种等几个方面将是下一步汇改的方向。

2015 年 8 月 11 日以来，人民币对美元汇率中间价的形成方式为：中国外汇交易中心于每日银行间外汇市场开盘前向银行间外汇市场做市商询价，并将做市商报价作为人民币对美元汇率中间价的计算样本，去掉最高和最低报价后，将剩余做市商报价加权平均，得到当日人民币对美元汇率中间价，权重由中国外汇交易中心根据报价方在银行间外汇市场的交易量及报价情况等指标综合确定。人民币汇率将不再以美元汇率定价为标准。可以预期的是，人民币汇率将转向有效汇率定价机制。这意味着，在美元对其他货币大幅升值的情况下，人民币汇率不再随着强势美元而对其他非美元货币单边升值，而转为根据其他货币的汇率情况进行定价。

企业将面临更多的汇率风险。这次人民币汇率改革将会打破和改变人民币汇率的“可预期性”。将来，对人民币汇率的预测和判断将更加市场化，难度有所增大。境内企业在进行汇率风险管理时必须改变以往的观念，以适应市场的变化。笔者认为人民币期权波动率逐步上升，人民币远期价格的波动幅度将会扩大。这些变化会增加企业的汇率风险管理成本，导致企业对汇率保值产品有更加迫切的需求。市场的需求将推动汇率保值产品多样化，带动保值观念和产品朝着更加深度的趋势发展。这显示中国正在沿着汇率市场化、利率市场化、资本项目开放，以及人民币离岸市场建设等四个方向加速推进人民币国际化。

四、人民币汇率制度的特点

（一）以市场供求为基础

根据新的人民币汇率制度确定的汇率与当前的进出口贸易、通货膨胀水平、国内货币政策、资本的输出输入等经济状况密切相连，经济的变化情况会通过外汇供求的变化作用到外汇汇率上。

（二）有管理的汇率

我国的外汇市场是需要继续健全和完善的市场，政府必须用宏观调控措施对市场的缺陷加以弥补，因而对人民币汇率进行必要的管理是必需的。主要体现在：国家对外汇市场进行监管、对国家人民币汇率实施宏观调控、对中国人民银行进行必要的市场干预。

（三）浮动的汇率

浮动汇率制度是一种具有适度弹性的汇率制度。中国人民银行于每个工作日闭市后公布当日银行间外汇市场美元等交易货币对人民币汇率的收盘价，作为下一个工作日该货币对人民币交易的中间价格。现阶段，每日银行间外汇市场美元对人民币的交易价仍在中国人民银行公布的美元交易中间价上下 0.3%的幅度内浮动，非美元货币对人民币的交易价在中国人民银行公布的该货币交易中间价上下 3%的幅度内浮动。

（四）参考一揽子货币

一揽子货币是指按照我国对外经济发展的实际情况，选择若干种主要货币，赋予相应的权重，组成一个货币篮子。同时，根据国内外经济金融形势，以市场供求为基础，参考一揽子货币计算人民币多边汇率指数的变化，对人民币汇率进行管理和调节，维护人民币汇率在合理均衡水平上的基本稳定。篮子内的货币构成，将综合考虑在我国对外贸易、外债、外商直接投资等外经贸活动占较大比重的主要国家、地区及其货币。参考一揽子货币表明外币之间的汇率变化会影响人民币汇率，但参考一揽子货币不等于钉住一揽子货币，它还需要将市场供求关系作为另一重要依据，据此形成有管理的浮动汇率。这将有利于增加汇率弹性、抑制单边投机、维护多边汇率。

五、人民币汇率制度的发展方向

现行人民币汇率制度虽然在一定程度上弱化了人民币的升值预期，有利于缩小国际收支差距，对我国金融市场的维护起到了一定的作用，但从某些层面看，这一汇率制度依然存在诸多不足之处。例如，人民币汇率与巨额贸易顺差的关系太过密切，“外需”变身为“内需”将推动国内资产泡沫迅速形成；一旦人民币汇率出现拐点，升值预期的消失将导致投机人民币升值的外资大量出逃等。这些问题都需逐步加以完善。

从长远来看，人民币汇率应适用浮动汇率安排，而近期内应完善有管理的浮动汇率制度，这是我国人民币汇率制度改革的方向所在，也是中心所在。

（一）逐步完善

现今，我国人民币汇率形成的市场机制存在很多不完善之处。例如，当前中央银行处于频繁入市干预和托盘的被动局面，银行还未建立做市商交易制度等。在改革的道路上，我们应当尝试建立市场化条件下的中央银行外汇市场干预模式，改进中央银行汇率调节机制，建立一套标准的干预模式，给市场一个比较明确的干预信号，尽量减少直接干预，让市场主体通过自主交易形成公平价格，强化中央银行的服务职能。

（二）逐步实现

中国自 1996 年实现人民币经常项目可兑换后，由于种种因素的制约，人民币资本项目仍不可兑换。这样一来，在外汇市场上，人民币不可能实现真正的自由兑换，这是与我国的经济实力所不吻合的。

（三）合理拓展

相对于其他国家来说，我国具有大规模的外汇储备，这在一定程度上证明了我国的经济实力，但是也使我国聚集了大量的外汇风险。对于一些财政资金属性的外汇储备，可将其用来调节当前宏观经济中的失衡问题，盘活外汇储备，降低其风险的积聚。

（四）舒缓升值

降低以投机人民币升值为目标的外资流入。现今，公众对人民币升值预期过高，对于这一点，国家有必要采取必要的措施，可以考虑实施更加灵活的汇率政策，适度调整人民币汇率的货币篮子或设定阶段性升值上限，影响升值预期。另外需要注意的是，在政策措施制定上应当保有灵活性，即面对汇率形势的变化，在人民币汇率没有完全市场化之前，不至于出现外汇出口打得开关不掉的被动局面，一旦人民币汇率预期掉头，大量的外资流出将是十分危险的。

总体来看，我国汇率制度改革正在也应该朝着更加具有弹性和灵活性的方向稳步推进，只有完善有管理的浮动汇率制度，发挥市场供求在人民币汇率形成中的基础性作用，保持人民币汇率在合理均衡水平上的基本稳定，金融市场才会变得安全。

拓展阅读

全球 200 年汇率制度变迁史

1. 古典金本位制

1821 年，英国成为首个采用金本位制的国家，其他主要国家在 19 世纪 70 年代相继采用。大部分殖民地如法炮制，而在一些不具备条件的国家，货币可兑换为英镑、美元、法郎等。因此，全球各国货币都通过黄金联系在一起。

该体系下英镑是最重要的货币，原因如下：①英国是当时的超级大国；②英国最先使用这一制度；③英国能持续地按照 1 英镑兑换 1/4 盎司黄金的比率满足黄金兑换要求。

2. 肮脏浮动制

1914 年第一次世界大战爆发，由于各国停止了黄金的进出口，金本位制即告解体。而此时美国的经济总量大于英国、德国、法国，甚至它们的总和，这使得美元的地位日益突出，成为后来推动美元上升成为全球储备货币的关键因素。

这一时期的浮动汇率被称为“肮脏浮动”，因为各国对市场进行干预，即使在 20 世纪初期的大背景下这也堪称大混乱和不稳定。因此，战争结束后各国共同努力恢复了第一次世界大战前的制度。

3. 二元金本位制

第一次世界大战期间各国发行的纸币远远超过了黄金储备的限制，于是大部分“硬通货”发行国希望通过回到原有体制来恢复其货币的信誉。

1922 年意大利热那亚国际经济会议上，各国同意美元与金币自由兑换，但所有其他货币都将采用一种修订版的“金条本位制”。这些货币可按照旧的兑换率兑换黄金，但只能换成大金条。此外，一些主要的欧洲货币可同时兑换英镑，反过来英镑也可以兑换美元。

4. 布雷顿前浮动制

在此期间，欧洲各国出于国内需要，接连违背其货币承诺，结果造成一种浮动汇率体系，只有美元仍与黄金挂钩。

然而大萧条期间，美元与黄金的关联也大为减弱，罗斯福政府停止国内美元与黄金自由兑换，将美元比价从约 20 美元兑换 1 盎司黄金贬值至 35 美元，并要求国内人士将持有的各种形式的黄金都上交美联储。尽管货币“宽松”，美元仍成为全球“最硬的通货”，原因是至少外国人所持有的美元依然可以不受限制地兑换成黄金。

5. 可调整的钉住汇率制

到 1944 年，大部分同盟国政府都认为过去 12 年的肮脏浮动汇率制度顶多算次优选择，甚至有破坏性。1944 年夏天，当时的“联合国”在美国布雷顿森林商议出一种新汇率制度。

美国的黄金储备到 1945 年约占世界黄金储备的 59%，相当于整个资本主义国家黄金储备的 3/4，大会决定各主要国家将货币与美元挂钩，美元依然与黄金挂钩。此外，各国货币发行国保留移动钉住汇率权力，这就是所谓的“可调整”。

6. 史密森协定

1948 年，美国拥有全世界 70%的货币性黄金储量，也就是 7 亿盎司，但是随着日本和西欧经济的复苏和迅速发展，美国的霸权地位不断下降。再加上越南战争导致美国出现贸易逆差，美国为支撑战争不断增发美元。以法国为首的西方国家开始以黄金的形式进行储备，导致美国黄金储备至 1970 年下降了近 64.3%，时任法国总统戴高乐甚至运了一船美元到美国要求换黄金。

尼克松宣布停止美元自由兑换黄金，这就是所谓的尼克松突变。史密森协定是突变后短命的货币协定，它规定美元贬值约为 38 美元兑换 1 盎司黄金，其他国家货币仍按照不同的汇率钉住美元。这一体系大概过了一年就难以为继了。

7. 浮动/钉住并存制度

由于经济衰退、黄金储备枯竭、美元在世界泛滥成灾，美元最终失去了其等同黄金的特殊地位。史密森协定很快难以维持，战后快速崛起的发达国家放弃钉住美元。欧洲各国曾多次尝试实行半固定的汇率制度，但都被证明是权宜之计且缺乏清晰的规定。一些发展中国家尤其是亚洲的国家，选择继续钉住美元。

8. 美元/欧元二元制

20 世纪 70 年代末，欧共体引入汇率协调体系，即成员国中央银行干预市场，让本国货币对其他国家货币的汇率波幅保持在 2.25%内的“半钉住”体系。英国 1990 年才加入，2 年后退出，因为英国无法承受维持的代价。英国中央银行前首席交易员特洛特称，退出前最后 1 天（黑色星期三），他 4 小时内买入的英镑比有史以来任何人都多。当时索罗斯仅仅做空英镑就赚了 10 亿美元。

10 年后欧元诞生，欧洲以外，世界储备货币美元继续对黄金和其他货币浮动，大部分亚洲国家坚持钉住美元，1997 年亚洲金融危机后被迫放弃。

目前，美元仍然是全球外汇储备中最主要的货币。据 IMF 数据，至 2014 年，全球外汇储备中以美元形式存在的仍占到 60%左右，欧元约占 24.5%，日元约占 4%，英镑约占 3.9%，加拿大元约占 1.9%，澳大利亚元约占 1.7%，瑞士法郎约占 0.3%，全世界其他所有货币总共占比约 2.8%。

（资料来源：http://www.360doc.com/content/16/0213/20/11448416_534360790.shtml）

基本概念

汇率制度　固定汇率制度　浮动汇率制度　清洁浮动　肮脏浮动　无独立法定货币的汇率安排　货币局汇率　传统钉住汇率　水平带内钉住汇率　爬行钉住汇率　爬行带内浮动汇率　管理浮动汇率　独立浮动汇率　均衡汇率　汇率失调　汇率高估　外汇市场干预　汇率操纵　直接干预　间接干预　冲销干预　单边干预　联合干预

复习思考题

一、单项选择题

1. 采用公开法定升贬值，或者采取有限度干预外汇的办法是汇率制度内容中的（　　）。

A. 确定汇率的原则和依据　　B. 维持与调整汇率的办法

C．管理汇率的法令、体制和政策　　D．制定、维持与管理汇率的机构

2.（　　）汇率制度是通过市场自发调节来保持汇率相对稳定的。

A．国际金本位制　　B．布雷顿森林体系

C．牙买加货币体系

3．在布雷顿森林体系初期，汇率波动幅度在（　　）范围内。

A．5‰～7‰　　B．±1%　　C．±2%　　D．±2.25%

4.（　　）的管制状况是一国金融市场最重要的特征之一，影响着最优货币区的选择。

A．经常账户　　B．资本账户　　C．金融账户　　D．误差与遗漏账户

5．对汇率水平的管理，在固定汇率制度下，通过（　　）来实现；在浮动汇率制度下，通过（　　）来实现。

A．干预外汇市场，改变法定汇率　　B．调节国际收支，汇率操纵

C．改变法定汇率，干预外汇市场　　D．人为法定调节，市场自动调节

6．均衡汇率最先是指能够使国际收支实现平衡的汇率，其前提条件之一就是（　　）。

A．国际收支的平衡　　B．外部均衡

C．内部均衡　　D．无过度的失业

7．干预外汇市场时，根据（　　），当外汇市场上出现对外汇短期的过度需求时，货币当局应动用外汇储备，增加外汇供给，缓和本国货币贬值的压力。

A．逆风行事的原则　　B．汇率变动应达到的目标值

C．干预受限于客观指标　　D．干预不得使汇率偏离参考汇率范围

8．在外汇干预中，（　　）是指政府通过货币、财政政策影响短期资本流动，从而影响外汇市场的供求状况和行情。

A．直接干预　　B．间接干预　　C．非冲销式干预　　D．联合干预

9．一般来说，（　　）对汇率的调控是有效的，但它会引起国内货币供应量的变动，从而在实现外部均衡的同时会影响国内目标的均衡。

A．单边干预　　B．联合干预　　C．冲销式干预　　D.非冲销式干预

10．“8·11 汇改”指的是（　　）。

A．人民币汇率制度采取以市场供求为基础、参考一揽子货币进行调节、有管理的浮动汇率制度

B．调整人民币对美元汇率中间价报价机制

C．实行以市场供求为基础的、单一的、有管理的浮动汇率制度

D．建立以市场供求为基础的、单一的、有管理的浮动汇率制度和统一规范的外汇市场，逐步使人民币成为可兑换的货币

二、多项选择题

1．汇率制度研究的基本视角是（　　）。

A．确定汇率的原则　　B．汇率制度的调整

C．汇率制度的形成和决定　　D．汇率制度的选择

2．布雷顿森林体系下各国货币管理部门稳定汇率的主要手段有（　　）。

A．动用国际储备　　B．利用贴现政策

C．实施外汇管制　　D．货币法定升贬值

3．牙买加货币体系下各国货币管理部门调整汇率的方法有（　　）。

A．通过货币政策影响短期资本的国际流动

B．通过在外汇市场买进或卖出外汇影响市场汇率

C．通过财政政策影响短期资本的国际流动

D．通过直接管制影响外汇供求和汇率

4．货币联盟主要有（　　）。

A．欧元区国家　　B．非洲法郎区国家

C．西加勒比货币联盟　　D．东加勒比货币联盟

5．在当代汇率制度中规定“汇率围绕中心汇率有一个至少±1%的波动区间，或者说最高和最低汇率之间的波动幅度超过2%”的有（　　）。

A．传统的钉住汇率　　B．水平带内钉住汇率

C．爬行钉住汇率　　D．爬行带内浮动汇率

6．汇率制度的转换说明（　　）。

A．汇率制度转换具有一定的必然性

B．没有任何一种汇率制度能一劳永逸

C．汇率制度的选择不是一个静态问题，而是一个动态过程

D．汇率制度不是一次性转换到位，而是需要多次的反复和转轨

7．按干预的结果不同可以将外汇干预划分为（　　）。

A．直接干预　　B．间接干预

C．冲销式干预　　D．非冲销式干预

8．当（　　）时，政府干预的信号效应最为明显。

A．外汇市场预期混乱　　B．投机活动猖獗

C．市场对未来汇率的走势不明朗　　D．外汇供给过多

9．界定汇率操纵的主观要件有（　　）。

A．是否阻碍其他成员对国际收支有效的调整

B．是否不公平地取得优于其他成员的竞争地位

C．是否存在汇率操纵的行为

D．实施这些政策是否给其他国家的正当利益造成负面影响

10．人民币汇率制度的特点有（　　）。

A．以市场供求为基础　　　　B．有管理的汇率

C．浮动的汇率　　　　D．参考一揽子货币

三、判断题

1．金本位制和布雷顿森林体系下的汇率制度都属于固定汇率制度，前者通过市场自发调节来保持汇率稳定，而后者则通过货币当局的干预来促成汇率稳定。（　　）

2．在牙买加货币体系的浮动汇率制度下，IMF 不再具有管理、协调和监督成员维持汇率稳定的功能。因此，在主要国家货币汇率出现剧烈波动时，只能靠这些国家达成某种协议来联合干预外汇市场。（　　）

3．在固定汇率制度下，一国若采取扩张性政策，就会使该国物价水平提高，导致国际收支逆差、国际储备减少。（　　）

4．汇率制度的选择不仅是静态问题，而且是一个动态转换过程，具有历史阶段性。（　　）

5．工资越具有刚性，就越需要选择固定汇率制度，以利于经济更好地对外部冲击做出反应。（　　）

6．如果贸易占国民生产总值的份额很大，那么货币不稳定产生的成本就会很高，最好采用浮动汇率制度。（　　）

7．均衡汇率最先是指能够使国际收支实现平衡的汇率，这种定义下的均衡汇率侧重于外部均衡，不考虑内部均衡。（　　）

8．汇率高估是指现实汇率所反映的本币价值高于均衡汇率所反映的价值，在直接标价法下表现为汇率偏高，在间接标价法下则是汇率偏低。（　　）

9．均衡汇率会不断移动，它的值不是唯一的。（　　）

10．在对汇率进行干预的过程中，单边干预主要出现在封闭和半封闭的国内外汇市场。（　　）

四、问答题

1．汇率制度的内容有哪些？

2．金本位制和布雷顿森林体系下的固定汇率制度各有什么特点？二者的区别有哪些？

3．简述固定汇率制度与浮动汇率制度的优缺点。

4．简述当代的汇率制度形式。

5．有关汇率制度选择的理论分析有哪些？

6．一国在选择适合本国的汇率制度时需考虑哪些因素？

7．一国如何选择适合本国国情的汇率制度？

8．干预外汇市场需遵循什么原则？采取什么方式？效果如何？

9．如何界定一国是否实施了汇率操纵？

10．简述现行人民币汇率制度的特点及发展方向。

第九章 外汇管制

学习目标

通过本章的学习熟悉外汇管制的含义、类型及内容；了解外汇管制的产生及管制的对象；掌握外汇管制的方法及外汇管制对经济的影响；熟悉作为外汇管制对立面的货币自由兑换的含义及起源；掌握一国实现货币自由兑换的条件及意义；了解人民币自由兑换的问题；熟悉我国外汇管制的发展历程及每一阶段的改革要点；了解我国外汇管理制度的基本框架及未来发展方向。

通过一定的外汇管制措施可以使一国实现国际收支平衡、汇率稳定、奖出限入和稳定国内物价等政策目标，但是市场机制的作用却不能充分发挥出来。人为地规定汇率或设置其他障碍，不仅造成国内价格扭曲和资源配置的低效率，而且妨碍国际经济的正常往来。关于是否放松外汇管制、实现货币的自由兑换问题一直以来是各国政府关注与争论的焦点。一般情况是，发展中国家为振兴民族经济多主张采取外汇管制，而发达国家则更趋向于完全取消外汇管制。

第一节 外汇管制概述

一、外汇管制的含义及主客体

（一）外汇管制的含义

外汇管制是指一国政府为平衡国际收支和维持本国货币汇率，通过法令对国际结算和外汇买卖进行限制的一种贸易政策，在中国又称外汇管理。一般对贸易外汇的收支、非贸易外汇的收支、资本输出入、银行账户存款和汇率采取一定的管制。

外汇管制有狭义与广义之分。狭义的外汇管制指一国政府对居民在经常项目下的外汇买卖和国际结算进行限制；广义的外汇管制则指一国政府对居民和非居民涉及的外汇流入和流出活动进行限制性的管理。

（二）外汇管制的主体

外汇管制依照该国法律、政府颁布的方针政策和各种规定、条例进行。外汇管制的主体是指外汇管制的执行者，这个执行者一般是政府授权的中央银行、财政部或另设的其他专门机构，如中国的外汇管理局。1939 年英国实施外汇管制后指定英国财政部作为决定外汇政策的权力机构，英格兰银行代表财政部执行外汇管制的具体措施。日本由大藏省负责外汇管制工作。意大利设立了外汇管制的专门机构——外汇管制局。除官方机构外，有些国家还由其中央银行指定一些大商业银行作为经营外汇业务的指定银行，并按外汇管制法令集中办理一切外汇业务。

由于外汇管制是金融宏观调控方面的重要手段，因此各个国家用政府名义制定外汇管理法令，牢牢掌握外汇管制权，主体随时根据客观情况和政策需要采取各种措施，控制外汇收支活动。

（三）外汇管制的客体

外汇管制的客体是外汇管制执行者作用的对象，故又称外汇管制的对象，具体分为人、物和地区三大对象。

1. 以人为对象

人可分为自然人和法人。在各国外汇管制中，通常又把自然人与法人按居住地区不同分为居民和非居民。对居民的外汇收支，往往因其涉及居住国的国际收支问题而管制较严，而对非居民则管制较宽。

2. 以物为对象

以物为对象主要是针对外汇，凡在国际收支平衡表上所列的外币、有价证券和其他支付工具，以及金、银及其制成品等项目，都在管制范围内。

3. 以地区为对象

一国在实施外汇管制时，如果没有明确的地区范围，那么这种管制将是无的放矢或毫无效应的。目前，各国对外汇管制的地区对象有两重含义：一是指一国外汇管制法令生效的范围（整个国家范围或国内局部地区）；二是指对不同的国家或地区实行不同的外汇管制政策，其宽严度视其与本国的政治经济往来密切程度而定。一般对同一共同体或友好国家管制较松，反之则较严，甚至会施以绝对的管制。

此外，外汇管制针对的活动涉及外汇收付、外汇买卖、国际借贷、外汇转移和使用，该国货币汇率的决定，该国货币的可兑换性，以及本币和黄金、白银的跨国界流动。

二、外汇管制的产生及类型

（一）外汇管制的产生

外汇管制始于第一次世界大战期间，当时国际货币制度濒临崩溃，美、法、德、意等参战国都发生了巨额的国际收支逆差，本币对外币汇率剧烈波动，大量资本外逃。为集中外汇资产进行战争、减缓汇率波动及防止该国资本外流，各参战国在战时都取消了外汇的自由买卖、禁止黄金输出，实行了外汇管制。

1929—1933 年世界经济危机时期，很多在战后取消外汇管制的国家又重新实行外汇管制，一些实行金块和金汇兑本位制的国家也纷纷实行外汇管制。1930 年，土耳其首先实行外汇管制。1932年，德国、意大利、奥地利、丹麦、阿根廷等20多个国家也相继实行了外汇管制。

第二次世界大战爆发后，参战国立即实行全面严格的外汇管制。1940年，在100个国家和地区中，只有11个国家没有正式实行外汇管制，外汇管制范围也比以前更为广泛。战后初期，西欧各国基于普遍存在的"美元荒"等原因，继续实行外汇管制。20世纪50年代后期，西欧各国经济有所恢复，国际收支状况有所改善，从1958年开始，各国不同程度地恢复了货币自由兑换，并对国际贸易收支解除外汇管制，但对其他项目的外汇管制仍维持不变。1961年，大部分IMF的成员表示承担《国际货币基金协定》第八条所规定的义务，即避免外汇限制而实行货币自由兑换。但时至20世纪90年代，绝大多数国家仍在不同程度上实行外汇管制，即使名义上完全取消了外汇管制的国家，仍时常对居民的非贸易收支或非居民的资本项目收支实行间接的限制。

（二）外汇管制的类型

根据外汇管制的内容和严格程度的不同，一般分为以下几种类型。

1．实行严格外汇管制的国家和地区

这类国家和地区的典型特征是外汇极端缺乏、经济不发达或对外贸易落后，如大多数发展中国家和实行中央计划经济的国家。

2．实行部分外汇管制的国家和地区

这类国家和地区对非居民办理经常项目外汇支付不加管制，但对资本项目却加以限制，如一些发达国家或开放度较高的发展中国家。

3．名义上取消但仍在不同程度上实行外汇管制的国家和地区

截至1991年，这一类型的国家和地区有20多个，主要是工业发达国家和石油输出国。

三、外汇管制的基本内容

（一）外汇资金收入与运用的管制

1．对贸易外汇的管制

（1）对出口收汇的管制。实行比较严格外汇管制的国家，对于出口收汇一般都规定出口商必须将其所得外汇结售给国家指定的银行，也就是说出口商必须向外汇管理机构申报出口价款、结算所使用的货币、支付方式和期限等。在收到出口货款后又必须向外汇管理机构申报，并按官方汇率及管理规定将全部或部分外汇结售给外汇指定银行。此外，许多国家为了鼓励出口，实行出口退税、出口信贷等措施，而对一些国内急需的、供应不足的或对国计民生有重大影响的商品、技术及战略物资限制出口，通常实行出口许可证制度。

（2）对进口付汇的管制。实行严格外汇管制的国家，为了限制某些商品进口、减少外汇支出，一般采取的措施有：

一是进口存款预交制。它是指进口商在进口某种商品时，应向指定银行预存一定数额的进口货款，银行不付利息，数额根据进口商品类别或所属国别按一定比例确定。

二是进口许可证制。它是指进口商只有取得有关当局签发的进口许可证才能购买进口所需的外汇。进口许可证的签发通常要考虑进口数量、进口商品的结构、进口商品的生产国别、进口支付条件等。

2. 对非贸易外汇的管制

对非贸易外汇的管理一般采取的方式有直接限制、最高限额、登记制度和特别批准。

3. 对资本输出入的管制

资本项目是国际收支的一个重要内容，所以无论是发达国家还是发展中国家都非常重视资本的输出入，并根据不同的需要对资本输出入实行不同程度的管理。发展中国家由于外汇资金短缺，一般对资本输入都实行各种优惠政策以吸引有利于本国经济发展的外资。例如，对外商投资企业给予税收减免的优惠，并允许其汇出利润等。

以前，发展中国家都严格限制资本输出，一般不允许个人和企业自由输出外汇资金。但是近年来，随着区域经济一体化和贸易集团化趋势的出现，不少发展中国家开始积极向海外投资，以期通过直接投资来打破地区封锁，带动本国出口贸易的增长。例如，拉美国家、东盟各国、韩国和中国近年来的海外投资十分活跃，放松了资本输出的外汇管制。

与发展中国家相比，发达国家对资本输出入采取的限制性措施较少，即使采取一些措施，也是为了缓和其汇率和官方储备所承受的压力。例如，日本、德国、瑞士等国在 20 世纪 60 年代中后期，由于国际收支连年顺差，货币汇率经常处于上升的状况，成为国际投机资本的主要冲击对象。长期的国际收支顺差也导致这些国家国际储备大幅度增长，又加剧了这些国家的通货膨胀风险。因此，这些国家便采取了一些限制外国资本输入的措施。

（二）货币兑换管理

货币兑换管理是外汇管理最基本、最主要的内容。实施货币兑换管理的原因主要有外汇短缺、金融秩序混乱、国内外经济体制不同、国内外价格体系存在差异等。

（三）对黄金、现钞输出入的管制

实行严格外汇管制的国家对黄金交易也进行管制，一般不准私自输出入黄金，由中央银行独家办理黄金的买卖和输出入。对现钞管理习惯的做法是对携带本国货币出境规定限额和用途，有时甚至禁止携带本国货币出境以防止本国货币输出用于商品进口，出现资本的外逃及其对本国货币产生冲击。

（四）对汇率的管理

对汇率的管理有直接管制和间接管制两种方法，详情见下面内容。

四、外汇管制的方法

从各国外汇管制的内容和运作过程来看，外汇管制的方法分为以下两大类。

（一）根据外汇管制的作用来分，分为直接管制与间接管制

1. 直接管制

直接管制是指由主管外汇管制的政府部门对外汇交易直接地、强制性地加以控制的一种形式。具体地说，是对外汇买卖和汇率实行直接干预与控制，带有刚性和强制性特征，从而产生最为直接的效果。

一般情况下，一国只有在政治、经济动荡不安或汇率波动十分剧烈时，才对全部或部分外汇收支活动，特别是较为敏感的项目实施最为严厉的管制措施，以此来影响汇率和平衡国际收支。例如，由政府规定各项外汇收支按什么汇率结汇，以达到奖出限入的目的。

2. 间接管制

间接管制是指通过其他一些途径，如采用外汇缓冲政策间接控制外汇的收支与稳定汇率，进而影响外汇供求或交易数量。

一般做法是，各国中央银行建立外汇平准基金或外汇稳定基金。基金构成包括外汇、本币及黄金等。中央银行利用这个缓冲体进行市场操作，即利用基金进入外汇市场买卖外汇、本币或黄金，由此影响或调节外汇供求。这种管制，对国际收支短期性逆差效果较好，但对长期性逆差效果并不明显。

（二）根据外汇管制的约束形式来分，分为数量管制、价格管制和综合管制

1. 数量管制

数量管制是指政府对外汇买卖和进出国境的数量实行控制，通过进口限制、许可证制和管制贸易与非贸易外汇，以及限定外汇市场交易数额，甚至对资本输出入和银行账户存款调拨进行审批管理等，实现对进出口数量和非贸易外汇的统筹调节与管制。例如，在外汇交易方面，对超过限额的交易予以限制，而在限额内则不加限制。

数量管制的特点包括：一是超限额限制，包括对收支限制和出入境限制；二是限买不限卖，只限制居民申请外汇，而不限制居民向国家出售外汇。目前，数量管制集中在五个方面，即进出口贸易外汇管制、非贸易外汇管制、资本输出入管制、非居民存款账户管制以及黄金输出入管制。

2. 价格管制

价格管制也称成本管制，是对对外贸易的汇价或进出口商品价格进行管制。价格管制的形式主要有以下三种。

（1）规定差别汇率。政府用法令规定两种或两种以上的不同汇率，对出口商品采取高汇率政策，对进口国计民生必需的商品确定优惠的汇率，而对奢侈品进口则以较高汇率供给外汇。

（2）外汇转移制度。出口商按法定汇率向中央银行结售外汇时，除取得本币外，

还向中央银行领取外汇转移证明，以便到外汇市场上出售转移证明而从中多得一部分汇率上的补贴。

（3）混合复汇率制。外汇管理机构允许部分外汇收入按法定汇率向指定银行结汇，其余部分则可任其按更高汇率在自由市场上出售，从而使外汇收入者得到更多的收益。

3. 综合管制

综合管制是指同时采用上述几种措施控制外汇交易的一种方法。在具体做法上，常因时间、条件、项目不同选择其中的两种或两种以上的方法予以结合使用。有时以某一种为主，有时以另一种为主，由于这种管制方法涉及面宽、灵活性大，因此许多国家乐于采纳。

五、实行外汇管制的影响

（一）实行外汇管制的积极影响

1. 促进国际收支平衡，改善国际收支状况

长期的国际收支逆差会给一国经济带来显著的消极影响，而维持国际收支平衡是政府的基本目标之一。政府可以用多种方法来调节国际收支，但是对于发展中国家来说，其他调节措施可能意味着较大代价。例如，政府实行紧缩性财政政策或货币政策可能改善国际收支，但它会影响经济发展速度，并使失业状况恶化。

2. 稳定货币汇率，抑制通货膨胀

汇率频繁大幅度波动所造成的外汇风险会严重阻碍一国对外贸易和国际借贷活动的进行，拥有大量外汇储备的国家或有很强借款能力的国家可以通过动用或借入储备来稳定汇率，而对于缺乏外汇储备的发展中国家来说，外汇管制是稳定本币对外币汇率的重要手段。

3. 防止资本外逃和大规模投机性资本流动，维护该国金融市场的稳定

经济实力较弱的国家存在非常多的可供投机资本利用的缺陷。例如，在经济高速发展时，商品价格、股票价格、房地产价格往往上升得高于其内在价值，在没有外汇管制的情况下，这会吸引投机性资本流入，后者会显著加剧价格信号的扭曲。一旦泡沫破灭，投机性资本外逃，又会引发一系列连锁反应，造成经济局势迅速恶化。外汇管制是这些国家维护该国金融市场稳定运行的有效手段。

4. 增加该国的国际储备

任何一个国家都需要持有一定数量的国际储备资产。国际储备不足的国家可以通过多种途径来增加国际储备，但是其中多数措施需要长期施行才能取得明显成效，而外汇管制有助于政府实现增加国际储备的目的。

5. 有效利用外汇资金，推动重点产业优先发展

外汇管制使政府拥有更大的对外汇运用的支配权。政府可以利用其限制某些商

品的进口，来保护该国的幼稚产业，或者向某些产业提供外汇，以扶植重点产业优先发展。

6. 增强该国产品的国际竞争力

在该国企业不足以保证产品的国际竞争能力的条件下，政府可以借助于外汇管制为企业开拓国外市场。例如，规定官方汇率是外汇管制的重要手段之一，当政府直接调低本币汇率或限制短期资本流入时，都有助于该国增加出口。

7. 增强金融安全

金融安全是指一国在金融国际化条件下，具有抗拒内外金融风险和外部冲击的能力。开放程度越高，一国维护金融安全的责任和压力越大。影响金融安全的因素包括国内不良贷款、金融体制改革和监管等内部因素，也包括外债规模、使用效益和国际游资冲击等外部因素。发展中国家经济发展水平较低，经济结构有种种缺陷，特别需要把外汇管制作为增强该国金融安全的手段。

（二）实行外汇管制的消极影响

实施外汇管制的有利方面在于，政府能通过一定的管制措施来实现该国国际收支平衡、汇率稳定、奖出限入和稳定国内物价等政策目标。其弊端在于，市场机制的作用不能充分发挥，由于人为地规定汇率或设置其他障碍，不仅造成国内价格扭曲和资源配置的低效率，而且妨碍国际经济的正常往来。实行外汇管制的消极影响，具体如下。

1. 汇率扭曲不利于资源合理配置

无论是政府规定官方汇率，还是政府限制外汇买卖，都会使汇率偏离市场均衡汇率。对发展中国家来说，汇率扭曲主要表现在本币汇率过高，这可能是由于政府为本币规定了偏高的官方牌价，也可能是由于政府对外汇供求施加限制的结果。这种扭曲的汇率对资源配置有不利影响。

首先，它会打击发展中国家的农业。在发达国家普遍对农产品出口提供巨额补贴的情况下，世界农产品市场价格已经偏低，高估本币汇率会进一步降低进口农产品的本币价格，使发展中国家该国农产品价格随之下降，这是许多发展中国家农业发展缓慢、城乡差别较大的重要原因。

其次，高估本币汇率会普遍性地打击该国的出口产业和进口替代产业，因为它抬高了该国出口商品的外币价格，并压低了进口商品的本币价格。

最后，从世界范围来看，汇率是指引国际资本流动的价格信号之一，汇率的扭曲使人们难以做出正确的投资决策。对发展中国家来说，本币汇率过高不利于吸引外资，它使外资只能支配较少数量的该国实际资源。从长远来看，这不利于该国的经济发展、技术进步和国际竞争能力的提高。

2. 影响国际贸易的发展和对外开放的进程

从世界范围来看，外汇管制阻碍着自由多边结算体系的形成，自然阻碍了国际贸易和国际资本流动的正常进行。对发展中国家来说，高估本币汇率和限制外汇自由交易会打击出口企业的创汇积极性，而外汇短缺也影响该国进口贸易的发展。限制资本外流和限制投资收益回流的做法也会打击外商对该国投资的积极性。许多国家的经验证明，要打破国际收支逆差、外汇储备不足、外汇管制、对外开放程度低、经济发展速度慢之间的恶性循环，需要在逐步取消外汇管制上寻找突破口。

3．外汇官价和黑市并存带来权钱交易

当外汇牌价被显著压低时，就很难避免外汇黑市的出现。当外汇黑市规模较大时，政府甚至不得不开放外汇调剂市场，使该国出现合法的双轨制汇率。为了以较低的官价购买外汇，某些个人和企业可能向掌握外汇配给权的官员行贿，助长社会的腐败风气。

一般情况是，发展中国家为振兴民族经济多主张采取外汇管制，而发达国家则更趋向于完全取消外汇管制。对于世界经济的长远发展来说，各国逐步放宽和最终取消外汇管制是一种历史趋势，但这将是一个十分漫长的过程。特别是发展中国家需要实施一定程度的外汇管制，因为它们的经济发展水平较低，经济结构中存在不少缺陷，政府缺乏足够的经济实力运用经济手段调节经济运行。在当代游资充斥的国际金融市场上，市场机制本身也存在重大缺陷，完全任由市场自发调节并非各国最优的选择。外汇管制是一把双刃剑，它既能带来积极影响，又能带来消极影响。发展中国家面临的问题是，在何种情况下实施何种外汇管制，在什么条件下取消某种外汇管制，以及如何尽可能地利用外汇管制的积极影响，避免或减少其可能带来的消极影响。

第二节　货币自由兑换

一、货币自由兑换的含义及起源

（一）货币自由兑换的含义

货币自由兑换是作为外汇管制的对立面出现的。实行严格外汇管制的国家，外汇这种稀缺资源同本国货币之间的联系被严格隔离开来，本国货币便成为不可自由兑换的货币。可见，一国货币的不可兑换性正是外汇管制的核心内容和必然结果。

可自由兑换货币是指一种货币的持有人能把该种货币兑换为其他任何国家的货币而不受限制。根据《国际货币基金协定》的规定，所谓自由兑换是指对国际经常往来的付款和资金转移不得施加限制。也就是说，这种货币在国际经常往来中，随时可以无条件地作为支付手段使用，对方也应无条件接受并承认其法定价值，不得实行歧视性货币政策措施或多种汇率措施。

货币兑换分为三个层次：一是不可兑换；二是国际收支经常项目下可兑换；三是完全可自由兑换，即在经常项目和资本项目下均可以自由兑换。

1．经常项目下的货币自由兑换

IMF 对货币可兑换进行了界定，将经常项目下可兑换确定为最低层次的可兑换。

根据 IMF 的规定，一旦成员的外汇管理制度符合《国际货币基金协定》第八条的要求，其货币就可以称为可兑换货币，也就是实现了经常项目下的可兑换。《国际货币基金协定》第八条的主要内容归纳起来，有以下几个方面。

（1）避免对经常性支付或资金转移的限制。各成员未经 IMF 的同意，不得对国际经常往来的付款和资金转移实施汇兑限制。

（2）不得实行歧视性货币措施或多重汇率措施。

（3）兑付外国持有的本国货币。任何一个成员均有义务购回其他成员所持有的本国货币结存，只需兑换的国家能证明这种结存是由最近的经常性交易所获得的，或者这种兑换是为了支付经常性交易所需要的。

2. 资本项目下的货币自由兑换

资本项目下的可兑换要求取消对短期金融资本、直接投资和证券投资引起的外汇收支的各种兑换限制，使资本能够自由出入境。在具体实践中，某些国际储备货币在国际化进程中依然对资本项目下的兑换实施一些必要的限制，IMF 对资本项目下可兑换没有给予严格界定。

货币的兑换实际上是货币和劳务的交换，一国货币能否兑换，不是取决于该国政府及货币当局的主观愿望，而是取决于该国进出口能力及进出口的自由程度。因为一国货币如能自由兑换，实际上意味着该国居民可以自由地将本国货币兑换成他国货币，购买他国的商品和劳务，也意味着他国居民能通过兑换取得对该国商品和劳务的购买权。反之，如果一国禁止本国人随意购买他国的货物和劳务，或者禁止他国居民随意购买本国的货币和劳务，这种货币就不能称为可自由兑换货币。世界上已有 67 个国家和地区接受了《国际货币基金协定》中关于货币自由兑换的规定，也就是说，这些国家的货币被认为是可自由兑换的货币。这些货币主要有美元、欧元、日元、英镑、瑞士法郎、丹麦克朗、瑞典克朗、挪威克朗、加拿大元、澳大利亚元、新西兰元、新加坡元等。

（二）货币自由兑换的起源

货币自由兑换是一个历史性的概念，在不同的社会经济条件下，货币自由兑换具有不同的含义和不同的表现方式，它反映的是一国对内与对外相结合的货币经济关系。

货币的可兑换性，可追溯到早期的各种金属货币之间的兑换关系，但货币的自由兑换，传统上认为源于金本位时代。进入 19 世纪，西方各主要国家先后实行了金本位制，在这一制度下，货币可在国际间不受限制地自由兑付、流通，这就是所谓的货币自由兑换，这种货币自由兑换是金本位制的一个重要内容或典型特点。由上可见，货币自由兑换源于国际金本位制，其含义是指黄金与价值符号的自由兑换及黄金可以自由输出入。

二、一国货币实现自由兑换的意义

1. 有利于提高货币的国际地位

可自由兑换的货币在国际货币体系中地位较高，作用也较大。它在一国的国际收支、外汇储备、市场干预及其他国际事务等方面，发挥着很大的作用。

2. 有利于形成多边国际结算，促进国际贸易的发展

3. 有利于利用国际资本发展本国经济

一国货币能否自由兑换，尽管不是利用外资的先决条件，但却是一个长期性的影响因素，特别是外国投资者的利息、利润能否汇出，是外国投资者必然要考虑的重要因素。

4. 有利于维护贸易往来和资本交易的公平性

5. 有利于获取比较优势，减少储备风险与成本

如果一国货币是可自由兑换货币，该国在国际收支逆差时，就可以用本币支付，由此减少了动用外汇储备来平衡的压力；同时，也可以不需储备太多的外汇而造成投资机会与投资收益的损失，即减少了储备风险和成本。

6. 有利于满足国际金融、贸易组织的要求，改善国际间的各种经济关系

当然，一国实现货币自由兑换在其带来好处的同时，也会带有一定的负面影响，尤其一国在其条件未具备时，过早、过快地让其货币自由兑换，过早、过快地把国内金融市场与国际金融市场一体化，事实证明其带来的负面影响将是巨大的，在发展中国家更是如此。

三、实现货币自由兑换的条件

（一）完善的金融市场

完善的金融市场，尤其是外汇市场，是货币能否实现自由兑换的一个重要前提。完善的金融市场具体包括健全的市场体系、较齐全的市场运作工具、良好的市场参与者等。

（二）合理的汇率制度与汇率水平

不合理的汇率制度与不恰当的货币汇率水平，无法使一国货币的自由兑换顺利进行。如果一国实行多重汇率制度，并且通过人为的因素影响汇率的决定，那么这种制度下的汇率就无法反映实际的外汇供求关系，汇率就会出现高估或低估。一旦高估本币汇率，就会对国际贸易产生不利影响，也不利于吸引国际资本流入；反之，过度低估本币汇率，又会对进口造成危害，影响必需品的进口，进而影响该国的经济发展。

（三）充足的国际清偿手段

这里的国际清偿手段主要是指外汇储备。外汇储备的多寡是一国国力的象征，也是一国国际清偿力大小的体现。如果一国持有充足的外汇储备，就可随时应付可能发

生的兑换要求，抵御短期货币投机风潮；反之，就有可能无法平衡国际收支短期性失衡，更难以抵御外部突发性事件对贸易和支付的冲击，从而使一国实现货币自由兑换失去根本的基础。

（四）稳健的宏观经济政策

经济政策是宏观调控的重要工具，尤其是财政政策和货币政策。如果一国财政政策、货币政策出现不当或失误，并由此造成国际收支严重失衡，就会扰乱国内经济的稳定和发展，引发通货膨胀，导致国际收支恶化，不利于兼顾内部平衡与外部平衡。

（五）宽松的外汇管制

放松外汇管制就会提高货币的可自由兑换程度，促进出口企业创汇和外商投资的积极性，可加速国际贸易的发展和对外开放的进程。

（六）微观经济实体对市场价格能做出迅速反应

货币自由兑换与微观经济实体如银行、企业等关系密切，只有微观经济实体能对市场价格做出迅速反应，才会加强其对外汇资源的自我约束能力，自觉参与市场竞争，提高在国际市场上的竞争能力。而要做到这一点，一国必须实现货币自由兑换。

四、人民币的自由兑换问题

货币自由兑换是世界市场经济的客观要求，一国实行对外经济开放必须实行对外货币开放。同时，一国货币自由兑换又是以一定高度的市场经济为基础，以国内经济相对自由为前提的。国内经济自由程度越高，市场经济越发达，作为连接世界市场与国内市场桥梁的货币自由兑换才具有更为可靠和扎实的基础，国家保证的民间通货兑换权才更有保障，其范围才更广阔，更具有普遍性和平等性。

1996 年，我国已实现了人民币国际收支经常项目下的可兑换，这标志着我国加快了与国际经济接轨的步伐。我国外汇体制改革的最终目标是实现人民币自由兑换，然而随着我国国际贸易、投资规模的迅速增长，金融市场的发展及加强区域经济合作等需求，都从客观上要求人民币早日实现资本项目下的可兑换。

（一）人民币实现自由兑换的必要性

实现人民币自由兑换是国际、国内经济形势变化产生的客观要求。

第一，实现人民币自由兑换是塑造我国良好的对外开放形象、增进我国与国际社会进行政治与经济交往的需要。实现人民币自由兑换，可使我国外汇管理体制与国际惯例接轨，基本满足 IMF 与 WTO 的要求。WTO 于 1997 年制定了《金融服务协定》，主要内容包括：允许外国在本国建立金融服务公司并按竞争原则运行，本国所有金融业务都要对外国资本开放；实施国民待遇，外国公司也享有与国内公民同等进入国内市场的权利；向进入本国金融市场的外国资本公布一切有关法律法规或行政命令，并不得对任何进入本国金融市场的外国资本有规模、数量方面的限制。近年，有关条款对外汇资本流动和汇兑便利做出了进一步的规定和要求，敦促成员重新审视并放松那些可能实质性阻碍外资金融机构有效进入市场的资本管制；IMF 也将实现资本项目可兑换写进章程。

第二，实现人民币自由兑换是改善外商投资企业的投资和经营环境、扩大引进外资规模的需要。外资大规模进入我国，要求更加开放、公平的市场经济，也要求一个自由宽松、平等竞争的金融环境。

第三，实现人民币自由兑换有利于进一步增强国民对人民币币值稳定，以及国家改革开放政策的信心。实现人民币自由兑换，进一步放松外汇管制，意味着政府对开放型经济的驾驭能力日益增强，并树立政府坚定不移地实施改革开放政策的良好形象。

第四，加入 WTO 对我国的外汇管理体制提出了新的要求。长期以来，我国利用外资以外商直接投资为主。加入 WTO 后，我国开放了银行、证券、保险、商业、中介服务等领域，我国利用外资的渠道增加，除外商直接投资和对外借款等形式以外，发行境外债券和股票等筹资数量有明显上升。我国资本流动规模的快速上升及流动性的不断提高，迫切要求放开资本项目的管制。

近年来，随着我国经济的快速增长，国际收支顺差、外汇储备丰富、金融政策稳定、物价低位运行等因素提升了人民币的国际信誉。人民币在与周边国家和地区的边境贸易中，被普遍作为支付和结算的硬通货。可以说，人民币已经是一种区域性的自由兑换的货币。随着我国与周边国家和地区经济往来的进一步扩大和加深，人民币的地位也在不断提高，但是还存在一些问题，这使得人民币实现自由兑换不宜过快。

（二）人民币自由兑换的障碍

国际经验表明，一国要实现资本项目的对外开放至少应具备下列条件：较低的通货膨胀率，合理的利率、价格，健全的国内金融体系，较强的宏观调控能力，发达的资金市场，外汇收支的大体平衡，灵活而高效的微观企业机制，完备而有力的金融监管和法律法规等。

当前，我国的经济实力还不能完全满足货币自由兑换的要求，资本项目的开放还受到许多条件的制约。

1. 人民币汇率、利率形成机制不够完善

在目前的结售汇制度下，人民币汇率水平并不是完全反映外汇市场供求的均衡汇率。国家对市场行为主体持有、使用外汇还存在着诸多限制，决定人民币汇率的银行间外汇头寸市场被几家大银行所垄断，汇率缺乏真实性。在这样的情况下开放资本项目，将会导致外汇供求的失衡和外汇市场的混乱。

我国现行的利率形成机制也尚未完全市场化，通过利率杠杆调节国内资金流动的作用受到一定限制，难以通过利率和汇率的相互影响调节国际资本流动。国内利率水平和国际利率水平比较仍有差距并缺乏稳定性，资本项目开放以后，当国内利率高于国际市场利率时，会导致大量外资涌进，冲击国内市场，诱发通货膨胀；而当国内利率低于国际市场利率时，又会引起资本外逃和货币贬值，严重时可导致金融危机。

2. 通货膨胀的压力依然存在

几年来，适度从紧的货币政策已使我国的通货膨胀得到了有效遏制，但不断增加的财政赤字使通货膨胀的隐患依旧存在。在币值稳定的基础上开放资本项目，必然导致外资的大量流入和外汇储备的增加，从而加大外汇占款的基础货币的投放量，加大了通货膨胀的可能性。

3. 国内金融市场不够完善

资本项目开放将使国内外金融市场的联系更加紧密，国际金融市场的动荡会很快传递到国内，而健康的金融市场能较好地应对各种冲击，具有自我减震的作用。目前，我国金融市场的发展还不够成熟，金融机构类型单一、垄断性强；金融产品种类稀少、交易量小，不能满足社会需求；金融机构还尚未建立起适应国际竞争的机制；短期货币市场与外汇市场的发育还很幼稚，中央银行无法通过它们进行有效的调控。

4. 微观经济主体缺乏活力

企业是微观经济活动的主体。由于缺乏自主权、经营管理不善等种种原因，企业尚不具备灵活的机制来适应资本流动、资本价格变动和汇率变动带来的影响，国际竞争能力十分薄弱。

在这样的情况下开放资本项目会导致我国部分企业的处境更加艰难，当然政府可以通过倾斜政策加强对这些企业的扶植，但是企业在国家的“保护伞”下会变得更加软弱。同时，这样还会加重国家的财政负担，加大经济危机的可能性。

（三）人民币资本项目下自由兑换的步骤

人民币自由兑换是一个长远目标。货币自由兑换改革必须循序渐进、分段实施。这是因为本国货币的完全自由兑换将加大外部冲击对国内经济影响的程度，不利于本国经济稳定，尤其在初始时期，出现经济震荡的可能性更大。即便是市场经济成熟、发达的国家，实现货币的完全可兑换往往也要经历较长的时间过程。而盲目追求自由兑换进程的速度、忽视经济发达程度的制约，必然会加剧金融风险、诱发金融危机，进而导致整个国家的经济、金融付出高昂沉重的代价，以及遭受无法挽回的损失。因此，实现人民币在资本项目下自由兑换，必须谨慎而积极地推进，在“有序、积极、稳妥”的开放原则下进行。

首先，实现资本项目有条件的可兑换，在此基础上再实现资本项目的完全可兑换。即使实现了完全可兑换，在必要的情况下，仍然可以实行必要的资本管制。因此，人民币可兑换的总体战略是有序、积极、稳妥、循序渐进，既不应过分超前，也不能错失良机而滞后。根据国际上开放资本项目的经验教训，结合我国人民币经常项目可兑换成功的经验，具体可采取“积极稳妥、先易后难、宽入严出”的方针。

其次，根据多数发展中国家的经验，开放的步骤一般为：先放宽长期资本流出入的管制，再放宽短期资本流出入的管制；先放宽对直接投资的管制，再放宽对间接投资的管制；先放开对证券投资的管制，再放开对银行信贷的管制；先放开对境外筹资的管制，再放开对非居民境内筹资的管制；先放开对金融机构的管制，再放开对非金融机构和居民个人的管制。

最后，我国可采取的步骤为：不影响国际收支经常项目平衡的，可在人民币经常项目自由兑换后就可放宽；影响经常项目平衡、资本频繁移动的，可先试行，取得经验后再推广，有的可逐步放宽。在促进资金流入方面，对于外商直接投资可逐渐实行外国直接投资的汇兑自由；可逐步适当放宽外国投资者在我国金融市场上的投资，加大证券资本的流入；逐步放松国内企业向境内外资银行融资的限制。在对待资本流出方面，应放宽对境内居民机构对海外投资的限制，适当允许境内金融机构向非居民融资，谨慎对待非居民金融机构在我国境内筹资。

（四）慎重对待人民币自由兑换问题

从 2003 年起，随着美元的不断贬值，发达国家要求中国人民币升值的呼声越来越高。表面看来，要中国人民币升值，是为了调整中国与这些国家之间的巨大贸易顺差。然而，美国华尔街日报发表的评论透露了天机，即解决人民币汇率问题的最终办法是完全自由兑换。人民币的自由兑换意味着开放资本账户，这是金融自由化最重要的一步。开放资本账户可以带来许多好处，但它同时也伴随着巨大的风险，需要谨慎对待。

1．开放资本账户对经济政策的影响

资本账户开放后最大的问题就是汇率制度将产生巨大变化。外国资本要自由进出，中国要维持原有的固定汇率将非常困难。而浮动汇率会影响国际贸易与投资，因为浮动汇率使投资者与贸易伙伴很难计算汇率风险，会使一些人望而却步。中国的经济增长对国际贸易的依赖性很大，外来直接投资对中国经济增长的贡献也很大，一旦中国采用浮动汇率，国际贸易与外来直接投资都会受影响。

中国是储蓄大国，自己的资金积累不少，而且吸引了大量的外国直接投资，外汇储备不断增长。中国的经济增长似乎并不缺乏资金支持。在这种情况下，开放资本账户似乎并不能立即给中国经济带来更多的好处，而它带来的风险却有可能被我们忽视。

2．资本自由流动与挤兑风险

近些年来，有些西方国家的“专家”不断危言耸听，宣称：中国的银行体系已经破产，中国将出现银行挤兑的危机，等等。然而，事实是虽然中国的银行体系中有不少呆坏账，但人们并不急于把自己的储蓄提出来，银行仍然能正常运行。中国之所以没有出现挤兑危机，主要是因为资本账户没有开放。这与现代货币的信用性质有关，人们对纸币价值（也就是它的购买力）的信任是以政府控制通货膨胀的程度为标准的。如果不出现很高的通货膨胀率，谁也想不到把自己的储蓄取出来，因为那些纸币取回来放在家里没有什么用处。而且，中国早已摆脱了商品短缺时代，现在物价稳定，人们没有理由要大量取出自己的储蓄。

然而，资本账户开放后，当资本自由流动时，挤兑的逻辑却可能卷土重来。例如，中国经济增长如果不够快，中国人民银行可能下调利率以刺激投资与消费。在资本自

由流动的情况下，如果美国或欧洲的利率高于中国，人们就可能把人民币储蓄换成外币拿到美国或欧洲的银行存起来以生利，还有人会把自己的储蓄换成外币到欧美等发达国家的市场上去投资。如果遇到这种情况，就可能出现外汇耗尽的危险，这与抢着挤兑黄金、白银是一个道理。如果大家都担心汇率会变化，人民币会贬值，都想抢在别人之前把自己的储蓄换成外汇，那就势必要引发挤兑的危机。因此，控制资本流动、暂不开放资本账户是中国银行体系不出现挤兑危机的重要保证。

3. 理性与利益集团的较量

中国经济发展势头强劲，游说中国政府开放资本账户的人也越来越多。一些外国投资机构不断强调它们有丰富的投资经验，能帮助企业改进管理，在中国资本账户开放后，外资大量进入中国市场会帮助中国企业提高效率，使资金分配更加有效，中国的经济增长会更上一层楼，等等。

这些似是而非的说法有意无意地在掩盖一个事实：金融投资机构在任何时候、任何地方都是以营利为目的的，它们的投资主要以短期“投机”目标为主，根本不是以改善上市企业经营为目标。我们要想让金融活动更好地服务于经济发展，重点在于培育中国自己的金融市场，建立良好的金融秩序，从外国引进一两个金融投资机构并不能解决自己的市场问题。

因此，要使资本账户开放能促进中国经济的发展，关键要做好以下几项工作：①清理那些经营不善的银行与金融机构。否则，资本账户一开，中国的优秀客户被外国金融机构吸引走，它们就可能一下子陷入无法偿债的地步，从而拖垮整个银行体系。②完善政府对金融活动的监管，严密监控企业自有资金与借贷资金之间的比率，防止企业随意在海外市场上扩大借贷规模，预防出现系统性危机。③清除会计、审计制度中的扭曲现象，增强市场的透明度与企业账目的透明度，摆脱政府为企业做的隐性担保，这样才能让投资者完全为自己的决定负责，让投资者完全承担投资风险。④完善自己证券市场上的“基础设施”，形成大量健康的投资证券。否则，如果投资者认为中国的证券都是“垃圾股”，资本账户一开，那么资本会大量外流，从而引起危机。⑤注意宏观经济的平衡，汇率要合适，利率要与国际市场上的利率相差不大，以防引起投机潮。

第三节 我国的外汇管理

一、我国外汇管理制度的发展历程

（一）计划经济时期（1979 年之前）

我国对外汇的供应、需求及分配进行严格的高度集中的中央控制，所有的外汇收入（主要是出口收入）都必须售给国有银行及中国人民银行；所有的外汇支出（如进口或其他非贸易目的的支出）必须经过有关部门（如中央银行）的批准。影响汇率形成的因素中不包括市场因素。1950 年，由于中美关系恶化，双方都冻结了对方在本国的资产，因此，我国为了保护国外资产的安全，宣布停止兑美元汇率挂牌。也就是说，从 1952 年至 1972 年，中国挂靠的是英国英镑的汇率，所以这段时间人民币公开的汇率是兑英镑。1973 年开始，人民币汇率采取“一揽子货币”计算的单一浮动汇率制度，为了促进我国进出口贸易发展，我国开始参照国际货币市场，在不同的时期，选择有一定代表性、在国际市场上较为坚挺的几种外币，以构成“货币篮子”，再按各种货币的权重，加权计算人民币汇率。

（二）经济转型时期（1979—1993 年）

1979 年，为了鼓励出口、吸引外资，我国开始实行外汇留成制度，并开始增强企业的外汇自主权外汇留成制度仅限于有外汇收入的国有企业和集体企业，主要是指外汇额度留成。创汇单位将外汇卖给国家银行之后，国家会按规定的留成比例分配外汇额度，而外商投资企业则实行现汇留成，允许它们全额保留现汇收入。

1981 年，我国实行用于非贸易与贸易活动的两种不同的汇率，前者仍按“货币篮子”加权平均计算，后者按贸易外汇内部结算价，主要用于进出口贸易的结算。1985 年 1 月 1 日起，我国停止实行贸易结算价，各类外汇买卖一律按公布牌价结汇。20 世纪 80 年代后期，中国外汇市场参与者人数开始增加，汇率互换更加灵活。1993 年，我国已经有 108 家本地外汇调剂中心加入全国体系中，外汇市场调剂价格开始形成，并且与官方汇率并存，与此同时，中央银行开始谨慎介入市场。

随着互换汇率的多样性，互换市场自身开始出现一些问题，如寻租行为及一些非法行为。然而，这在我国建立一个真实的外汇市场的过程中起到了一个过渡的作用。在 1979—1994 年，我们可以看到官方汇率在不断地调整，人民币兑美元也呈贬值趋势。随着官方汇率不断贬值，中央银行也开始准备统一汇率并进行汇率机制改革。

（三）社会主义市场经济体制下的外汇管理体制（1994—2000 年）

1994 年是我国外汇改革的一个转折点，持续了 15 年的外汇上缴和留成体系被取消，取而代之的是对境内机构经常项目下的外汇收支实行强制性的银行结售汇制度，以市场供需为基础的、单一的、有管理的浮动汇率制度正式实行，官方汇率与调剂汇率并轨。1994 年 4 月，中国外汇交易中心正式运行，标志着全国统一的、规范的银行间外汇市场正式建立，成为我国主要的外汇交易场所。同时，个人因旅游、学习或其他个人需求而购买外汇的行为将受到新准则的管制，个人每年的换汇上限为 8 000 美元。

1995 年，我国终止发行外汇兑换券。1996 年 7 月，外资企业的外汇买卖被纳入银行结售汇体系，取消非贸易非经营汇兑体系，允许外资企业在银行间市场自由购买外汇。同年 11 月底，我国正式实行人民币经常项目完全可兑换。1997 年，合格的、达到一定规模的我国企业可以开设外汇结算账户，以此来保留一定比例的外汇收入。1995 年开始加入日元交易，1997 年中央银行开始正式试行远期外汇交易。1997 年，亚洲金融危机爆发，给我国经济发展与金融稳定造成严重冲击，为防止危机进一步蔓延，保持国民经济持续发展，我国做出人民币不贬值的承诺，并重点加强资本流出的管制，成功抵御了亚洲金融危机的冲击。

1998 年 12 月，外汇调剂中心正式关闭，此后所有外汇交易也开始被纳入银行结售汇体系。1998 年年底，中央银行开始允许国内银行开展面向个人的实盘外汇买卖业务。至 1999 年，随着我国股票市场的逐渐规范，买卖股票的盈利空间开始大幅缩减，部分投资者便开始进入外汇市场，国内外汇实盘买卖逐渐成为一种新兴的投资方式，外汇交易开始进入快速发展阶段。

（四）进一步深化外汇管理体制（2001 年至今）

2001 年，我国加入 WTO，为适应新的经济环境，我国外汇制度由直接管理转向间接管理，进一步注重外汇资金流入、流出的平衡管理。同年，我国证监会和国家外汇管理局下发通知，允许我国居民在我国股市买卖以美元标价的 B 股。2002 年 4 月，我国正式推出欧元对人民币交易。同年 10 月，我国对外汇账户管理政策再次进行调整，进一步放宽了结售汇的管理，允许企业开设外汇账户并持有上一年外汇收入的 20%。2003 年 10 月，双向贸易被允许，并且贸易时间从半天被延长至全天。

2005 年是我国外汇市场发展史上又一个重要的里程碑，8 种货币在当年 5 月开始正式进入银行间外汇市场进行交易。2005 年 7 月，中央银行宣布实行以市场供求为基础、参考一揽子货币进行调节、有管理的浮动汇率制度，新的人民币汇率形成机制开始启动，美元对人民币的交易价格一次性调整为 1 美元兑 8.11 元人民币，作为次日外汇市场上外汇指定银行间交易的中间价。

2006 年 6 月，中国建设银行上海分行在国内首家推出个人远期外汇业务，不但为国内投资者提供了外汇交易的新途径，还首次采用了保证金交易模式，这在很多人看来是中国外汇保证金交易闸门即将开始的信号。

2015 年 8 月 11 日，中国人民银行宣布，为增强人民币兑美元汇率中间价的市场化程度和基准性，中国人民银行决定完善人民币兑美元汇率中间价报价。自 2015 年 8 月 11 日起，做市商在每日银行间外汇市场开盘前，参考上日银行间外汇市场收盘汇率，综合考虑外汇供求情况及国际主要货币汇率变化，向中国外汇交易中心提供中间价报价。

二、我国外汇管理制度的基本框架

自中华人民共和国成立以来，我国一直实行外汇管制。中华人民共和国成立初期，基于我国国力较弱，以及当时所处的严峻的国际国内形势，我国实行比较严格的外汇管理制度。随着改革开放和经济的不断发展，我国顺势颁布了一系列的外汇管理新法规，形成了以《中华人民共和国外汇管理条例》为主、其他外汇管理法规、行政规章和规范性文件为辅的相对完善的外汇管理法律体系，标志着我国外汇管理进入了一个新时期。目前，我国外汇管理的职能部门是国家外汇管理局及其分局。我国的外汇收支针对不同的账户分别实施不同的管理措施。

（一）经常项目外汇管理

经常项目是指国际收支中经常发生的项目，包括贸易收支、劳务收支和单方面转移等。

我国对经常项目下的外汇收入实行银行结汇制，境内机构的经常项目外汇收入必须汇回国内，并按照国家关于结汇、售汇及付汇管理的规定卖给外汇指定银行，或者经批准在外汇指定银行开立外汇账户。境内机构原则上不得将经常项目外汇账户中的外汇资金转作定期存款；确需转作定期存款的，须凭法定的文件向开户行所在地的外汇局申请。境内机构的经常项目用汇，可按国家关于结汇、售汇及付汇管理的规定，持有效凭证和商业单据向外汇指定银行购汇支付。境内机构的出口收汇和进口付汇，应当按照国家关于出口收汇核销管理和进口付汇核销管理的规定办理核销手续。

对于属于个人所有的外汇，可以自行持有，也可以存入银行或卖给外汇指定银行。外汇局对居民个人购汇实行指导性限额及核销管理，购汇金额在规定限额以内的，居民个人可以持规定的证明材料直接到银行办理；购汇金额在限额以上的，居民个人应当持相应的证明材料向外汇局申请，然后再凭外汇局的核准件和相应的证明材料到银行办理。外国驻华机构和来华人员的合法人民币收入，需要汇出境外的，可以持有关的证明材料和凭证到外汇指定银行兑付。驻华机构和来华人员由境外汇入或携带入境的外汇，可以自行保存、存入银行、卖给外汇指定银行，或者持有效凭证汇出或携带出境。

（二）资本项目外汇管理

资本项目是指国际收支中因资本输出和输入而产生的资产与负债的增减项目，包括直接投资、各类贷款、证券投资等。

境内机构的资本项目外汇收入，除国务院另有规定外，应当调回国内，在外汇指定银行开列外汇账户；卖给外汇指定银行的，须经外汇管理机关批准。

境内机构向境外投资，在向审批主管部门申请前，须由外汇管理机关审查其外汇资金来源。境内投资者以外汇资金向境外投资的，应向外汇管理当局缴存所投资金的5%作为汇回利润保证金；以设备作为投资的，应按资本设备投资额的 2.5%缴存汇回利润保证金。

外债是指境内机构对非居民承担的以外币表示的债务。外债一般可分为外国政府贷款、国际金融组织贷款和国际商业贷款。对于外国政府贷款和国际金融组织贷款由国家统一对外举借；国家对国有商业银行及境内中资企业举借的中长期商业贷款实行余额管理。外商投资企业举借的中长期外债累计发生额和短期外债累计发生额之和应当控制在审批部门批准的项目总投资和注册资本之间的差额之内。在差额范围内，外商投资企业可以自行举借外债；超出差额的，须经原审批部门重新核定项目总投资。外债资金的使用应当符合国家的相关规定，同时，国家外债管理部门应当根据国家法律对外债和对外担保实施监管。

外商投资企业经营期满或因其他原因无法继续经营而依法终止的，应当依法进行清理并照章纳税。清理纳税后的剩余财产属于外方投资者所有的人民币，可以向外汇指定银行购汇或携带出境；属于中方投资者所有的外汇，应全部卖给外汇指定银行。

（三）金融机构的外汇业务管理

根据《中华人民共和国外汇管理条例》的相关规定，我国对金融机构经营外汇业务进行如下管理。

（1）金融机构经营外汇业务必须报经国家外汇管理机构批准，并领取经营外汇业务许可证；应按规定为客户开立账户，办理有关外汇业务。

（2）应按规定缴存外汇存款准备金，遵守外汇资产负债比例管理的规定，并建立呆账准备金。

（3）外汇指定银行办理结汇业务所需的人民币资金，应当使用自有资金。

（4）金融机构经营外汇业务，应接受外汇管理机关的检查、监督，同时，应当向外汇管理机关报送外汇资产负债表、损益表，以及其他财务会计报表和资料。

（四）人民币汇率和外汇市场管理

1. 人民币汇率管理

汇率是指一国货币与另一国货币相互折算的比率。汇率的高低由外汇市场供求关系和其他有关政治经济因素决定，同时汇率又对一国的国际收支和经济发展起着重要的反作用。我国过去一直实行单一的汇率制度。1979 年实行改革开放政策以后，我国实行有管理的浮动汇率制度，形成官方汇率和调剂市场汇率并存的双重汇率局面。自 1994 年 1 月 1 日起，我国取消外汇留成，将两种汇率并轨，实行以市场供求为基础的、单一的、有管理的浮动汇率制度。

2. 外汇市场管理

外汇市场是指进行外汇买卖的场所，在外汇市场进行交易应当遵循公开、公平、公正和诚实信用的原则。在我国，外汇市场交易的币种和形式由国务院外汇管理部门规定和调整。目前允许交易的币种有人民币对美元、日元、欧元等。交易的形式包括即期外汇交易和远期外汇交易，对银行间的外汇市场只允许进行即期外汇交易，对银行与客户之间则允许进行远期外汇交易。

（五）违反外汇管理的法律责任

违反外汇管理的各种行为，一般包括逃汇行为、套汇行为、扰乱金融行为、违反外债管理行为、违反外汇账户管理行为、违反外汇核销管理行为，以及违反外汇经营管理行为等。我国的相关法律法规对这些违反外汇管理的行为都予以了定义，并规定了相应的民事、刑事、行政责任。

三、我国外汇管理体制未来的发展趋势及影响因素

（一）我国外汇管理体制未来的发展趋势

目前，我国在贸易领域已基本融入世界体系，并发挥着重要作用，但在资本活动领域，我国还存在很大的空间。可以肯定的是，在经济全球化的趋势下，我国的资本

管制不是长久之计，正确的选择应当是，在现有资本管制框架下研究并推动资本账户的稳步开放。但是，在近几年，甚至十几年，我国的资本管制仍然需要为经济改革保驾护航。可以预见的是，未来我国的外汇管理体制将继续坚持国内经济体制改革和经济金融全球化的方向，围绕我国经济发展所面临的主要矛盾进行调整和决策，稳步推进人民币资本账户的可兑换，为国际货币金融体系的完善做出应有的贡献。由此，我国外汇管理体制有如下发展趋势。

（1）实现人民币资本项目可兑换和人民币汇率制度采用浮动汇率制度。根据克鲁格曼的“三元悖论”（在开放经济条件下，货币政策的独立性、汇率的稳定性和资本自由流动三个目标不可能同时实现，各国只能选择其中对自己有利的两个目标），综合我国的现实情况，我国资本市场终究会完全开放，也会长期拥有独立自主货币政策，并选择相应的浮动汇率制度。

（2）合理利用外汇储备，如到国外投资，用储备换技术，关注环境变化，加强企业社会责任，调整外汇储备资产的币种结构，减持美元储备，增持欧元、马克等货币资产，转变引进外资理念，注重成本效益分析。

（3）逐步确立由强制结售制向意愿结售制的转变。意愿结售制下，易于增强企业和个人自主创汇的积极性。

（4）积极培育和发展外汇市场，坚持依法行政，进一步整顿和规范外汇市场秩序，以及完善外汇风险的监测与化解机制。

（5）建立外汇管理制度法律体系。参考别国相关法律的优点，完善我国的法律，与世界接轨，促进我国外汇制度的发展。

随着我国在国际经济格局中占据的地位越来越重要，我国的外汇管理体制也不断实现改革，越来越适合当前我国的对外贸易格局。随着经济的不断发展，我国面临的国际贸易形势更加严峻。因此，对于外汇管理体制也要不断加强改革。

（二）影响我国外汇管理体制未来发展趋势的因素

1. 国际因素

国际因素包括金融全球化的发展趋势，以及以 IMF 为主要代表的国际经济组织的政策倾向等。

2. 国内因素

国内因素包括我国经济的结构性调整、资本市场的完善和人民币汇率形成机制改革等。

拓展阅读

外汇管制新规：2018 年 1 月 1 日起每人每年境外提现不得超 10 万元人民币

2016 年年底，中国国家外汇管理局出台外汇管制新政，使得行业内人士吓出一身冷汗。最终到了 2017 年 7 月 1 日的实施日，虽然外汇政策在各银行的执行层面收紧，但是单从政策条文来看，并无实质性变化。而在 2017 年 12 月 30 日，外汇局再放大招，发布《国家外汇管理局关于规范银行卡境外大额提取现金交易的通知》(汇发〔2017〕29 号)，规定中国公民个人境外年度取现总额不得超过 10 万元人民币，单日提取现额为 1 万元人民币。

一、该通知的主要内容

一是个人持境内银行卡在境外提取现金，本人名下银行卡（含附属卡）合计每个自然年度不得超过等值 10 万元人民币。

二是将人民币卡、外币卡境外提取现金每卡每日额度统一为等值 1 万元人民币。

三是个人持境内银行卡境外提取现金超过年度额度的，本年及次年将被暂停持境内银行卡在境外提取现金，甚至可能会被处罚。

四是个人不得通过借用他人银行卡或出借本人银行卡等方式规避或协助规避境外提取现金管理。

该通知自 2018 年 1 月 1 日起实施，2018 年境外提取现金年度额度从 2018 年 1 月 1 日起开始累计计算。实际上早在 2017 年 2 月，外汇局就表示，今年将加强外汇市场的监管，严厉打击外汇违法和违规行为，以维护我国的国际收支平衡。

二、外汇局为什么要明确限制境外提现额度

据国家外汇管理局涉外银行卡统计数据显示，2015 年，我国居民境外刷卡支出为 1 330 亿美元，其中主要是购物消费，支出金额为 836 亿美元，占刷卡总额的 63%，主要集中在美国、日本、韩国、我国香港、我国澳门等地。数据显示，除购物外，排在第二位的交易类型是提现。2015 年，我国居民境外刷卡提现 231 亿美元，占境外刷卡支出总额的 17%。据介绍，针对部分银联卡持卡人在境外频繁、大额提现等异常现象，外汇局于 2015 年 9 月就发文规范境外提取现钞额度管理。

除此之外，在非现金支付日益普及和便利、全球普遍加强大额现金管理的情况下，当前境内个人在境外大额提现并不正常，涉嫌诈骗、赌博、洗钱、恐怖融资等违法犯罪活动。例如，2013 年 10 月至 2015 年 11 月，陈某等 4 人以本人及亲戚朋友名义，办理 100 多张银行卡，在我国澳门提取港元现钞，再私下卖给当地商户或赌场，涉及金额 4.76 亿元人民币，该案件目前已判决，陈某等 4 人被判有期徒刑 3~5 年。

关于此次限额规定，外汇局表示，这是根据 2017 年 8 月国务院相关文件的要求，外汇局于 2018 年起完善银行卡境外使用监管，抑制银行卡境外大额提现。这可进一步防范银行卡提取现金领域的违法犯罪活动。

外汇局相关负责人表示，国际监管经验也显示，大额现金交易往往与诈骗、赌博、洗钱、恐怖融资等违法犯罪活动有关。为此，全球普遍加强了大额现金管理。

三、个人境外持卡消费不受影响

看到通知后，许多人都会有所担忧，新规对我们个人境外持卡消费会造成什么影响呢？事实上，此次规定对普通个人境外持卡消费并无影响。据外汇局有关负责人介绍，2016 年，81%的银行卡境外提现低于等值 3 万元人民币。此次新增每人每年等值

10万元人民币限额，在有效抑制少数违法违规人员大额提现的同时，完全可以满足持卡人在境外正常提现的需求。

招商银行信用卡中心总经理称："由于境外有着较为完备的用卡环境，目前信用卡的境外消费99%都是通过刷卡支付完成的，只有在一些无受理终端支付或紧急情况下才会使用信用卡取现。"

因为境外银行卡取现新规并没有改变个人便利化年度5万美元的购汇额度，所以完全不会影响居民境外衣、食、住、行等正常消费的便利性。"此次完善银行卡管理不属于重大政策调整，不改变银行卡外汇管理的基本框架和个人用汇政策，个人在境外正常提现和消费不受影响。"外汇局相关负责人表示。

经常出行海外，或者生活在海外的华人要特别注意！对于个人境外旅游用汇，建议减少携带和使用大额现金，注意用卡安全和信息保护，不借用他人银行卡规避额度管理，也不向他人出借银行卡，避免被不法人员利用从事违法犯罪活动。

（资料来源：http://www.3798.com/article-18564-1.html）

基本概念

外汇管制　外汇管制的主体　外汇管制的客体　进口存款预交制　进口许可证制　直接管制　间接管制　数量限制　价格管制　综合管制　外汇转移制度　可自由兑换货币

复习思考题

一、单项选择题

1. 中国的外汇管制的主体是（　　）。

A. 中央银行　　B. 财政部　　C. 外汇管理局　　D. 商务部

2. 外汇管制始于（　　）。

A. 第一次世界大战期间　　B. 第一次世界大战之后

C. 第二次世界大战期间　　D. 第二次世界大战之前

3.（　　）是外汇管理最基本、最主要的内容。

A. 贸易外汇的管理　　B. 资本项目下外汇的管理

C. 汇率的管理　　D. 货币兑换管理

4. 外汇缓冲政策属于（　　）措施。

A. 直接管制　　B. 间接管制　　C. 数量管制　　D. 价格管制

5. 通过进口限制、许可证制等方式管制外汇属于（　　）。

A. 直接管制　　B. 数量管制　　C. 价格管制　　D. 综合管制

6．对发展中国家来说，汇率扭曲主要表现在（　　）。

A．本币汇率过高　　B．本币汇率过低

C．外币汇率过高　　D．外币汇率过低

7．货币的可兑换性传统上认为源于（　　）时期。

A．金本位制　　B．布雷顿森林体系

C．牙买加货币体系　　D．第一次世界大战期间

8．（　　）是货币能否实现自由兑换的一个重要前提。

A．合理的汇率水平　　B．稳健的宏观经济政策

C．完善的金融市场　　D．宽松的外汇管制

9．（　　），我国已实现了人民币国际收支经常项目下的可兑换，这标志着我国加快了与国际经济接轨的步伐。

A．1995 年　　B．1996 年　　C．1997 年　　D．2005 年

10．我国规定境内投资者以外汇资金向境外投资的，应向外汇管理当局缴存所投资金的（　　）作为汇回利润保证金。

A．2.5%　　B．2.5‰　　C．5%　　D．5‰

二、多项选择题

1．外汇管制中以物为对象的客体包括（　　）。

A．外汇　　B．外币有价证券　　C．金银及其制成品　　D．居民

2．根据外汇管制的内容和严格程度的不同，外汇管制一般分为（　　）。

A．实行严格外汇管制

B．实行适中外汇管制

C．实行部分外汇管制

D．名义上取消但仍在不同程度上实行外汇管制

3．对进口付汇实行严格管制的国家，为了限制某些商品进口、减少外汇支出，一般采取的措施有（　　）。

A．进口押金制　　B．进口存款预交制

C．进口许可证制　　D．进口配额制

4．对非贸易外汇实行管理的方式一般有（　　）。

A．直接限制　　B．最高限额　　C．登记制度　　D．特别批准

5．价格管制也称成本管制，其管制的形式主要有（　　）。

A．限买不限卖　　B．外汇转移制度

C．混合复汇率制　　D．规定差别汇率

6．货币兑换分为三个层次：一是（　　）；二是（　　）；三是完全可自由兑换。

A．经常项目和资本项目下均不可兑换　　B．经常项目下可兑换

C．经常项目和资本项目下均可以兑换　　D．资本项目下不可兑换

7．一国要实现资本项目的对外开放应具备的条件有（ ）。

A．较低的通货膨胀率　　B．发达的资金市场

C．较强的宏观调控能力　　D．灵活而高效的微观企业机制

8．目前，我国金融市场的发展不够成熟的表现有（ ）。

A．金融机构类型单一、垄断性强　　B．金融产品种类稀少、交易量小

C．尚未建立适应国际竞争的机制　　D．短期货币市场发育还很幼稚

9．根据多数发展中国家的经验，开放的步骤一般为（ ）。

A．先放宽长期资本流出入管制，再放宽短期资本流出入管制

B．先放宽对直接投资的管制，再放宽对间接投资的管制

C．先放开对证券投资的管制，再放开对银行信贷的管制

D．先放开对境外筹资的管制，再放开对非居民境内筹资的管制

10．外债是指境内机构对非居民承担的以外币表示的债务。外债一般可分为（ ）。

A．国际金融组织贷款　　B．外国政府贷款

C．国际商业贷款　　D．外汇企业贷款

三、判断题

1．世界各国对居民的外汇收支，往往因其涉及居住国的国际收支问题而管制较严，而对非居民的管制则较宽。（ ）

2．名义上取消但仍在不同程度上实行外汇管制的国家主要是一些发达国家或开放度较高的发展中国家。（ ）

3．间接外汇管制对国际收支长期性逆差效果较好，但对短期性逆差效果并不明显。（ ）

4．无论是政府规定官方汇率，还是政府限制外汇买卖，都会使汇率偏离市场均衡汇率。（ ）

5．在对待资本流出方面，应放宽对境内居民机构对海外投资的限制，适当允许境内金融机构向非居民融资，谨慎对待非居民金融机构在我国境内筹资。（ ）

6．2002 年国家外汇管理局下发通知，允许中国居民在中国股市买卖以美元标价的 B 股。（ ）

7．我国从成立以来一直实行外汇管制。（ ）

8．我国对于属于个人所有的外汇，可以自行持有，也可以存入银行或卖给外汇指定银行。（ ）

9．自 2005 年 1 月 1 日起，我国取消外汇留成，将两种汇率并轨，实行以市场供求为基础的、单一的、有管理的浮动汇率制度。（ ）

10．我国目前外汇市场的交易形式主要是即期外汇交易和远期外汇交易，对银行间的外汇市场只允许进行即期外汇交易，对银行与客户之间则允许进行远期外汇交

易。(　　)

四、问答题

1. 简述外汇管制的主体与客体。
2. 简述外汇管制的内容。
3. 外汇管制的方法有哪些?
4. 一国实行外汇管制会产生什么影响?
5. 经常项目下的货币自由兑换的具体内容是什么?
6. 一国货币实现自由兑换有什么意义?
7. 一国货币实现自由兑换需具备什么样的条件?
8. 人民币实现自由兑换的客观要求有哪些?
9. 人民币自由兑换的障碍有哪些?
10. 为什么要慎重对待人民币自由兑换问题?

第十章 国际金融市场

学习目标

通过本章的学习了解国际金融市场的产生与发展；掌握国际金融市场的含义、分类、作用及风险；熟悉国际金融市场所具备的条件及与国内金融市场的区别；熟悉国际金融市场上常见的业务类型及业务内容；掌握离岸金融市场的含义、特征；了解离岸金融市场的起源与发展；熟悉离岸金融市场的作用及类型；了解国际金融创新的分类及风险；熟悉国际金融创新的内容及创新的条件；掌握国际金融创新的含义及创新的类型。

在国际领域中，国际金融市场显得十分重要。商品与劳务的国际性转移、资本的国际性转移、黄金输出入、外汇的买卖，以及国际货币体系运转等各方面的国际经济交往都离不开国际金融市场。国际金融市场上新的融资手段、投资机会和投资方式层出不穷，金融活动也凌驾于传统的实质经济之上，成为推动世界经济发展的主导因素。

第一节 国际金融市场概述

一、国际金融市场的含义

国际金融市场，又称外部市场，是金融资产的交易跨越国界、进行国际交易的场所。该市场上的证券的显著特点是同时向许多国家的投资者发行，且不受一国法令的制约。国际金融市场有狭义和广义之分。

狭义的国际金融市场又称传统的国际金融市场，是国际资金借贷和传统国际金融产品交易的场所或网络，包括从事短期资金借贷的国际货币市场、从事中长期资金借贷的国际资本市场、从事国际外汇买卖的外汇市场，以及从事黄金买卖的国际黄金市场，这几类国际金融市场是相互联系、相互作用的。

广义的国际金融市场除了包括上述各种传统金融市场的业务，还包括新兴国际金融市场，即离岸金融市场（欧洲货币市场）和国际金融衍生工具市场。随着金融全球化和金融自由化的不断深入，在大规模国际金融市场上，传统国际金融市场和新兴国际金融业务相互交织融合，两者之间的界限逐渐模糊。

国际金融市场多以市场所在地的城市命名，如伦敦国际金融市场、纽约国际金融市场、东京国际金融市场，苏黎世国际金融市场等。这些国际金融市场绝大多数属于无形市场，也就是说，在这些市场上所进行的各种资金的借贷和金融产品的交易，主要是通过电话、电报和电传等现代通信手段完成的。由于这些国际金融市场多是各种国际金融业务活动的中心，因此习惯上又把它们称为国际金融中心。目前世界上主要的国际金融中心可以划分为五个区域：西欧区主要有伦敦、苏黎世、巴黎、法兰克福、布鲁塞尔和卢森堡等；亚洲区主要有新加坡、中国香港、东京等；中美洲和加勒比海地区主要有开曼群岛和巴哈马等；北美洲区主要有纽约、旧金山、多伦多、蒙特利尔等；中东区主要有巴林和科威特等。

二、传统国际金融市场的产生与发展

（一）传统国际金融市场产生的条件

国际金融市场是随着国际贸易的发展、国际资本输出入的规模和国际借贷关系的扩大而产生并发展起来的。国际贸易的发展产生了相对应的进出口信贷、票据抵押贷款等资金融通业务，以及国际结算、外汇买卖、资金划拨等金融中介服务的需求。资本流动规模和国际借贷关系的扩大，要求银行和其他金融机构提供更加全面、便捷的融资便利和金融服务。伴随着这些需求，各国国内金融市场不断发展并相互渗透，最终推动了国际金融市场的形成和发展。国际金融市场的形成和发展必须具备以下几个条件。

1. 稳定的政治环境和良好的经济基础

如果国内政局动荡、社会不安定因素多，就无法保证金融资产的安全和金融市场投资者的利益，无法吸引国际资本的进入。因此，稳定的国内政局和社会环境是国际金融市场形成的最基本的前提。另外，国际金融市场要以国内金融市场的形成与发展为基础，而国内金融市场的发展又是建立在本国经济和金融的发展之上的。随着国内经济和对外贸易的发展，国内外资金往来的规模和频率增加到一定程度，就形成了国际金融市场。

2. 自由的外汇市场与宽松的金融政策

国际金融市场一方面要吸引国外资金流入，另一方面要允许资金的自由流出，因此，只有具备自由的外汇市场，才能灵活地进行资金币种的转换，并在国际交易者间调拨，形成国际资本的集散地，继而成为国际金融市场。另外，宽松的金融政策，如取消存款准备金、较低的税率和自由的利率等，会增加对国际资本的吸引力，促进国际金融市场业务种类不断丰富、资金交易规模不断扩大。

3. 健全的金融制度和完善的金融市场体系

要使交易者能够顺畅、便捷地进行各类国际金融交易，健全的金融法规和完善的金融市场体系必不可少。各国的国际金融市场都要制定与国际惯例相一致的金融法规，以保证业务标准的一致性和市场行为的规范性。完善的金融市场体系包括管理严格、业绩优良的金融机构体系，多样化的业务品种体系和丰富的金融产品体系等，以满足各类国际资本的不同需求，保证低成本、高效率地进行金融交易。

4．先进的基础设施和训练有素的金融人才

现代国际金融市场多是无形市场，信息技术在交易中被广泛应用，没有先进的基础设施和专用设备，就会影响市场的交易速度和运营效率。同时，现代金融业是知识密集型的服务行业，金融机构科学规范的管理、金融产品的创新、资金的高效安全运作等，都需要高素质的综合型人才。他们不仅要具备深厚的经济、金融知识基础和较强的实践能力，还要掌握法律、计算机等相关知识，才能满足国际金融市场上日益多样化、个性化的服务需求。

（二）国际金融市场的发展历程

在全球范围内，国际金融市场的形成与发展大致经历了以下几个阶段。

1．国际金融市场萌芽时期

资本主义制度确立初期，随着各国对外贸易的不断拓展，国际汇兑与清算业务也迅速增长。16 世纪末，为适应国际清偿的需要，在荷兰阿姆斯特丹成立了国际清算中心，以增加各国间对外贸易中支付清算的便利性。当时的国际经济往来主要为商品贸易，国际资本流动极其有限，因此，国际金融市场仅仅是为国际贸易提供清算服务的附属市场。

2．国际金融市场形成时期

1694 年，为适应资本主义国家经济增长对资金的需求，并为迅速发展的对外贸易提供国际汇兑和国际清算服务，英格兰银行正式成立。由此，伦敦在成为世界经济中心和国际贸易中心的同时，也成为国际汇兑、国际清算和国际借贷中心，标志着现代国际金融市场的正式形成。

3．国际金融市场发展时期

18 世纪，英国率先完成了资本主义工业革命，成为资本主义头号经济强国，英镑也成为当时全球主要的结算货币和储备货币。伦敦大量的贸易清算业务催生了票据交换所（票据承兑公司）和大批融通外贸信用的商人银行等新型金融机构。同时，英格兰银行的国际结算业务不断扩展，并在世界各地建立了完整的业务代理网络。英国在国际贸易和全球金融领域的主导地位，决定了伦敦成为世界最主要的国际金融中心。第二次世界大战后，由于国际资本的大规模流动，国际金融市场业务不断增长，新的国际金融市场不断出现。美国在两次世界大战期间均未遭到战争的破坏，其经济实力迅速膨胀，以压倒性优势成为世界经济新霸主，美元也成为最重要的国际结算货币和储备货币，纽约取代伦敦成为最大的国际金融中心。另外，瑞士的苏黎世由于其中立国的特殊地位，加上开放自由的外汇和黄金市场，成为新兴的国际金融市场。与此同时，一些资本主义经济和国际贸易比较发达的中心城市，如阿姆斯特丹、法兰克福、东京等，在突破原有的国内金融业务范围的基础上，也发展成为重要的国际金融市场。

4．离岸金融市场形成发展时期

离岸金融市场是目前国际金融市场的核心和最主要的组成部分。从 20 世纪 50 年代开始，随着发达资本主义国家经济的飞速发展，越来越多的国际金融业务活动希望摆脱市场经济国家的法律、法规限制。同时，美国连年的国际收支逆差导致大量美元流向海外，于是产生了境外美元交易，也就是非居民和非居民之间的美元借贷交易。这些交易既不受美国金融法规管辖，也不受市场所在国的管制。这种境外交易最初集中在欧洲，因此称为欧洲美元市场，伦敦是最早的欧洲美元交易中心。随着货币兑换和资本流动管制的不断放宽，境外货币的种类和规模迅速增加，形成了欧洲英镑、欧洲法国法郎、欧洲德国马克等欧洲货币市场，欧洲美元市场逐渐演变为欧洲货币市场，并向巴黎、法兰克福、阿姆斯特丹、卢森堡，以及亚洲的新加坡、中国香港等国家或地区扩散，甚至加勒比海地区的开曼群岛和中东的巴林等也相继形成离岸金融市场。新兴的离岸金融市场是具有现代意义的国际金融市场，使国际金融市场的发展进入了一个崭新的阶段。

5．国际金融市场一体化的阶段

20 世纪 70 至 80 年代，生产、资本国际化趋势进一步加强，信息技术在国际金融领域内被广泛使用，各国际金融市场在交易制度、产品品种和定价等方面逐渐趋同，国内金融市场和国际金融市场逐步相融，传统国际金融市场与新兴离岸金融市场的界限日益模糊，国际金融市场进入了一体化、全球化的阶段。

三、国际金融市场与国内金融市场的区别与联系

（一）二者的区别

1．市场运作境界不一

国内金融市场的活动领域局限于一国领土内，市场的参与者限于本国居民；而国际金融市场的活动领域超越国界，其参与者涉及境外居民或多国居民。

2．市场业务活动不一

国内金融市场的业务活动一般不用外汇，也不必通过外汇市场进行；而国际金融市场的业务活动必然涉及外汇交易活动，而且要通过外汇市场进行，外汇市场是国际金融市场的中心市场之一。

3．市场管制程度不一

国内金融市场必须受到货币当局的直接干预（含暗地干预），市场运行在很大程度上受到行政力量的干预；而发达的国际金融市场基本不受所在国金融当局的管制，市场运行一般很少受到干预，甚至完全不干预。

（二）二者的联系

（1）国内金融市场是国际金融市场得以发展的基础。世界上一些主要的国际金融市场，都是在原有国内金融市场的基础上发展而成的，这些国际金融市场中的金融机

构、银行制度及涉外业务与国内金融市场都有着密切的联系。

（2）国内金融市场的货币资金运动与国际金融市场的货币资金运动相互影响。国内金融市场的利率发生变动，会通过各种方式影响国际金融市场上利率的变化；国内金融市场上货币流通发生变化或币值变动，也同样会影响国际金融市场上汇率的变动。

（3）国内金融市场上的某些大型金融机构，同样也是国际金融市场运作的主要参与者。

四、国际金融市场的分类

国际金融市场可以按照不同的分类方法来划分。

（一）按性质不同划分

（1）传统国际金融市场。从事市场所在国货币的国际信贷和国际债券业务，交易主要发生在市场所在国的居民与非居民之间，并受市场所在国政府的金融法律法规管辖。

（2）离岸金融市场。其交易涉及所有可自由兑换的货币，大部分交易是在市场所在国的非居民之间进行的，业务活动不受任何国家金融体系规章制度的管辖。

（二）按资金融通期限的长短划分

（1）国际货币市场。国际货币市场是指资金借贷期在 1 年以内（含 1 年）的交易市场，或称短期资金市场。

（2）国际资本市场。国际资本市场是指资金借贷期在 1 年以上的中长期信贷或证券发行所形成的市场，或称长期资金市场。

（三）按经营业务的种类划分

（1）国际资金市场。国际资金市场是狭义上的国际金融市场，即国际间的资金借贷市场，按照借贷期限长短可划分为短期信贷市场和长期信贷市场。

（2）国际外汇市场。国际外汇市场是由各类外汇提供者和需求者组成的、进行外汇买卖、外汇资金调拨、外汇资金清算等活动的场所。其主要业务包括外汇的即期交易、远期交易、期货交易和期权交易。伦敦是世界最大的外汇交易中心，世界上比较重要的外汇交易市场还包括纽约、苏黎世、法兰克福、东京和新加坡。

（3）国际证券市场。国际证券市场是股票、公司债券和政府债券等有价证券发行和交易的市场，是长期资本投资人和需求者之间的有效中介，是金融市场的重要组成部分。

（4）国际黄金市场。国际黄金市场是指专门从事黄金交易买卖的市场。

（四）按金融资产交割的方式划分

（1）现货市场。现货市场是指现货交易活动及场所的总和。

（2）期货市场。其主要交易类型有外国货币期货、利率期货、股指期货和贵金属期货等。

（3）期权市场。期权市场是指投资者进行期权交易的场所。

五、国际金融市场的作用及风险

（一）国际金融市场的作用

国际金融市场的作用是广泛的，一般有以下几个方面。

1．推动世界经济全球化

首先，国际金融市场加速了国际资本流动。在国际范围内把大量闲散资金聚集起来，从而满足了国际经济贸易发展的需要，同时通过金融市场的职能作用，把"死钱"变为"活钱"，由此推动了生产与资本的国际化。其次，国际金融市场为世界各国的经济复兴起到了巨大的推动作用，如欧洲货币市场促进了当时的联邦德国和日本经济的复兴，亚洲美元市场对亚太地区的经济建设也起了积极的作用，发展中国家的大部分资金也都是在国际金融市场上筹集的。最后，国际货币市场的形成与发展，又为跨国公司在国际间进行资金储存与借贷、资本的频繁调动创造了条件，促进了跨国公司经营资本的循环与周转，由此推动了世界经济全球化的快速发展。

2．为各国经济发展提供资金

国际金融市场是世界各国资金的集散中心，各国可以充分利用这一国际性的蓄水池，获取发展经济所需的资金。可以说，某些国家或地区就是以在国际金融市场上借钱付利息的代价来推动经济发展的。

3．有利于国际收支的调节

国际金融市场的产生与发展，为国际收支逆差国提供了一个调节国际收支的渠道，即逆差国可到国际金融市场上举债或筹资，从而能更灵活地规划经济发展，也能在更大程度上缓和国际收支失衡的压力。

4．促进金融业的国际化

发达的国际金融市场，吸引着无数的跨国金融组织，尤其是银行业汇集于此，国际金融市场成了国际大银行的集散地。金融市场通过各种活动把这些银行有机地结合在一起，使世界各国的银行信用突破空间制约而成为国际间的银行信用，在更大程度上推动诸多金融业务国际化。

5．提供了规避风险的场所

随着国际金融市场自由化趋势的发展，利率、汇率和股票价格的波动越来越剧烈，由此导致各种金融资产的价格也在不断地波动。国际金融市场及实体经济市场的参与者，为了管理各种金融风险，必然寻求规避风险的新途径。国际金融市场中的期货、期权等衍生品为投资者提供了有效的风险管理手段。

6．促进全球资源合理配置

国际金融市场是一个高度竞争的市场，资金总是流向经济效益最好、资金收益最高的国家或地区，这就使国际金融市场上的资金利用效率大大提高。国际金融市场上的各种金融资产，如利率、汇率等的形成，是基于众多的交易者对未来市场走势的预期，这些价格信息不仅充分反映了金融资产的供求关系，而且对全球真实资源的最优配置发挥了重要的调节作用。

（二）国际金融市场蕴藏的风险

与此同时，我们也应该认识到，国际金融市场在世界经济发展中也伴随着很多风险，主要反映在以下几个方面。

1. 金融衍生品滋生出的投机行为加大了金融风险

据统计，目前全世界金融市场的交易量最大，约是商品和服务交易总量的 2.5 倍。在巨额的国际资本流动中，只有 10%与实体经济交易和投资有关。全球性金融衍生品市场的迅猛发展也滋生了过度投机和经济泡沫，使实体交易量、金融原生品交易量和金融衍生品交易量形成倒金字塔，增加了国际金融市场的脆弱性，加大了金融风险。

2. 国际金融市场一体化使金融风险随全球化而蔓延

在国际金融市场一体化的进程中，金融风险随市场规模的扩大而增加。金融业各机构之间、金融机构与其他部门之间，以及国内市场和国际市场之间相互依赖，任何一个地方出现问题，风险都具有连续反应和波及整个系统的蔓延效应。一国的金融风险或危机会迅速传播到世界各地，从而使来自国际金融市场的风险对各国金融业形成较大的冲击。

3. 融资的便利性引发了国际性债务危机的爆发

逆差国在国际金融市场借款的规模不断扩大，如果对资金缺乏合理的配置，将造成资金的浪费，无法形成有效的创汇增长点，结果是进入借新还旧的恶性循环轨道。一旦借款国无力偿债，就会在国际范围内引发债务危机，如南美、非洲一些国家。

4. 巨额的国际资本流动增大了国际金融市场的风险

国际资本流动在 20 世纪 90 年代期间迅速增长，直接投资和证券投资取代了商业银行贷款，成为国际资本流动的主流。在很大程度上，国际资本流动，尤其是短期资本已脱离了世界经济和贸易活动，形成了一种相对独立的力量，难以控制。国际游资规模迅速膨胀，在国际社会频繁流动，国际社会的干预能力相对有限，因此，它们极易通过外汇市场及整个国际金融市场冲击相关国家的经济。

第二节　国际金融市场的业务活动

上一节讲到关于国际金融市场的含义有狭义和广义之分，而本节所要讲的国际金融市场的业务活动以狭义概念的业务范围为主，即国际资金的借贷市场，主要包括从事短期资金借贷的国际货币市场、从事中长期资金借贷的国际资本市场、从事国际外汇买卖的国际外汇市场，以及从事黄金买卖的国际黄金市场。由于国际外汇市场于前面章节有介绍，所以本节只介绍其余三个类型。

一、国际货币市场

国际货币市场是指借贷期限在 1 年以内的国际短期资金交易场所。国际货币市场的主要功能有：为暂时闲置的国际短期借贷资金提供出路，使其增值；便利短期资金在国家间调拨，使国际结算顺利进行；提供短期资金融通，便利国际经济交易。国际货币市场的主体主要包括各国商业银行、投资银行、证券公司、票据承兑和贴现公司、中央银行等。国际货币市场呈现出借款期短、金额大、成本低、风险小、资金周转量大、纯信用拆放等特点。根据不同的借贷方式，国际货币市场分为银行短期信贷市场、短期证券市场和票据贴现市场。

（一）银行短期信贷市场

银行短期信贷市场主要包括银行对工商企业的短期信贷和银行同业拆放市场，前者主要解决企业流通资金的需要，后者主要解决银行平衡一定头寸、调节资金余缺的需要。

1. 银行短期信贷

外国工商企业在西方国家的货币市场上进行存款或放款，首先应注意的是利息率惯例。按国际惯例，外币存款的利息计算方法是以存款按年历的实际天数除以 360 天计算。西方国家还规定，在本国的外国工商企业以自由兑换的货币在本国银行进行短期存款，根据不同的期限，有不同的数额规定。例如，在瑞士，外币存款的最低数额要相当于 100 000 瑞士法郎，存款期限在 1～12 个月。48 小时的通知存款最低额度必须相当于 2 000 000 瑞士法郎。

2. 银行同业拆放

在银行短期信贷市场中，银行同业拆放业务相当重要。伦敦银行同业拆放市场是典型的拆放市场，它的参加者为英国的商业银行、票据交换银行和外国银行等。伦敦同业银行拆放利率是国际金融市场贷款利率的基础，即在这个利率的基础上再加一定的附加利率。

第二次世界大战以后，西方各国政府为了通过中央银行管理和控制信用，都以法令的形式规定银行和其他金融机构在接受客户的存款后，必须按一定比例，也就是法定准备率，向中央银行缴纳一定的法定准备金。法定准备金不足的银行采用的最多的办法就是向同业银行借款，即把同业银行在中央银行存放的多余的法定准备金的一部分转到自己的账户上来，待到自己在中央银行的法定准备金多余之时，再把相当于原来的借款额度部分转到其债权行的账户上来。

同业拆放业务是银行一项经常业务，以隔夜拆放为多，今天借明天还，绝大部分是 1 天期到 3 个月期。同业拆放，银行彼此之间靠信用办事，一般通过电话进行，不需采用契约、票据之类的工具。同业拆放是商业银行之间进行的借贷业务，但在美国中央银行有存款的不只是商业银行，还有外国银行、联邦机构和证券经纪人等。这些机构根据同业拆放的原则，也可以把它们存在中央银行账户上的余额借给需要资金的机构，借出和偿还同样是通过中央银行拨账的方式进行。

（二）短期证券市场

1. 可转让定期存单

可转让定期存单，简称定期存单，是指银行发行对持有人偿付具有可转让性质的定期存款凭证，凭证上载有发行的金额及利率，以及偿还日期和方法。如果存单期限超过1年，则可在期中支付利息。在纽约货币市场，通常以面值为100万美元为定期存单的单位，有30天到5年或7年不等的期限，通常期限为1~3个月，一律于期满日付款。

可转让定期存单于1961年由美国纽约花旗银行首先发行，在货币市场上与其他投资方式争资金，以求增加存款。紧接着，其他银行也立即仿效，从那以后定期存单成了短期融资的工具。银行发行的可转让定期存单，在性质上仍属于债务凭证中的本票，由银行允诺到期时还本付息，存单的利率高于类似的偿还期的国库券的利率，购买存单的投资者需要资金时，可把存单出售换成现金。存单把存款和短期证券的优点集于一身，既为银行带来了方便，又为客户提供了好处。

2. 商业票据

这里的商业票据是指没有抵押品的短期票据，从本质上说，它是以出票人本身为付款人的本票，由出票人许诺在一定时间、地点付给收款人一定金额的票据。商业票据是最早的信用工具，起源于商业信用，而商业信用的出现先于金融市场的产生。在没有金融市场时，商业票据没有流通市场，只能由收款人保存，到期才能收款。直到有了银行、金融市场之后，商业票据的持有者才可以拿商业票据到银行去抵押，到市场上去贴现，提前取得资金。近年来更进一步演变为一种单纯的在金融市场上融通筹资的工具，虽名为商业票据，却是没有实际发生商品或劳务交易为背景的债权凭证。

以本票为主的商业票据市场基本上是一种初级市场，没有二级市场，其原因在于大多数商业票据的偿还期很短，多为20~40天。商业票据利率一般比政府发行的短期国库券的利率高，这是由风险、流通和税收的原因决定的，它的风险大于政府国库券的风险，所以其利率高于国库券的利率。

3. 银行承兑汇票

银行承兑汇票是指由出票人签发一定金额的、委托付款人于指定的到期日无条件支付给收款人或持票人的一种票据，多是以银行为付款人并经银行承兑的远期汇票。一旦银行在汇票上盖上“承兑”字样，汇票就成为银行的直接债务，在此后银行负有于汇票到期时支付现金给持票人的义务。

汇票是随着国际贸易的发展而产生的。国际贸易的买卖双方相距遥远，所用货币各异，不能像国内贸易那样方便地进行结算。若没有强有力的中间人担保，进口商怕付了款而收不到货，出口商怕发了货收不到款，这样国际贸易就难以顺利进行。后来银行参与国际贸易，作为进出口双方的中间人，开出信用证：一方面向出口商担保，货物运出，开出以银行为付款人的汇票，发到银行，银行保证付款；另一方面又向进口商担保，能及时收到他们所进口的货物的单据，到港口提货。出口商开出的汇票，如为即期汇票，开证行于见票后立即付款；如为远期汇票，开证行见票予以承兑，到期付款。银行承兑汇票就是通过国际贸易的结算过程被创造出来的。

（三）票据贴现市场

贴现是指持票人以未到期票据向银行兑换现金，银行将扣除自买进票据日（贴现日）到票据贴现周的利息（贴现息）后的余额付给持票人。从本质上看，贴现也是银行放款的一种形式，这种方式与一般放款的差别是在期初本金中扣除利息，而不是在期末支付利息。

由于经营多种金融工具，票据贴现市场又形成了四种一级市场，分别是短期拆借市场、国库券市场、商业票据市场、短期债券市场。

全球知名的票据贴现市场，主要有美国的票据贴现市场、日本的票据贴现市场和英国的票据贴现市场。其中，美国的票据贴现市场主要由银行承兑汇票市场和商业票据市场两部分构成。日本的票据贴现市场主营的是期票和承兑汇票业务。与它们相比，英国贴现市场的历史则显得久远，至今已走过了 100 多年的发展历程，且一直比较发达。19 世纪中叶，伦敦贴现市场所经营的几乎全部是商业汇票的贴现业务，到 19 世纪末，才陆续增加国库券和其他短期政府债券的贴现业务。19 世纪 50 年代后，英国货币市场的家族才逐步扩大，出现了银行同业存款、欧洲美元、可转让大额定期存单等子市场。尽管如此，票据贴现市场在英国货币市场中仍无可置疑地处于核心地位。

二、国际资本市场

国际资本市场，是指国际金融市场中期限在 1 年以上的各种资金交易活动所形成的市场。国际资本市场主要用于筹措和运用国内、国际资金，以满足本国的生产建设和国民经济发展的需要，由国际债券市场、国际股票市场、国际银行中长期信贷市场三部分组成。国际资本市场的中长期资金供应者大多数为商业银行、储蓄银行和保险公司。资本市场根据证券发行交易性质可分为一级市场和二级市场，即发行市场与流通市场。

国际资本市场有以下五个主要功能。

第一，提供了一种机制，使资本能迅速有效地从资本盈余单位向资本不足单位转移，此时资本市场承担了一级市场功能，只有一级市场才能通过发行和增发新的证券，为资金需求者提供新的资金来源。

第二，为已发行证券提供具有充分流动性的二级市场，即发行证券的流通市场。二级市场的存在是为了保证一级市场更有效地运行。二级市场上投资人可以通过不断调整其资产组合来降低风险，获取最大收益，并且随时使证券变现。同时，发行人也可以迅速并持续地从社会上募集到其扩张所需的资金。

第三，能够更广泛地吸引国外资本或国际资本，提高资本使用效率及跨空间调配速度。

第四，能够以较低的成本吸收资本，降低融资成本，提高资金运作效率。

第五，能够通过发行国际证券的形式或创造新的金融工具，规避风险，逃避各国的金融、外汇管制及税收问题。

（一）国际债券市场

国际债券市场是指由国际债券的发行人和投资人所形成的金融市场，具体可分为发行市场和流通市场。发行市场组织国际债券的发行和认购，流通市场安排国际债券的上市和买卖。这两个市场相互联系、相辅相成，构成统一的国际债券市场。

国际债券市场的发展特点是：融资者的主体始终是发达国家，发展中国家所占比重较小；币种结构发生变化；欧洲债券的发行规模远大于外国债券；国际债券类别结构发生变化；新兴市场国家表现活跃，政府为主要发行主体。

国际债券市场主要有：美国的外国债券市场，也称“扬基债券”它的发行额大、流动性强、期限长；日本的外国债券市场，又称武士债券，它的发行成本高，不如欧洲日元债券便利；瑞士是世界上最大的外国债券市场，以外国机构在瑞士发行的瑞士法郎债券为主；以及最著名的欧洲债券市场。

欧洲债券市场分为欧洲美元债券市场和欧洲日元债券市场。欧洲美元债券是指在美国境外发行的以美元为面额的债券。它在欧洲债券中所占的比例最大，不受美国政府的控制和监督，是一个完全自由的市场。它没有发行额和标准限制，只需根据各国交易所上市规定，编制发行说明书等书面资料。和美国的国内债券相比，欧洲美元债券具有发行手续简便、发行数额较大的优点。欧洲日元债券市场是指在日本境外发行的以日元为面额的债券，其发行不需经过层层机构的审批，但需得到日本大藏省的批准。发行日元欧洲债券不必准备大量的文件，发行费用也较低。

（二）国际股票市场

国际股票市场，又称国际股权市场，是指在国际范围内发行并交易股票的市场，是居民与非居民之间或非居民与非居民之间，对国际股票进行交易的行为，以及伴随或制约着这种交易行为的居民或非居民所在国相关的法律规定。国际股票市场的主要交易品种有股票现货、股票期货、股票指数期货（股指期货）、股票期权和存托凭证。

根据职能的不同，股票的发行和买卖交易是分别通过一级市场和二级市场来实现的。一级市场，也就是国际股票发行市场，是由股份公司发行股票而形成的市场。股票的发行一般有两种情况：一是新设立的股份公司发行股票集资；二是原有股份公司增资扩股发行，尤以后者为主。二级市场，又称国际股票流通市场，主要由证券交易所、证券交易引动报价系统、经纪人、证券商、投资者及证券监管机构组成。其中，证券交易所是股票交易市场的中心，是股票集中并按一定规则进行交易的市场，因而被称为有组织的市场。另外，根据二级市场的结构，它又可以分为证券交易所市场和场外交易市场两部分。

（三）国际银行中长期信贷市场

国际银行中长期信贷市场是国际银行提供中长期信贷资金的场所，中长期资金的供求双方通过这一市场得以融通资金。这个市场的需求者主要是各国政府及其工商企业；资金期限为1~5年一般称中期，5年以上一般称长期；资金利率由多方面因素决定，一般包括经济情势、资金供求量、通货膨胀率、金融政策等；对大额借款多采取银团贷款方式。由于国际银行中长期信贷市场资金周转期长，风险就比较大，因此银行在考虑贷款时除了审核申请贷款者的资金用途外，还要着重分析其偿还债务的能力，评估其风险。

最著名的国际银行中长期信贷市场就是欧洲中长期信贷市场。欧洲中长期信贷市场一般有以下四个特点。

（1）签订协议。对于短期贷款，银行与借款人之间常常通过电话、电信联系，就能确定贷款条件、利率水平、归还期限等，一般无须签订书面协议；而对于中长期贷款，由于期限较长、贷款金额较大，一般均签订书面的贷款协议。

（2）联合贷放。所谓联合贷放是指一笔贷款往往有数家，甚至二三十家银行提供，这也称为银团贷款或辛迪加贷款。采取联合贷放的原因，一是中长期贷款金额较大，一家银行无力提供；二是可以分散风险，万一贷款到期不能收回，诸多银行分担损失。

（3）政府担保。中长期贷款如果没有物质担保，一般均由政府有关部门对贷款协议的履行与贷款的偿还进行担保。

（4）浮动利率。由于贷款期限较长，如果采取固定利率方式，当发生利率的变化时，利率上升，就对债权人不利，而利率下降，则对债务人不利，所以采用浮动利率。根据市场利率浮动进行调整，是中长期贷款的利率特征。

按照贷款对象及贷款方式，国际中长期信贷市场可以分为以下两种类型。

（1）设备放款。设备放款是为满足企业设备投资需要而进行的放款，具有金额大、期限长、利率高的特点。贷款之前通常要进行可行性研究和项目评估，最后由商业银行进行审定是否给予贷款。

（2）长期抵押贷款。这种贷款的取得通常要借款人以动产或不动产作为抵押品，以减小商业银行的风险。放款前，要对抵押品进行评估，放款额一般不超过抵押品价值的50%~70%。

由于国际中长期信贷业务普遍采用浮动利率，而且期限较长，贷款面临的利率风险和汇率风险较大，因而借贷双方对币种的选择就直接关系到双方利益及对风险的防范问题。国际银行中长期信贷市场上可供借贷双方选择的货币是各种可自由兑换的货币，有单一货币，也有混合货币，那么怎样进行贷款币种选择呢？

在考虑国际中长期信贷的币种选择时应遵循的一般原则是：借款人应选择贷款到期时看跌的货币，即软币，以减轻还本付息的负担；而贷款人应选择贷款到期时看涨的货币，即硬币，以增加收回本息的收益。这样借贷双方的利益就产生了矛盾。在确定币种时，条件往往更利于交易中居于优势地位的贷款方。一般以软币计值的贷款成本要高于以硬币计值的成本，因为货币风险必须由利率来弥补。这样在国际银行中长期信贷的币种选择中就不能简单地考虑货币的软硬，还要综合考虑利率和汇率之间的关系。

三、国际黄金市场

黄金市场是集中进行黄金买卖和金币兑换的市场。有些国家的黄金市场对黄金输出入加以限制，有的则不加限制。目前，世界上最主要的黄金市场在伦敦、苏黎世、纽约、中国香港等地，伦敦和纽约是世界上最大的两个黄金交易市场所在地。同其他市场资源一样，黄金的价格由供求关系来决定。

（一）国际黄金市场的发展变化

1. 市场规模在进一步扩大

一些国家和地区相继开放黄金市场或放松对黄金输出入的管制。例如，加拿大的温尼伯期货交易所于 1972 年 11 月开始进行黄金买卖；美国于 1975 年宣布允许居民持有和买卖黄金；中国香港在 1974 年也撤销了对黄金输出入的管制。此外，澳大利亚、新加坡也先后于 1978 年 4 月和 11 月设立了黄金期货市场。这样，加上原有的伦敦、巴黎和苏黎世黄金市场等，黄金市场几乎遍布世界各地，而且黄金交易量也迅猛增加，最终导致巨大的国际黄金市场的形成。

2. 伦敦以外的黄金市场的地位不断提高

由于 20 世纪 60 年代以来，世界各地黄金市场的开放及其业务的不断扩大，伦敦作为国际黄金市场的重要性有所下降。例如，1969 年后，苏黎世通过给予南非储备银行以优惠的信贷支持，获得了南非 80%黄金新产量的供应，加之苏联所抛售的黄金大部分也通过苏黎世黄金市场进行交易，因此使其很快成为西方世界很重要的国际黄金市场之一。另外，纽约、芝加哥国际黄金市场的扩展也十分迅速。它们对黄金的吸收量已占到世界总吸收量的 25%左右，对国际金价的动向起着越来越重要的作用。

3. 国际黄金市场金价波动剧烈，投机活动越来越频繁

自从布雷顿森林体系崩溃以来，国际黄金市场的金价一直动荡不定。例如，1980 年 1 月黄金价格曾达到每盎司 850 美元的破纪录的高峰，然而仅到当年 3 月，又迅速下跌至每盎司 470 美元。与此紧密相连，国际黄金市场中“买空卖空”的投机活动日益盛行，而这种投机活动又进一步加剧了金价的波动。

4. 期货市场发展迅速

自 1947 年美国解除黄金禁令开办黄金期货市场以来，纽约期货交易所、芝加哥期货交易所的发展速度十分惊人。受此影响，不仅新加坡、澳大利亚相继开辟了黄金期货市场，就连一贯以黄金现货交易著称的伦敦市场也于 1981 年开办了黄金期货市场，使国际黄金市场的结构和布局发生了重大的变化。由于各地黄金市场对金价波动的敏感性进一步增强，黄金价格的差距也随之缩小。此外，黄金期货交易的性质也较以前有了重大变化，过去对黄金的期货交易通常是为了使买卖双方免受金价波动的影响，而现行的黄金期货交易在很大程度上是为投机服务的。期货交易的双方在合约到期后，大多数并不进行实际交割，而只是支付金价波动的差额。

（二）国际黄金市场的类型

1．按照对世界黄金交易的影响程度，可分为主导性市场和区域性市场

（1）主导性市场是指其价格的形成及交易量的变化对其他黄金市场起主导性作用的市场，如伦敦、纽约、苏黎世、芝加哥、中国香港等市场。

（2）区域性市场主要是指交易规模有限，且大多集中在本地区并对整个世界市场影响不是很大的市场，如巴黎、法兰克福、布鲁塞尔、卢森堡、新加坡、东京等市场。

2．按黄金交易类型和交易方式的不同，可分为现货交易市场和期货交易市场

（1）现货交易市场是指以交易双方在成交后两个营业日内交割的交易方式所形成的市场，如伦敦、苏黎世等市场。

（2）期货交易市场是指以交易双方按签订的合约在未来的某一时间交割的交易方式所形成的市场，如纽约、芝加哥、中国香港等市场。

由于黄金交易及其类型上的差异，使世界上出现了两大黄金集团：一个是伦敦—苏黎世集团，另一个是纽约—中国香港集团（包括芝加哥）。这两大集团之间的合作十分密切，共同主导着世界黄金市场。其中，伦敦黄金市场的作用尤为突出，至今该市场的黄金交易和报价仍然是反映世界黄金市场的一个“晴雨表”。

3．按对黄金交易管理程度的不同，可分为自由交易市场和限制交易市场

（1）自由交易市场是指黄金可以自由输出入，居民和非居民均可自由买卖的黄金市场，如苏黎世市场。

（2）限制交易市场，又可分为两种情况：一种是只准非居民自由买卖，而不准居民进行自由交易的黄金市场，如1979年10月英国撤销全部外汇管制前的伦敦市场；另一种是只准许居民自由买卖的国内黄金市场，如巴黎市场。

（三）国际黄金市场的职能

国际黄金市场的发展不但为广大投资者增加了一种投资渠道，还为中央银行提供了一个新的货币政策操作的工具。具体来说，它有以下两个主要职能。

1．保值增值功能

因为黄金具有很好的保值增值功能，所以黄金就可以作为一种规避风险的工具，这和贮藏货币的功能有些类似。黄金市场的发展使得广大投资者增加了一种投资渠道，从而可以在很大程度上分散投资风险。

2．货币政策功能

黄金市场为中央银行提供了一个新的货币政策操作的工具。也就是说，中央银行可以通过在黄金市场上买卖黄金来调节国际储备的构成及数量，从而控制货币供给。虽然黄金市场的这个作用是有限的，但是由于其对利率和汇率的敏感性不同于其他手段，从而可以作为货币政策操作的一种对冲工具。随着黄金市场开放程度的逐步加深，它的这个功能也将慢慢显现出来。可以说，通过开放黄金市场来深化金融改革是中国的金融市场与国际接轨的一个客观要求。

第三节 离岸金融市场

相对于狭义的国际金融市场业务活动而言，广义的国际金融市场除包括上述各种传统金融市场之外，还包括新兴国际金融市场，即离岸金融市场。

一、离岸金融市场的含义及特征

（一）离岸金融市场的含义

离岸金融市场，是指主要为非居民提供境外货币借贷服务的国际金融市场，亦称境外金融市场。其特点可简单概括为市场交易以非居民为主，基本不受所在国法律法规和税制限制。在国际上，目前已形成了以伦敦为代表的伦敦型离岸金融中心、以纽约为代表的纽约型离岸金融中心和避税型离岸金融中心（一般设在风景优美的海岛和港口，如维尔京群岛、开曼群岛、巴哈马群岛、百慕大群岛、西萨摩亚、安圭拉群岛等）。

（二）离岸金融市场的特征

（1）业务活动很少受法规的管制，手续简便，低税或免税，效率较高。

（2）离岸金融市场由经营境外货币业务的全球性国际银行网络构成，这些银行被称为“境外银行”。

（3）离岸金融市场的借贷货币是境外货币，借款人可以自由挑选货币种类。该市场上的借贷关系是外国放款人与外国借款人的关系，这种借贷关系几乎涉及世界上所有国家。

（4）离岸金融市场的利率以伦敦银行同业拆借利率为标准。一般来说，其存款利率略高于国内金融市场，而放款利率又略低于国内金融市场，利差很小，更富有吸引力和竞争性。

二、离岸金融市场的起源与发展

（一）离岸金融市场的起源

也有人将离岸金融市场称为欧洲货币市场，之所以称为欧洲货币市场，是因为它是由欧洲美元市场发展而来的。所谓的欧洲美元市场，是指在美国境外（最初在欧洲）的银行吸存和贷放美元资金的业务。它包括三个方面的内容：①进行境外货币的借贷业务；②发行各种以境外货币表示的债券；③进行各种境外货币之间的兑换。

离岸金融市场的起源可以上溯到第二次世界大战后的冷战时期。朝鲜战争爆发后，美国冻结了中国在美国的资产，苏联和东欧国家为了本国资金的安全，将原来存在美国的美元转存到苏联开设在巴黎的北欧商业银行和开设在伦敦的莫斯科国民银行，以及设在伦敦的其他欧洲国家的商业银行。美国和其他国家的一些资本家为避免其“账外资产”公开暴露，从而引起美国管制和税务当局追查，也把美元存在伦敦的银行，从而出现了欧洲美元。当时，欧洲美元总额不过 10 多亿美元，而且存放的目的在于保障资金安全。但在第二次世界大战结束以后，美国通过对饱受战争创伤的西欧各国的援助与投资，以及支付驻扎在西欧的美国军队的开支，使大量美元流入西欧。当时，英国政府为了改革战争带来的经济萎缩局面，企图重建英镑的地位。1957 年，英格兰银行采取措施，一方面对英镑区以外的英镑贷款实施严格的外汇管制；另一方面准许伦敦的商业银行接受美元存款并发放美元贷款，从而在伦敦开放了以美元为主体的外币交易市场。

（二）离岸金融市场的发展

到了 20 世纪 60 年代，离岸金融市场逐渐发展起来，有如下几个主要原因。

1．美国国际收支逆差

这是欧洲美元迅速增长的最根本原因。欧洲美元存在的形式首先是美元存款。私人公司或其他经济实体在欧洲银行存入一笔欧洲美元，归根结底，只能是把原来在美国银行的一笔活期存款转存到欧洲银行来。同样，一家欧洲银行贷出一笔欧洲美元，也只能是把这笔原来存在美国银行的活期存款转贷给借款人，所以欧洲美元的根源是美国银行对外负债的转移。没有这个根源，欧洲美元是无法产生的。这种对外流动性负债的转移与美国国际收支逆差有着直接关系。

2．美国政府的限制措施

由于美国国际收支不断出现逆差，趋势日益恶化，所以从 20 世纪 60 年代开始美国政府就采取了一系列限制美元外流的措施。例如，美国政府从 1963 年起实施利息平衡税，对外国政府与私人企业在美国发行的债券利息，一律征收平衡税，借以限制美国企事业对外直接投资，同时限制设立海外分支机构和银行对外信贷。这些措施引起美国国内商业银行的不满，纷纷向国外寻求吸收存款的出路；全世界的跨国公司也不得不转向欧洲货币市场，以满足其资金融通的需求，这些因素都大大促进了离岸金融市场的发展。

3．各国货币自由兑换

西欧主要国家从 1958 年 12 月开始，允许出口商和银行拥有外币资金，主要是美元资金。当时，美元是国际间主要的支付与储备货币。西欧各国解除了对外汇的管制，就意味着各国货币可以自由兑换美元。这些措施使得欧洲银行的美元存放业务迅速增长，同时也促进了美国银行的分支机构大量增加。

4．石油输出国的推进

1973 年和 1979 年，石油输出国组织两次大幅度提高油价从而获得了巨额国际收支盈余，积累了大量石油美元。石油美元投放到欧洲美元市场生息获利，使得欧洲美元市场存款总额急剧增加，市场规模迅速扩大。同时，因油价上涨而造成国际收支逆差的石油进口国，纷纷向欧洲美元市场举债，形成欧洲美元的现实需求方。因此，石油美元充实和扩大了欧洲美元市场。

三、离岸金融市场的类型

（一）避税港型

避税港型离岸金融市场是指没有实际的离岸资金交易，只是办理其他市场交易的记账业务而形成的一种离岸金融市场。其特点是：市场所在地是政局稳定、税赋较低的小型国家，没有金融管理制度，可以使国际金融机构达到逃避资金监管和减免租税的目的。典型的避税型离岸金融市场有加勒比海的开曼群岛、巴哈马群岛，以及百慕大和西欧的海峡群岛等。

20 世纪 60 年代后期，美联储允许美国银行在巴哈马和开曼建立“贝壳”分行，这是促进避税港型离岸金融市场发展的部分原因。美联储的目的在于为那些没有能力在欧洲货币中心建立分支机构的小银行参与欧洲美元市场提供机会。以岛国为特征的加勒比海地区虽然政治经济不是很发达，但偏离政局动荡和战乱地区，具有“世外桃源”之优势，特别是在不征或征收极少税费的条件下，吸引了大量境外资产。从根本上说，加勒比海避税港的发展是由于美国银行资产的大量转移。

（二）内外一体型

内外一体型离岸金融市场模式代表着离岸金融市场的发展方向。该类型的金融市场需要金融业具有高度的经营自由，境内市场几乎完全开放，对所在地的经济、金融发展基础和管理水平有较高的要求，该类型的市场以伦敦和中国香港的离岸金融市场为代表。

（三）内外分离型

内外分离型离岸金融市场是由政策诱导并推动的，专门为非居民交易所创设。这一方面便于金融管理当局对在岸业务、离岸业务分别加以监管；另一方面可以较为有效地阻挡国际金融市场对国内金融市场的冲击。该类型的市场以纽约、新加坡和东京的离岸金融市场为代表。

（四）分离渗透型

分离渗透型离岸金融市场的市场模式是在境内金融业务和离岸金融业务分账处理的前提下，根据经济发展中的引资需要，允许一定比例的离岸账户资金流入。

第四节 国际金融创新

一、国际金融创新的含义及分类

（一）国际金融创新的含义

国际金融创新是指将各种新的金融要素结合起来，变更现有的金融体制，增加新的金融工具，以获取在现有的金融体制和金融工具下所无法取得的潜在的利润而进行的市场改革。它是一个为盈利动机推动、缓慢进行、持续不断的发展过程；泛指国际金融体系和国际金融市场上出现的一系列新事物。

国际金融创新的概念首先是由著名政治经济学家熊彼特提出的。作为“创新理论”的奠基人，他认为创新是指新产品的生产、新技术或新的生产方法的应用、新的市场开辟、原材料新供应来源的发现和掌握、新的生产组织方式的实行等。现代国际金融创新正是遵循着这一思路被提出来的。

（二）国际金融创新的分类

当代金融活动的创新种类之多、范围之广、速度之快令人目不暇接，分类方法也多种多样。常用的分类方法有以下两种。

（1）按熊彼特的创新分类法，可将金融创新粗略分为以下五大类：第一类是新技术在金融业的应用；第二类是国际新市场的开拓；第三类是国内、国际金融市场上各种新工具、新方式、新服务的出现；第四类是银行业组织和管理方面的改进；第五类是金融机构方面的变革。

（2）按金融创新所起的作用来分类，可以将其分为以下四类：第一类是风险转移型金融创新，其主要功能是使经济人可以在交易中转移金融头寸中的价格和信用风险；第二类是流动性增强型金融创新，其主要功能是增强金融工具的可流通性或可转让性；第三类是引致债权（或债务）型金融创新，其主要功能是帮助经济人增加获得信用的机会；第四类是引致股权型金融创新，其主要功能是帮助经济人获得股权式融资的机会。

二、国际金融创新的内容

（一）新市场的不断出现

近代出现的最主要的创新市场是国际股票市场，与同业已存在的债券市场相结合形成一个完整的国际证券市场。20 世纪 60 至 70 年代，美国银行在世界各地建立分支机构，进行国际贷款、支付、清算和外汇交易。此后，美国的证券公司纷纷在国外设立分支机构进行国际证券交易，带动了全球性证券市场的逐渐形成。这个市场的实质是跨越边境的股票和债券交易，以及在其他国家发行本国的债券和股票。欧洲债券大规模地在全球进行交易。

具体而言，国际股票市场的创新经历了三个阶段：第一阶段，复合证券，如可兑换债券、附有认股权证券的发展，使得债券和股票在国际金融市场的联系加强而差别减少，这样国际性股票发展已初见端倪；第二阶段，带有股票性质的金融工具的创新，使得各国的许多投资机构和个人进入外国股票市场，如美国养老基金对外国股票的投资等；第三阶段，把欧洲债券发行技巧广泛应用于股票发行上，形成欧洲股票市场。

20 世纪 70 年代初，金融期货首先在芝加哥商品交易所被推出，到 20 世纪 80 年代已形成伦敦、新加坡、东京、巴黎等全球性的金融期货市场，它主要包括利率期货、货币期货和股票指数期货三种主要形式。因为它能将未来的风险和收益率锁住，所以被广泛用于国际金融市场套期保值。与此同时，欧洲大额存单也成为短期借贷活动的主要方式，因为它在某种程度上兼有短期银行贷款和流动性有价证券两方面的属性。

（二）金融工具和融资技术的创新

金融工具和融资技术的创新是近代国际金融创新的核心内容，它包括以下三种类型。

1. 传统金融工具和融资技术不断推陈出新

近几十年来，随着银行国际化步伐的加快，银行经营战略也更趋国际化，其国际业务的重点已从传统的贸易融资转向直接进行大规模的境外贷款活动，从而创立了欧洲辛迪加贷款市场。这个市场最主要的创新是把循环技术与辛迪加技术结合起来，使国际信贷得以飞速发展。循环技术是在银行参与的贷款中承诺在一个给定的阶段提供资金，它可以延续 10～12 年，而贷款的利率每隔一个阶段就进行调整。通过这种方法，使银行在长期贷款时最大限度地降低了融资的利率风险。

20 世纪 80 年代，由于国际金融市场利率和汇率的剧烈变动、发展中国家的债务危机加上来自其他金融机构的竞争促使欧洲信贷市场朝着加强流动性方面创新。其中主要的两项创新工具是贷款出售和可转让贷款。贷款出售创新于 1983 年，它是 20 世纪 80 年代国际金融市场走向证券化时，银行为了夺回它们失去的份额而进行的创新。到 1984 年，在欧洲信贷市场上可销售贷款的概念已发展成为可转让贷款，它包括可转让贷款工具和可转让贷款存单。前者允许贷款人在贷款全部发放后可以把贷款转成 TLIs，而后者允许贷款人在将来某一时间可以把它的贷款面额变成 TLCs 出售给他人，而借款的债务关系也相应发生变化。

传统的可转让性工具也在不断创新，其中，欧洲可转换债券使股票与债券之间的差别不断减少。另一种把股票与债券结合起来的创新工具就是认股证书。认股证书是一种按照固定价格在未来某一时间购买一定数量股票的权利，它本来是附在债券上的，但因其本身具有市场价值从而分离出来可进行单独交易。

2. 新的金融工具与融资技术不断出现

近代以来，资产价格、信用风险普遍扩大，所以就自然产生了以避免或转移价格风险、信用风险的一些新的金融工具和融资技术，如期货、期权、互换等。

3. 综合性金融工具不断推出

20 世纪 80 年代之后，单纯的信贷、债券在国际金融市场上所占的份额越来越少，新的综合金融工具不断被创造出来。这些工具的主要特征是将现存的金融工具和融资技术综合起来，为了适合不同投资者的需要而特别创造出来。它们种类繁多，主要有以下五种。

（1）与认股证书相联系的金融工具。该金融工具的特点是把现有的金融工具与认股证书联系起来，给予投资者在将来某一时间以某一固定价格购买另一种资产的权利。

（2）与期权相关的工具。该工具的特点是将金融工具的发行与期权联系起来，允许投资人在将来某一时间可以进行利率或货币的期权交易，如期货期权、调换期权等。

（3）与调换相联系的工具。此工具的特点是带有调换业务，它可以进行利率、汇率等调换业务。如果它是按浮动利率发行的工具，投资人可以将它与另一种固定利率的金融工具进行调换。

（4）复合证券。复合证券的特点是将不同货币的不同金融工具复合成一种证券。例如，双重货币债券以一种货币发行而以另一种货币赎回，可转换股票债券使得债券可以在一定时期转成股票。

（5）指数债券。指数债券的特点是将债券的本金及利率和某一商品或股票的价格指数联系起来，使得这类债券的投机性增强。

（三）金融交易过程的创新

SWIFT 系统是世界性银行通信网络，它在全世界多个国家和地区拥有 10 000 多家银行会员。与此同时，各个市场的交易所正在逐步向外建立世界性质的互联网系统，促进了金融产品交易的国际化与信息化，从而使它们适用于不同时区的投资者的需求，这也使得全球性 24 小时证券交易市场正在形成。而灰市这种形式的金融创新又使得证券在正式发行前有一个前市场，它可以使债券等金融工具的发行有一个适当的价格水平，使债券供给与现有的需求达到均衡。

（四）组织机构和管理方法的创新

随着国际金融业务的综合化，伴随着欧洲货币市场的产生而产生的负债管理方法也逐渐改变着现行的资产负债管理。20 世纪 60 年代以前，金融机构的管理方式多采用资产管理，从那以后，改为以负债管理为主。进入 20 世纪 80 年代，通货膨胀、利率与汇率的大幅度波动，以及金融工具与融资技术的创新使得资产与负债双方都必须实时关注国际金融动向，这种管理方法的实质是管理资产负债表上积累的总风险。

三、国际金融工具创新的主要类型

金融工具的创新并不是完全凭空创新，它是把金融工具原有的特性予以分解后再重新组合，使之能更适应新形势下汇率、利率波动风险，以及套期保值的需要。目前，金融创新工具归纳起来主要有以下四种类型。

（一）风险转移型金融创新工具

这是指各种能够在各个经济机构之间相互转移金融工具内在风险的所有新工具和新技术，如金融期货交易、金融期权交易、货币与利率互换交易等。

1．金融期货交易

金融期货交易是指期货交易当事人依法在金融期货交易所通过买卖金融期货合约的形式，买卖金融期货商品的行为。金融期货合约中载明的金融期货商品即具体的金融工具，如股票、债券等。从金融期货交易的品种来看，目前主要有外汇期货、利率期货和股票价格指数期货。

2. 金融期权交易

金融期权交易是指期权的购买者事先付给期权卖出者一定比例的期权费，即可在期权有效期内履行或放弃按协定汇率和金额买卖某种外汇的权利的交易方式。期权购买者无论履行或放弃合约，均不得收回期权费，期权卖出者获得期权费后，须承担汇率变动的风险。

3. 货币与利率互换交易

货币与利率互换有时也可称为贷款互换，交易双方筹借不同种类的贷款所需支付的成本不同，为使双方获利，同意在初期交换一定数额的两种不同货币，经过一段时期后，再根据预先规定的条件支付利息和交换回本金。货币互换由此涉及货币市场交易和外汇市场交易这两种交易。

（二）增加流动性型金融创新工具

这其中包括所有能使原有的金融工具提高变现性或可转让性的金融工具和交易技术，如长期贷款的证券化等。

（三）信用创造型金融创新工具

这是指所有能使借款人的信贷资金来源更为广泛，或者使借款人从传统的信用资金来源转向新的来源的金融创新工具，如票据发行等。票据发行便利是借款人以自己的名义发行短期票据，期限一般为 3～6 个月，到期可以循环。包销银行承诺购买借款人不能出售的那部分票据余额，承诺期一般可长达 5～7 年。这种新的金融品种就使得短期货币市场与中长期资本市场的业务紧密地结合起来了。

（四）股权创造型金融创新工具

这包括使各类经济机构股权资金来源更为广泛的金融创新，如可转换债券、附有股权认购书的债券等。

四、国际金融创新的风险分析

从总的方面来说，国际金融创新的风险和其他金融风险一样，可分为两大类，一类是系统性风险，另一类是非系统性风险。

（一）国际金融创新的系统性风险

国际金融创新的系统性风险是指由于政治、经济及社会环境等因素变动影响金融创新工具交易，进而影响整个金融市场的风险。它的特点是系统地作用于整个市场而不是某种金融工具或某个金融机构，它的存在是客观的，无法通过投资多元化的方法来分散和消除。近年来，这种金融风险已经几次累积并且爆发，对全球金融体系不断提出挑战。

系统性风险是指影响整个市场体系的风险，因此系统性风险爆发的后果非常严重，通常会引起整个市场的动荡，使原来有序的经济变得杂乱无章，整个社会的资本和财富的积累被迫中断。由国际金融创新所引起的系统性风险的例子是 1987 年的股市崩溃和 1992 年的欧洲货币危机。1994 的墨西哥金融危机和以后的东南亚金融危机、俄罗斯金融危机、巴西金融危机虽然也受到国际金融创新的影响，但国际金融创新并不是诱发它们的主要原因。随着高杠杆的国际金融创新产品的交易的发展，系统性风险爆发的可能性将会增大。

（二）国际金融创新的非系统性风险

国际金融创新的非系统性风险是指由于某些具体因素（如某种商品现货价格的变动、某种利率的变化等）而影响个别金融机构或金融产品而产生的风险。一般来说，非系统性风险针对个别金融机构和金融工具，没有涉及整个金融市场。非系统性风险可以通过投资多元化等措施来分散和消除。非系统性风险的影响比系统性风险的影响要小得多，但发生的频率却较高，因此，对非系统性风险的研究比对系统性风险的研究要深。

根据金融创新的风险来源，可将非系统性金融风险分为市场风险、信用风险、流动性风险、操作风险和法律风险。

1. 市场风险

市场风险，又称价格风险，是指由于金融产品价格随利率或汇率市场因素变化而变动所引起的风险。金融创新中所面临的金融风险比普通金融产品的风险要复杂，金融创新中所面临的金融风险除了标的资产的市场风险以外，还要注意标的资产所面临的市场风险是否还会和其他因素相作用，从而产生新的市场风险。金融创新所面临的市场风险的影响因素主要有以下三个。

（1）经济因素。经济因素是导致金融资产价格变动的最主要原因。经济因素主要包括相关金融资产价格的变动、国家的经济制度变革情况等许多方面。

（2）政治因素。政治因素主要指金融机构在进行金融活动时，由于东道国、母国或国际政治事件的影响而造成损失的可能性。引起政治风险的主要因素有国家政治体制的变革、政权的变迁、民族情绪的抵触、政变及武装冲突等。

（3）其他因素。其他因素包括社会因素、自然因素等，如巴林银行的倒闭事件中日本阪神大地震就是直接原因之一。

2. 信用风险

信用风险，又称对手风险，是指由于交易对手不能履行责任而造成的风险。金融创新产品根据结算方式可分为交易所交易产品和场外交易产品。

期货、期权等金融产品都是在交易所内以标准化合约的形式进行交易，并且存在一套标准化的结算体系，由结算公司负责最后的结算业务，确保合约如期交割或在未到期以前平仓。这样，各金融机构所面临的信用风险就转嫁给结算公司。结算中心为了降低风险，会通过一系列的制度如保证金制度、最低资本金要求、盯市等措施来降低信用风险。但是，如果结算中心出了问题，就会危及整个体系。

互换等金融产品实行场外交易，交易者所面临的信用风险要严重得多。因此，在场外交易中，交易各方的信用状况很重要，只有当对手符合所需要的信用等级时，才能参与交易。近年来，以银行等大信用机构充当中介的场外交易中，信用风险有向金融中介转移的趋向。

3．流动性风险

流动性风险是指金融创新产品的使用者因为这种产品无法在市场上找到交易对手出货或及时平仓而导致的风险。金融创新产品的流动性与流通量有关，当金融产品的流动性风险较大时，往往会影响这种金融产品的发行和流通。上市金融产品的流通量可以用两种方法来进行计算：一种方法是以每日的成交量进行计量，如互换，当市场上每日的成交量比较大时，这种金融工具的流通量也比较大，它的流动性也就比较好；另一种方法是以未平仓的合约数来衡量，如期货，当市场上某种工具的未平仓合约数比较多时，这种金融工具的流通量就较大，流动性风险也就较小。一般来说，场内交易的金融产品的流动性风险较小，而场外交易的金融产品的流动性风险较大。为了增加市场上的流通量，通常可用“造市”的方式来人为地增加流通量，特别是当市场极不活跃时，“造市”显得尤为重要，因为它可使大部分投资者相信市场上的流动性风险还是较低的。

4．操作风险

操作风险是指由于人为的错误或电脑系统和内部控制系统的不完善而导致的风险。金融创新是一项艰巨而复杂的工程，创新出来的金融工具的支付和价值计算都非常复杂，因此，一个很小的操作错误都会导致巨额损失。在最近十几年里，由于操作风险而导致巨额损失的例子很多，最为人所共知的就是巴林银行由于其新加坡分支机构的一个交易员的错误而导致这家历史悠久的银行被迫关闭。

5．法律风险

法律风险是指由于合约在法律范围内无效，合约内容不合法律规范，或者由于税制、破产制度等法律方面的原因而造成的风险。一般来说，在交易所内交易的产品所面临的法律风险主要是法律变动或调整所致，不会出现其他方面的法律风险问题。而场外交易的金融创新工具通常会面临较多的法律风险。

以上各种金融风险并不是孤立的，而是相互联系、相互作用的。市场风险和信用风险联系紧密。市场风险较大，因价格波动而使交易者无法履约的可能性就增大，从而加大了信用风险。同样，当整个市场的信用风险增加，会导致交易者违约的可能性增大，引起市场恐慌、价格剧烈波动，市场风险增加。当市场风险增加时，投资者会撤出市场，使市场交易不活跃、流通量减少，流动性风险增加。当一家有影响力的金融机构因运作风险而遭受重大损失时，又反过来会引起信用风险和市场风险，也涉及流动性风险。法律风险也会对价格、信用等起作用，从而影响其他风险。各种金融风险间相互联系，这就要求机构在进行金融创新或使用创新的金融工具时，全面考虑这些金融风险。不仅要考虑各种金融风险本身的影响程度，而且要考虑各种金融风险之间的相互作用所产生的共同影响，这样才会使金融创新真正达到规避风险的效果。

五、推进国际金融创新的技术条件

如果没有成熟的技术条件作为保证，当代国际金融创新也不会发展得如此迅速。正是新技术的产生和广泛应用，使当代国际金融创新从量和质上都得到了发展。此次新技术的创新主要表现为电子计算机、通信技术，以及信息处理和自动化技术的发展上。

（一）新技术的发展是金融创新的促成因素

首先，计算机和现代通信等新技术的应用，大大降低了金融机构的交易成本。新技术的应用可以使金融机构实现经营上的规模经济，使新发生的每一笔经济业务的边际收益都大于边际成本，达到利润最大化；新技术的应用导致了新的清算系统和支付制度的产生，提高了金融交易的效率，扩大了金融交易的范围；新技术的应用使金融交易突破了时间和空间的限制，使得大量创新工具的运用成为可能。

其次，计算机和现代通信等新技术的应用，创造了全球性金融市场。由于大型交易网络和计算机的应用，使得金融创新的供给者可以直接或间接地与原先在分散、单个市场的消费者联系起来，加快了金融创新供求的结合，扩大了金融创新产品的推广范围，鼓励金融机构进行金融创新。

最后，计算机和现代通信等新技术的应用，使得金融创新主体能够设计出技术相对复杂的金融工具，并且定价合理，同时可以连续地观察和监控经营创新工具所带来的风险，并对这些转移的风险设计出相应的救助措施。

（二）新技术的运用决定了金融创新的进程和范围

首先，计算机和现代通信等新技术的应用成本决定了金融创新的成本，随着新技术的不断发展，它的应用成本在不断降低，金融机构进行金融创新的成本随之降低，加快了其创新的步伐。

其次，计算机和现代通信等新技术的应用，增加了金融机构从事金融创新的收益。金融机构通过运用这些新技术可以开辟诸多新型业务，如指数化货币选择权票据、自动转账服务、现金管理账户、摆动账户，以及信息咨询业务、信用卡等中间业务，既增加了收益，又扩大了金融创新的范围。

最后，计算机和现代通信等新技术的应用，加快了金融机构业务多样化的进程。在信息技术革命的影响下，企业和个人都体会到及时掌握信息的重要性，客户在获取信息方面越来越高的要求促使金融机构的业务向多功能综合化方向发展。例如，信息技术的应用拓展了银行的功能，而电子资金调拨系统又被广泛应用于资金调拨、证券买卖、外汇交易等。

综上所述，国际金融创新的迅速发展是多种因素共同作用的结果，既包括微观上的创新，即个体对潜在利润的追求，这是内因；又包括宏观上创新个体所处环境所施加的压力，这是外因；同时，新技术的发展又为内外因共同发生作用加速金融创新提供了技术支持和保证，是不可或缺的“金融创新催化剂”。

总之，新的科技革命彻底改变了世界范围内金融业的传统观念和传统业务，只要有新技术的存在和应用，就伴随着业务与服务的创新。可以说，新的科技革命不仅导致金融创新的发展，还使整个金融体系发生了变革。

六、国际金融创新对我国金融业发展的启示

目前，我国金融业需要从以下几个方面着手加快金融创新。

（1）建立金融创新的宏观约束机制和激励机制，提高金融创新主体——金融机构的内在创新驱动力。

（2）提高金融管理者和创新主体的创新意识，使得金融创新成为自下而上、自上而下的共识。

（3）建立权威的金融创新开发与咨询机构，负责金融产品开发的统一管理，既研究新金融产品的开发，又负责金融新产品开发的鉴定和把关，限制盲目性创新，引导正确的金融创新。在金融创新产品的目标上要具备超前性、效率性、效益性。

（4）包括制度创新、体制创新、市场结构创新、监管创新、工具创新、服务创新在内的诸多方面必须互相协调，共同发挥作用。

（5）在创新过程中，发挥科技进步的作用，善于利用新技术，将科技融入金融创新中，提高工作效率和使用效率，争取利润最大化。

（6）完善各种金融法规，对可能出现的金融风险进行防范，规范和引导金融市场。

（7）努力培养金融专业化人才，发挥人在金融创新中的主观能动性和创造性。

拓展阅读

离岸人民币

离岸人民币是指在中国境外经营人民币的存放款业务，交易双方均为非居民。

一、离岸人民币的起源

当前的跨境贸易人民币结算是在资本项下、人民币没有完全可兑换的情况下开展的，通过贸易流到境外的人民币不能进入国内的资本市场。在这种情况下，发展人民币贸易结算，就需要解决流出境外的人民币的流通和交易问题。使拥有人民币的企业可以融出人民币，需要人民币的企业可以融入人民币，持有人民币的企业可以获得相应收益，这就需要发展离岸人民币市场，使流到境外的人民币可以在境外的人民币离岸市场上进行交易；使持有人民币的境外企业可以在这个市场上融通资金、进行交易，从而获得收益。

二、离岸人民币的发展

（一）形成阶段

2004 年 2 月，香港银行开始试办个人人民币业务，包括存款、汇款、兑换及信用卡业务，每人每天不超过等值 2 万元人民币的兑换。到 2010 年 7 月底，香港人民币

存量达到1 037亿元。

2010年7月，在中国人民银行和香港金管局主导下签署的《清算协议》是香港境外人民币市场的一大突破。政策制定者也充分认识到，现阶段境外人民币市场这一池中的“养分”只能来源于境内，因而迅速启动了人民币的回流机制，使境外的“水”能够接通境内的收益，进而可使境外发展规模更大、更多的产品。允许境外金融机构将境外人民币存量投资于国内银行间债券市场，以及盼望已久即将出台的合格境外机构投资者境内证券投资办法都会迅速带动较存款产品更高收益的保险产品和基金产品的发展。而有了更高收益来源的银行也能以更大规模和更优惠的价格吸引更多的人民币储蓄产品，进而提高人民币兑换出境与贸易伙伴使用人民币的积极性。

总体来看，在离岸人民币市场的形成阶段，香港市场已有一千多亿元人民币的存量，主要由个人持有，初始驱动力是人民币的升值预期，投资产品则是存款、国债、保险和基金等为数不多的定息产品。随着香港人民币回流内地的渠道逐渐打通，收益开始成为持有人民币的主要驱动力。香港离岸人民币市场已经初步形成。

（二）成长阶段

与上一阶段不同，人民币离岸市场成长阶段的主要功能与目标是发展足够多、足够规模、享有更高收益，并且交投更活跃的产品来激活、启动贸易项下两大主渠道的“水流”，吸引更大范围的贸易结算伙伴开始使用人民币，使人民币离岸市场早日进入成熟阶段。

发展更大规模的人民币产品是为吸引更多投资者参与人民币投资，进而吸引一定能力的贸易伙伴以更大的规模使用人民币。发展更具交易活力的人民币产品是增加境外人民币的流动性杠杆。境外人民币存量是有限的，离岸市场的人民币产品要有活跃的二级交易市场才能有足够的拉动力来增加人民币的流动性。一元钱的存量若能带来七八元的交易量，相当于七八元的人民币流出量，其杠杆效果就显而易见了。人民币产品能否有更高的交易量，很大程度上也取决于产品收益的高低，收益越高的产品越有可能推动更高的二级市场交易。

2011年12月16日，《基金管理公司、证券公司人民币合格境外机构投资者境内证券投资试点办法》发布。

（三）成熟阶段

一旦离岸人民币市场具有足够的规模和流动性，产品也逐步多样化了，那么大量进出口企业就有可能开始选择以人民币结算，此时，香港离岸人民币市场就进入了成熟阶段。前文所述的人民币贸易项下流出与流入的两个主渠道就会有大量人民币进出。与此同时，也会有大量人民币长期自然存在于境外流通之中，进而促进境外人民币与产品增长的良性循环。

此时市场的规模会远远超过前两个阶段，驱动力主要来自人民币的贸易结算。这些资金可能来自周边国家和地区的贸易人民币结算，以及这些国家和地区的中央银行与中国人民银行达成的人民币互换协议的安排。而人民币的交易市场的功能开始从人民币贸易结算的激活器与推动器向服务器转变。

综上所述，2010 年是离岸人民币市场的形成阶段。这个阶段的主要特点是：人民币以细水长流的方式出境，以个人小额纳入；产品以储蓄定息为主，基本是市场驱动；收益动力以人民币升值预期为主，开始向固定收益转变。

此后的几年中，政策制定者能就发展路径逐步达成共识，开始推动离岸人民币市场进入成长阶段的快车道，最突出的表现是：人民币境外产品的规模化、多样化与收益曲线的上升；人民币流出与回流的政策措施的主动性与积极性大幅增强；人民币产品的二级市场交易大幅增加。

2016 年 1 月 18 日，中国人民银行发布消息，自 2016 年 1 月 25 日起，对境外金融机构在境内金融机构存放（简称离岸人民币）执行正常存款准备金率政策。中国人民银行解释称，境外金融机构不包括境外中央银行（货币当局）和其他官方储备管理机构、国际金融组织、主权财富基金等境外中央银行类机构。按照 17%的存款准备金率计算，此项改革将锁定资金 2 210 亿元左右。

三、离岸人民币交易中心

离岸人民币交易中心，是指在中国境外经营人民币的存放款业务，起到推行人民币国际化的桥头堡作用，是人民币内外体系循环的节点。亚洲和欧洲都已经设立多个人民币离岸交易中心。

中国香港 2009 年成为第一个人民币离岸中心后，包括台北、伦敦、新加坡等地竞相成为最具优势的人民币离岸中心。

2014 年 11 月，加拿大中央银行与中国人民银行签署了规模为 2 000 亿元人民币的双边本币互换协议，加拿大中央银行将为人民币业务提供紧急流动性支持，同时在加拿大建立北美首个人民币离岸中心。

回顾 2014 年以来，中国已经与英国、德国、卢森堡、法国分别签署了人民币清算协议。中国人民银行还宣布在银行间外汇市场开展人民币对英镑、新西兰元等货币的直接交易，人民币国际化的脚步加快了。

人民币的使用度越来越高，根据国际清算银行公布的全球外汇市场成交量调查，2013 年人民币首度超越瑞典克朗、新西兰元，跻身全球第 9 大交易货币，日均交易额占全球交易总量的 2.2%。从 2011 年起，人民币在全球外汇市场交易量增长 2 倍多，2013 年日均成交金额大幅增至 1 200 亿美元。

（资料来源：https://baike.baidu.com/item/%E7%A6%BB%E5%B2%B8%E4%BA%BA%E6%B0%91%E5%B8%81/1660513?fr=aladdin）

基本概念

国际金融市场　欧洲美元市场　国际货币市场　贴现　国际资本市场　国际债券市场　离岸金融市场　避税港型离岸金融市场　分离渗透型离岸金融市场　金融创新　市场风险　系统性风险　非系统性风险　信用风险　流动性风险　操作风险　法律风险

复习思考题

一、单项选择题

1.(　　)是国际金融市场形成的最基本的前提。

A．先进的基础设施和训练有素的金融人才

B．稳定的国内政局和社会环境

C．健全的金融制度和完善的金融市场体系

D．自由的外汇市场与宽松的金融政策

2.(　　)在成为世界经济中心和国际贸易中心的同时，也成为国际汇兑、国际清算和国际借贷中心，标志着现代国际金融市场的正式形成。

A．荷兰阿姆斯特丹　　B．美国纽约　　C．英国伦敦　　D．瑞士苏黎世

3.(　　)是国际金融市场贷款利率的基础。

A．伦敦同业银行拆放利率　　B．纽约同业银行拆放利率

C．巴黎同业银行拆放利率　　D．东京同业银行拆放利率

4．贴现在西方国家是(　　)市场的一项重要融资活动。

A．资本　　B．债券　　C．票据　　D．货币

5.(　　)是世界上最大的外国债券市场。

A．日本　　B．英国　　C．瑞士　　D．美国

6．股票的发行和买卖交易是分别通过(　　)来实现的。

A．一级市场和二级市场　　B.证券交易所市场和场外交易市场

C．二级市场和一级市场　　D.场外交易市场和证券交易所市场

7.(　　)是世界上最大的两个黄金交易市场所在地。

A．伦敦和苏黎世　　B．伦敦和纽约

C．纽约和中国香港　　D．巴黎和苏黎世

8．离岸金融市场迅速发展起来的最根本原因是(　　)。

A．美国国际收支逆差　　B．美国利息平衡税的实施

C．各国货币自由兑换　　D．石油输出国的推进

9.(　　)是指由于金融产品价格随利率或汇率市场因素变化而变动所引起的风险。

A．市场风险　　B．信用风险　　C．流动性风险　　D．操作风险

10.(　　)针对个别金融机构和金融工具，没有涉及整个金融市场，它可以通过投资多元化等措施来分散和消除。

A．系统性风险　　B．非系统性风险

C．法律风险　　D．价格风险

二、多项选择题

1．国际金融市场是随着（　　）产生并发展起来的。

A．国际金融中心的建立　　B．国际贸易的发展

C．国际资本输出入的规模　　D．国际借贷关系的扩大

2．国际金融市场与国内金融市场的区别有（　　）。

A．市场运作境界不一　　B．市场业务活动不一

C．市场管制程度不一　　D．市场发展基础不一

3．国际金融市场按性质不同可划分为（　　）。

A．国际货币市场　　B．国际资本市场

C．传统国际金融市场　　D．离岸金融市场

4．传统国际金融市场的业务活动有（　　）。

A．国际货币市场　　B．国际资本市场

C．国际外汇市场　　D．国际黄金市场

5．国际货币市场的构成主要有（　　）。

A．银行短期信贷市场　　B．短期证券市场

C．国际债券市场　　D．票据贴现市场

6．国际资本市场主要由（　　）构成。

A．国际债券市场　　B．国际股票市场

C．国际银行中长期信贷市场　　D．国库券市场

7．国际债券市场的发展特点有（　　）。

A．融资者的主体多是发达国家　　B．币种结构发生变化

C．欧洲债券的发行规模大　　D．新兴市场国家表现活跃

8．欧洲中长期信贷市场具有的特点是（　　）。

A．签订协议　　B．联合贷放　　C．政府担保　　D．浮动利率

9．离岸金融市场的类型有（　　）。

A．避税港型　　B．内外一体型　　C．内外分离型　　D．分离渗透型

10．金融创新工具的主要类型有（　　）。

A．风险转移型　　B．增加流动性型　　C．信用创造型　　D．股权创造型

三、判断题

1．资金借贷期在1年及以内的交易市场被称为国际资本市场。（　　）

2．以本票为主的商业票据市场基本上是一种初级市场，没有二级市场。（　　）

3．商业票据的风险大于国库券的风险，所以其利率要高于国库券的利率。（　　）

4．贴现是银行放款的一种形式，但它与一般放款的差别是在期末本金中扣除利息，而不是在期初支付利息。（　　）

5．欧洲债券市场分为欧洲美元债券市场和欧洲日元债券市场。(　　)

6．采用浮动利率，根据市场利率浮动进行调整，是中长期贷款的利率特征。(　　)

7．借款人应选择贷款到期时看涨的货币，即硬币，以减轻还本付息的负担；贷款人应选择贷款到期时看跌的货币，即软币，以增加收回本息的收益。(　　)

8．按对黄金交易管理程度的不同，国际黄金市场可分为自由交易市场和限制交易市场，其中，巴黎是较有名的自由交易市场。(　　)

9．系统性风险的特点是系统地作用于整个市场，它的存在是无法通过投资多元化的方法来分散和消除的。(　　)

10．非系统性风险的影响比系统性风险的影响要小得多。(　　)

四、问答题

1．国际金融市场产生的条件是什么？它与国内金融市场有怎样的区别与联系？

2．国际金融市场是怎样分类的？

3．国际金融市场对经济发展有哪些积极的作用？又蕴藏着怎样的风险？

4．国际货币市场有哪些业务及功能？

5．国际资本市场有哪些业务及功能？

6．离岸金融市场有什么样的特征？

7．简述离岸金融市场的起源与发展。

8．离岸金融市场有哪些类型？

9．国际金融创新的内容及风险有哪些？

10．推进国际金融创新需要具备什么样的技术条件？

参考文献

[1] 陈雨露. 国际金融（精编版）[M]. 北京：中国人民大学出版社，2015.
[2] 窦祥胜. 国际金融[M]. 北京：中国人民大学出版社，2015.
[3] 陈长民. 国际金融[M]. 北京：中国人民大学出版社，2013.
[4] 史燕平. 国际金融市场[M]. 北京：中国人民大学出版社，2010.
[5] 阙澄宇. 国际金融[M]. 大连：东北财经大学出版社，2011.
[6] 李丹捷. 国际金融[M]. 北京：对外经济贸易大学出版社，2014.
[7] 刘园. 国际金融（第三版）[M]. 北京：北京大学出版社，2017.
[8] 刘瑛，孟庆海. 国际金融[M]. 大连：东北财经大学出版社，2014.
[9] 保罗 · R. 克鲁格曼，矛瑞斯 · 奥伯斯法尔德. 国际经济学理论与政策（第八版）[M]. 黄卫平，胡玫，译. 北京：中国人民大学出版社，2010.
[10] 刘澄，曹辉，李峰. 金融学教程（第二版）[M]. 北京：中国人民大学出版社，2014.
[11] 李坤望. 国际经济学[M]. 北京：高等教育出版社，2014.
[12] 佟家栋. 国际经济学[M]. 北京：高等教育出版社，2013.
[13] 姜文学. 国际经济学[M]. 大连：东北财经大学出版社，2015.
[14] 黄卫平，彭刚. 国际经济学教程（第二版）[M]. 北京：中国人民大学出版社，2014.

反侵权盗版声明

举报电话：（010）88254396；（010）88258888

传　　真：（010）88254397

E-mail:　　dbqq@phei.com.cn

通信地址：北京市万寿路 173 信箱

　　　　　电子工业出版社总编办公室

邮　　编：100036